最高人民法院司法案例研究课题成果

新就业形态从业人员
劳动权益保障典型案例研究

王天玉◎主编

人民法院出版社

图书在版编目（CIP）数据

新就业形态从业人员劳动权益保障典型案例研究 / 王天玉主编. -- 北京 : 人民法院出版社, 2023.12
ISBN 978-7-5109-3881-8

Ⅰ. ①新… Ⅱ. ①王… Ⅲ. ①劳动权一权益保护一法律一案例一中国 Ⅳ. ①D922.545

中国国家版本馆CIP数据核字(2023)第162712号

新就业形态从业人员劳动权益保障典型案例研究

王天玉　主编

策划编辑　兰丽专
责任编辑　郭　粹
封面设计　天平文创视觉设计/尹苗苗
出版发行　人民法院出版社
地　　址　北京市东城区东交民巷 27 号（100745）
电　　话　（010）67550562（责任编辑）　67550558（发行部查询）
　　　　　65223677（读者服务部）
客服 QQ　2092078039
网　　址　http://www.courtbook.com.cn
E - mail　courtpress@sohu.com
印　　刷　天津嘉恒印务有限公司
经　　销　新华书店

开　　本　787 毫米×1092 毫米　1/16
字　　数　536 千字
印　　张　33.75
版　　次　2023 年 12 月第 1 版　2023 年 12 月第 1 次印刷
书　　号　ISBN 978-7-5109-3881-8
定　　价　119.00 元

导 言

新就业形态争议案件是劳动领域司法裁判的热点难点问题。近年来，以互联网平台为代表的新就业形态快速兴起，对既有劳动实践及其制度体系造成了显著冲击，从业者劳动权益保障问题受到了全社会的广泛关注。新就业形态是数字时代劳动形态变化的总体概况，在网络技术和共享经济的驱动下，塑造了不同于以往单位制组织化的新型劳动力匹配机制，极大地提升了劳动的自主性与灵活性，拓展出区别于常规劳动关系的平台化就业模式。同时，平台经济的快速发展也凸显既有劳动法律理念和规则的滞后，在权益保障和风险控制层面表现为法律适用难题。《人力资源社会保障部对政协十三届全国委员会第三次会议第3391号（社会管理类287号）提案的答复》指出："新就业形态人员大多通过平台自主接单承接工作任务，准入和退出门槛低，工作时间相对自由，劳动所得从消费者支付的费用中直接分成，其与平台的关系有别于传统的'企业+雇员'模式，导致新就业形态人员难以纳入现行的劳动法律法规保障范围。"

我国现行劳动法律框架是"民法—劳动法"构成的"二分法"，劳动关系认定是两个法律体系的分界，其内涵是认定劳动关系则可获得劳动法全方位的保障，不能认定劳动关系则归入民法调整，几乎没有劳动权益保障措施。此二分结构源自我国长期存在的单位制就业模式，"进入用人单位的组织体并形成稳定持续的结合状态"是现行法下劳动关系的内在逻辑。遵循这一逻辑，现行劳动法以"单一用人单位、无固定期限、全日制工作”的典型劳动关系作为规制全社会各类劳动形态的“标准答案”，缺乏前述任一要件的非典型劳动关系被视为“转化对象”，即在满足特定条件时“应当”转化为典型劳动关系，目标是不断强化就业的稳定性，以使典型劳动关系成为全社会绝对多数的用工形式。

然而，市场环境下的劳动形态必然是丰富多元的，既有稳定性需求，也有灵活性需求。多样化的实践与单一化的规范难免冲突，在制度上表达为“劳动立法刚性有余而弹性不足”，亦遗留了大量无劳动关系但有劳动保障需求的灵活就业者。灵活就业长期以小额、零散的形式存在于劳动力市场中，构成单位制下标准就业的补充，除了非全日制工作人员属于劳动法调整外，无雇工的个体工商户和其他灵活就业人员长期缺乏相应的权益保障制度，属于劳动二分立法结构下的制度空白。随着数字时代的来临，平台用工彻底改造了灵活就业的运行机理，基于信息技术和信用保证建立了网络条件下的劳动力市场，实现了低门槛、高效率的劳务供需匹配，助推外卖送餐、即时配送等行业吸纳了大规模、高流动的灵活就业人群，并不断改造着既有的单位制用工组织模式。

面对这一劳动世界的重大改变，我国的选择是顺应数字时代发展趋势，在实践中探索和总结对策，以务实的精神逐步构建新业态治理的“中国方案”。中国共产党第二十次全国代表大会报告提出“支持和规范发展新就业形态”“健全劳动法律法规”“加强灵活就业和新就业形态劳动者权益保障”。人力资源社会保障部等八部门于 2021 年 7 月 16 日联合印发《关于维护新就业形态劳动者劳动保障权益的指导意见》（人社部发〔2021〕56 号，以下简称 56 号文），将依托互联网平台就业的新就业形态分为三种类型：第一，符合确立劳动关系情形的，企业应当依法与劳动者订立劳动合同；第二，不完全符合确立劳动关系情形但企业对劳动者进行劳动管理（简称不完全符合确立劳动关系情形）的，指导企业与劳动者订立书面协议，合理确定企业与劳动者的权利义务；

第三，个人依托平台自主开展经营活动、从事自由职业等，按照民事法律调整双方的权利义务。该文在我国劳动政策体系中首次引入了“不完全符合确立劳动关系情形”，作为与劳动关系和民事关系并列的新表述，并与市场监管总局牵头下发的《关于落实网络餐饮平台责任 切实维护外卖送餐员权益的指导意见》（国市监网监发〔2021〕38号）和交通运输部牵头下发的《关于加强交通运输新业态从业人员权益保障工作的意见》（交运发〔2021〕122号）构成了政策组合，开拓了针对平台化灵活就业的“第三类劳动形态”制度空间。

最高人民法院于2022年12月27日发布的《关于为稳定就业提供司法服务和保障的意见》（法发〔2022〕36号）明确指出“依法规范新就业形态用工，推动平台经济可持续发展”。该意见将涉及新就业形态争议案件司法裁判工作的重点归纳为“准确把握新就业形态民事纠纷案件审判工作要求”“依法合理认定新就业形态劳动关系”“加强新就业形态劳动者合法权益保障”“推动健全新业态用工综合治理机制”这四个主要方面，其中的关键要点有二：一是在劳动关系认定上，“人民法院应当根据用工事实和劳动管理程度，综合考虑劳动者对工作时间及工作量的自主决定程度、劳动过程受管理控制程度、劳动者是否需要遵守有关工作规则、劳动纪律和奖惩办法、劳动者工作的持续性、劳动者能否决定或者改变交易价格等因素，依法审慎予以认定”。二是针对不完全符合确立劳动关系情形，人民法院应当在劳动报酬、责任分担、算法规则等方面维护新就业形态的劳动权益保障底线，并配合有关部门推动集体协商、畅通裁审衔接程序，完善多元化解机制，提升平台灵活就业人员保障水平。

在此背景下，本人主持并完成了最高人民法院2021年度司法案例研究课题“新业态形态从业人员合法权益保障典型案例研究”，本书是项目研究的主要成果，目标是助力新就业形态司法裁判探索，总结新就业形态争议的事实要点与法律焦点，提炼法院审理平台用工典型案件的分析逻辑，凝聚司法实务共识，并为下一步的行政政策、司法解释和立法方案提供扎实的参考文献。考虑到新就业形态的分布地域、从业规模、案件类型和审判经验，本人选取北京市、上海市、深圳市、苏州市为典型案例研究样本，联系所在地的学者、法官、律师，组成四个课题组，对这四地发生并审结的新就业形态争议案件进行梳理和筛选，最终确定每地十个典型案例，每个典型案例均由均由专家予以点评，由此构成了全书四十个典型案例和四十个深度分析。

典型案例的选取充分考虑了平台用工的代表性，涵盖网约车、外卖送餐、即时配送、网络主播等主流平台用工领域，也包含多发的各类型争议纠纷，诸如劳动关系认定、骑手职业伤害保障以及交通事故致第三人损害的责任承担、从业者注册个体工商户的权益保障等实体问题，还涉及当事人的举证责任、商业保险公司的免责抗辩等程序问题。在案例点评的编写上，本书分为【关键词】【裁判要旨】【案情要点】【案件索引】【裁判结果】【案例注解】【裁判全文】，其中【案例注解】按照"本案的法律问题""判决书的分析逻辑""此类案件的特点与裁判建议"的顺序，将典型案例的争议焦点、裁判逻辑、法理分析与法律适用逐一呈现。

各课题组专家独立进行案例的点评，既不预设立场，也无事前沟通，全部案例点评汇总至本人。本人在全书统稿时发现，各地专家对于同类型的争议案件表达了基本一致的观点，形成了相互印证的效果，可视为初步的司法裁判共识。本人将此概括为两个基本点：第一，坚持劳动关系的从属性认定标准，识别隐蔽雇佣与灵活就业，关键在于劳动过程开始与结束的自主性。从属性标准应参照最高人民法院第 32 批指导性案例 179 号的要旨，明确人格与经济"二要件"的构成。人格从属性意指劳动者在用人单位的指挥管理下给付劳务，劳动过程处于受拘束状态。经济从属性意指劳动者使用用人单位提供的劳动条件给付劳务，获得工资报酬，并不承担用人单位的生产经营风险。其中，人格从属性把握了劳动关系的实质，是主要要件；经济从属性重在描述劳动过程，是次要要件。劳动组织、技术等其他特征是人格或经济从属性的表现形式，无须作为单独的从属性构成要件。第二，新就业形态的法律治理应区分劳动关系与灵活就业，认定劳动关系的平台用工形态应当依据现行劳动法予以调整，不能认定劳动关系的平台用工形态应当探索“民法做加法”的保障模式。法院应当发挥能动司法功能，既可以通过保险合同积极分散职业风险，也可以主动调整过高的违约金，并按照最高人民法院司法政策的指引，依托地方新业态治理实践，参与多元纠纷解决机制。平台化灵活就业的劳动权益保障和制度建设是一个新问题，必然有一个探索与完善的过程。秉持务实的精神，应当承认工业化时代形成的现行劳动法面对新就业形态的局限，只有通过“民法做加法”的治理进路才能逐步建立一个劳动权益底线稳固且适应各平台用工行业特点的差异化、弹性化保障体系，进而形成明确的“第三类劳动形态”权利清单，随着数字化劳动形态变化的演进不断增设权利配置，在新就业形态的发展中提升劳动权益保障水平。

本书可作为法官审理新就业形态争议案件的参考资料，也可作为律师、仲裁员等实务工作者的办案手册，还可供法学教学科研人员用以讲授、探讨相关法学课题，法学研究生和本科高年级学生亦可用作案例参考书。希望本书成为新就业形态法治阶梯的一级，既勾画出当下平台用工实践与司法裁判的图景，也呈现历史与法理约束下的未来制度走向。

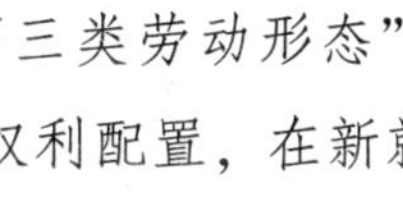

2023 年 10 月

目 录

○ 北京编

案例一 “好厨师”案中的劳动关系认定
——管某某与上海乐快信息技术有限公司劳动争议案 3
案例二 平台配送员交通事故侵权责任承担
——梁某与罗某、上海某信息科技有限公司、江西某信息技术有限公司、某财产保险股份有限公司非机动车交通事故责任纠纷案 18
案例三 依附于劳动关系的独播协议纠纷处理
——北京嘉荷品牌管理有限公司与李某某劳动争议案 33
案例四 网约配送交通事故案中的“劳动关系”认定
——魏某某与达疆网络科技(上海)有限公司劳动争议案 44
案例五 “上门按摩”案中的劳动关系认定
——唐某某与北京宜生健康科技有限公司劳动争议案 57
案例六 闪送案中的劳动关系及非全日制用工认定
——郭某某与北京同城必应科技有限公司劳动争议案 76
案例七 外卖骑手交通事故责任承担
——李某某与曹某某机动车交通事故责任纠纷 87
案例八 网络主播与签约公司之间的劳动关系认定
——张某某与北京飞扬天下文化传媒有限公司劳动争议案 97
案例九 劳动者注册为个体工商户后的劳动关系认定
——李某某与天津快派信息科技有限公司劳动争议案 107

案例十　从闪送员案看用工灵活性对劳动关系认定的影响
——李某某与北京同城必应科技有限公司劳动争议案　119

○ 上海编

案例一　带货主播是否适用竞业限制
——段某某与上海汉娜国际贸易有限公司竞业限制纠纷案　141
案例二　网络主播案中的劳动关系认定
——上海三白影视文化有限公司诉胡某某其他合同纠纷案　154
案例三　“e 家洁”保洁员的劳动者身份认定
——施某与北京逸家洁信息技术股份有限公司上海分公司确认劳动关系纠纷案　170
案例四　“某网站”配送员的劳动者身份认定
——郎溪创奕服务外包有限公司与徐某某确认劳动关系纠纷案　179
案例五　外卖平台配送员侵权案中的劳务关系认定
——杨某某、黄某某与紫椴信息科技(上海)有限公司、安徽易达来服务外包有限公司健康权纠纷案　189
案例六　众包骑手主张人身损害赔偿的举证责任
——赵某与安徽蓝喆人力资源服务外包有限公司等提供劳务者受害责任纠纷案　198
案例七　签有承揽协议之商务推广员的劳动关系认定
——周某与上海 A 信息技术有限公司确认劳动关系纠纷案　209
案例八　灵活用工平台快递员的劳动关系认定
——周某某与上海某供应链有限公司确认劳动关系纠纷案　219
案例九　配送平台与骑手之间的劳动关系认定
——周某某诉上海拉扎斯信息科技有限公司劳动合同纠纷案　227
案例十　自媒体案中的劳动关系认定
——王某某与上海温石文化传媒有限公司确认劳动关系纠纷案　256

○ 深圳编

案例一 直播带货案中的劳动关系认定
——陈某某与广东冰原狼文化传媒有限公司劳动争议案 271
案例二 货运平台车辆肇事的责任承担
——紫金财产保险股份有限公司深圳分公司与王某某、陈某某、曾某某、深圳市条条通投资发展有限公司机动车交通事故责任纠纷案 279
案例三 网络主播的劳动关系认定
——李某诉深圳先飞传媒有限公司确认劳动关系纠纷案 288
案例四 "送幸福"案中的劳动关系认定
——陈某某与深圳市送幸福物流有限公司劳动争议案 302
案例五 网约车司机的劳动关系认定
——网约车司机与滴滴出行科技有限公司劳动争议案 321
案例六 多元化用工环境下生鲜配送平台劳动关系的认定
——郭某某与广州美莱信息技术有限公司等确认劳动关系案 337
案例七 外卖配送交通事故中的责任认定
——梁某某诉东莞港湾劳务派遣有限公司等机动车交通事故责任纠纷案 346
案例八 网络主播与影视传媒公司的劳动关系认定
——马某与深圳某影视传媒有限公司等劳动争议案 359
案例九 平台配送员与运营平台的法律关系认定
——段某与达疆网络科技(上海)有限公司、徐某等机动车交通事故责任纠纷案 370
案例十 外卖送餐案中的劳动关系认定
——隆某某等十五人与上海万古人力资源服务有限公司劳动争议案 387

○ 苏州编

案例一　外卖行业个体工商户的劳动关系认定
——圣某某与江苏物美同城网络科技有限公司确认劳动关系案 399
案例二　“中介型平台”骑手的劳动关系认定
——刘某某与邦芒服务外包有限公司劳动争议案 411
案例三　网络主播的劳动关系与违约责任的认定
——严某某与苏州情久网络科技有限公司合同纠纷案 419
案例四　小微企业不规范用工背景下劳动者的举证责任
——白某某与苏州海蓉雯晨货运代理有限公司、苏州海蓉雯晨电子商务有限公司劳动争议案 433
案例五　外卖骑手劳动关系的区分与界定
——秦某甲等与宁波捷顺食品配送有限公司确认劳动关系案 445
案例六　外卖配送交通事故案中劳务派遣单位和用工单位责任承担
——冯某某诉顾某某、上海奋杰企业营销管理有限公司等机动车交通事故责任纠纷案 454
案例七　生产要素拆解下的劳动关系认定
——赵某甲等人诉济南润盛人力资源管理有限公司等确认劳动关系案 465
案例八　数字经济下网络主播劳动关系的认定
——苏州某供应链管理公司与胡某劳动争议案 484
案例九　快递行业规避劳动用工主体责任的审查与规制
——徐某某与太仓市安路快递有限公司确认劳动关系案 494
案例十　“快递业务承包”案中的劳动关系认定
——郭某某与张家港市申通快递有限公司劳动争议案 507

致谢 525

··· 北京编 ···

BEI JING BIAN

案例一　“好厨师”案中的劳动关系认定

——管某某与上海乐快信息技术有限公司劳动争议案

王天玉*

关键词　好厨师　平台用工　合作协议　劳动关系

【裁判要旨】

平台企业与从业者签订合作协议，协议中有排除劳动关系的条款，但实际劳动过程与协议约定不一致，从业者受到显著的管理拘束，导致双方当事人对法律关系的合意与事实产生冲突。人民法院应依据“事实优先”原则，从人格和经济两方面审查劳动事实，符合从属性标准的，应认定劳动关系。

【案情要点】

1. 上海乐快信息技术有限公司（以下简称乐快公司）运营在线用工平台。该公司运营一款名为“好厨师”的 App（智能手机的第三方应用程序），可在线预约厨师上门提供烹饪服务。

2. 管某某与乐快公司签订了合作协议。该协议的主要内容如下：

（1）双方不存在任何人身隶属关系，乙方（管某某）为劳务成果承担相应的责任，乙方同意接受双方之间的法律关系不直接或间接构成劳动

---

* 中国社会科学院法学研究所社会法室副主任、研究员，国家协调劳动关系三方会议专家委员会委员。

关系。

（2）甲方（乐快公司）为乙方提供“好厨师”平台，为乙方的厨艺进行在线推广，并为乙方提供客户预约服务。

（3）乙方接受甲方指派、调度提供服务的，客户的服务费由甲乙双方各自分配50%，且甲方支付乙方因甲方调度所产生的费用，为计算方便甲方统一按照5000元（大写：伍仟元）支付，多退少补。

（4）乙方如未能按时抵达客户要求的服务地点，或服务不能令客户满意而遭到客户投诉的，则甲方有权对乙方进行计分式惩戒，客户差评或投诉计分到达一定数量的，则甲方有权解除与乙方的合作关系并要求乙方赔偿相应损失。

（5）乙方如违反甲方规定，擅自向预约客户变更服务价格的，甲方有权立即解除与乙方的合作关系并要求乙方赔偿相应损失。

3. 主要证据。乐快公司银行打款明细目录、管某某每月接单记录、每月打款数额的计算明细、平台奖励政策、厨师打款说明、租赁费情况说明。

4. 工作模式。管某某陈述，公司在海淀区四季青地区的一个小区租了房子，要求管某某等厨师每天10时报到，领班要记考勤，接受管理。每月有两天假，有事可以请假，没事就要穿着工作服去发传单做宣传。

5. 双方关系解除。管某某主张乐快公司于2015年9月通知10月停发工资，并要给管某某降工资，管某某不同意，乐快公司就于2015年11月2日口头违法开除了管某某，管某某最后工作到当日。乐快公司则称2015年11月2日后管某某没有再接单，公司并没有解除关系，管某某是自行离开的。

【案件索引】

一审：北京市朝阳区人民法院（2017）京0105民初4980号

二审：北京市第二中级人民法院（2021）京02民终3541号

再审：北京市高级人民法院（2018）京民申1226号

【裁判结果】

北京市朝阳区人民法院一审判决：认定管某某与乐快公司构成劳动关系，对管某某主张的未签订书面劳动合同二倍工资差额、违法解除劳动关系赔偿金、加班费等诉讼请求不予支持。

北京市第二中级人民法院二审判决：维持原判。

北京市高级人民法院再审裁定：驳回再审申请。

【案例注解】

一、本案的法律问题

第一，合作协议中排除劳动关系条款的效力问题。乐快公司主张，合作协议第七条已明确约定该协议系商务合作协议，管某某无须接受乐快公司管理，双方不存在形式人身隶属关系，管某某对劳务成果承担相应的责任，同意双方的法律关系不直接或者间接构成劳动关系。此项约定内容为管某某真实意思表示。

管某某认可合作协议上其本人签名的真实性，但不认可该协议能够排除劳动关系，称是为了证明劳动关系才签字的。

第二，报酬的性质问题。乐快公司主张每月 15 日发放给管某某的 5000 元报酬为超单奖励等合作费用，并非工资。管某某主张该 5000 元报酬为约定每月工资。

第三，劳动关系认定问题。乐快公司主张未对管某某进行任何形式的考勤和劳动管理，也未提出解除协议。即使双方存在劳动关系，乐快公司未提出解除，管某某系个人原因离职，管某某主张违法解除劳动关系未进行举证说明。

二、判决书的分析逻辑

第一，针对合作协议中排除劳动关系条款的效力问题，一审法院强调“事实优于合意”，即“个人与用人单位之间是否成立劳动关系的根本在于双方的‘合作’模式是否符合劳动关系的法律特征，而不在于当事人对双方法律关系的‘主观认识’”。二审法院在“事实优于合意”的基础上阐释了劳动关系与一般民商事法律关系的区别，内在逻辑是“劳动关系认定具有法定性——法定效力优于约定”，即“劳动关系的建立固然要尊重双方当事人的意思自治，但不同于一般的民商事法律关系，劳动法律关系中当事人的意思自治要受到劳动法、劳动合同法等法律、法规及劳动行政部门颁布的规范性文件的严格限制，劳动关系认定与否是由强制性规范予以认定的范畴，不能仅凭当事人的书面约定就排除劳动关系，仍要结合双方的‘合作’模式和劳动者的具体工作内容予以确定”。

第二，针对报酬的性质问题，一审法院从乐快公司的举证责任角度予以分析，即乐快公司主张每月 15 日发放给管某某的报酬为超单奖励等合作费用，并非工资，但其作为报酬发放方，未举证证明支付管某某报酬的计算明细及具体依据，亦未举证证明“好厨师”平台奖励政策已向管某某送达或与其协商一致，故对乐快公司主张的报酬性质及构成，一审法院不予采信。相应地，对管某某有关乐快公司每月 15 日左右按 5000 元的工资标准向其发放工资的主张，一审法院予以采信。二审法院除举证责任外，强调了工资与其他劳务报酬的区别，即“按月发放管某某较为固定的报酬”。

第三，针对劳动关系认定问题，一审法院依据从属性标准对劳动事实予以审查，结果是“乐快公司对管某某进行指派、调度及奖惩等，按月发放管某某较为固定的报酬，管某某受乐快公司的劳动管理，在乐快公司安排的工作地点，代表管某某从事该公司安排的有报酬的劳动；双方符合有关法律法规规定的用人单位和劳动者的主体资格；乐快公司仅经营厨师类业务平台，管某某主要提供厨师技能，双方具有较强的从属关系，此种情况下双方建立的关系符合劳动关系的特点”。

在事实审查的基础上，一审法院对双方所签合作协议予以分析，“双方所签合作协议实际亦系履行劳动关系的协议，该协议中符合劳动法律规范的内容部分对于双方劳动关系的履行具有约束力”。据此，该合作协议构成确认管某某劳动权益的书面依据。

二审法院除上述两项外，强调了平台企业举证责任，“乐快公司作为网络公司，在以移动互联网为背景的经营模式下，有能力也有义务对其公司与管某某的具体‘合作’细节进行举证，以证明双方的‘合作’过程完全符合其合作协议中规定的各项条款”。但是，乐快公司并没有提供证明其按照合作协议开展业务的充足证据。二审法院综合考虑在案证据并结合案件具体事实，认定双方具有较强的从属关系，并指明“从属关系是认定劳动关系的本质特征”。

法院对从属性的判断包括两个方面：人格从属性的证据是“乐快公司对管某某进行指派、调度及奖惩等，管某某受乐快公司的劳动管理，在乐快公司安排的工作地点”；经济从属性的证据是“乐快公司按月发放管某某较为固定的报酬”。

三、此类案件的特点与裁判建议

（一）平台用工中存在“隐蔽雇佣”

隐蔽雇佣的概念是国际劳工组织在《关于雇佣关系的建议书》第四条提出的，意指“雇主以一种掩盖着某人作为雇员的真实法律地位的方式不把他或她当作一个雇员对待”。隐蔽雇佣是劳动世界中长期存在的一种社会现象，平台用工产生之后亦不能豁免。既然隐蔽雇佣的实质是劳动关系，存在用人单位的指挥监督，则能够依据从属性理论予以辨识和认定。

本案是隐蔽雇佣的典型例证，平台企业通过签订合作协议，以合意的方式排除了劳动关系，但在履行合作协议的过程中则采用了劳动关系的管理方式，这就使合作协议成了隐蔽雇佣的“面纱”。在诉讼中，平台企业正是以合作协议作为抗辩理由来反对认定劳动关系，但未能举证证明劳动事实不构成从属性。

同时须强调的是，不能因平台用工中存在隐蔽雇佣，就断定平台用工全部都是隐蔽雇佣。要正视和治理平台用工中的隐蔽雇佣问题，也不能以偏概全，武断地处理所有涉及平台用工的争议。归根到底，要以从属性标准为圭臬，识别和认定劳动关系，划定劳动法的适用边界，做到既保障劳动者的合法权益，又防止劳动关系泛化。

（二）劳动关系认定的裁判建议

1. 事实优先原则

以合作协议等形式排除劳动关系的做法不仅存在于平台用工中，在常规用工中也较为普遍。实践中对如何处理合意与事实冲突的问题长期存在困惑。建立劳动关系的标准模型是双方当事人达成缔结劳动关系的合意，以法定书面合同的形式确立并据此履行。如果一方或双方当事人没有清晰表明缔结劳动关系的合意，或者双方合意不是劳动关系，就需要基于已发生的劳动事实判定双方法律关系的性质。最高人民法院第 179 号指导性案例明确采纳了“事实优先”原则，即在合意与事实冲突时以事实为依据进行法律关系定性。

2. 从属性构成的二要件

从属性是对劳动关系实质的抽象，但理论界和实务界对从属性构成要件存在分歧，出现过组织从属性、技术从属性等多种表述。最高人民法院第 179 号指导性案例所采纳是人格与经济“二要件”构成的从属性标准：人格从属性意指劳动者在用人单位的指挥管理下给付劳务，劳动过程处于受拘束状态。经济从属性意指劳动者使用用人单位提供的劳动条件给付劳务，获得工资报酬，并不承担用人单位的生产经营风险。其中，人格从属性把握了劳动关系的实质，是主要要件；经济从属性重在描述劳动过程，是次要要件。劳动组织、技术等其他特征是人格或经济从属性的表现形式，无须作为单独的从属性构成要件。

【裁判全文】

北京市第三中级人民法院
民事判决书

（2017）京 03 民终 11769 号

上诉人（原审原告）：管某某。

委托诉讼代理人：臧某某。

委托诉讼代理人：李某某。

上诉人（原审被告）：上海乐快信息技术有限公司。

法定代表人：徐某某，总经理。

委托诉讼代理人：王某，上海乐快信息技术有限公司人事经理。

上诉人管某某因与上诉人上海乐快信息技术有限公司（以下简称乐快公司）劳动争议纠纷一案，不服北京市朝阳区人民法院（2017）京0105民初4980号民事判决，向本院提起上诉。本院于2017年9月26日立案后，依法组成合议庭进行了审理。本案现已审理终结。

管某某上诉请求：1. 请求撤销一审判决，并依法改判；2. 申请确认我与乐快公司2015年4月1日至2015年11月2日存在劳动关系；3. 要求支付2015年4月1日至2015年11月2日单位解除劳动关系经济补偿金14000元；4. 要求支付2015年4月1日至2015年11月2日未签劳动合同双倍工资差额42000元；5. 要求支付2015年4月1日至2015年11月2日休息日加班费16551.7元；6. 要求支付拖欠2015年4月1日至2015年11月2日工资5000元；7. 要求补缴2015年4月1日至2015年11月2日社会保险。事实理由：我于2015年4月1日到乐快公司工作，约定每月工资5000元，工作岗位是厨师，上班时间为10时到18时，乐快公司未与我依法签订劳动合同，未依法缴纳社会保险，口头约定休息日、法定节假日加班支付加班费，但是乐快公司未依法支付加班费，未依法安排我休年假。9月通知10月停发工资，2015年11月2日突然违法开除我，请求法院支持我的合法权益。

乐快公司辩称：我们已经签订了合作协议，所有的工资、补助都已经发放，我们之间不是劳动关系，希望法院驳回管某某的请求。

乐快公司上诉请求：请求改判我公司与管某某不存在劳动关系，依法改判我公司无须支付经济补偿金5000元，诉讼费由管某某负担。事实和理由：1. 双方已签署合作协议，协议中明确双方是合作关系。我公司认为一审法院审理此案事实不清，适用法律错误，我公司与管某某不存在劳动关系，双方建立合作关系同时签订了合作协议，在合作协议第七条已明确并强调本协议系商务合作协议，管某某无须接受我公司管理，双方不存在形式人身隶属关系，管某某对劳务成果承担相应的责任，管某某同意接受双方之间的法律关系不直接或者间接构成劳动关系。前述内容为管某某真实意思表示。我公司也未对管某某进行任何形式的考勤和劳动管理。我公司未提出解除，管某某也未举证应当承担不利后果。即使双方存在劳动关系，我公司未提出解除，管某某系个人原因离职，管某某主张违法解除也未进行举证说明，一审判决我公司提出且协商一致解除双方劳动关系于情不合，于法无据。

管某某辩称：双方构成劳动关系，我认为根据目前国家的法律，双方属于劳动关系，公司应当予以赔偿。我与乐快公司存在劳动关系。

管某某向一审法院起诉请求：1. 请求法院确认双方自 2015 年 4 月 1 日至 2015 年 11 月 2 日存在劳动关系；2. 乐快公司支付 2015 年 4 月 1 日至 2015 年 11 月 2 日解除劳动关系经济补偿金 14000 元；3. 乐快公司支付 2015 年 4 月 1 日至 2015 年 11 月 2 日未签劳动合同双倍工资差额 42000 元；4. 乐快公司支付 2015 年 4 月 1 日至 2015 年 11 月 2 日休息日加班工资 16551.7 元；5. 乐快公司支付拖欠的 2015 年 10 月 1 日至 11 月 2 日的工资 5000 元；6. 补缴 2015 年 4 月 1 日至 2015 年 11 月 2 日的社会保险。

一审法院认定事实：乐快公司营业执照显示其成立时间为 2014 年 9 月 4 日，经营范围为“从事信息技术、智能化技术、网络技术……餐饮企业管理（不含食品生产经营），食品农产品的销售（不含生猪产品的销售）”，该公司运营一款名为“好厨师”的 App（App 为外语 Application 的简称，指智能手机的第三方应用程序，以下简称“好厨师”App），可在线预约厨师上门提供烹饪服务。

对于有争议的证据和事实，一审法院认定如下：

审理中，管某某为证明其主张的双方存在劳动关系，提供了银行卡账户历史明细清单、押金收据以及邓某烈等其他劳动者案件一审判决书。其中，银行明细显示：管某某的账户 2015 年 4 月 15 日转入 3970 元，5 月 15 日分两笔转入 4000 元、2277 元，6 月 15 日分两笔转入 4000 元、3321.7 元，7 月 15 日分两笔转入 4000 元、3522.08 元，8 月 14 日分两笔转入 4000 元、2553.75 元，9 月 15 日分两笔转入 3517.24 元、2893.56 元，9 月 16 日转入 1068.3 元，9 月 23 日转入 534 元，10 月 2 日转入 1702.9 元，10

月9日转入79元，10月12日转入7500元，10月15日转入5140元，10月16日转入128元，10月23日转入79元。押金收据显示：押金500元。乐快公司对上述证据的真实性认可，认可系该公司转账，但主张是乐快公司作为中介平台代收消费者的服务款后向管某某支付的超单奖励、办卡奖励等合作费用，为方便统计所以按月发放；2015年9月前按月结算服务费，此后开始按周结算，2015年10月9日后合作费由半价改为全价；乐快公司主张押金收据是该公司向管某某提供厨师服、做饭用具的租赁费用，退还物品时，则予以返还，工作服及背包为该公司提供给管某某的，不认可管某某的证明目的。

乐快公司为主张双方为合作关系，提交了2015年4月1日双方签订的合作协议，显示甲方为乐快公司，乙方为管某某，内容为：“甲方运营一家国内专业的移动互联网在线预约厨师上门服务平台‘好厨师’（以下简称‘好厨师’）；乙方是具有专业厨师资格，或虽非具有专业厨师资格，但拥有丰富掌厨经验的人士；乙方通过甲方‘好厨师’平台，提升自身知名度，增加自身客源；甲方同意在乙方遵守甲方‘好厨师’平台相关运营制度的前提下，将‘好厨师’提供给乙方，实现共同盈利。双方经友好协商一致，于2015年4月1日签署本合作协议如下：第一条，乙方于本协议签署之日起正式与甲方建立合作关系，成为甲方‘好厨师’平台合作厨师。第二条，乙方知晓并同意将自身的身份信息、联系方式等部分隐私信息提供给甲方并发布于‘好厨师’平台。第三条，乙方知晓并同意自身提供的烹饪服务对应的价位由甲方公开并发布于‘好厨师’平台。服务价位一经发布，乙方不得擅自修改。第四条，甲方为乙方提供‘好厨师’平台，为乙方的厨艺进行在线推广，并为乙方提供客户预约服务。客户通过‘好厨师’平台向乙方提出上门烹饪预约的，则乙方应当于客户议定的时间内抵达服务地点为客户进行烹饪服务。第五条，甲方为乙方提供专业的烹饪服务工具一套（详见清单），甲方考虑乙方为客户提供服务的方便和及时，向乙方提供烹饪服务工具计时租赁服务。为了方便计算乙方工具租赁费，甲方设立租赁登记制度，乙方应当配合完成租赁登记手续，工具如有遗失、损坏，乙方应当承担相关损失，租金计算在本协议第六条调度费用中。第六条，双方约定按如下第2项形式分享收益：1. 乙方仅接受客户通过‘好厨师’平台点名预约乙方的上门烹饪服务的，则客户的服务费用由乙方100%分配；2. 乙方不仅接受客户通过‘好厨师’平台点名预约乙方的上门烹饪服务，且愿意接受甲方指派、调度的‘好厨师’平台预约上门烹饪服务的，则客户的服务费由甲乙双方各自分配50%，且甲方支付乙方因甲方调度所产生的费用，为计算方便甲方统一按照5000元（大写：伍仟元）支付，多退少补。第七条，双方确认并强调，本协议系商务合作协议，无须接受甲方管理，双方不存在任何人身隶属关系，乙方为劳务成果承担相应的责任，乙方同意接受双方之间的法律关系不直接或间接构成劳动关系。第八条，乙方如未能按时抵达客户要求的服务地点，或服务不能令客户满意而遭到客户投诉的，则甲方有权对乙方进行计分式惩戒，客户差评或投诉计分达到一定数量的，则甲方有权解除与乙方的合作关系并要求乙方赔偿相应损失。第九条，乙方如违反甲方规定，擅自向预约客户变更服务价格的，甲方有权立即解除与乙方的合作关系并要求乙方赔偿相应损失……第十一条，本协议的合作期限为1年，期限届满，双方均未提出不再续期的，视为自动续期1年，以此类推……”

管某某认可该证据上其本人签名的真实性，但不认可证明目的，称是为了证明劳动关系才签字的。

乐快公司提交银行打款明细目录、管某某每月接单记录、每月打款数额的计算明细、平台奖励政策、厨师打款说明、租赁费情况说明。管某某认可银行打款目录、每月打款数额计算明细，平台奖励政策、厨师打款说明，对于接单记录、租赁费情况说明不予认可。

关于双方关系解除，管某某主张乐快公司于2015年9月通知10月停发工资，并要给管某某降工资，管某某不同意，乐快公司就于11月2日口头违法开除了管某某，管某某最后工作到当日。乐快公司则称11月2日后管某某没有再接单，公司并没有解除关系，管某某是自行离开的。对此双方均未举证。

另查，乐快公司在一审法院起诉王某军等人的劳动争议案件已经一审法院判决后上诉到北京市第三中级人民法院，现均已调解结案。

一审法院认为，劳动关系是否成立属法定范畴，即个人与用人单位之间是否成立劳动关系的根本在于双方的“合作”模式是否符合劳动关系的法律特征，而不在于当事人对双方法律关系的“主观认识”。本案中，双方虽签订了否定劳动关系的合作协议，但一审法院仍应审查双方事实上是否构成劳动关系。

乐快公司对管某某进行指派、调度及奖惩等，按月发放管某某较为固定的报酬，管某某受乐快公司的劳动管理，在乐快公司安排的工作地点，代表乐快公司从事该公司安排的有报酬的劳动；双方符合有关法律法规规定的用人单位和劳动者的主体资格；乐快公司仅经营厨师类业务平台，管某某主要提供厨师技能，双方具有较强的从属关系，此种情况下双方建立的关系符合劳动关系的特点。乐快公司否认双方存在劳动关系，未提交有关管某某入职离职时间、工资标准、离职原因等相关证据，对此应当承担不利的法律后果，又鉴于乐快公司提供的证据中反映了管某某 5 月开始工作的情况，一审法院采信管某某的有关陈述。故对管某某要求确认与乐快公司于 2015 年 4 月 1 日至 2015 年 11 月 2 日存在劳动关系的诉讼请求，一审法院予以支持。

乐快公司虽主张每月 15 日发放给管某某的报酬为超单奖励等合作费用，并非工资，但作为报酬发放方，未举证证明支付管某某报酬的计算明细及具体依据，亦未举证证明“好厨师”平台奖励政策已向管某某送达或与其协商一致，故对乐快公司主张的报酬性质及构成，一审法院不予采信，对管某某有关乐快公司每月 15 日左右按 5000 元的工资标准向其发放工资的主张，一审法院予以采信。乐快公司提交的管某某接单情况和打款明细可以相互印证，2015 年 10 月的劳动报酬已经支付，故管某某主张乐快公司未支付 2015 年 10 月工资，一审法院不予采信，其要求支付工资的诉讼请求，一审法院不予支持。

管某某与乐快公司实质上建立了劳动关系，双方所签合作协议实际亦系履行劳动关系的协议，该协议中符合劳动法律规范的内容部分对于双方劳动关系的履行具有约束力，且在一审法院确认双方建立劳动关系的前提下，管某某的相关劳动权益亦依法得到保障。有鉴于此，一审法院对于管某某主张未签订书面劳动合同双倍工资差额的诉讼请求不予支持。

当事人对自己提出的主张，有责任提供证据。根据本案双方当事人陈述和举证，尚不足以认定乐快公司与管某某解除劳动关系，管某某在审理中变更诉讼请求主张乐快公司违法解除劳动关系，一审法院不予采信，其主张的违法解除劳动关系的赔偿金，一审法院不予支持。鉴于双方在2015年11月2日后均未继续履行合同义务，一审法院认定双方协商一致解除劳动关系，乐快公司应依法支付管某某解除劳动关系的补偿金。

劳动者主张加班费的，应当就加班事实的存在承担举证责任。管某某未举证证明其存在休息日加班情形，故对其要求乐快公司支付其休息日加班费的诉讼请求，一审法院不予支持。

管某某要求乐快公司补缴社会保险的请求，不属于人民法院审理劳动争议案件的范围，一审法院不予审处。

综上，依照《中华人民共和国劳动合同法》第七条、第四十六条、第四十七条，《最高人民法院关于审理劳动争议案件适用法律若干问题的解释（三）》第九条，《中华人民共和国劳动争议调解仲裁法》第六条之规定，判决：一、确认管某某与乐快公司于2015年4月1日至2015年11月2日存在劳动关系；二、乐快公司于判决生效之日起七日内支付管某某解除劳动关系的经济补偿金5000元；三、驳回管某某的其他诉讼请求。如果未按判决指定的期间履行给付金钱义务，应当依照《中华人民共和国民事诉讼法》第二百五十三条之规定，加倍支付迟延履行期间的债务利息。

二审诉讼期间双方均未向本院提交新证据。

对于工作模式，管某某一方一审陈述公司在海淀区四季青地区的一个小区租了房子，要求管某某等厨师每天10时报到，领班要记考勤，接受管理。每月有两天假，有事可以请假，没事就要穿着工作服去发传单做宣传。

乐快公司陈述认为不认可管某某的陈述。公司为了方便厨师领取做菜配料在四季青租了一个地方，但后来也撤了。没有记过考勤。

另，乐快公司曾在一审提交了平台奖励政策和厨师打款说明，其中“好厨师”平台奖励政策显示：“为鼓励厨师积极接单，提高服务质量，把更好的服务带给千家万户，公司制定系列奖励政策：1. 接单奖励：满30单奖励1200元，满40单奖励3000元，满50单奖励5000元。2. 好评奖励：厨师服务的每一个订单，客户都有一次评论的机会，如果获得一个好评，合作师傅额外获得10元奖励，此奖励为方便统计，每月发放一次。”

经询问，乐快公司主张给厨师讲过政策和说明，但没有送达的记录。管某某对此不予认可。

另查，本案一审诉讼中管某某提供郭某某等多位劳动者与乐快公司劳动争议案件的一审判决书。根据判决书记载，乐快公司曾在法院审理的乐快公司与王某某等 7 人的劳动争议案件中，认可 zhaopin. com 网页打印件的真实性，该证据的公司简介显示：“好厨师总部位于上海市黄浦区，是一家新型网络 App 的私人厨师平台，拥有专业的团队，实力雄厚，以倾力呈现各种美食为理念，以‘注重细节，追求品位’为宗旨，致力打造中国一流的网络厨师平台，并努力成为引领中国网络饮食界龙头企业。”管理团队显示：“好厨师创始人徐某某向媒体透露：目前好厨师的厨师团队共 320 人，不同于采用兼职人员为主的模式，这 300 多名厨师都是公司的全职员工。”公司介绍显示：“我们将为您提供：入职即办理各项社会保险、住房公积金；享有法定节假日、婚假、产假、病假、陪产假、年休假等；具有竞争力的薪资待遇+奖金；公司根据员工需求购买相应图书；快速升职加薪的晋升空间；定期体检……”此外，乐快公司认可其 App 经过多次升级，2015 年 6 月、7 月开始具有抢单功能。

本院查明的其他事实与一审法院一致。

本院认为，本案的争议焦点在于管某某与乐快公司是否构成劳动关系。

本案中乐快公司提供了与管某某签订的合作协议，合作协议中约定双方合同关系性质系商务合作，并约定双方之间的法律关系不直接或间接构成劳动关系。乐快公司以此主张双方不构成劳动关系。本院对此认为，劳动关系的建立固然要尊重双方当事人的意思自治，但不同于一般的民商事法律关系，劳动法律关系中当事人的意思自治要受到劳动法、劳动合同法等法律、法规及劳动行政部门颁布的规范性文件的严格限制，劳动关系认定与否是由强制性规范予以认定的范畴，不能仅凭当事人的书面约定就排除劳动关系，仍要结合双方的“合作”模式和劳动者的具体工作内容予以确定。

根据查明的事实，乐快公司对管某某进行指派、调度及奖惩等，按月发放管某某较为固定的报酬，管某某受乐快公司的劳动管理，在乐快公司安排的工作地点，代表乐快公司从事该公司安排的有报酬的劳动；双方符合有关法律法规规定的用人单位和劳动者的主体资格；乐快公司仅经营厨师类业务平台，管某某主要提供厨师技能，综合以上因素考虑，应当认定双方具有较强的从属关系，而从属关系正是认定劳动关系的本质特征。

另，从举证能力和举证责任的角度考虑，本院认为，乐快公司作为网络公司，在以移动互联网为背景的经营模式下，有能力也有义务对其公司与管某某的具体“合作”细节进行举证，以证明双方的“合作”过程完全符合其合作协议中规定的各项条款。本案中，乐快公司的 App 曾多次升级，功能一再发生变化，双方对系派单还是主动抢单、是否需要在工作站坐班等问题都说法不一，本院难以从乐快公司的举证中看出，双方的“合作”完全符合合作协议规定的模式。且考虑到乐快公司曾招聘全职厨师，并对外宣传全职厨师为该 App 区别于其他类似 App 的因素，综合考虑在案证据并结合案件具体事实，本院认为本案情况下双方建立的关系符合劳动关系的特点。故本院对于乐快公司的上诉主张不予支持。

乐快公司否认双方存在劳动关系，未提交有关管某某入职离职时间、工资标准、离职原因等相关证据，对此应当承担不利的法律后果，又鉴于乐快公司提供的证据中反映了管某某从 2015 年 4 月开始工作的情况，一审法院采信管某某的有关陈述并无不当。故一审法院确认双方构成劳动关系是正确的。经审核，一审判决的劳动关系期间并无不当，应当予以维持。

乐快公司虽主张每月 15 日发放给管某某的报酬为超单奖励等合作费用，并非工资，但作为报酬发放方，未举证证明支付管某某报酬的计算明细及具体依据，亦未举证证明“好厨师”平台奖励政策已向管某某送达或与其协商一致，故对乐快公司主张的报酬性质及构成，应当不予采信，对管某某有关乐快公司每月 15 日左右按 5000 元的工资标准向其发放工资的主张，应当予以采信。乐快公司提交的管某某接单情况和打款明细可以相互印证，2015 年 10 月的劳动报酬已经支付，故管某某主张乐快公司未支付 2015 年 10 月工资，本院不予采信，其要求支付工资的诉讼请求，本院不予支持。

管某某与乐快公司实质上建立了劳动关系，双方所签合作协议实际亦系履行劳动关系的协议，该协议中符合劳动法律规范的内容部分对于双方劳动关系的履行具有约束力，且在法院确认双方建立劳动关系的前提下，管某某的相关劳动权益亦依法得到保障。有鉴于此，一审法院对于管某某主张未签订书面劳动合同双倍工资差额的诉讼请求不予支持是正确的，应当予以维持。

当事人对自己提出的主张，有责任提供证据。根据本案双方当事人陈述和举证，尚不足以认定乐快公司与管某某解除劳动关系，管某某主张的违法解除劳动关系的赔偿金，应当不予支持。鉴于双方在2015年11月2日后均未继续履行合同义务，本院认定双方协商一致解除劳动关系，乐快公司应依法支付管某某解除劳动关系的补偿金，经核算，一审判决金额正确，应当予以维持。

劳动者主张加班费的，应当就加班事实的存在承担举证责任。管某某未举证证明其存在休息日加班，故对其要求乐快公司支付其休息日加班费的诉讼请求，应当不予支持。

管某某要求乐快公司补缴社会保险的请求，不属于人民法院审理劳动争议案件的范围，一审法院不予审处并无不当，应予维持。

综上所述，乐快公司和管某某的上诉请求和上诉理由均依据不足；一审判决并无不当，应予维持。依照《中华人民共和国民事诉讼法》第一百七十条第一款第一项规定，判决如下：驳回上诉，维持原判。

二审案件受理费20元，由管某某负担10元，由上海乐快信息技术有限公司负担10元（已交纳）。

本判决为终审判决。

审　判　长　刘　茵
审　判　员　郑吉喆
代理审判员　熊　静

二〇一七年十二月二十六日

法官助理　王博文
书　记　员　崔浩然

案例二　平台配送员交通事故侵权责任承担

——梁某与罗某、上海某信息科技有限公司、江西某信息技术有限公司、某财产保险股份有限公司非机动车交通事故责任纠纷案

谢丽娜*

关键词　平台用工　新就业形态　居间合同　合作合同　劳务关系　交通事故　责任保险

【裁判要旨】

与单位存在雇佣关系的配送员，其配送活动属于执行工作任务。配送员在配送过程中发生交通事故造成他人损害的，由用人单位承担侵权责任。如用人单位已经为配送员执行工作任务的行为向保险公司投保责任保险，该责任保险以用人单位对第三者依法应负的赔偿责任为保险标的，则被侵权人有权直接要求保险公司在保险责任范围内承担赔偿责任。

【案情要点】

1. 罗某注册为上海拉扎斯信息科技有限公司（以下简称上海拉扎斯信息科技公司）开发的蜂鸟众包平台配送员，双方在平台签署《蜂鸟众包用户协议书》，约定蜂鸟众包平台通过信息推送方式向配送员及物流配送需求者提供居间服务，配送服务任务包括但不限于“饿了么”“饿了么星选”等平台上的需求。

---

* 北京市兰台律师事务所劳动法团队合伙人、北京市朝阳区劳动争议仲裁委员会兼职仲裁员。

2. 上海拉扎斯信息科技公司与上海蜂鸟服务外包公司签署《外包服务合作协议》，后该协议中加入江西速到信息技术有限公司（以下简称江西速到信息技术公司）作为签署主体，遵守原协议及补充协议。《外包服务合作协议》约定上海拉扎斯信息科技公司构建配送服务信息的物流信息平台，将配送需求信息派发给承包公司；承包公司提供具有配送劳务能力的人员在上海拉扎斯信息科技公司平台注册，并通过蜂鸟众包信息平台在线签订与承包公司的《服务协议》；订单履行完毕后上海拉扎斯信息科技公司将配送服务费支付给承包公司，承包公司应将配送服务费支付给相应的配送人员；上海拉扎斯信息科技公司向承包公司支付管理服务费。《外包服务合作协议》还约定，承包公司作为配送人员的管理主体，应安排岗位培训；配送人员未能按指定时间到达指定地点提供服务的，应及时联系上海拉扎斯信息科技公司以便及时协调；承包公司与其配送人员需建立合法的用工关系，应按期、足额支付配送人员的劳动报酬等。

3. 江西速到信息技术公司负责上述外包服务协议项下的北京配送业务，罗某系其公司管理的配送员。

4. 2021 年 5 月，罗某骑电动自行车在向右避让车辆过程中与梁某（骑电动自行车）接触，发生交通事故，车辆接触部位损坏，梁某受伤。经交通部门认定罗某有非机动车突然猛拐或者在其他车辆之间穿行的过错行为，承担全部责任，梁某无责。事故发生时罗某处于接单配送过程中。

5. 事故发生后当日，梁某被送往医院治疗。梁某因交通事故受伤涉及的相关医疗费金额共计 57841.93 元。此外还产生护理费、交通费等若干。梁某就伤情所致伤残等级及误工期、护理期、营养期申请司法鉴定。鉴定结果认定梁某伤残等级为十级，伤残赔偿指数 10%。伤后误工期考虑以 120~150 日、护理期考虑以 30~60 日、营养期考虑以 60~90 日为宜。梁某支出鉴定费 3150 元。

6. 江西某信息技术公司为配送员在中国太平洋财产保险股份有限公司（以下简称中国太平洋保险公司）投保配送人员意外险，其中含快递配送从业人员第三者责任保险，保险金额为 30 万元，保障范围为因过失导致第三者人身伤亡或财产的直接实际损失，包含第三者误工费、营养费、护理费，第三者事故按照道路交通事故标准赔付。协议责任免除部分有：除死亡赔偿金、残疾赔偿金、医疗费、误工费、护理费、营养费以外的其他费用，如交通费、住宿费、住院伙食补助费、残疾辅助器具费、被扶养人生活费、康复费、丧葬费、死亡补偿费、精神损害抚慰金等，保险人不负责赔偿；超出国家基本医疗保险标准的，医疗费保险人不负责赔偿。

【案件索引】

一审：北京市西城区人民法院（2021）京0102民初22243号

【裁判结果】

北京市西城区人民法院一审判决：一、本判决生效之日起七日内，被告中国太平洋保险公司在保险范围内赔偿原告梁某医疗费57841.93元、住院伙食补助费400元、营养费4500元、护理费9210元、残疾赔偿金111094.40元、交通费410元、精神损害抚慰金5000元、财产损失100元，以上合计188556.33元；二、驳回原告梁某的其他诉讼请求。如果被告中国太平洋保险公司未按本判决指定的期间履行给付金钱义务，应当依照《民事诉讼法》第二百六十条之规定，加倍支付迟延履行期间的债务利息。

【案例注解】

一、本案的法律问题

第一，配送员与相关企业之间的法律关系。本案中平台企业（上海拉扎斯信息科技公司）主张自身不是适格被告，配送员与其没有任何雇佣关系或劳动关系。其与江西速到信息技术公司签署了外包合作协议，仅提供居间服务，其将配送订单发送给江西速到信息技术公司，由该公司进行配送业务，该公司为配送人员投保并支付配送款。其公司与配送员没有形成劳动或劳务关系，不应当承担侵权责任。

江西速到信息技术公司主张其与配送员签订了网约工合作协议，该协议约定不适用劳动合同法和劳动法，应当适用民法。并主张本案系交通事故责任纠纷，应该由实际侵权人和保险公司赔偿。具体理由包括：（1）配送员为众包骑手，众包骑手自行注册账号，非由其公司招聘，骑手所配送服务的城市地点由其自行选择、配送工具由其自带、工作内容上未对骑手进行强制派单；（2）骑手的报酬由商家及客户两方支付，其公司仅代为发放配送费，并未对配送费进行抽成，也未在其中获利，且报酬发放的模式是由骑手随时提取；（3）其公司仅为众包人员投保，负有安全宣导的义务，重大交通事故与保险公司的沟通处理由其公司处理，但并未对罗某及其他骑手进行管理。

第二，在配送员因过错发生交通事故的情况下应由谁向被侵权人承担赔偿责任。平台公司主张其与罗某没有形成劳动或劳务关系，不应当承担侵权责任。

江西速到信息技术公司主张与配送员签订了网约工合作协议，该协议约定不适用劳动合同法和劳动法，应当适用民法。并主张本案系交通事故责任纠纷，应该由实际侵权人和中国太平洋保险公司赔偿。

罗某对于相关的事故经过认可，但主张自己在蜂鸟众包平台上注册，登记注册成功后可在平台上做外卖配送工作，其与平台公司和江西速到信息技术公司存在劳务关系，发生事故时正在平台接单送餐过程中，应该由二被告承担赔偿责任。

中国太平洋保险公司主张原告诉请只有四项在保险责任范围内，分别是医保范围内的医疗费、营养费、护理费及伤残赔偿金，其他诉请不属于保险赔偿范围。

二、判决书的分析逻辑

（一）配送员因执行工作任务造成他人损害的，由用人单位承担侵权责任

一审法院认为，《民法典》第一千一百六十五条第一款规定，行为人因过错侵害他人民事权益造成损害的，应当承担侵权责任。第一千一百七十九条规定，侵害他人造成人身损害的，应当赔偿医疗费、护理费、交通费、营养费、住院伙食补助费等为治疗和康复支出的合理费用，以及因误工减少的收入。造成残疾的，还应当赔偿辅助器具费和残疾赔偿金；造成死亡的，还应当赔偿丧葬费和死亡赔偿金。第一千一百八十三条第一款规

定，侵害自然人人身权益造成严重精神损害的，被侵权人有权请求精神损害赔偿。第一千一百九十一条规定，用人单位的工作人员因执行工作任务造成他人损害的，由用人单位承担侵权责任。用人单位承担侵权责任后，可以向有故意或者重大过失的工作人员追偿。

交通部门认定罗某负本次交通事故全部责任。从江西速到信息技术公司为罗某发放报酬、协调订单、岗位培训、保险投保等方面，可以认定罗某与江西速到信息技术公司存在劳务关系，罗某系江西速到信息技术公司管理的配送员，交通事故发生时，可视为罗某在为江西速到信息技术公司执行工作任务，且梁某的伤情与本次事故有直接因果关系，故江西速到信息技术公司应承担全部侵权责任。

（二）当用人单位投保责任保险后，可以由保险公司直接向被侵权人赔偿

责任保险系以被保险人对第三者依法应负的赔偿责任为保险标的的保险。本案中某保险公司作为第三者责任的承保单位，可以直接向梁某赔偿。为便于一并解决纠纷，本案一并处理保险理赔事宜。

三、此类案件的特点与裁判建议

（一）影响此类案件裁判结果的原因

随着新就业形态下互联网平台用工的规模不断扩大，引发的民事纠纷也日益增多，影响新业态从业人员的劳动权益保障，也影响平台经济的良性发展。对此，政府多部门相继出台多项针对新就业形态劳动权益保障的政策。但对于劳动关系不明确的新业态从业者造成第三人损害的责任承担问题，并未有明确规定。

由于对平台用工尚无明确的法律规范作为依据，在现行法律规范框架内，基于裁判者对于法律条文的理解不同，对于平台企业与新就业形态从业者之间的法律关系的认定缺乏既定性和统一的裁判观点。加之平台用工形式多样，法律关系复杂，不同案件中对于新就业形态从业者在配送活动中发生交通事故造成的侵权责任承担存在不同观点。

本案中，江西速到信息技术公司是整个平台用工形式中的一个环节，结合其向配送员发放报酬、协调订单、岗位培训、保险投保等方面的情况，可以证实其对配送员进行管理，即便双方不构成标准的劳动关系，也可以认定双方存在劳务关系，配送员的配送活动是执行该公司的工作任务。由此，应当适用《民法典》关于用人单位的工作人员因执行工作任务造成他人损害的，由用人单位承担侵权责任的规定。

（二）此类案件的裁判建议

第一，以各方主体签署的书面协议内容作为参考，对照事实履行情况确定新就业形态从业者与平台企业或对其直接管理的企业之间的法律关系。新就业形态从业者与平台企业以及对其直接管理的企业之间可能形成多样的法律关系，此种法律关系的认定不应当唯劳动关系是从，即并非只有在劳动关系成立的情况下，平台企业或对其直接进行管理的企业才对新就业形态从业者的从业行为承担责任。平台用工确实具有一定的灵活性，创造了大量的就业机会，其灵活性可能对应多种法律关系，包括但不限于劳动关系、劳务关系、承揽关系、居间关系等。在具体案件中，应当结合各方主体签订的书面协议内容、实际履行情况等进行具体分析，确定法律关系的性质，以此作为侵权责任判断的前提。

第二，雇主责任的适用不局限于存在劳动关系的用人单位与劳动者。《民法典》第一千一百九十一条规定，用人单位的工作人员因执行工作任务造成他人损害的，由用人单位承担侵权责任。该规定明确用人单位就其工作人员因执行工作任务造成的侵权承担无过错责任。该条款虽然使用了"用人单位"这一用语，但其调整的范围并不局限用人单位和与其建立劳动关系的劳动者之间。

第三，用人单位可通过投保责任保险的方式分散承担侵权责任的风险。作为责任保险的一种，机动车交通事故第三者责任险被广泛使用，且已被作为法定强制险。第三者责任险能够有效分散风险，确保侵权人的赔偿能力，维护社会秩序的稳定。针对将非机动车作为主要交通工具的外卖行业，其发生交通事故的概率与潜在风险也随在途时间而变大。在此情形下，用人单位可通过投保第三者责任险的方式分散风险。

人力资源社会保障部等部门发布的《关于维护新就业形态劳动者劳动保障权益的指导意见》（人社部发〔2021〕56号）中对于企业健全并落实劳动安全卫生责任制作出了要求，企业要严格遵守安全生产相关法律法规，落实全员安全生产责任制，强化恶劣天气等特殊情形下的劳动保护，最大限度减少安全生产事故和职业病危害。强化职业伤害保障，以出行、外卖、即时配送、同城货运等行业的平台企业为重点，组织开展平台灵活就业人员职业伤害保障试点，平台企业应当按规定参加。采取政府主导、信息化引领和社会力量承办相结合的方式，建立健全职业伤害保障管理服务规范和运行机制。鼓励平台企业通过购买人身意外、雇主责任等商业保险，提升平台灵活就业人员保障水平。

用人单位投保责任保险亦符合《安全生产法》的要求。《安全生产法》第五十一条第二款规定，“国家鼓励生产经营单位投保安全生产责任保险；属于国家规定的高危行业、领域的生产经营单位，应当投保安全生产责任保险……”《安全生产责任保险实施办法》（安监总办〔2017〕140号）第九条第一款规定：“安全生产责任保险的保险责任包括投保的生产经营单位的从业人员人身伤亡赔偿，第三者人身伤亡和财产损失赔偿，事故抢险救援、医疗救护、事故鉴定、法律诉讼等费用。”第十五条规定：“保险机构应当严格按照合同约定及时赔偿保险金；建立快速理赔机制，在事故发生后按照法律规定或者合同约定先行支付确定的赔偿保险金。生产经营单位应当及时将赔偿保险金支付给受伤人员或者死亡人员的受益人（以下统称受害人），或者请求保险机构直接向受害人赔付。生产经营单位怠于请求的，受害人有权就其应获赔偿部分直接向保险机构请求赔付。”

配送员作为新就业形态从业类型的代表，其劳动形式具有灵活性，也大大便利了百姓的日常生活。但是，也要看到对其劳动效果的时间要求以及交通工具的频繁使用，增加了发生交通事故的风险，增加了配送人员自身及不特定社会公众人身安全的风险。平台企业或者对配送员具有直接管理职责的企业，应当具备风险意识，在因配送员执行工作任务而给第三人的身体健康造成损害的风险提升的情况下，应当注意对第三人的安全保护并承担相应的赔偿责任。购买商业责任保险是分散风险的有效途径之一，在发生保险事故时可由保险公司直接向被侵权人进行赔偿，不仅能够保障被侵权人得到有效赔付，同时也可以降低用人单位的经营风险。此外，还需要注意，保险责任范围应当尽可能覆盖因交通事故受侵害的第三人可能发生的合理费用，用人单位在投保时应当注意免责事项。

【裁判全文】

北京市西城区人民法院
民事判决书

（2021）京0102民初22243号

原告：梁某。

被告：罗某。

被告：上海拉扎斯信息科技有限公司。

法定代表人：王某，总经理。

委托诉讼代理人：邹某某。

委托诉讼代理人：周某某。

被告：江西速到信息技术有限公司。

法定代表人：胡某，经理。

委托诉讼代理人：闫某某，江西速到信息有限公司工作人员。

被告：中国太平洋财产保险股份有限公司上海分公司。

负责人：徐某，总经理。

委托诉讼代理人：朱某某。

原告梁某与被告罗某、被告上海拉扎斯信息科技有限公司（以下简称拉扎斯公司）、被告江西速到信息技术有限公司（以下简称速到公司）、被告中国太平洋财产保险股份有限公司上海分公司（以下简称太平洋保险公司）非机动车交通事故责任纠纷一案，本院于2021年7月8日立案后，依法适用简易程序，由审判员独任审理，于2022年1月14日公开开庭进行了审理。原告梁某、被告罗某、被告拉扎斯公司的委托诉讼代理人邹某某、被告速到公司的委托诉讼代理人闫某某、被告太平洋保险公司的委托诉讼代理人朱某某到庭参加了诉讼。本案现已审理终结。

原告梁某向本院提出诉讼请求：要求被告赔偿以下费用：医疗费57891.66元、住院伙食补助费400元（4天×100元/天）、营养费4500元（50元/天×90天）、护理费10980元（包括病房护理1天360元和家人护理59天10620元）、残疾赔偿金111094.40元、精神损害抚慰金10000元、交通费410元、鉴定费3150元、财产损失100元（电动车左侧车把损坏），以上共计198526.06元。事实和理由：2021年5月11日9时50分，在北京市西城区广安门外大街手帕口桥区至手帕口西街南口段天宁寺派出所门前，罗某骑号牌为京临××的电动自行车由东向西行驶，梁某骑号牌为北京××电动自行车由东向西行驶，罗某在向右避让车辆过程中与右侧梁某接触，发生交通事故，造成车辆接触部位损坏，梁某受伤。原告前往首都医科大学宣武医院急诊就诊，诊断为左侧锁骨粉碎性骨折，被收治入院手术治疗。但因伤势过重留下约15厘米长疤痕。事故发生后被告未支付任何费用，故起诉，希望法院判如所请。

被告罗某辩称：对原告陈述的事实理由、相关的事故经过认可。但是我不应该承担全责，双方车速一致，我被夹在中间，往右靠了一下就摔倒了。发生事故时我正在送外卖的过程中，系在“饿了么”平台接单送餐过程中。我在“饿了么”平台注册时会在网上签署审核资料，登记注册成功后可以在这个平台做外卖工作。我与被告拉扎斯公司和速到公司存在劳务关系，应该由二被告承担赔偿责任。

被告拉扎斯公司辩称：我公司不是本案适格被告，派送人员与我公司没有任何雇佣或劳动关系。我公司和速到公司签署了外包合作协议。我公司仅提供居间服务，将配送订单发送给速到公司，由速到公司进行配送业务，速到公司为配送人员投保并支付配送款。我公司与罗某没有形成劳动或劳务关系，不应当承担侵权责任。

被告速到公司辩称：我公司与罗某签订网约工合作协议，该协议约定不适用劳动合同法和劳动法，应当适用民法。罗某为众包骑手，骑手所配送服务的城市地点、工作工具均由其自行提供；骑手的报酬获得组成是由商家及客户两方组成，我公司仅为其代为发放配送费，在其中并未获利，而且报酬发放的模式也是由骑手随时提取；我公司仅为其投保，他的配送费我们没有抽成。我们和被告拉扎斯公司有商业合作关系，约定众包人员都是在我公司投保范围内，我公司和被告拉扎斯公司签订协议也是为众包人员投保，我们对罗某没有进行过管理，除了投保外还负有对配送员安全宣导的义务，拉扎斯公司委托我公司进行安全宣导，另外重大交通事故与保险公司的沟通处理都是我们处理，包括骑手的理赔都是由我们处理。众包骑手都是自己注册的账号，并不是我们以各种方式招聘来的，我们也没有强制派单，配送员的配送费是商家和客户两方面构成的费用，配送员实际看到多少就能得到多少，费用保存在我平台，随时可以提取。故，本案系交通事故责任纠纷，应该由实际侵权人和保险公司赔偿。

被告太平洋保险公司辩称：对事发事故经过以及责任认定由法院依法认定。速到公司向我司为罗某投保的是配送从业人员人身意外伤害保险，根据条款的约定，保险公司承保项目根据原告诉请只有四项为医保范围内，即医疗费、营养费、护理费及伤残赔偿金，其他原告诉请范围均不在保险赔偿范围内。医疗费在医保范围内用药部分同意赔偿，不同意赔偿医保外用药，如果是混合的需要扣除20%；护理费同意按照每天40元赔偿30天；伤残赔偿金由法院依法审核；精神损害抚慰金过高，超出了法定范围。

当事人围绕诉讼请求依法提交了证据，本院组织当事人进行了证据交换和质证。对当事人无异议的证据，本院予以确认并在卷佐证。

本院经审理认定如下事实：2021年5月11日9时50分，在北京市西城区广安门外大街手帕口桥区至手帕口西街南口段天宁寺派出所门前，罗某骑号牌为京临××的电动自行车由东向西行驶，梁某骑号牌为北京××电动自行车由东向西行驶，罗某在向右避让车辆过程中与右侧的梁某接触，发生交通事故，造成车辆接触部位损坏，梁某受伤。北京市公安局公安交通管理局西城交通支队广安门大队认为罗某有非机动车突然猛拐或者在其他车辆之间穿行的过错行为，应负全部责任，梁某无责。

事故发生后当日，梁某被送往首都医科大学宣武医院治疗，住院病案记载门（急）诊诊断为锁骨骨折（左）。住院期间，梁某于2021年5月13日接受左侧锁骨骨折切开复位钢板内固定手术治疗。梁某实际住院4天，出院时间为2021年5月15日。出院主要诊断为左锁骨骨折，其他诊断为高血压。出院医嘱为：1. 全休一个月，一个月内避免患肢负重，按时服用出院带药；2. 两周内伤口每三天换药，并避免伤口沾水；3. 术后一个月后周二上午、周五上午门诊复查；4. 积极患肢复健，如遇不适或病情变化及时就医。出院后，梁某继续在首都医科大学宣武医院复查。经核算梁某提供的相关医疗费票据，金额共计 57841. 93 元。

关于护理费，梁某提供护理费发票一张，记载金额为 360 元，一天，开票时间为 2021 年 5 月 19 日。关于其他护理费，梁某主张系家属护理，按照每天 180 元标准主张 59 天。

关于交通费，梁某主张 410 元，并提供相应出租车发票、货拉拉及滴滴行程单予以佐证。

另，本案审理中，梁某申请就其伤情所致伤残等级及误工期、护理期、营养期评定。经北京市高级人民法院摇号系统随机确定由法大法庭科学技术鉴定研究所进行司法鉴定。通过阅片、病历审查、查体，鉴定机构于 2021 年 12 月 15 日出具鉴定意见，认为被鉴定人梁某于 2021 年 5 月 11 日受伤，根据手术记录和影像学片显示被鉴定人梁某“左锁骨主骨折位于锁骨中外 1/3 处，为短斜型。远断端前下方有一蝶形骨块，骨块翻转。近断端被冠状位骨折线分为前后两部分，骨折粉碎、移位明显”，提示左锁骨粉碎性骨折，骨折较严重，且医生不建议骨折愈合后取内固定物。关于伤残等级，被鉴定人梁某经锁骨骨折切开复位钢板内固定术及相应对症治疗，目前其上述伤情基本稳定，具备进行伤残等级评定的条件。现查见被鉴定人梁某遗有左肩关节功能部分受限（功能丧失 25%以上）等症。根据《人体损伤致残程度分级》标准，被鉴定人梁某左肩关节功能部分受限（功能丧失 25%以上）符合第 5. 10. 6 条第 11 款之规定，伤残等级为十级，伤残赔偿指数 10%。关于误工期、护理期及营养期评定，被鉴定人梁某左侧锁骨粉碎性骨折，并行手术治疗。其在损伤初期需限制于病床接受治疗，增强营养以促进骨质愈合，且在骨折愈合前患肢不宜正常持重，日常生活行动需他人从旁协助完成。伤后近四个月（2021 年 9 月 7 日）左锁骨 X 线片示，断端仍可见模糊骨折线影。现根据其原始损伤特点、实际临床经过及同类损伤一般预后，依据 GA/T 1193—2014《人身损害误工期、护理期、营养期评定规范》第 10. 2. 1 条及附录 A. 2 条等条款规定，我们建议：被鉴定人梁某伤后误工期考虑以120~150日、护理期考虑以30~60日、营养期考虑以60~90日为宜；具体请结合本案实际发生期限适用。梁某支出鉴定费3150元。

另查，罗某曾注册为拉扎斯公司开发的蜂鸟众包平台配送员，罗某在平台签署电子版《蜂鸟众包用户协议书》，约定蜂鸟众包平台通过信息推送的方式向配送员及物流配送需求者提供居间服务，配送服务任务包括但不限于“饿了么”“饿了么星选”等平台上的需求。并约定本协议由配送员与蜂鸟众包平台经营者缔结。

拉扎斯公司提供的2000年7月1日其与上海佩仁企业服务外包有限公司安徽宿州分公司（以下简称佩仁公司）签署的《外包服务合作协议》，约定拉扎斯公司构建配送服务信息的物流信息平台，将配送需求信息派发给佩仁公司；佩仁公司提供具有配送劳务行为能力的人员需在拉扎斯信息平台注册并通过蜂鸟众包信息平台在线签订与佩仁公司的《服务合作协议》；订单履行完毕后，拉扎斯公司会将配送服务费支付给佩仁公司，配送服务费由基础配送费和额外奖励两部分组成；为保障配送人员的积极性，佩仁公司应将每一订单中的基础配送费和额外奖励支付给相应的配送人员，作为其配送服务费用，拉扎斯公司向佩仁公司支付管理服务费。《外包服务合作协议》还约定佩仁公司作为配送人员的管理主体，应安排岗位培训；配送人员未能按指定时间到达指定地点提供服务的，应及时联系拉扎斯公司以便及时协调；佩仁公司与其配送人员需建立合法的用工关系，应按期、足额地支付配送人员的劳动报酬等。

拉扎斯公司还提供了《外包服务合作协议》之变更协议，签署主体新增速到公司，约定速到公司应遵守原协议及本补充协议约定。速到公司在庭审中表示其负责合同项下的北京配送业务，罗某系其公司的配送员。

另查，本次事故发生在罗某接单配送过程中。

再查，拉扎斯公司提交速到公司为配送员在太平洋保险公司投保的《配送从业人员人身意外伤害保险单》，其中含快递配送从业人员法律责任保险，保险金额为30万元。太平洋保险公司提交速到公司作为投保人，蜂鸟众包网络平台配送员作为被保险人的《蜂鸟众包网络平台配送人员意外险保险协议》，约定保障期限为被保险人每日首次接单时起至当日23时59

分 59 秒内的配送期间。该协议显示其中包含的保障项目有个人第三者责任，保险金额为 30 万元，保障范围为因过失导致第三者人身伤亡或财产的直接实际损失，包含第三者误工费、营养费、护理费，第三者事故按照道路交通事故标准赔付，骨折治疗赔付延期至二年。协议责任免除部分显示的部分内容有：除死亡赔偿金、残疾赔偿金、医疗费、误工费、护理费、营养费以外的其他费用，如交通费、住宿费、住院伙食补助费、残疾辅助器具费、被扶养人生活费、康复费、丧葬费、死亡补偿费、精神损害抚慰金等，保险人不负责赔偿；超出国家基本医疗保险标准的医疗费保险人不负责赔偿。被告罗某和速到公司表示上述协议系格式条款，保险公司未对免责条款履行告知义务，不同意免赔范围。太平洋保险公司未出示其已就免责条款履行提示和说明义务的相应证据。

本院认为，《中华人民共和国民法典》第一千一百六十五条第一款规定，行为人因过错侵害他人民事权益造成损害的，应当承担侵权责任。第一千一百七十九条规定，侵害他人造成人身损害的，应当赔偿医疗费、护理费、交通费、营养费、住院伙食补助费等为治疗和康复支出的合理费用，以及因误工减少的收入。造成残疾的，还应当赔偿辅助器具费和残疾赔偿金；造成死亡的，还应当赔偿丧葬费和死亡赔偿金。第一千一百八十三条第一款规定，侵害自然人人身权益造成严重精神损害的，被侵权人有权请求精神损害赔偿。第一千一百九十一条规定，用人单位的工作人员因执行工作任务造成他人损害的，由用人单位承担侵权责任。用人单位承担侵权责任后，可以向有故意或者重大过失的工作人员追偿。

交通队认定罗某负事故全部责任，虽然罗某提出异议，但未提供相反证据证明，故本院不予采信。从速到公司为罗某发放报酬、协调订单、岗位培训、保险投保等方面，可以认定罗某与速到公司存在劳务关系，罗某系速到公司管理的配送员，交通事故发生时，可视为罗某在为速到公司执行工作任务，且梁某的伤情与本次事故有直接因果关系，故速到公司应承担全部侵权责任。责任保险系以被保险人对第三者依法应负的赔偿责任为保险标的的保险。太平洋保险公司作为第三者责任的承保单位，依据相关法律，可以直接向梁某赔偿。故便于一并解决纠纷，本案一并处理保险理赔事宜。《中华人民共和国保险法》第十七条规定，订立保险合同，采用保险人提供的格式条款的，保险人向投保人提供的投保单应当附格式条款，保险人应当向投保人说明合同的内容。对保险合同中免除保险人责任的条款，保险人在订立合同时应当在投保单、保险单或者其他保险凭证上作出足以引起投保人注意的提示，并对该条款的内容以书面或者口头形式向投保人作出明确说明；未作提示或者明确说明的，该条款不产生效力。因《蜂鸟众包网络平台配送人员意外险保险协议》已约定保障范围为因过失导致第三者人身伤亡或财产的直接实际损失，包含第三者误工费、营养费、护理费，第三者事故按照道路交通事故标准赔付，太平洋保险公司免责条款又规定了免赔项目，对此应向投保人提示并说明，其未举证证明已尽提示说明义务，故该免责条款不发生法律效力。太平洋保险公司应按照道路交通事故标准赔付梁某相应损失，具体金额如下：1. 医疗费 57841.93 元，审理查明部分已确认；2. 住院伙食补助费，根据梁某住院天数，其主张 400 元，具备合理性，本院予以支持；3. 营养费，依据鉴定结论，综合梁某的伤情及相关物价，梁某现主张 90 天营养费 4500 元较为合理，本院予以支持；4. 护理费，住院一天实际支出 360 元，其余 59 天其主张家属护理，未出示家属实际误工方面的证据，本院酌定按照 150 元每天标准计算，依照鉴定结论和具体伤情，确定护理期为 60 天，护理费合计应为 9210 元；5. 残疾赔偿金，按照 2020 年度北京市全市居民人均可支配收入标准计算十六年，赔偿指数为 10%，金额应为 111094.40 元；6. 交通费，梁某主张 410 元，有相应证据证明且具备合理性，本院予以支持；7. 精神损害抚慰金，鉴于其伤情、无过错等因素，本院酌定为 5000 元；8. 财产损失，事故认定书显示车辆接触部位损坏，梁某表示系车把损失 100 元，具备合理性，本院予以支持。关于鉴定费，系诉讼费用，非直接损失，应由速到公司承担。

综上所述，依照《中华人民共和国民法典》第一千一百六十五条第一款、第一千一百七十九条、第一千一百八十三条第一款、第一千一百九十一条，《中华人民共和国保险法》第十七条，《最高人民法院关于适用〈中华人民共和国民事诉讼法〉的解释》第九十条之规定，判决如下：

一、本判决生效之日起七日内，被告中国太平洋财产保险股份有限公司上海分公司在保险范围内赔偿原告梁某医疗费 57841.93 元、住院伙食补助费400元、营养费4500元、护理费9210元、残疾赔偿金111094.40元、交通费410元、精神损害抚慰金5000元、财产损失100元，以上合计188556.33元；

二、驳回原告梁某的其他诉讼请求。

如果被告中国太平洋财产保险股份有限公司上海分公司未按本判决指定的期间履行给付金钱义务，应当依照《中华人民共和国民事诉讼法》第二百六十条之规定，加倍支付迟延履行期间的债务利息。

案件受理费2135元，由原告梁某负担107元（已交纳），由被告江西速到信息技术有限公司负担2028元（于本判决生效之日起七日内交纳）。

鉴定费3150元，由被告江西速到信息技术有限公司负担（于本判决生效之日起七日内给付原告梁某）

如不服本判决，可在判决书送达之日起十五日内，向本院递交上诉状，并按对方当事人的人数提出副本，上诉于北京市第二中级人民法院。

审 判 员　郑宇昕

二〇二二年二月十五日

法官助理　任　杰

书 记 员　苏晓明

案例三　依附于劳动关系的独播协议纠纷处理

——北京嘉荷品牌管理有限公司与李某某劳动争议案

吴博文*

关键词　网络主播　新业态　独播协议

【裁判要旨】

依附于劳动关系产生的独播协议，只是对原有劳动合同内容的变更和增加，因订立、履行、变更、解除和终止独播协议发生的纠纷仍属于劳动争议。用人单位或者劳动者未先行申请劳动仲裁即向人民法院提起诉讼的，人民法院应当裁定驳回起诉。

【案情要点】

1. 2019 年 7 月 1 日，北京嘉荷品牌管理有限公司（以下简称嘉荷公司）与李某某订立期限自 2019 年 7 月 1 日至 2022 年 6 月 30 日的劳动合同。该合同约定，李某某担任主持人工作，嘉荷公司根据自身薪酬制度及李某某的岗位职责确定其薪酬，其薪酬标准将随本人工作业绩、部门绩效及公司的整体经营状况的变化而变化；李某某应当根据公司要求与之签订竞业禁止协议，并履行竞业禁止义务，在合同期内及合同终止后约定时间内，李某某不得违反公司有关竞业禁止的规定，直接或间接从事与公司具有竞争性质的活动。

* 北京市第一中级人民法院民六庭四级高级法官、国家法官学院北京分院兼职教师。

2. 2019 年 9 月 25 日，双方订立独播协议，约定合作期限为三年，自 2019 年 9 月 25 日至 2022 年 9 月 24 日。该协议还约定，嘉荷公司全权代理李某某以个人名义在第三方直播平台开设的电商账号，对这些电商账号进行运营、维护，提供相关产业的供应链和产品支持，力求通过直播电商账号的运营及发展，提供给粉丝及消费者优质的产品及服务，同时扩大合作双方的收益；本协议为独家排他合同，李某某未经嘉荷公司书面同意，不得与除嘉荷公司以外的第三方就本协议项下所涉范围内及内容进行任何形式上的合作，亦不得在未经嘉荷公司书面同意前，自行行使和处置相关权利、进行业务安排或与第三方达成任何合同；对于直播电商业务收入，由嘉荷公司提供供应链的产品李某某按销售额 5% 的比例或毛利 10% 获取；每月双方结算一次；未经嘉荷公司同意，李某某将本协议所述业务另行委托任何第三方代理或合作，或自行承揽业务、进行商业化运作的，或在委托期限内及期限届满未达成续约事宜的情况下私自与嘉荷公司介绍的第三方进行交易，李某某应向嘉荷公司支付相当于当年直播销售额的三倍金额作为违约金，并赔偿由此给嘉荷公司造成的损失。

3. 后因争议，李某某对嘉荷公司以及案外人励买公司申请劳动仲裁，劳动人事争议仲裁委员会作出裁决书，裁决李某某与嘉荷公司的劳动合同于 2020 年 4 月 30 日解除，且双方劳动关系存续期间再无其他争议。该裁决书已经生效。

4. 现嘉荷公司起诉请求李某某赔偿违约金 30 万元，理由是李某某自 2021 年 4 月起，未告知嘉荷公司即私自与他人合作进行直播带货，构成违约，理应承担赔偿责任。

5. 李某某表示自己的岗位虽为主持，但实际上是网络中的直播带货主播。嘉荷公司则主张李某某一开始是主持，后来成为专职的网络直播带货主播。李某某表示工资由两部分构成，一部分是底薪，另一部分是带货的提成奖金，分别发放。嘉荷公司认可底薪与带货提成分别发放，亦认可李某某在解除劳动合同前，未在他人处进行直播带货。

6. 李某某主张独播协议是劳动合同附件，嘉荷公司则主张李某某既是其员工，双方又根据独播协议存在平等主体之间的合作关系。李某某认为劳动合同解除后，独播协议亦应当解除；嘉荷公司则认为劳动合同解除后，独播协议并未解除，还应当履行。

【案件索引】

一审：北京市石景山区人民法院（2022）京0107民初3394号之一

【裁判结果】

北京市石景山区人民法院一审裁定：双方因独播协议产生争议，在未先行进行劳动仲裁的情况下，直接提起诉讼，违反相关法律规定，故驳回嘉荷公司的起诉。

【案例注解】

一、本案的法律问题

第一，独播协议与劳动合同之间是什么关系。嘉荷公司主张李某某既是其员工，双方又根据独播协议存在平等主体之间的合作关系，独播协议独立于劳动合同存在。

李某某主张独播协议是劳动合同附件。

第二，因订立、履行、变更、解除和终止独播协议发生的纠纷是否属于劳动争议。嘉荷公司主张独播协议是平等主体之间的合作合同，因此本案不是劳动争议，不需要经过仲裁前置。

李某某主张独播协议是劳动合同附件，本案属于劳动争议。

二、判决书的分析逻辑

第一，针对独播协议与劳动合同之间是什么关系这一问题，一审法院认为，客观上，独播协议系在劳动关系存续期间订立。虽然劳动合同中约定李某某是主持人，但结合其实际工作内容来看，其更多是进行网络直播带货。在网络直播的新就业形态下，主持人的工作与网络带货主播的工作存在高度重合。李某某不仅领取嘉荷公司所发放的固定底薪，还通过完成直播带货业绩，根据独播协议获取相应的提成。因此，劳动合同与独播协议在订立时间、履行内容、履行方式等方面，存在高度关联性。主观上，在新就业形态相对松散的管理环境下，用人单位有必要通过其他方式强化对劳动者的管理，以保护自身利益。嘉荷公司以独家、排他性的规定，限定李某某不得在未经其同意或授权的情况下，私自进行网络直播带货等行为。在双方已存在劳动关系，李某某已经接受嘉荷公司管理的前提下，双方仍订立独播协议，其核心目的在于强化嘉荷公司对李某某的管理，强化李某某的人身从属性，进而更有效地保障嘉荷公司的利益。因此，独播协议的签订，仍是为了督促李某某更好向嘉荷公司提供劳动，保证劳动合同的顺利履行，故劳动合同与独播协议具有一致性。结合独播协议与劳动合同的内容、履行情况、签订时间、工作内容、工资发放情况等主、客观因素，独播协议应属于劳动合同的一部分。

第二，针对因独播协议发生的纠纷是否属于劳动争议这一问题，一审法院认为，因为独播协议属于双方劳动合同的一部分，故嘉荷公司就独播协议的履行与李某某产生的争议，属于劳动争议。嘉荷公司未先行申请劳动仲裁即提起诉讼，违反相关法律规定。

三、此类案件的特点与裁判建议

本案系原用人单位以网络主播违反独播协议为由，起诉网络主播要求其赔偿违约金的案件，该案件涉及因订立、履行、变更、解除和终止独播协议发生的纠纷是否属于劳动争议，独播协议与劳动合同之间是什么关系，劳动合同解除后独播协议能否独立存在等典型问题，对于审理涉网络直播新就业形态案件具有参考意义。

对于此类案件，首先应当对独播协议与劳动合同之间的关系作出准确认定。就本案来说，其一，从工作岗位看，订立在先的劳动合同约定李某某担任主持人岗位，订立在后的独播协议则就李某某担任网络直播带货主播作出一系列排他性约定。就这两个工作岗位之间的关系，李某某主张自己表面的岗位是主持，实际上是网络直播带货主播；嘉荷公司则主张李某某一开始是主持，后来成为专职网络直播带货主播。而作为在劳动关系中负有管理责任的用人单位一方，嘉荷公司并未提举证据证明李某某曾同时从事主持人和网络主播这两个不同的工作岗位的工作，因此根据举证责任分配规则，应当采信李某某的主张，认定李某某的工作表面上是主持人，实际上是网络直播带货主播。转换成法律语言就是，双方先是通过劳动合同约定李某某的工作岗位是主持人，后来通过独播协议将李某某的工作岗位变更为网络直播带货主播。其二，从工资发放情况来看也可以印证前述推定。李某某主张工资由两部分构成，一部分是底薪，另一部分是带货的提成奖金，分别发放。嘉荷公司对此予以认可，并且也没有举证证明李某某在入职后其工资结构因为岗位的变化而发生过变化，因此可以认定，李某某的工资结构并没有因岗位约定的变更而变化，这也从侧面证明李某某的工作内容实际上一直都是没有变化的。基于上述分析，可以认定独播协议是依附于劳动关系而产生的，其主要内容是对李某某工作岗位、工作内容、劳动报酬等作出不同于劳动合同的约定，也就是变更了订立在先的劳动合同的相关约定，因此，独播协议既不是与劳动合同并列存在的普通民事合同，也不是劳动合同的从合同，而是订立在先的劳动合同的延伸，是劳动合同的组成部分。只不过基于劳动关系在双方之间增加了一层独家委托代理关系，即嘉荷公司独家代理李某某以个人名义在第三方直播平台开设的电商账号，对这些电商账号进行运营、维护。

由于独播协议是订立在先的劳动合同的延伸，是劳动合同的组成部分，因此，嘉荷公司与李某某因订立、履行、变更、解除和终止独播协议发生的纠纷，实际上仍然是因订立、履行、变更、解除和终止劳动合同发生的纠纷，根据《劳动争议调解仲裁法》第二条第二项的规定，该纠纷仍属劳动争议，嘉荷公司应当先行申请劳动仲裁后再向人民法院提起诉讼。在嘉荷公司未经仲裁直接起诉的情况下，一审法院裁定驳回嘉荷公司的起诉是正确的。

劳动合同提前解除后，独播协议能否独立存在？结合本案来说，认清这个问题，关键是厘清独播协议与竞业限制协议之间的关系。因为本案中的独播协议与竞业限制协议具有一定的相似性，其主要内容是约定在职期间以及劳动合同到期之后一段期间内，李某某未经嘉荷公司书面同意，不得与第三方就独播协议项下所涉及范围及内容进行任何形式上的合作，并就此约定了违约金条款以及损失赔偿条款。而作为劳动合同条款的竞业限制条款虽然也是劳动合同的组成部分，但它却是附生效条件的条款，即当劳动合同解除或终止时生效，因此，是可以独立于劳动合同而存在的。首先需要明确的是，独播协议不是竞业限制协议。一方面，从独播协议的内容来看，与保护嘉荷公司的商业秘密和与知识产权相关的保密事项并无关联，而竞业限制制度所要保护的标的物限定在用人单位的商业秘密和与知识产权相关的保密事项。因此独播协议中的排他性约定不属于竞业限制条款。当然，这些排他性约定更不是服务期条款，这也意味着，根据《劳动合同法》第二十五条的禁止性规定，独播协议中就排他性约定所预设的违约金条款是无效的。另一方面，李某某的工作内容与嘉荷公司的商业秘密和与知识产权相关的保密事项关联不大，并且嘉荷公司也没有举证证明李某某属于《劳动合同法》第二十四条规定的“高级管理人员、高级技术人员和其他负有保密义务的人员”，因此，不应认定李某某是可以约定离职后竞业限制义务的适格主体。当然，基于忠诚义务和诚信原则，嘉荷公司与李某某在劳动合同中就在职期间的竞业禁止义务进行约定并无不可。既然独播协议并非竞业限制条款，其也没有特别约定以劳动合同解除或者终止为生效条件，因此，当劳动合同解除或者终止时，作为劳动合同组成部分的独播协议，也只能随之解除或者终止。

【裁判全文】

北京市石景山区人民法院
民 事 裁 定 书

（2022）京 0107 民初 3394 号之一

原告：北京嘉荷品牌管理有限公司。

法定代表人：苟某某，总裁。

委托诉讼代理人：王某某。

委托诉讼代理人：黎某。

被告：李某某。

原告北京嘉荷品牌管理有限公司与被告李某某劳动争议一案，本院立案后，依法进行了审理。

原告北京嘉荷品牌管理有限公司向本院提出诉讼请求：1. 要求被告赔偿违约金30万元；2. 案件受理费由被告承担。事实与理由：2019年9月25日，被告以艺名李某某为乙方与原告为甲方签订《独家直播合作协议》（以下简称独播协议）约定，合作期限为三年，甲方作为乙方在合作地区（全球范围）唯一合作方，唯一全权代理方。双方签署本合同为独家排他合同，乙方未经甲方书面同意，不得与除甲方以外任意第三方就本合同项下所涉及范围、内容进行任何形式上的合作，亦不得在未经甲方书面同意的前提下，自行行使和处置相关权利、进行业务安排或与第三方达成任何合同，并约定了违约条款。被告自2021年4月起，未告知原告，私自与他人合作直播带货，进行商业运作，构成违约，理应承担赔偿责任。故原告提起本案诉讼。

被告李某某答辩称，与原告存在劳动关系，并签署了劳动合同及独播协议，该独播协议为劳动合同的附件。劳动关系到2020年4月30日就终止了。本案应为劳动争议，应先由劳动仲裁，原告不应直接向法院起诉。

本院经审理认定事实如下：

原告名称原为北京品味泰荷商贸有限公司，2020年9月28日，变更为现名称。

原告（甲方）与被告（乙方）于2019年7月1日签订劳动合同，其中约定，期限自2019年7月1日起至2022年6月30日止，并约定试用期自2019年7月1日起至2019年9月30日止。乙方担任主持人工作。甲方根据自身薪酬制度及乙方的岗位职责确定乙方薪酬，并保证乙方在法定工作时间或约定的工作时间内提供了正常劳动时，该薪酬不低于国家及当地规定的最低工资标准。甲方每月按时为乙方发放上月工资。乙方的薪酬标准将随本人工作业绩、部门绩效及甲方的整体经营状况的变化而变化。乙方为完成甲方工作任务所创作的作品为职务作品，乙方享有署名权，该职务作品的其他权利由甲方享有。乙方应当根据甲方要求与甲方签订竞业禁止协议，并履行竞业禁止义务。在合同期内及合同终止后约定时间内，乙方不得违反甲方有关竞业禁止的规定，直接或间接从事与甲方具有竞争性质的活动。

原告（甲方）与被告（乙方）于2019年9月25日，签订独家直播合作协议，其中约定合作期限为三年，自2019年9月25日起至2022年9月24日止，合作期限届满前三个月内，如双方未书面提出不再续约的，本协议将自动延续，延续期限为三年。直播电商是指乙方以个人名义在第三方直播平台（包括但不限于在淘宝、天猫、西瓜、火山、抖音、快手等）已开设或将要开设的直播账号，甲方通过丰富的直播电商运营及管理经验，全权代理乙方对这些直播电商账号进行运营、维护，以及相关产业的供应链和产品支持，力求通过直播电商账号的运营及发展，提供给粉丝及消费者优质的产品及服务，同时扩大合作双方的收益。本合同具有独家性和排他性，双方签署之本合同为独家排他合同，乙方未经甲方书面同意，不得与除甲方以外任意第三方就本合同项下所涉及范围内的内容进行任何形式上的合作，亦不得在未经甲方书面同意的前提下，自行行使和处置相关权利、进行业务安排或与第三方达成任何合同。直播电商业务收入，甲方提供供应链的产品乙方按销售额5%的比例或毛利10%获取。每月双方结算一次。甲方可在本合同存续期间为第三方提供类似服务，并且有权以许可、转让等方式与任意第三方共同享有和承担本合同下甲方所有或部分权利和义务。未经甲方同意，乙方将本协议第2条所述业务另行委托任何第三方代理或合作，或自行承揽业务、进行商业化运作的，或在委托期限内及期限届满未达成续约事宜的情况下私自与甲方介绍的第三方进行交易，乙方应向甲方支付相当于当年直播销售额的三倍金额作为违约金，并赔偿由此给甲方造成的损失。

后因争议，被告对原告、案外人天津励买网络科技有限公司（以下简称励买公司）提出劳动仲裁。北京市石景山区劳动人事争议仲裁委员会作出京石劳人仲字〔2020〕第2265号裁决书。裁决书认定原告、被告于2020年4月30日解除劳动合同，且双方劳动关系存续期间再无其他争议。作出裁决后，励买公司不服该裁决，向本院起诉，案号为（2021）京0107民初248号，因励买公司未在规定期限内交纳诉讼费用，按励买公司撤回起诉处理。现该裁决书已经生效。

原告提供了一份《直播业务薪酬奖金办法》，载明本办法适用于公司直播团队全部岗位。直播团队薪酬由固定薪资、绩效薪资与销售奖金三项构成。加权提成比例分别是完成当月任务额，比例为5%；完成当月任务额150%以上，比例为6%；完成当月任务额200%以上，比例为8%。被告对该《直播业务薪酬奖金办法》真实性表示认可。双方均认可是按照该办法计算被告直播带货的绩效、提成，但原告否认该《直播业务薪酬奖励办法》为公司的规章制度，并称是根据独播协议签订的单独绩效奖励办法。

本案中，被告表示自己的岗位虽为主持，但实际上是网络中的直播带货主播。原告对此不予认可，认为被告一开始就是主持，只不过后来成为专职的网络直播带货主播。被告表示工资由两部分构成，一部分是底薪，另一部分是带货的提成奖金，在发放时，分别发放。原告亦认可底薪与带货提成分别发放。双方均认可，在直播带货过程中，由原告提供所需要带货的商品。原告认可所使用的直播账号是公司的。被告表示用公司账号、个人账号都进行过直播，但不会绕过公司，自己单独直播带货，原告亦认可被告在解除劳动合同前，未在他人处进行直播带货。

就被告所提出的独播协议是劳动合同附件的问题，原告称被告既是原告单位的员工，又根据独播协议存在平等主体之间的合作关系，既存在隶属的劳动关系，又存在平等的合作关系。被告认为劳动合同解除后，独播协议亦应当解除。原告则认为劳动合同解除后，独播协议并未解除，还应当履行。在被告与原告解除劳动合同后，原告将被告介绍安排至关联公司即励买公司处进行直播带货。

本院经审查认为，双方对于独播协议是否属于双方劳动关系的一部分存在争议，即独播协议与劳动合同是否存在一体性。判断两份合同是否具备一体性，要从客观事实、主观合意等方面综合进行判断。

首先，从客观方面上讲，第一，原、被告自2019年7月1日至2020年4月30日，存在劳动关系。而从独播协议所签订的时间来看，独播协议系在双方劳动关系存续期间所签订。第二，双方虽然在劳动合同中约定是主持人，但结合被告实际的工作内容来看，被告更多是网络带货主播。在网络直播的新就业形态下，所谓的主持人的工作与网络带货主播的工作在很大程度上存在高度重合。第三，原告为被告进行网络带货提供了必要的账号、商品等条件，被告亦按照原告安排进行了网络直播带货活动。第四，被告不仅领取原告所发放的固定底薪，还通过完成直播带货业绩，根据独播协议从原告处获取相应的提成。从上述事实来看，劳动合同、独播协议在客观订立时间、履行内容、履行方式等方面，存在高度关联性。

其次，从主观方面上讲，网络主播作为典型新就业形态，在新业态的背景下，相关劳动关系与传统劳动关系存在明显的不同，如用人单位对劳动者的管理趋于松散，用人单位与劳动者之间更强调在劳动关系中的合作。在网络主播从事网络带货这一领域，具有自身特殊性，即与网络主播所带来的网络用户流量、黏性密切相关。而网络用户流量、用户黏性的取得或培养的方式之一，便在于用人单位为网络主播提供资金、渠道、平台等大量资源的投入。也正是这些投入，不仅会为用人单位带来直接的经济利益，也会为网络主播本身带来巨大流量与关注。倘若网络主播离开用人单位，势必会带走一定数量的网络用户，进而损害用人单位的直接利益。在新业态相对松散的管理环境下，用人单位有必要通过其他方式强化对劳动者的管理，以保护自身利益。本案中，根据独播协议的内容来看，原告对被告的权利进行了限制，以独家、排他性的规定，确定了被告所要履行的义务，即被告不得在未经原告同意或授权的情况下，私自进行网络直播带货等行为。在双方已存在劳动关系，被告已经接受原告管理的前提下，原、被告仍签署独播协议，其核心目的在于强化原告对被告的管理，避免新业态背景下，用人单位对劳动者管理出现松散情况，强化被告的人身从属性，进而更有效地保障原告的利益。独播协议虽然在表面上看似具有独立性，但该独播协议的签订，仍是为了督促被告更好向原告提供劳动，进而保证劳动合同的顺利履行，并非原告所主张的平等合作。故劳动合同、独播协议具有一致性。

因此，结合独播协议、劳动合同的内容、履行情况、签订时间、工作内容、工资发放情况等主、客观因素，独播协议应属于双方劳动关系的一部分。

现原告就此与被告产生争议，在未先行进行劳动仲裁的情况下，直接提起诉讼，已经违反相关法律规定。故本院根据《中华人民共和国民事诉讼法》《中华人民共和国劳动法》相关规定，驳回原告起诉。本院根据查明的法律关系，对本案案由依法进行调整。

另，在本案审理过程中，原告申请诉讼财产保全，并提供诉讼财产保全责任保险作为担保，本院依法作出保全裁定，并实施了保全措施，原告为此支付保全费2020元。

综上，依照《中华人民共和国劳动法》第七十九条、《中华人民共和国民事诉讼法》第一百二十二条、第一百二十七条、第一百五十七条之规定，裁定如下：驳回原告北京嘉荷品牌管理有限公司的起诉。保全费2020元，由原告北京嘉荷品牌管理有限公司负担（已交纳）。

如不服本裁定，可在裁定书送达之日起十日内，向本院递交上诉状，并按对方当事人的人数提供副本，上诉于北京市第一中级人民法院。

审判员　车玉龙

二〇二二年五月九日

书记员　李　璐

案例四　网约配送交通事故案中的“劳动关系”认定

——魏某某与达疆网络科技（上海）有限公司劳动争议案

娄　宇*

关键词　网约配送　交通事故　平台用工　劳动关系

【裁判要旨】

劳动关系是劳动者与用人单位之间，在劳动者提供社会劳动，实现劳动价值的过程中形成的继续性的、相对稳定的社会关系；与合作、居间等民事法律关系不同，劳动关系的本质特征，即劳动者与用人单位间的从属性。

如果在平台用工中，骑手相对有限的接单量及对应的收入情况，均有别于劳动关系中的稳定性特征以及劳动者以劳动报酬为生活主要经济来源的经济上依附性特征，那么骑手与平台企业不构成劳动关系。

【案情要点】

1. 达疆网络科技（上海）有限公司（以下简称达疆网络公司）开发、运营的“达达骑士版 App”为跑腿送餐平台。骑手可以在该平台自由注册，有订餐需求者可以在“饿了么”、美团等网站下单订购外卖，餐厅可以选择使用达达平台发布送餐需求并支付配送费用，注册的达达骑手自由

* 中国政法大学民商经济法学院社会法研究所所长、教授、博士生导师，中国政法大学“钱端升学者”。

抢单进行配送。

2. 魏某某在“达达骑士版 App”上注册并签订了《达达平台用户协议》。该协议的主要内容是：用户应当自行或委托达达平台购买商业保险，并自行或根据保险合同承担履行配送义务过程中的意外事故或责任事故的责任。

（1）双方不存在任何人身隶属关系，乙方（魏某某）为劳务成果承担相应的责任，乙方同意任何时候用户与达达平台间都不构成劳动、劳务、雇佣关系。

（2）甲方（达达平台）为乙方和餐馆商户提供账户信息管理、配送信息浏览与查询、配送交易撮合与处理、订单查询与管理、代理配送费磋商与谈判、配送费用代收与代付、交易合同与凭证保管、信用等级评定与披露、交易数据处理，争议调解等互联网信息服务和在线交易处理服务。

（3）甲方作为网络平台，并不直接参与用户与商户之间的配送交易。乙方通过配送服务获取的佣金由商户提供。因使用达达平台服务而获取的收益，乙方应当自行缴纳相关税费。

（4）在甲方提供的 App 中包含有“常规培训”栏目，显示“常规培训教程与接单相关，参加相应订单培训后才能接该种订单”；此外，还包含有处罚规则、配送奖励发放规则、违禁品规则等。其中处罚规则系对于未按照操作规程完成配送的各种行为的罚则，例如，接单后未按时取货或未准时完成配送并导致商家或顾客投诉时按照次数扣除不同的违约金（如到店超时扣除订单收入的 20%作为违约金），例如，货品不送上楼时按照次数予以不同天数的拉黑处理至永久拉黑，再如，本人接单非本人派送时按照次数予以不同天数的拉黑处理至永久拉黑等。

（5）乙方应当自行或委托甲方购买商业保险，并自行或根据保险合同承担履行配送义务过程中的意外事故或责任事故的责任。

3. 乙方自行购买送餐所使用的电动车、餐箱、工服，甲方达疆网络公司对于配送工具、上线时间、在线时长、在线区域、最低接单量等均无要求，亦不存在站点或区域管理。

4. 管理模式。从入职经过、工作用品的来源、工作时间的长短、工作区域、工作量的多寡等方面，甲方达疆网络公司对魏某某并无劳动法意义上的劳动管理、用工指派等行为；魏某某与达疆网络公司之间缺乏以劳动管理为表现的人身隶属性特征。

5. 双方关系解除。2017 年 6 月 6 日 23 时许，魏某某在驾驶电动自行车进行送餐时发生交通事故，事故致胫骨干骨折伴腓骨骨折，案外机动车驾驶人负全责。此后，魏某某未再在“达达骑士版 App”从事配送工作。

【案件索引】

仲裁：京海劳人仲字（2018）第 6762 号

一审：北京市海淀区人民法院（2018）京 0108 民初 30201 号

【裁判结果】

北京市海淀区人民法院一审判决：魏某某与达疆网络公司之间的关系有别于以从属性为特征的劳动关系，对魏某某诉请要求确认双方间存在劳动关系的诉讼请求，不予支持。

驳回魏某某认定劳动关系和认定工伤的诉讼请求。

【案例注解】

一、本案的法律问题

第一，合作协议中排除劳动关系条款的效力问题。甲方提供的《达达平台用户协议》中载明：达达平台作为网络平台，并不直接参与用户与商户之间的配送交易。用户是指在达达平台注册并为商户提供配送服务的实际承运人，任何时候用户与达达平台间并非劳动、劳务、雇佣关系。商户是指在达达平台发布配送需求，在达达平台显示为配送订单需求方的个人、企业、其他组织，商户应当根据达达平台业务规则及订单信息，向依约完成配送订单的用户支付报酬。

同时，甲方所提交证据显示乙方明确知悉“达达骑士版 App”为“业余时间兼职配送的赚钱神器，空闲时间工作几小时，月入数千元”，即乙方在注册成为“达达骑士版 App”用户时，即应对“达达骑士”的工作性质有所知悉。

第二，报酬的性质问题。甲方认为，注册用户自达达平台获取的收益，不应当视为工资、薪金以及劳务报酬或类似收入，用户自商户处获取的佣金，应当为商户开具发票。用户因使用达达平台服务而获取的收益，应当自行缴纳相关税费。

乙方知悉上述情况，并且没有提出异议。

第三，劳动关系认定问题。乙方认为其与甲方达疆网络公司存在劳动关系，理由是：其一，双方具有主体资格；其二，乙方在接单之前必须接受现场培训，接受相关规章制度的约束；其三，甲方向乙方支付报酬。

甲方认为其与乙方不存在劳动关系，理由是：公司作为网络平台，并不直接参与注册骑手与商户之间的配送交易，仅提供居间信息服务，平台只从商户支付的平台使用费中获利；平台虽然对注册骑手进行培训，但是没有在线时长、考勤、在线区域、接单量等要求。双方的从属性较弱。

二、判决书的分析逻辑

第一，注册骑手获得收入的法律性质问题。在劳动关系中，用人单位占据生产资料，劳动者提供劳动，与生产资料相结合，产生了利润，同时也产生了亏损的生产经营风险。劳动者获得工资是劳动的对价，不承担生产经营的风险。在本案中，达疆网络公司向注册骑手推送送餐信息，骑手抢单成功之后自行完成配送，配送费用由餐厅支付给达疆网络公司，配送成功后达疆网络公司将全部配送费用存入魏某某在 App 内的个人账户，魏某某可以随时提现；达疆网络公司向部分餐厅收取平台使用费，不从配送员的配送费中抽取佣金或信息费。达疆网络公司没有投入生产资料，通过骑手的劳动开展的生产经营行为，向骑手支付的配送费用也不是骑手向公司提供劳动的对价，而是将商户支付的配送费用转移给骑手。骑手承担的是商户是否支付费用的经营风险，也就是具备了很多平台劳动关系认定案件中提出的“企业家机会”。本案法院中列举的第一个理由系“生产经营风险”理论在劳动关系认定中的一个具体应用。

第二，针对各类管理措施的性质问题。一审法院将平台对魏某某的管理措施类型化，列举了各类具有法律意义的管理措施：实名认定可以证明从业者对平台的专属性；培训、规则和罚则证明了平台对从业者实施了近似于劳动关系中的管理措施；魏某某自行购买送餐所使用的电动车、餐箱、工服，证明了该从业者对平台不存在经济从属性，但是经济从属性并非劳动关系的本质特征；平台对于配送工具、上线时间、在线时长、在线区域、最低接单量等均无要求，亦不存在站点或区域管理，这些特征表明平台对从业者的管理措施不具备劳动关系中的时间要素。

劳动关系的本质特征是人格从属性，雇主指挥要素与时间要素是两大表现形式，缺一不可。指挥要素决定了劳动者在工作时间做些什么以及怎么做，时间要素决定了这个不自由的状态会持续多长时间。平台招募网约工与传统企业招聘劳动者不同，前者通过网络平台发放工作任务，网约工是不固定的，理论上任何人都可以注册成为网约工，通过“抢单”的方式接受工作指派，当然也可以不接受工作指派，因此没有固定的工作时间，也就不会按照工作时间获得酬劳。

第三，针对魏某某从配送工作中获得报酬的性质问题，一审法院调查了长达四年的接单情况和收入情况，就配送时间、接单量及收入而言，魏某某相对有限的接单量及对应的收入情况，均有别于劳动关系中的稳定性特征以及劳动者以劳动报酬为生活主要经济来源的经济上依附性特征。而且魏某某在注册成为“达达骑士版 App”用户时，即应对“达达骑士”的工作性质，即“达达骑士版 App”为“业余时间兼职配送的赚钱神器，空闲时间工作几小时，月入数千元”有所知悉。

一审法院认为魏某某与平台之间的关系不具备劳动关系的稳定性，也就是不具备延续性的特征，这也是时间要素的一种具体体现，因此双方的关系有别于以从属性为特征的劳动关系，同时收入不稳定，并不以接单收入为主要生活来源的情况证明了双方不存在经济从属性。经济从属性是人格从属性的必然结果，系劳动关系成立的充分但不必要条件，但是在某些情形下，经济从属性可以作为劳动关系认定的参考标准。

三、此类案件的特点与裁判建议

（一）多元主体下的劳动关系认定

本案中存在多个平台作为用工以及用工信息发布的主体。达疆网络公司研发了“达达骑士版 App”，但是该平台并非订餐平台，仅是跑腿送餐平台；有订餐需求者可以在“饿了么”、美团等网站下单订购外卖，餐厅可以选择使用达达平台发布送餐需求并支付配送费用，注册的达达骑士自由抢单进行配送。达疆网络公司系连接餐厅和外卖骑手的平台，“饿了么”、美团系连接消费者和餐厅的平台，餐厅系实际的用工主体，通过“达达骑士版 App”、“饿了么”、美团等平台发布餐饮、用工等信息。传统的劳动关系被分解成多重法律关系，法院在认定此类劳动关系时仍然应当坚持人格从属性标准，哪个用工主体对从业者进行了实质性的管理，则可能构成劳动关系，不能被分解的多重关系所蒙蔽。

（二）劳动关系认定的裁判建议

第一，人格从属性的两个要素。劳动关系的本质特征是人格从属性，雇主指挥要素与时间要素是两大表现形式，缺一不可。在大多数组织型平台的劳务供需关系中，平台企业参与劳务的定价，并对网约工进行一定形式的监督和管理，由于现代科技手段的应用，平台对网约工的控制程度可能会更甚于劳动者，并且监控的结果也可能用于对网约工的奖惩方案，仅依据指挥要素来判断，很大一部分平台用工都将被认定为劳动关系，这并不符合劳动法理论，司法实践也不支持。

时间要素是人格从属性的另一要素。在此要素的影响下，劳动者受到工作时间的约束，不能自由地选择上下班，这种管理方式一般采用负面激励的措施，即违反考勤制度的法律后果是记过、扣除奖金、影响升迁，直至解除劳动合同，平台一般采用正面激励的措施，累计接单时间长会被分配优质订单、提高接单收入等，从业者有实质上的工作自由，因此绝大多数平台工作不宜认定为劳动关系。相反，如果平台将接单时间不足、随意下线等行为作为不分配订单甚至是列入黑名单的条件时，那么就在实质上构成了对从业者的负面激励，从业者处于工作时间不自由的状态中，则可能构成劳动关系。

第二，经济从属性的地位问题。经典劳动法理论认为，经济从属性包含四个方面的内容：生产组织体系归属于雇主所有、生产工具或器械归于雇主所有、原料由雇主提供、责任与危险由雇主承担。然而，在第三产业比重越来越大的现代社会中，实体生产资料的购置门槛往往不高，也不需要原材料，就此否认劳动者对用人单位的经济从属性是不甚妥当的。

在本案中，一审法院在经济依赖层面上重新认识经济从属性：如果雇员连续不断地为同一雇主工作，当工作时间占其全部时间的比例足够大时，则在客观上产生了依靠该雇主提供的工作谋生的法律后果，产生了经济从属性；反之则没有产生。此论证思路值得推广。值得一提的是，经济从属性并非劳动关系的本质特征，仅仅是传统劳动关系中的人格从属性产生的客观结果。很多非劳动关系的用工关系只要工作延续的时间长也可能产生经济从属性。因此，经济从属性只能作为认定劳动关系的参考条件，即使存在，也只是提高了劳动关系存在的概率。究竟是否存在劳动关系，仍需要全面审查人格从属性的两个要件。

【裁判全文】

北京市海淀区人民法院
民事判决书

（2018）京0108民初30201号

原告：魏某某。

委托诉讼代理人：裴某某。

被告：达疆网络科技（上海）有限公司。

法定代表人：蒯某某，执行董事。

委托诉讼代理人：顾某某。

原告魏某某与被告达疆网络科技（上海）有限公司（以下简称达疆网络公司）劳动争议一案，本院于2018年5月24日立案后，依法适用简易程序，公开开庭进行了审理。原告魏某某及其委托诉讼代理人裴某某，被告达疆网络公司委托诉讼代理人顾某某到庭参加诉讼。本案现已审理终结。

魏某某向本院提出诉讼请求，其不服京海劳人仲字（2018）第6762

号仲裁裁决，特向法院提起诉讼。请求判决确认其与达疆网络公司在2014年11月7日至2018年3月7日存在劳动关系。事实和理由：魏某某于2014年11月7日入职达疆网络公司，在北京市海淀区从事送餐服务，双方并未签订劳动合同。2017年6月6日，其在送餐途中发生交通事故，住院治疗至2017年6月23日。经交警部门认定，此次交通事故其并无责任。为认定工伤，享受工伤待遇，提起本次诉讼。其认为双方为劳动关系，理由如下：其一，双方具有主体资格；其二，其在接单之前必须接受现场培训，接受相关规章制度的约束；其三，达疆网络公司向其支付报酬。

达疆网络公司辩称，我公司同意仲裁裁决结果，不同意魏某某的诉讼请求。双方并非劳动关系，而是居间关系。达达并非订餐平台，仅是跑腿送餐平台；有订餐需求者可以在“饿了么”、美团等网站下单订购外卖，餐厅可以选择使用达达平台发布送餐需求并支付配送费用，注册的达达骑士自由抢单进行配送，我公司并不从配送费中抽取佣金或信息费。

本院经审理认定事实如下：对于双方没有争议的事实，本院予以确认：达疆网络公司系“达达骑士版App”的开发者、所有者及运营方。双方确认“达达骑士版App”为跑腿送餐平台。

魏某某于2014年12月20日在“达达骑士版App”注册成为送餐员，双方间并无劳动合同，亦不存在社保缴费关系。2017年6月6日23时许，魏某某在驾驶电动自行车进行送餐时发生交通事故，事故致胫骨干骨折伴腓骨骨折，案外机动车驾驶人负全责。此后，魏某某未再在“达达骑士版App”从事配送工作。

就交通事故问题。魏某某曾提起机动车交通事故责任纠纷，将肇事车辆驾驶人及事故车辆保险公司诉至法院，要求赔偿各项损失合计127070.55元。庭审中，魏某某确认，肇事车辆驾驶人已支付部分医疗费用。诉讼阶段三方达成调解，（2018）京0108民初25675号调解书确认保险公司需支付医疗费、营养费、住院伙食补助费、交通费、护理费、误工费、财产损失共计125900元（其中，向魏某某支付73521元，向肇事车辆驾驶人支付其已经垫付的费用52379元）。魏某某确认调解书业已执行。

本案中，双方争议焦点为2014年11月7日至2018年3月7日，魏某某与达疆网络公司间是否存在劳动关系。

据双方陈述所确认情况：魏某某自行购买送餐所使用的电动车，自行从达疆网络公司购买餐箱及显示有“达达”字样的工服；达疆网络公司对于配送工具、上线时间、在线时长、在线区域、最低接单量等均无要求，亦不存在站点或区域管理。作为注册的“达达骑士”，魏某某需要进行实名认证并提供健康证。注册成功后，魏某某自行从平台抢单，每天抢首单前，需要交纳3元保险费用，用于投保商业保险；抢单成功后，魏某某自行去餐厅取货并需在规定时间送达订餐用户，配送费用由餐厅支付给达疆网络公司，配送成功后达疆网络公司将全部配送费用存入魏某某在App内的个人账户，魏某某可以随时提现；达疆网络公司向部分餐厅收取平台使用费，不从配送员的配送费中抽取佣金或信息费。

据魏某某提交、达疆网络公司认可真实性的“达达骑士版App”所显示介绍内容“达达骑士版App”的应用描述为“业余时间兼职配送的赚钱神器，空闲时间工作几小时，月入数千元”。

据达疆网络公司提交，魏某某认可真实性的“达达骑士版App”注册界面截图及《达达平台用户协议》所显示内容，在进行“达达骑士版App”注册时，需要填写手机号及手机号接收到的验证码并需勾选“我已经阅读并同意《达达平台用户协议》（加粗显示）”后，方能完成注册。《达达平台用户协议》载明：达达平台作为网络平台，并不直接参与用户与商户之间的配送交易。用户是指在达达平台注册并为商户提供配送服务的实际承运人，任何时候用户与达达平台间并非劳动、劳务、雇佣关系。商户是指在达达平台发布配送需求，在达达平台显示为配送订单需求方的个人、企业、其他组织，商户应当根据达达平台业务规则及订单信息，向依约完成配送订单的用户支付报酬。达达作为平台服务提供者，提供的服务为提供账户信息管理、配送信息浏览与查询、配送交易撮合与处理、订单查询与管理、代理配送费磋商与谈判、配送费用代收与代付、交易合同与凭证保管、信用等级评定与披露、交易数据处理，争议调解等互联网信息服务和在线交易处理服务。《达达平台用户协议》载明：用户与达达平台非劳动、劳务、雇佣关系。配送服务获取的佣金由商户提供，任何时候，用户自达达平台获取的收益，不应当视为工资、薪金以及劳务报酬或类似收入，用户自商户处获取的佣金，应当为商户开具发票。用户因使用达达平台服务而获取的收益，应当自行缴纳相关税费；用户应当自行或委托达达平台购买商业保险，并自行或根据保险合同承担履行配送义务过程中的意外事故或责任事故的责任。

据魏某某提交，达疆网络公司认可真实性的“达达骑士版 App”截图所显示内容，在“达达骑士版 App”的“骑士学院”内包含有“常规培训”栏目，显示“常规培训教程与接单相关，参加相应订单培训后才能接该种订单”，培训内容有新手必读培训、骑士实地培训、一般订单培训、京东到家订单培训、个人订单培训。另，“达达骑士版 App”的达达管理说明中显示有处罚规则、配送奖励发放规则、违禁品规则等。其中处罚规则系对于未按照操作规程完成配送的各种行为的罚则，例如，接单后未按时取货或未准时完成配送并导致商家或顾客投诉时按照次数扣除不同的违约金（如到店超时扣除订单收入的 20%作为违约金），例如，货品不送上楼时按照次数予以不同天数的拉黑处理至永久拉黑，再如，本人接单非本人派送时按照次数予以不同天数的拉黑处理至永久拉黑等。

据达疆网络公司提交、魏某某认可真实性的魏某某配送订单，据统计，自 2014 年 12 月 20 日注册成为“达达骑士”起至 2017 年 6 月 6 日 23 时许配送过程中发生交通事故时止，魏某某共配送 2000 余单（该段期间魏某某并非每日连续不间断接单，存有数日或数月的未接单情况；且接单时，存在大量同一时间段、从同一餐厅接取多单而后向不同订餐用户进行配送的情形），其中：

2014 年 12 月至 2015 年 2 月，魏某某每月配送 200 余单，收入 2000 余元，配送时间段主要集中于午餐、晚餐时间。

2015 年 3 月，魏某某配送 600 余单，收入 5000 余元，配送时间段主要集中于午餐、晚餐时间。

2015 年 4 月（4 月 1 日至 8 日），魏某某配送 100 余单，收入 1000 余元，配送时间段主要集中于午餐、晚餐时间。

2015 年 9 月（9 月 28 日至 30 日），魏某某配送 10 余单，收入 100 余元，配送时间段主要集中于午餐时间。

2015 年 10 月（10 月 2 日、3 日、5 日、8 日），魏某某配送 30 余单，收入 200 余元，配送时间段主要集中于午餐、晚餐时间。

2015年11月至12月（11月12日至17日、22日至26日等期间并未接单），魏某某每月配送300余单，收入2000余元，配送时间段主要集中于午餐、晚餐时间。

2016年1月（1月4日至9日），魏某某配送40余单，收入300余元，配送时间段主要集中于午餐时间。

2016年3月至5月（3月7日、3月8日、4月13日、4月19日、4月20日、5月5日、5月9日、5月30日），魏某某共计配送30余单，收入200余元，配送时间段主要集中于午餐时间或晚餐时间。

2016年6月（6月1日至7日），魏某某配送30余单，收入200余元，配送时间段主要集中于午餐时间。

2017年5月（5月17日至31日），魏某某配送100余单，收入1000余元，配送时间段主要集中于晚餐及夜宵时间。

2017年6月（6月1日至7日），魏某某配送90余单，收入700余元，配送时间段主要集中于晚餐及夜宵时间。

对于上述接单情况，魏某某解释称：2015年4月至9月因与他人打架受伤未接单；2016年1月至3月因回老家过年未接单；2016年6月至2017年5月因在为百度平台提供送单服务，故未在达达平台接单。

再据达疆网络公司提交、魏某某认可真实性的平台注册用户综合保险凭证，魏某某投保有"平台注册用户综合保险"，保障范围为"通过达达网络平台接单的注册用户在服务过程中，包含驾驶非机动车过程中（接取订单和配送订单的途中）。送完订单后（在没有再接取下一单时）则属于保险责任外。发生的意外伤害事故及个人责任事故"；保险期限为"2017年6月6日0时至24时"，赔偿限额为"注册用户意外死亡20万元……注册用户意外伤亡20万元（按伤残赔付比例表）……注册用户意外医疗费用……个人责任……注册用户意外住院津贴……"等。魏某某自述本人并未评残，本人的情况（已经由肇事方承担赔偿责任）只能领取每天100元的意外住院津贴，因觉得太麻烦就没有申报保险。

最后，就本案仲裁情况。魏某某曾向北京市海淀区劳动人事争议仲裁委员会提起仲裁申请，要求确认与达疆网络公司间存在劳动关系。北京市海淀区劳动人事争议仲裁委员会审理后做出京海劳人仲字（2018）第6762

号仲裁裁决，驳回魏某某的仲裁申请。魏某某不服该裁决结果，于法定期间内起诉至本院，达疆网络公司未起诉。

本院认为，劳动关系是劳动者与用人单位之间，在劳动者提供社会劳动，实现劳动价值的过程中形成的继续性的、相对稳定的社会关系；而区别于合作、居间等民事法律关系的，劳动关系的本质特征，即劳动者与用人单位间的从属性。

本案中，魏某某主张与达疆网络公司间存在劳动关系，则需要对二者之间是否具从属性加以分析，即魏某某是否在达疆网络公司的劳动管理下从事有报酬的劳动。

首先，双方确认达疆网络公司开发、运营的“达达骑士版 App”为跑腿送餐平台，达疆网络公司根据订单情况向发布配送需求的部分餐厅收取服务费用、并未向配送员收取信息费、未从餐厅支付的每单配送费用中抽取分成或佣金，则本院对上述情况不持异议。鉴此，虽配送员系从“达达骑士版 App”获取订单信息完成配送服务，但配送员的收入完全来自餐厅为配送服务所支付的配送费用。换言之，达疆网络公司未直接从配送员的配送服务中获取经济利益，配送员可取得配送服务的全部对价。

其次，双方确认虽魏某某需要进行实名认证，存有一定的培训、规则及罚则，但亦确认魏某某系自行购买送餐所使用的电动车、餐箱、工服，达疆网络公司对于配送工具、上线时间、在线时长、在线区域、最低接单量等均无要求，亦不存在站点或区域管理，则本院对上述情况不持异议。有鉴于此，从入职经过、工作用品的来源、工作时间的长短、工作区域、工作量的多寡等方面，达疆网络公司对魏某某并无劳动法意义上的劳动管理、用工指派等行为；魏某某与达疆网络公司之间缺乏以劳动管理为表现的人身隶属性特征。

再次，据魏某某认可真实性的订单情况，魏某某虽主张 2014 年 11 月 7 日至 2018 年 3 月 7 日与达疆网络公司存在劳动关系，但：一则，整体而言，自 2014 年起至 2016 年 6 月事故发生时止魏某某并未长期、稳定地从事“达达骑士”配送服务，其间个别月份甚至相当长时期内（如 2015 年 4 月至 9 月、2016 年 1 月至 3 月、2016 年 6 月至 2017 年 5 月）魏某某并未从事“达达骑士”配送服务。二则，从具体月份而言，以 2015 年 4 月、9

月、10月，2016年1月、3月、4月、5月为例。上述月份，魏某某每月仅个别几日从事“达达骑士”配送服务，且订单显示部分期间魏某某仅晚餐时段提供配送服务；故从配送时间、接单量及收入而言，魏某某相对有限的接单量及对应的收入情况，均有别于劳动关系中的稳定性特征以及劳动者以劳动报酬为生活主要经济来源的经济上依附性特征。

加之，魏某某所提交证据显示其明确知悉“达达骑士版App”为“业余时间兼职配送的赚钱神器，空闲时间工作几小时，月入数千元”，即魏某某在注册成为“达达骑士版App”用户时，即应对“达达骑士”的工作性质有所知悉。

故，综合以上几点，本院认为魏某某与达疆网络公司之间的关系有别于以从属性为特征的劳动关系，故本院对魏某某诉请要求确认双方间存在劳动关系的诉讼请求，不予支持。

综上所述，依照《中华人民共和国劳动法》第七十九条之规定，判决如下：

驳回魏某某的诉讼请求。

案件受理费5元，由魏某某负担。

如不服本判决，可以在判决书送达之日起十五日内，向本院递交上诉状，并按照对方当事人或者代表人的人数提出副本，上诉于北京市第一中级人民法院。

审判员　蔡　笑

二〇一八年八月一日

书记员　常　丽

案例五　“上门按摩”案中的劳动关系认定

——唐某某与北京宜生健康科技有限公司劳动争议案

窦江涛*　韩郭玲**

关键词　上门按摩　平台用工　技师入驻协议　工作时间控制　劳动关系

【裁判要旨】

符合劳动关系要件（主体资格、从属性、业务相关性）的平台用工关系，应当认定为劳动关系。其中从属性的判断分为人格从属性、经济从属性、组织从属性及技术从属性四个方面，具体包括工作规则的控制、管理监督和检查、工作时间的控制、工作过程的技术控制、生产资料的供给、工作报酬的确定、生活来源的限制、工作外观的控制等。

【案情要点】

1. 北京宜生健康科技有限公司（以下简称宜生健康公司）运营在线用工平台。该公司运营一款名为“宜生健康”的 App（智能手机的第三方应用程序），可在线预约按摩技师上门提供按摩服务。

2. 唐某某与宜生健康公司签订了《技师入驻协议》。该协议的主要内容是：

（1）约定双方是合作关系。

---

* 北京市第二中级人民法院民五庭副庭长、三级高级法官，国家法官学院北京分院兼职教师。

** 北京市第二中级人民法院民五庭法官助理。

（2）唐某某工资不固定，按单提成70%。

（3）宜生健康公司不对唐某某进行考勤管理。

（4）唐某某不得从事与竞争对手相关的服务行为，否则要承担全部赔偿责任。

3. 主要证据：《宜生到家技师服务管理办法》、工牌、工服、工作包照片、服务人员登记表，宜生到家技师群、教练群聊天记录及公证书，银行打卡明细、中医调理师入驻登记表、技师收益明细表等证据。

4. 工作模式。唐某某陈述，其在宜生健康公司从事调理师工作，前五个月有固定工资，后被取消固定工资，按接单收入的60%至70%抽提成，宜生健康公司有严格的规章制度、上下班及请销假制度，违反则扣分。此外，宜生健康公司还负责宣传、推销以及“唐某某团队”技师的管理、培训。

5. 双方关系解除。唐某某主张其于2018年5月13日下班路上受伤，此后未再工作。2019年3月，宜生健康公司将其移出工作群，不让其工作，解除了劳动关系。

【案件索引】

仲裁：北京市东城区劳动人事争议仲裁委员会京东劳人仲字［2019］第2114号

一审：北京市东城区人民法院（2019）京0101民初13884号

二审：北京市第二中级人民法院（2020）京02民终8125号

再审：北京市高级人民法院（2021）京民申3200号

【裁判结果】

北京市东城区人民法院一审判决：驳回唐某某的全部诉讼请求。

北京市第二中级人民法院二审判决：确认唐某某与宜生健康公司于2015年7月14日至2019年3月19日存在劳动关系，宜生健康公司向唐某某支付未休年休假工资5725.78元。

北京市高级人民法院再审裁定：驳回再审申请。

【案例注解】

一、本案的法律问题

第一，劳动关系认定问题。宜生健康公司主张根据《技师入驻协议》，其不对唐某某进行任何形式的考勤和劳动管理，双方为技师入驻合作关系。唐某某则认为宜生健康公司要求新入职的技师必须签字才可上班，其不得已签订《技师入驻协议》，但实际工作中宜生健康公司有严格的规章制度、上下班及请销假制度，双方应认定为劳动关系。

第二，未休年休假工资支付问题。唐某某主张在宜生健康公司工作期间未休年休假，宜生健康公司应向其支付未休年休假工资。宜生健康公司主张双方并非劳动关系，不能提交安排唐某某休年休假的证据。

二、判决书的分析逻辑

（一）劳动关系认定问题

从主体资格、从属性、业务相关性三个方面进行综合判断。其中，宜生健康公司系在我国境内注册成立的有限责任公司，具备用人单位的主体资格。唐某某具有劳动权利能力和劳动行为能力，具备劳动者的主体资格。宜生健康公司营业执照显示其经营范围包括提供预防保健服务、健康管理。宜生健康公司的经营模式为通过“宜生健康 App”这一平台向顾客提供技师上门按摩服务，宜生健康公司决定技师的收费标准，在收取顾客服务费用后再按月向技师支付一定比例的报酬，剩余比例则为其实际获利，该获利方式明显不同于发布广告或者作为信息中介的方式。因此，唐某某所提供的按摩服务为宜生健康公司的业务组成部分。

关于从属性，应从人格从属性、经济从属性、组织从属性以及纳入劳动法保护的必要性四个方面进行判断。

人格从属性方面，主要包括以下三个方面：一是工作规则的控制。唐某某提交的《宜生到家技师服务管理办法》及订单正常流程与异常订单等文件对工作规则、服务品质管理、休息休假、请假制度、对应处罚规则等均作出了细致规定。二是管理、监督和检查以及工作时间的控制。“三环新城@重要通知”微信群系宜生健康公司对唐某某进行管理、监督和检查的工具，《中医调理师入驻登记表》中亦载有“如非休息日有事不能接单必须提前24小时向平台中医部领导申请，同意后方可歇单”等内容。三是工作过程的技术控制。唐某某工作机会的获取完全来自“宜生技师App”这一平台，宜生健康公司通过“品控管理”的方式对唐某某工作的接单时间、结束时间、客户满意度等实现控制。

经济从属性方面，主要包括以下三个方面：一是生产资料的供给。“宜生技师App”这一平台的信息和技术手段系唐某某等技师进行工作的重要生产资料，由宜生健康公司提供和控制，唐某某在提供服务的过程中，需要着工服工牌，劳动工具亦由宜生健康公司提供。二是工作报酬的确定。唐某某的服务收费标准系由宜生健康公司决定，唐某某并非完成每一“订单”后即可提取收益，而需等待宜生健康公司按月结算后方可取得工作报酬。三是生活来源的限制。宜生健康公司与唐某某约定，唐某某不得从事与竞争对手相关的服务行为，排除了唐某某为其他竞争对手提供服务从而获得生活来源的可能。

关于组织从属性。宜生健康公司通过对唐某某工作外观的控制实现了宜生健康公司自身对顾客的服务。唐某某必须穿着宜生健康公司工服，佩戴宜生健康公司工牌，宜生健康公司通过对工作外观的控制，让顾客感受到来自宜生健康公司的服务内容而非仅仅把宜生健康公司视作中介平台。此外，宜生健康公司亦通过微信群的方式实现了成员间的管理和协作。

关于纳入劳动法保护的必要性。在前述认定情况下，宜生健康公司与唐某某并无可能通过完全平等协商的方式确立实质公平的权利义务关系，因此将唐某某纳入劳动法保护范围，进而通过劳动基准保护等方式实现实质平等的结果是必要的。

综上所述，唐某某与宜生健康公司之间的关系符合劳动关系的认定标准。

（二）未休年休假工资支付问题

宜生健康公司未就已安排唐某某休年假或者已向其支付未休年休假工资进行举证，应承担不利后果。法院根据银行流水核算唐某某的平均工资标准，进而根据唐某某的工作期限判决宜生健康公司向唐某某支付未休年休假工资5725.78元。

三、此类案件的特点与裁判建议

（一）要件代入法——“从属性”的要件

第一，人格从属性，包含对工作规则的限制及工作时间的控制。互联网平台用工中，工作规则多由平台制定，虽不像传统关系下工作制度有《员工手册》等固定制度，但平台从业者在登录时会自动勾选程序规则，若不同意则无法登录平台。此外，虽不似传统劳动关系一样对考勤有严格要求，但一旦平台从业者登录平台后，其工作时间亦受到平台限制，如接单率过低会受到平台警告，若不改正则无法继续使用平台，再如拒单平台会给予处罚或降低评分等。

第二，经济从属性，包含生产资料的供给、工作报酬的确定、生活来源的限制。首先，很多平台会对平台从业者在提供劳动时的工作工具等有要求。其次，平台从业者的计价规则以及与平台的分成比例均由平台单方面决定，报酬均为客户支付给平台后，再由平台与平台从业者分成结算，此为仅发布信息的中介平台与实际用工的平台之间的主要区别。最后，平台的工作制度中会有限制平台从业者选择权的内容，如不得在同类型平台接单、不得从事同类型服务等。

第三，组织从属性，主要指工作外观的控制，即平台从业者在提供服务时，工服、工牌等工作外观都可显示组织从属性，其工作外观让顾客认为其代表平台、为平台的员工。

第四，技术从属性，该项为互联网平台用工区别于传统劳动关系认定的方面，平台借助其对相关信息及技术手段的掌控权，实现对平台从业者工作过程的技术控制，在与平台从业者的关系中处于强势支配地位。平台从业者的所有行为均极大程度上依赖于平台本身，工作机会源于平台，创造的收益及应获取的工作报酬均由平台累积数据计算而来，顾客的信息均为平台所掌握，平台通过技术控制平台从业者的服务过程，通过线上评价反馈体系监督、检查平台从业者劳动成果。

以上四类要件如表 1 所示：

表 1　劳动关系"从属性"之判断要件

从属性	内容
人格从属性	工作规则的限制
	工作时间的控制
经济从属性	生产资料的供给
	工作报酬的确定
	生活来源的限制
组织从属性	工作外观的控制
技术从属性	工作机会的来源
	工作报酬的计算
	顾客信息的掌握
	服务过程的监管
	劳动成果的评价

（二）排除法

即使双方存在提供劳动、支付报酬的形式，也可能存在其他法律关系，例如劳务关系、承揽关系、中介关系。应当就此进行甄别，特别是当事人一方提交有其他法律关系的书面证据时，应当慎重判断，在此基础上作出是否确认平台与平台从业者存在劳动关系的结论。

例如，劳务关系中因管理需要，双方会有一定的管理行为，但劳务关系下的管理仍难以达到劳动关系的认定标准。应依据劳务关系的实质认定，不应以双方签订劳务协议为由简单认定为劳务关系，具体如表 2 所示。

表 2　劳动关系与劳务关系的区别

对比项	劳动关系	劳务关系
适用法律	《劳动法》《劳动合同法》《工伤保险条例》等	《民法典》
主体性质	劳动者必须为自然人，用人单位必须为法人或其他组织	双方主体无限制
关系性质	财产关系+较强的人身从属关系	财产关系+无人身从属关系
国家干预	高，强制性规定多	低，任意性规定多
劳动管理	劳动者必须服从用人单位管理及规章制度	劳动者独立平等
劳动工具	一般由用人单位提供	一般由劳动者提供
人力成本	工资、社保、福利，不违反最低工资标准	依照约定给付工作报酬
受害规则	劳动者在工作中遭受人身损害时，适用无过错原则	劳动者在工作中遭受人身损害时，适用过错责任原则

另外，在外包模式下，平台从业者与平台运营方之外的第三方公司签订劳动合同，由第三方公司派往平台工作，平台与平台从业者之间为劳务派遣关系。

还应注意劳动关系与承揽关系、中介关系的区分。若劳动过程完全自主进行、当事人的义务为向另一方当事人交付最终的成果，则符合承揽关系的要件。若平台仅是发布信息，自身不具有信息内容包含的业务，不参与平台从业者与顾客的报酬确定及结算，则应认定为信息中介平台。

【裁判全文】

北京市第二中级人民法院
民事判决书

（2020）京02民终8125号

上诉人（原审原告）：唐某某。

委托诉讼代理人：范某某。

委托诉讼代理人：李某某。

被上诉人（原审被告）：北京宜生健康科技有限公司。

法定代表人：孙某某，董事长。

委托诉讼代理人：顾某。

上诉人唐某某因与被上诉人北京宜生健康科技有限公司（以下简称宜生健康公司）劳动争议一案，不服北京市东城区人民法院（2019）京0101民初13884号民事判决，向本院提起上诉。本院于2020年9月1日立案后，依法组成合议庭，公开开庭进行了审理，上诉人唐某某及其委托诉讼代理人范某某、李某某、被上诉人宜生健康公司之委托诉讼代理人顾某到庭参加诉讼。本案现已审理终结。

唐某某上诉请求：撤销一审判决，依法改判支持唐某某在一审中的全部诉讼请求；本案诉讼费由宜生健康公司承担。事实和理由如下：1. 一审法院认定事实错误，唐某某与宜生健康公司之间系劳动合同关系。第一，一审法院遗漏重要事实。唐某某对《宜生到家技师入驻协议》内容并不知情，但宜生健康公司要求新入职的技师必须签字才可上班，故该协议并非双方的真实意思表示；即使进驻协议有效，2017年7月14日至2018年5月系唐某某的受伤期间，双方并未签订进驻协议，双方形成了事实上的劳动关系；宜生健康公司要求唐某某和其他同事一起组团队，让唐某某管理团队、当教练，招收新成员等工作，这期间唐某某的工资按照技师业绩综合提成，属于事实劳动关系的体现；宜生健康公司不与唐某某签订劳动合同，不缴纳社保，致使唐某某无法享受工伤待遇。第二，一审法院认定唐某某不能证明教练、推销等工作是专职工作，没有固定的工作内容及工作职责，进而认定双方为合作关系，与事实相悖。唐某某的工作内容为技师，上班几个月后就被安排到深圳工作，从深圳回来后做教练、培训新员工、做市场宣传、发传单等，这些工作内容完全与进驻协议的约定相悖，唐某某从事什么具体工作都是宜生健康公司安排的；从宜生健康公司发布的规章制度看，其有严格的规章制度、上下班及请销假制度，违反则扣分，唐某某开完庭后去公证，但宜生健康公司已经将 App 内容删除，宜生健康公司故意删除对自己不利的证据原件，是妨害诉讼的行为；从工资发放看，宜生健康公司无任何证据证明与第三方的合作协议，宜生健康公司是为了避税用其会计姚某某个人账户发放工资。2. 一审法院适用法律错误。一审法院关于证据的举证责任分配错误。本案的大部分证据均在宜生健康公司管理的工作群及 App 里，限于劳动者仅有的举证能力，本案的举证责任应由宜生健康公司承担。

宜生健康公司辩称，同意一审判决，宜生健康公司与唐某某系合作关系而非劳动关系，不同意唐某某的全部上诉请求。

唐某某向一审法院起诉请求：1. 确认唐某某与宜生健康公司自 2015 年 7 月 14 日至 2019 年 3 月 19 日存在劳动关系；2. 宜生健康公司支付唐某某自 2015 年 7 月 14 日至 2019 年 3 月 19 日每年 5 天年休假共 23 天未休年休假工资 16919.54 元；3. 宜生健康公司支付违法解除劳动关系的赔偿金 80000 元。

一审法院认定事实：唐某某主张其于 2015 年 7 月 14 日入职宜生健康公司，担任调理师岗位，当时有固定的办公场所和工作时间要求，其中 2015 年 7 月至 10 月固定工资为 8000 元，后被宜生健康公司安排至深圳工作，保底工资为 6000 元；2015 年 12 月左右，其被宜生健康公司安排返回北京工作，当月起无固定工资，通过平台接单，按照接单金额的 60%至 70%抽提成，无须打卡，无考勤记录；2018 年 5 月 13 日，唐某某在下班途中受伤，此后未再工作；2019 年 3 月，宜生健康公司将其移出工作群，与其解除了劳动关系；除了技师工作外，其还从事宣传、推销工作，同时负责“唐某某团队”技师的管理和培训。就其上述主张，唐某某提交了《宜生到家技师服务管理办法》、工牌、工服、工作包照片、服务人员登记表，宜生到家技师群、教练群聊天记录及公证书，银行打卡明细等证据。宜生健康公司认可工牌、工服、工作包照片、服务人员登记表、银行打卡明细真实性，不认可证明目的，主张工牌、工服、工作用品仅是为了更好地提供技师服务，银行打卡明细是结算的劳务收益，并不是工资；对技师管理办法与聊天记录真实性不认可，主张与唐某某无关。

宜生健康公司认可唐某某所主张的入职时间、工作岗位，但主张其与唐某某为技师入驻合作关系，唐某某的工资是提成制，前三个月并不是保底而是为了留住技师所支付的奖励性质报酬，唐某某是按接单量抽提成；宜生健康公司经营“网上服务到家”App平台，用户通过网络预约技师服务，在平台下单，平台以入驻技师居住圈推荐技师上门服务。就其上述主张，宜生健康公司提交《宜生到家技师入驻协议》两份，该协议有唐某某签字，唐某某认可签字真实性；《中医调理师入驻登记表》，唐某某认可真实性；2017 年 5 月至 2018 年 5 月技师收益明细表，记录了唐某某的收入明细。

2019 年 4 月 12 日，唐某某向北京市东城区劳动人事争议仲裁委员会申请仲裁，要求：确认与宜生健康公司劳动关系，宜生健康公司支付未休年假工资、违法解除劳动关系赔偿金。北京市东城区劳动人事争议仲裁委员会于 2019 年 6 月 4 日作出京东劳人仲字［2019］第 2114 号裁决书，裁决驳回唐某某的全部仲裁请求。唐某某不服裁决结果，向法院提起诉讼。

一审法院认为，劳动关系不同于其他给付劳务性质的劳动在于劳动者是依附于用人单位，受用人单位的管理，双方有着人身隶属关系。本案中，唐某某与宜生健康公司签订有《宜生到家技师入驻协议》，明确约定了合作方式、工资结算等内容，约定双方是合作关系。根据唐某某的技师工作岗位和宜生健康公司网络服务平台的经营模式，唐某某工作方式灵活，工资不固定，没有考勤管理，即使有一定的管理也是平台对于技师培训和服务质量的管理，不属于劳动管理的范围，因此双方不属于劳动关系。唐某某主张除了技师工作外还承担教练、推销等工作，但唐某某也不能证明上述工作是专职工作，有固定的工作内容和工作职责，也不能证明双方是劳动关系，故法院对唐某某提出的劳动关系主张不予支持，唐某某基于劳动关系主张的项下未休年假工资、违法解除赔偿金，因缺乏前提基础，也不予支持。判决：驳回唐某某的全部诉讼请求。

二审中，双方均未提交新证据。本院审理过程中，补充查明以下事实：

1. “宜生技师 App”操作情况。宜生健康公司当庭展示了“宜生技师 App”即技师端操作程序。宜生健康公司称，技师登录该客户端后，可设置自己的坐标，并设置在哪个时间段内可接单，哪个时间段内不可接单；接单范围为坐标周边固定距离，若坐标发生变化，可向公司反馈，公司进行数据修改；顾客下单后，技师需在指定时间内到达顾客指定场所进行服务，顾客通过平台进行支付，若顾客现场加单采取现金支付，技师需在平台登记后将现金全额交还给公司，技师的服务价格由宜生健康公司决定；若因技师有事无法接单，需通过申诉界面提起申诉，公司接到反馈后会联系顾客说明情况并推荐其他技师；顾客可通过“宜生健康 App”即客户端对技师进行评价，双方每月结算一次，宜生健康公司与唐某某的分成比例大约为 3∶7，由宜生健康公司将数据交由第三方公司进行结算后发放。

2. 公证书中所载微信聊天记录情况。唐某某提交的公证书中所载微信聊天记录显示，“三环新城@重要通知群”2017 年 12 月 7 日 17：22 的聊天内容中，“吴某存 17310509260”说，“通知各位老师，有事请假 2 天含 2 天以上必须向组长报备。后台核实发现技师私自锁钟 2 天以上但无报备的会直接按照服务管理办法处理。@工作编号 3268 唐瑞廷”。宜生健康公司不认可公证书的具体内容及证明目的，主张并未核实是唐某某本人手机，公证书中无唐某某本人有关的部分。二审中，经询问，宜生健康公司认可唐某某曾在名为“北京宜生到家技师群”的群聊中，但无法核实唐某某是否在公证书所显示其他群聊中；认可公司人太多，会将唐某某名字写为唐瑞廷，且宜生健康公司并没有名为唐瑞廷的人存在。

3.《2017 年宜生到家技师服务管理办法条例》的内容。唐某某在一审审理期间提交的《2017 年宜生到家技师服务管理办法条例》载有以下内容：“第一章　品控管理 第一节：操行分细则，主要通过以下四种方式：神秘顾客、调查问卷、客户回访、形象抽查四种方式进行品控，操行分评分制度为 6 分制，每 6 个月为一期，违反规则扣相应分值，保留技师申诉机会。1. 服务项累计扣满 6 分，回炉 1 天考核；2. 服务项累计扣满 12 分，停业 3 天重新培训；3. 服务项累计扣满 18 分，重新加入培训期……第三节：差评或投诉，第 1 条：技师服务、技术出现差评或者投诉，核查属实，回炉考核处理，视情况扣除 2—6 分。第 2 条：技师服务、技术出现差评或投诉，核查属实，需承担等额补偿。”标头为《订单正常流程与异常订单》中载有以下内容：“休息福利 4. 跟当时技师服务队申报，自己设置 App（不计休息时长），月底由技师队设置为福利假（从 2017 年 4 月 1 日起不再累计福利假，6 月 30 日之前未休掉的福利假全部清零）a：婚假 10 天（提供结婚证）b：病假需提供医院诊断证明、公章病假条 c：丧假 7 天，直系亲属（父母/祖父母）d：事假需提前跟当地技师服务队报备，超 20 天需后台锁单，回炉考核再上线。”宜生健康公司对该证据的真实性及证明目的均不认可，主张该规定落款时间为 2018 年 7 月，唐某某的工作内容也不可能看到该管理办法条例，且该规定并不是从唐某某本人 App 技师端下载，该规定不适用于唐某某。

4. 姚某某的身份。宜生健康公司主张姚某某为第三方公司员工，由姚某某为唐某某转账发放报酬，一审审理过程中，法院曾要求宜生健康公司提交姚某某社保缴费明细以证明姚某某劳动关系归属，宜生健康公司无法提供；唐某某主张姚某某为宜生健康公司会计，为避税故使用姚某某个人账户为其发放工资。

5. 唐某某在深圳的工作情况。唐某某主张宜生健康公司将其派往深圳等地进行市场开拓、宣传工作，担任教练带队其他技师；宜生健康公司对此不予认可，主张其从未外派唐某某，唐某某在与其合作的时间内均为通过平台自主接单，因其平台适用于全国范围，故唐某某可自主选择在北京或其他城市接单。

另，本院对一审查明的其他相关事实予以确认。

本院认为，唐某某上诉主张其与宜生健康公司存在劳动关系，并以此要求宜生健康公司支付未休年休假工资及违法解除劳动关系赔偿金。宜生健康公司则以双方系平台用工中的合作关系而非劳动关系为由进行抗辩，不同意唐某某的上诉请求。据此，本案主要的争议焦点为唐某某与宜生健康公司之间是否存在劳动关系。鉴于《中华人民共和国劳动法》《中华人民共和国劳动合同法》并未就未订立劳动合同情形下，如何认定劳动关系作出明确规定，故本院参照《劳动和社会保障部关于确立劳动关系有关事项的通知》（劳社部发〔2005〕12 号）之有关规定作为劳动关系的认定标准。

《劳动和社会保障部关于确立劳动关系有关事项的通知》中载明：“用人单位招用劳动者未订立书面劳动合同，但同时具备下列情形的，劳动关系成立。（一）用人单位和劳动者符合法律、法规规定的主体资格；（二）用人单位依法制定的各项劳动规章制度适用于劳动者，劳动者受用人单位的劳动管理，从事用人单位安排的有报酬的劳动；（三）劳动者提供的劳动是用人单位业务的组成部分。”由此可见，劳动关系的认定标准包括以下三个方面：一是主体资格，即用人单位和劳动者应当符合法律、法规规定的主体资格；二是从属性，即用人单位依法制定的各项劳动规章制度适用于劳动者，劳动者从属于用人单位，接受用人单位的劳动管理，从事用人单位安排的有报酬的劳动；三是业务相关性，即劳动者提供的劳动是用人单位业务的组成部分。本院将上述劳动关系认定标准与本案事实相结合进行逐一分析。

第一，关于主体资格，即宜生健康公司与唐某某是否符合法律、法规规定的主体资格。宜生健康公司系在我国境内注册成立的有限责任公司，属于《中华人民共和国劳动法》第二条、《中华人民共和国劳动合同法》第二条所规定的用人单位之一，具备用人单位的主体资格。唐某某为年满 18 周岁、尚未到达法定退休年龄的我国公民，其具有劳动权利能力和劳动行为能力，具备劳动者的主体资格。

第二，关于从属性，即宜生健康公司依法制定的各项劳动规章制度是否适用于唐某某，唐某某是否从属于宜生健康公司、接受宜生健康公司的劳动管理、从事宜生健康公司安排的有报酬的劳动。本院认为，上述从属性应从人格从属性、经济从属性、组织从属性以及纳入劳动法保护的必要性四个方面进行判断。

首先，关于人格从属性。人格从属性是指劳动者在提供劳动方面服从于用人单位，按照用人单位的工作规则和指示提供劳动，用人单位决定劳动者提供劳动义务的给付地、给付时、给付内容及给付量；劳动者接受用人单位的管理、监督和检查，劳动者违反用人单位规章制度时，用人单位有权对其作出处罚。具体到本案，本院认为，宜生健康公司与唐某某的法律关系中，至少有三个方面体现了人格从属性。

第一方面是工作规则的控制。唐某某主张宜生健康公司制定的劳动规章制度适用于其，并就此提交自“宜生技师 App”下载的《2017 年宜生到家技师服务管理办法条例》及《订单正常流程与异常订单》予以证明。宜生健康公司虽主张唐某某所提供的“宜生技师 App”技师端并非唐某某本人的技师端，但其亦认可唐某某离职后已无法登录其本人的客户端，故要求唐某某展示本人客户端内容已客观不能。宜生健康公司又主张《2017 年宜生到家技师服务管理办法条例》的落款日期为 2018 年 7 月，但作为应当掌握技师管理规定的宜生健康公司并未提供相关规定予以对比，应当承担不利后果。宜生健康公司再主张《2017 年宜生到家技师服务管理办法条例》不适用于唐某某，但上述规定的标题及内容均系对技师的管理，且与唐某某所提交公证书中所载 2017 年 12 月 7 日微信群聊中“无报备直接按照服务管理办法处理”的内容相互印证，宜生健康公司亦未提供充分证据证明唐某某与其他技师的管理方式有何不同。据此，本院对唐某某所提交《2017 年宜生到家技师服务管理办法条例》及《订单正常流程与异常订单》的真实性予以采信，上述文件对工作规则、服务品质管理、休息休假、请假制度、对应处罚规则等均作出了细致规定。由此可见，唐某某接受宜生健康公司所制定的工作规则的控制。

第二方面是管理、监督和检查以及工作时间的控制。唐某某主张在实际工作中，其接受宜生健康公司的管理、监督和检查，工作时间亦受到宜生健康公司的控制，并就此提交经公证的微信聊天记录予以证明。宜生健康公司虽主张上述聊天记录并无涉及唐某某的内容，但经核实，“三环新城@重要通知群”中吴某存曾发布请假需报备等信息并@“唐瑞廷”，而综合双方陈述，可认定该“唐瑞廷”即为唐某某，唐某某本人系“三环新城@重要通知群”的成员，“三环新城@重要通知群”系宜生健康公司对唐某某进行管理、监督和检查的工具。此外，《中医调理师入驻登记表》中亦载有“不串岗和随便离岗，如非休息日有事不能接单必须提前 24 小时向平台中医部领导申请，同意后方可歇单，同时协调接单情况”等内容，宜生健康公司虽主张实际并未如此操作，但并未就其主张提供充分证据予以证实。故上述聊天记录及《中医调理师入驻登记表》均体现了宜生健康公司对唐某某工作时间的控制。

第三方面是工作过程的技术控制。本案中，唐某某工作方式灵活，工作报酬与工作场所不固定，考勤方式亦不同于传统的计时考勤方式，其工作过程与传统劳动关系相比有所不同。但唐某某工作机会的获取完全来自“宜生技师 App”这一平台，其所创造的收益及应获取的工作报酬均由平台累积数据计算而来。此外，唐某某的工作时间被以“订单”为单位进行切割后，呈现出碎片化特征，但宜生健康公司对唐某某所提供的“每一订单”的工作控制并未弱化，宜生健康公司通过“品控管理”的方式对唐某某工作的接单时间、结束时间、客户满意度等实现控制，从而在事实上强化了对唐某某工作过程的控制。由此可见，平台通过互联网技术所掌握的信息已经成为非常重要的生产资料，这些信息和信息技术手段，是平台服务提供者个人无法掌握的，平台借助其对相关信息及技术手段的掌控权，实现对平台服务提供者工作过程的技术控制，在与平台服务提供者的关系中处于强势支配地位。

其次，关于经济从属性。经济从属性是指用人单位向劳动者提供劳动所需要的生产资料和劳动条件，享有劳动者的劳动成果，劳动者按照用人单位指示所进行劳动的风险由用人单位承担，劳动者享有获得劳动报酬的权利，且劳动报酬和其他待遇作为其主要生活来源。具体到本案，本院认为，宜生健康公司与唐某某的法律关系中，至少有三个方面体现了经济从属性。

第一方面是生产资料的供给。如前所述，“宜生技师 App”这一平台的信息和技术手段系唐某某等技师进行工作的重要生产资料，其由宜生健康公司提供和控制。此外，根据宜生健康公司的要求，唐某某在提供服务的过程中，需要穿着宜生健康公司工服，佩戴宜生健康公司工牌，唐某某工作过程中所需听诊器、温度计、计时器、血压计、一次性床单、一次性枕巾、刮痧板、药油、洗手液等按摩所必需的工具均由宜生健康公司提供。

第二方面是工作报酬的确定。宜生健康公司认可技师的服务收费是由其根据技师的水平决定，而技师的水平由宜生健康公司评定，由此唐某某的服务收费标准系由宜生健康公司决定。唐某某最初的工作报酬呈现固定保底的特征，采取提成方式计算后，双方的分成比例亦由宜生健康公司根据平台累积的收益数据等计算而来，宜生健康公司并未明确其与唐某某之间分成比例的具体规则和计算方式，上述情况体现了唐某某的工作报酬由宜生健康公司决定的性质。此外，与一般平台按单及时结算不同，唐某某并非完成每一“订单”后即可提取收益，而需等待宜生健康公司按月结算后方可取得工作报酬。唐某某如遇到顾客临时加单需要收取相应费用的，亦需全额交回宜生健康公司进行核算后发放工作报酬，此规则与中介合同并不相同。

第三方面是生活来源的限制。宜生健康公司与唐某某订立的《宜生到家技师入驻协议》中明确约定，唐某某不得从事与竞争对手相关的服务行为，否则要承担全部赔偿责任。由此可见，宜生健康公司实际通过协议的方式，排除了唐某某为其他竞争对手提供服务从而获得生活来源的可能，唐某某仅能为宜生健康公司提供劳动，自宜生健康公司获得的工作报酬即为其主要生活来源。

再次，关于组织从属性。组织从属性是指劳动关系维持过程中，劳动者始终作为用人单位组织中的一员存在，受用人单位的指挥与控制。劳动者的劳动作为用人单位生产组织的有机组成部分，劳动者需与其他成员协作，共同完成生产经营任务。具体到本案，宜生健康公司通过对唐某某工作外观的控制实现了宜生健康公司自身对顾客的服务。唐某某在提供服务时，必须穿着宜生健康公司工服，佩戴宜生健康公司工牌，且该工牌上所显示的二维码即为宜生健康公司公众号。由此可见，唐某某系代表宜生健康公司为顾客提供服务，其工作外观充分表现为宜生健康公司的服务行为，宜生健康公司通过对唐某某工作外观的控制，让顾客感受到来自宜生健康公司的服务内容而非仅仅把宜生健康公司视作中介平台。此外，宜生健康公司亦通过微信群的方式实现了成员间的管理和协作。

最后，关于纳入劳动法保护的必要性。如前所述，宜生健康公司与唐某某之间关系呈现出明显的人格从属性、经济从属性、组织从属性特征，双方之间系一方对另一方进行控制和管理的支配关系，并非宜生健康公司所主张的合作关系。在此情况下，宜生健康公司与唐某某并无可能通过完全平等协商的方式确立实质公平的权利义务，因此将唐某某纳入劳动法保护范围，进而通过劳动基准保护等方式实现实质平等的结果是必要的。

综上，宜生健康公司制定的工作规则适用于唐某某，唐某某接受宜生健康公司的劳动管理、从事宜生健康公司安排的有报酬的劳动，本院认定双方之间符合从属性的要件。

第三，关于业务相关性，即唐某某提供的劳动是否为宜生健康公司业务的组成部分。具体到本案，唐某某的工作为通过“宜生技师 App”接单，后到达客户所在地址提供按摩服务。一方面，宜生健康公司营业执照显示其经营范围包括提供预防保健服务、健康管理。另一方面，无论是“宜生健康 App”客户端还是“宜生技师 App”技师端，仅有与按摩服务相关的功能，这不同于同时拥有多项服务功能的其他一般平台。因此，宜生健康公司的经营模式为通过“宜生技师 App”及“宜生健康 App”平台向顾客提供技师上门按摩服务，宜生健康公司决定技师的收费标准，在收取顾客服务费用后再按月向技师支付一定比例的报酬，剩余比例则为其实际获利，该获利方式明显不同于发布广告或者作为信息中介的方式，故本院难以认定其与平台服务提供者之间仅为信息中介关系。因此，唐某某所提供的按摩服务为宜生健康公司的业务组成部分。

综上所述，唐某某与宜生健康公司之间的关系符合劳动关系的认定标准，故对唐某某关于双方 2015 年 7 月 14 日至 2019 年 3 月 19 日存在劳动关系的上诉请求，本院予以支持。一审法院认定有误，本院予以纠正。

关于未休年休假工资，依据《职工带薪年休假条例》第三条“职工累计工作已满 1 年不满 10 年的，年休假 5 天；已满 10 年不满 20 年的，年休假 10 天；已满 20 年的，年休假 15 天”。唐某某未提交证据证明其在入职宜生健康公司前的工作情况，但唐某某自 2016 年 7 月 14 日起在宜生健康公司工作已满 1 年，故其自 2016 年 7 月 14 日起应享受年休假。唐某某在 2018 年 5 月 13 日受伤后并未提供劳动，故本院对其 2018 年 5 月 13 日之后的未休年休假工资不予支持。经核算，2016 年 7 月 14 日至 2018 年 5 月 13 日，唐某某应享有的年休假天数为 8 天。唐某某提交 2015 年 8 月 24 日至 2019 年 6 月 21 日的银行流水以证明其工资发放情况，宜生健康公司未就已安排唐某某休年假或者已向其支付未休年休假工资进行举证，应承担不利后果。经本院核算，唐某某在2016年7月14日至2019年3月19日应获得的未休年休假工资为5725.78元。

关于违法解除劳动关系赔偿金，唐某某主张宜生健康公司将其移除群聊并撤销其App登录权限的行为构成违法解除。如前所述，唐某某提供劳动的方式为通过“宜生技师App”接单并在微信群聊里沟通接单情况，其工作场所与传统的固定可视场所不同，变为线上指派，宜生健康公司将其移出群聊并撤销其App登录权限的行为可视为不再为唐某某提供劳动条件，依据《中华人民共和国劳动合同法》第三十八条、第四十六条之规定，在宜生健康公司未向唐某某提供劳动条件的情况下，唐某某具有单方解除权且可获得经济补偿，但不提供劳动条件的行为并不能被直接认定为违法解除。在唐某某亦未提供其他证据证明宜生健康公司作出解除劳动关系决定的情形下，对唐某某要求支付违法解除劳动关系赔偿金的上诉请求，本院不予支持。

互联网平台经济是生产力新的组织方式，是经济发展新动能，对优化资源配置、促进跨界融通发展和大众创业万众创新、推动产业升级、拓展消费市场尤其是增加就业，都有重要作用。平台用工作为新就业形态的一种，具有用工方式灵活、用工门槛低、收入可控性强等优势，工作时间、工作地点更加自由的特征也适应了部分就业人群的需求，用人单位利用平台也可以显著降低招工、用工和管理成本。

但我们也必须深刻认识到，平台用工本身是多样的，平台用工也不能等同于排除劳动关系。较为典型的平台用工是允许社会大众自主下载、注册、使用App，仅设置一些必要准入门槛的“大平台”，该平台用工形式中，确实存在一部分平台服务提供者自愿选择工作时间、工作规则相对不受控制的工作方式，其对平台的从属性减弱、用工关系的稳定性明显降低，呈现出灵活用工的特点。另外一种平台用工则是由用人单位内部提供才可下载App，或者经内部培训后才可下载使用App进行工作的“小平台”，这部分平台服务提供者受到平台在工作规则、工作时间、工作过程、监督检查、工作报酬、竞业限制、工作外观等方面的控制，呈现出管理方式由线下变为线上的特点。对于人格从属性、经济从属性、组织从属性并未发生实质转变，仅仅是管理方式实现了技术变革的“小平台”用工，我们仍然需要依据现行法律规则去实现规范和引导，避免用人单位借助平台用工的表象规避劳动关系和社会保障义务，侵犯劳动者合法权益。

综上所述，唐某某的上诉请求部分成立。依照《中华人民共和国民事诉讼法》第一百七十条第一款第二项规定，判决如下：

一、撤销北京市东城区人民法院（2019）京0101民初13884号民事判决；

二、确认唐某某与北京宜生健康科技有限公司于2015年7月14日至2019年3月19日期间存在劳动关系；

三、北京宜生健康科技有限公司于本判决生效后七日内支付唐某某未休年休假工资5725.78元；

四、驳回唐某某的其他诉讼请求。

如果未按本判决指定的期间履行金钱给付义务，应当依据《中华人民共和国民事诉讼法》第二百五十三条的规定加倍支付迟延履行期间的债务利息。

二审案件受理费10元，由北京宜生健康科技有限公司负担（于本判决生效后7日内交纳）。

本判决为终审判决。

审 判 长　窦江涛
审 判 员　管元梓
审 判 员　张　洁

二〇二〇年十一月三十日

法官助理　韩郭玲
书 记 员　陈丹妮

案例六　闪送案中的劳动关系及非全日制用工认定

——郭某某与北京同城必应科技有限公司劳动争议案

吴克孟*

关键词　闪送　平台用工　劳动关系　非全日制用工

【裁判要旨】

劳动关系指劳动者与用人单位之间，在劳动者提供劳动、实现劳动价值的过程中形成的连续性的、相对稳定的社会关系。劳动关系的本质特征指向劳动者与用人单位间的从属性，即劳动者必须服从用人单位的管理，遵守用人单位的劳动纪律和规章制度，用人单位有权监督劳动者的工作。非全日制用工模式下，劳动者依然需要在用人单位的管理、安排下提供劳动，依然需要接受用人单位的管理和要求，劳动者仍处于被管理状态，双方间仍具有隶属性特征。

【案情要点】

1. 北京同城必应科技有限公司（以下简称同城必应公司）运营闪送平台。客户在闪送 App 上发布送货任务，闪送员通过闪送员 App 接收信息，选择承接送货任务。

* 北京市朝阳区人民法院温榆河人民法庭主持全面工作负责人、四级高级法官。

2. 郭某某称在58同城网站上查看兼职信息时看到了同城必应公司的招聘信息，其自行打电话联系后，同城必应公司让其去其自选的北苑站点进行培训，交钱领取装备，自行下载App注册成为闪送员。

3. 郭某某下载App注册成为闪送员时，需首先点击“同意”《合作协议》方能进行注册。《合作协议》的主要内容是：

（1）甲方（同城必应公司）为乙方（郭某某）提供取、送货服务的信息，乙方收到前述信息后，为用户提供取、送货服务。

（2）双方确认，甲方及甲方的关联公司与乙方之间是商业合作关系，不存在用人单位与劳动者之间的劳动人事关系，不受劳动法律法规调整。

（3）双方确认，由于不存在劳动关系，甲乙之间不存在缴纳相关社会保险的义务。

4. 主要证据：郭某某银行账户明细、接单记录、App截图。

5. 工作模式。双方间未约定底薪，郭某某按单获取收入。同城必应公司根据物品配送的距离和重量向提交配送需求并下单的客户收取费用，收到的款项20%归闪送平台作为信息费，80%归闪送员。郭某某自行办理了银行卡，通过本人操作手机的方式自闪送App本人账户内发起提款。双方间无工作时间、工作地点的约定，郭某某自行准备交通工具，自行抢单。郭某某称，接单方式为，打开手机、登录App，开启听单模式，平台推送订单，其本人“看哪个活儿好抢哪个”，同城必应公司曾因取送件超时、未按规定穿戴服装等对其罚款。

【案件索引】

一审：北京市海淀区人民法院（2019）京0108民初34030号

【裁判结果】

北京市海淀区人民法院一审判决：认定郭某某与同城必应公司不构成劳动关系，对郭某某主张的工资、工牌费、文件袋费、保温箱费、罚款等诉讼请求不予支持。

【案例注解】

一、本案的法律问题

第一，劳动关系认定问题。同城必应公司主张双方间属于商业合作关系，公司并未对其进行招聘、管理，双方间不具有经济从属性，不属于劳动关系。基于《合作协议》，双方间应适用《合同法》的居间法律关系调整。郭某某主张双方为劳动关系。

第二，非全日制劳动关系认定问题。郭某某主张其与同城必应公司间为劳动关系，主张抢单多的时候是全职、抢单少或不抢单的时候是兼职，但无论是否抢单都是劳动关系。

二、判决书的分析逻辑

第一，针对劳动关系认定问题，判决书的基本逻辑是，劳动关系是指劳动者与用人单位之间，在劳动者提供劳动、实现劳动价值的过程中形成的连续性的、相对稳定的社会关系。劳动关系的本质特征指向劳动者与用人单位间的从属性，即劳动者必须服从用人单位的管理，遵守用人单位的劳动纪律和规章制度，用人单位有权监督劳动者的工作。判决进而从入职经过、双方约定、收入来源、用工管理四个方面对于双方的实际履行情况进行考察。经分析，郭某某对于闪送员的工作特点有着清晰的认知、对于双方间并非劳动关系有着明确的确认；且其在从事闪送工作期间，实质上并未与同城必应公司形成稳定的财产上依附性；郭某某无须接受同城必应公司的劳动管理，双方间并未形成人身上基于“管理与被管理”的隶属性，最终确认双方之间并未建立劳动关系。

第二，针对非全日制用工劳动关系的认定问题，判决书认为非全日制用工模式下，劳动者依然需要在用人单位的管理、安排下提供劳动，依然需要接受用人单位的管理和要求，劳动者仍处于被管理状态，双方间仍具有隶属性特征。本案中，由于郭某某在其是否上线抢单、是否从事闪送配送方面享有自主权，完全不受同城必应公司的管理、领导，其与同城必应公司间缺乏“劳动管理”的要素，双方进而亦不能构成非全日制用工劳动关系。

三、此类案件的特点与裁判建议

（一）司法裁判在新业态用工法律关系界定中应坚持平衡理念

当前劳动保障体系呈现刚性有余、弹性不足的局面，在“全有”劳动和社会保障的劳动关系和“全无”劳动和社会保障的非劳动关系之间，缺乏足够和多元的灵活型用工及劳动保障形态。在此背景下，司法裁判对于新业态用工形式的劳动关系界定则处于两难境地，在社会保障和劳动关系过度保护之间难以抉择。尽管如此，司法裁判还是必须在个案中作出决断，在这个过程中应坚持平衡理念。

一是保护从业者劳动权益的理念。用工模式的发展不能以舍弃劳动者的基本权益为代价。保护从业者劳动权益的理念就是当新业态用工形式达到劳动关系用工的紧密程度时，应严格保护从业者作为劳动者的劳动权益。实践中，许多新业态用工主体均通过“服务协议”“合作协议”“劳务协议”等格式条款与从业者约定双方不属于劳动关系。对此，建议以严格的“意思自治”标准判断这种排除劳动关系协议的效力。从业者与新业态用工主体之间的“合作”模式符合劳动关系特征的，在无证据证明用工主体与从业者进行过充分释明和沟通且从业者基于完全自由意志签署“不属于劳动关系”协议时，该种认识不能推翻双方已经构成劳动关系的事实。

二是尊重新业态用工模式的理念。平台经济和共享经济是实体经济发展的新动能，是不可阻挡的发展潮流。新业态用工形式与传统的劳动法规则产生冲突在所难免。司法裁判则应在合法的前提下尊重新业态用工形式模式，灵活把握传统裁判规则。针对劳动关系确认的核心争议，应意识到新业态用工形式中，经济从属性出现了分离情形，不能再成为左右劳动关系成立与否的关键。应将人格从属性标准作为把握劳动关系认定的核心要素。新业态用工形式是否构成劳动关系的关键应在于从业者对于用工主体是否具有人身依附，亦即人身上基于“管理与被管理”而生的隶属性。从业者的自主性强，对于平台依附性较弱的业态，双方建立劳动关系之外法律关系的可能性更高。

（二）充分认识和彰显非全日制用工的机制作用

我国当前劳动法规范在标准劳动关系之外设置了非全日制用工制度，对应相对灵活的社会保障体系。事实上，非全日制用工制度应成为当前实定法背景下破解新业态用工问题的最佳路径。一方面，非全日制用工制度承载着缓和劳动规范制度刚性的功能。非全日制用工能满足企业灵活用工、节约成本和提高效率的要求，还能满足劳动者个性化的择业需求。在当前劳动法规范体系下，非全日制用工是唯一的非标准劳动关系用工形式，其本身便是一种灵活型用工，是劳动法规范开放性的制度体现，因而天生承担着囊括灵活用工的制度功能。另一方面，新业态用工形式的重要特征便是劳动时间的非全日制性。非全日制用工采用相对开放式的概念定义形式，富有包容性，可以涵盖灵活多样的新型用工形态。

在司法上，建议首先注重形式审查以充分适用非全日制用工制度，即通过工作时间、报酬结算方式等外在因素标准对新业态用工形式进行考察，将符合现行非全日制用工标准的用工形式充分归入非全日制用工体系，以实现用工主体和从业者的平衡保护。当然，我国目前的非全日制用工制度仍存在概念界定要素设置不尽合理等问题，由此导致大量的新业态用工形式因不符合工作时间、工资结算周期等要求而无法被纳入非全日制用工之中，这除了希冀立法改良之外，在司法上亦可探索通过法律解释予以适度扩张适用。

【裁判全文】

北京市海淀区人民法院
民事判决书

（2019）京0108民初34030号

原告：郭某某。

被告：北京同城必应科技有限公司。

法定代表人：薛某，首席执行官。

委托诉讼代理人：钱某某。

原告郭某某与被告北京同城必应科技有限公司（以下简称同城必应公司）劳动争议一案，本院于2019年4月12日立案后，依法适用简易程序，公开开庭进行了审理。原告郭某某，被告同城必应公司委托诉讼代理人钱某某到庭参加诉讼。本案现已审理终结。

郭某某向本院提出诉讼请求，我不同意京海劳人仲不字（2019）第768号不予受理通知书，特向法院提起诉讼，请求判决同城必应公司：1. 向我支付拖欠的工资2.4万元；2. 退还向我收取的工牌费30元、文件袋费10元、保温箱费50元，合计90元；3. 退还对我作出的罚款120元，立即恢复对我本人的订单推送；4. 向我配发全套工服。事实和理由：我与同城必应公司间属于劳动关系。我于2015年4月2日在同城必应公司从事兼职闪送员至今，共计取件1579单，因此我要求同城必应公司按照北京市最低工资标准向我支付工资2.4万元；我从同城必应公司购买了工牌、文件袋、保温箱，共计花费90元，我要求同城必应公司返还；另同城必应公司还曾对我无理处罚，故我还要求同城必应公司返还罚款。

同城必应公司辩称，我公司运营有闪送平台，用以解决客户关于小件物品寄送需求与社会上闲散运力之间无法有效对接的矛盾。客户在闪送App上发布送货任务，闪送员通过闪送员App接收信息，并自主选择是否承接送货任务。我公司不同意郭某某的全部诉讼请求。其一，我公司与郭某某之间并非劳动关系，双方间属于商业合作关系。我公司并未对其进行招聘、管理，双方间不具有经济从属性。其二，双方间应适用《合同法》中的居间法律关系调整，罚款等属于双方约定内容。

本院经审理认定事实如下：对于双方没有争议的事实，本院予以确认：郭某某2015年4月2日注册成为闪送平台闪送员；郭某某自述："我在58同城网站上查看兼职信息时看到了同城必应公司的招聘信息，自行打电话联系后，同城必应公司让我去我自选的北苑站点进行培训，交钱领取装备，自行下载App注册成为闪送员"。据同城必应公司提交、郭某某认可真实性的闪送员招募网页所载内容，招募页面载明"兼职赚钱，想生活得更好……加入闪送，生活由此改变，平台优势：时间灵活、工作区域自由不受限”等内容。郭某某确认招聘材料中写明为兼职闪送员。

双方间无劳动合同，同城必应公司未为郭某某缴纳社会保险及住房公积金、未为其缴纳个人所得税。双方确认郭某某下载 App 注册成为闪送员时，需首先点击“同意”《合作协议》方能进行注册。据同城必应公司提交、郭某某认可真实性的《合作协议》所载内容，协议约定“甲方为同城必应公司，乙方为闪送员。甲方为乙方提供取、送货服务的信息，乙方收到前述信息后，为用户提供取、送货服务（以下简称闪送服务）……双方确认，甲方及甲方的关联公司与乙方之间是商业合作关系，不存在用人单位与劳动者之间的劳动人事关系，不受劳动法律法规调整。双方确认，由于不存在劳动关系，甲乙之间不存在缴纳相关社会保险的义务……”

双方间未约定底薪，郭某某按单获取收入。具体而言：同城必应公司根据物品配送的距离和重量向提交配送需求并下单的客户收取费用，收到的款项 20%归闪送平台作为信息费，80%归闪送员（该部分款项中，自 2016 年开始每单抽取 0.3 元作为保险费用；2019 年 1 月开始不再抽取保险费用，但每单抽取 0.3 元作为人脸识别、导航等第三方技术服务费用）。郭某某自行办理了银行卡，通过本人操作手机的方式自闪送 App 本人账户内发起提款，据郭某某提供、同城必应公司认可真实性的 2017 年 4 月至 2018 年 8 月银行明细，2017 年 5 月 2 日起郭某某存在若干笔自同城必应公司获取的、备注为“劳务费”性质的款项，收入周期以周为主；但期间有所间隔、部分期间无收入（如 2017 年 11 月；2018 年 1 月、2 月、7 月、8 月）；收入金额不稳定，各笔收入金额不一，最高一笔为 1733.2 元，最低一笔为 26.5 元。

双方间无工作时间、工作地点的约定，郭某某自行准备交通工具，自行抢单。具体而言：同城必应公司对郭某某的工作时间，如每月最低在线天数、每日最低在线小时并未作出要求；同城必应公司对郭某某的工作地点，如郭某某的配送、接单区域等也未作出要求。郭某某自述接单方式为，打开手机、登录 App，开启听单模式，平台推送订单，其本人“看哪个活儿好抢哪个”。据同城必应公司提供、郭某某当庭曾认可真实性的订单情况，自 2015 年至 2019 年 4 月，郭某某共计接单 1500 余单（其中包含部分被“取消”订单），其中部分月份未接单（如 2015 年 8 月、10 月、11

月；2016年11月、12月；2017年1月、2月、3月、12月；2018年1月、2月、7月、9月、10月、11月、12月；2019年1月、2月)，部分月份仅有少量接单（以当月接单量低于10单为标准。如2015年5月、9月；2016年4月、5月；2017年11月；2018年3月、6月、8月；2019年3月、4月等)。郭某某自述，部分期间因北京天气寒冷、接单辛苦，故未接单；部分期间因同城必应公司对其进行了处罚，故不愿再接单。此外，郭某某自述，2015年至2019年，其曾在饭店做后厨、帮厨，曾任职按天或按周结算的兼职保安，还曾从事过全职保安、面包厂学徒等工作；自述2015年至2018年没有在其他类似平台工作。再就其自述为美团外卖送餐员一节，郭某某表示，该信息涉及个人隐私，故不同意向法院说明其在美团外卖注册成为送餐员的时间等具体情况。

本案中，经数次询问，郭某某均坚持主张与同城必应公司间为劳动关系、并非劳务关系或其他合同关系。郭某某主张其与同城必应公司间为劳动关系，主张抢单多的时候是全职、抢单少或不抢单的时候是兼职，但无论是否抢单都是劳动关系。郭某某再基于劳动关系，要求同城必应公司支付工资2.4万元等款项。其一，工资。郭某某称2015年4月2日至2019年4月10日共计配送1579单，北京市最低小时工资为24元，假定每单配送需要2小时；闪送第一小时收费16元，闪送员取得80%，那么1579单第一小时的工资差额即为17684.8元，计算方式为1579×（24−16×80%)；闪送第二小时收费10元，闪送员取得80%，那么1579单第二小时的工资差额即为25264元，计算方式为1579×（24−10×80%)。其二，工牌费30元、文件袋费10元、保温箱费50元，合计90元。郭某某称，2018年4月13日领取文件袋花费10元、信息卡20元，其就此提交App截图打印件为证，表示无法就其他装备领取情况举证；郭某某再称，工牌、文件袋、保温箱还在个人手中。其三，罚款120元，恢复订单推送。郭某某称，同城必应公司曾对其罚款，并施以“禁闭”处罚，其就此提交App截图打印件为证，显示因取送件超时、未按规定穿戴服装等被罚款，其中2019年4月10日因未穿戴工服、出示信息卡，被罚款5元，按规定警告一次。郭某某表示，2019年4月10日被同城必应公司罚款后，就不再接单，其间仅偶尔登录，曾短暂打开过“听单”模式，但没有订单推送。其四，配发全套工服。郭某某称，因其在同城必应公司从事兼职工作，因此同城必应公司应向其配发全套工服，即一年四季、上下身工服、装备。经询，同城必应公司对其提交的 App 截图真实性无异议，但主张：双方并非劳动关系，基于《合作协议》及合作关系，郭某某作为闪送员需要购买工牌（信息卡）等装备，但保温箱、冲锋衣等其他装备均为自愿购买、并非免费配发，因相关装备已经交付，故不同意退还款项。此外，双方间存有《合作协议》，个人违约需要承担违约责任，即罚则，公司早已解除郭某某的“禁闭”，不存在恢复推送的问题。

最后，就本案仲裁情况。郭某某曾向北京市海淀区劳动人事争议仲裁委员会提起仲裁申请，要求同城必应公司：1. 支付拖欠工资 2 万元；2. 支付超时、休息日、法定节假日加班费 4000 元；3. 立即恢复对本人的订单推送；4. 退还收取本人的工牌费 30 元、文件袋费 10 元、保温箱费 50 元，合计 90 元；5. 为本人配发工作服；6. 退还对本人的罚款 120 元。该委审理后作出京海劳人仲不字（2019）第 768 号不予受理通知书。郭某某不服该决定，于法定期间内起诉至我院。

本院认为，本案中虽郭某某提起劳动争议诉求主张工资等款项并提出配发工服等要求，但其各项诉求的基础为郭某某与同城必应公司间存在劳动关系。

对于郭某某与同城必应公司间是否存在劳动关系，本院认为其评判标准应从如下角度考量：依据相关法律规定，劳动关系指劳动者与用人单位之间，在劳动者提供劳动、实现劳动价值的过程中形成的连续性的、相对稳定的社会关系；而区别于劳务、合作、居间等民事法律关系的、劳动关系的本质特征，指向劳动者与用人单位间的从属性，即劳动者必须服从用人单位的管理，遵守用人单位的劳动纪律和规章制度，用人单位有权监督劳动者的工作。

结合在案证据及双方陈述可知：

其一，从“入职”经过而言。郭某某系在查找兼职信息时获悉闪送员的招用信息，其知悉闪送员为兼职，特点为时间灵活、工作区域不受限制。换言之，郭某某本人对闪送员的兼职属性有清晰认知，且其本人即是抱持寻找兼职的心态注册成为闪送员，其本人并无与特定用人单位建立稳定劳动关系、接受劳动关系的初心及意愿。

其二，从双方约定而言。郭某某与同城必应公司间并无劳动合同，反之郭某某在注册成为闪送员之前知悉并“同意”了《合作协议》，而该《合作协议》已经明确载明双方间并非劳动关系。换言之，如郭某某对《合作协议》持有异议，其完全有权停止、不再进行后续的注册行为；但郭某某在明知《合作协议》已排除劳动关系的情况下，仍自主完成了后续注册行为。

其三，从收入来源而言。需要加以注意的是，郭某某与同城必应公司间并未约定底薪。郭某某的收入来源于其配送收入；其自行决定提取时间；且其可以取得每一订单 80% 的款项作为收入，同城必应公司仅留存 20%。该种收入结算周期、计算方式及获利分配比例，一定程度上明显有别于劳动关系项下工资的结算周期、计算方式以及用人单位与劳动者之间的分配比例。加之，郭某某亦自述 2015 年至 2019 年，其曾从事后厨、帮厨、兼职保安、全职保安、面包厂学徒等工作，即从事“闪送”并非其唯一、固定、稳定的收入来源。

其四，从用工管理而言。再需要着重指出的是，同城必应公司对郭某某是否在线、是否抢单、在何地登录听单均无管理。具体而言：在是否从事闪送的问题上，郭某某拥有绝对的自主权，有权自行决定是否上线、是否听单、是否抢单、何地抢单、抢哪一单；郭某某有权因天气不好、心情不好等原因长期休息，不上线、不听单、不抢单；以上“自由”“自主”状态，完全与劳动关系项下劳动者应接受用人单位用工管理、应遵守劳动纪律的特点相悖，即同城必应公司与郭某某之间并无劳动管理属性。

据以上四点，可知郭某某对于闪送员的工作特点有着清晰的认知、对于双方间并非劳动关系有着明确的认同；且其在从事闪送工作期间，实质上并未与同城必应公司形成稳定的财产上依附性；郭某某并无须接受同城必应公司的劳动管理，双方间并未形成人身上基于“管理与被管理”而生的隶属性。

退而言之，双方间是否属于非全日制用工劳动关系？本院认为，劳动合同法中虽规定有非全日制用工，但非全日制用工模式下，劳动者依然需要在用人单位的管理、安排下提供劳动，依然需要接受用人单位在工作时间、工作岗位、工作内容、考勤等诸多方面的管理和要求，劳动者仍处于被管理状态，双方间仍具有隶属性特征。但如前所述，本案中，郭某某在其是否上线抢单、是否从事闪送配送方面享有自主权，完全不受同城必应公司的管理、领导，其与同城必应公司间缺乏“劳动管理”的要素。

综上所述，我院认为，郭某某与同城必应公司间并非劳动关系。进而，郭某某坚持以劳动关系为基础法律关系，以劳动争议为由，要求同城必应公司基于劳动法律、法规向其支付工资、配发工服等诉求，缺乏事实及法律依据，我院不予支持。

综上所述，依照《中华人民共和国劳动法》第七十九条之规定，判决如下：驳回郭某某的全部诉讼请求。案件受理费五元，由郭某某负担。

如不服本判决，可以在判决书送达之日起十五日内，向本院递交上诉状，并按照对方当事人或者代表人的人数提出副本，上诉于北京市第一中级人民法院。

审判员　蔡　笑

二〇一九年八月九日

书记员　施　延

案例七　外卖骑手交通事故责任承担

——李某某与曹某某机动车交通事故责任纠纷

闫　冬*

关键词　外卖平台　交通事故　众包　意外伤害保险

【裁判要旨】

外卖平台企业与外卖骑手签订了电子版的《蜂鸟众包用户协议》，骑手曹某某在配送的过程中，因操作不当对第三方李某某造成了伤害。李某某要求平台方拉扎斯公司、合作方速到公司和保险公司作为共同被告承担赔偿责任。虽然《蜂鸟众包用户协议书》排除了存在劳动关系的表述，但法院认为速到公司应对曹某某在工作期间对第三者造成的损失承担用工主体责任。同时，速到公司为被保险人——曹某某投保了涵盖第三者赔偿责任的保险，保险公司作为承保单位应提供相应赔偿责任。在该案件当中，法院确认了平台合作公司的用工主体责任，也确定了保险公司应当承担的理赔责任。

【案情要点】

1. 拉扎斯公司提交《蜂鸟众包用户协议》、配送信息，以证明曹某某与其不存在劳务关系，曹某某是与速到公司签约的配送人员。拉扎斯公司

* 北京外国语大学法学院副院长、教授、英国华威大学法学博士，北京外国语大学卓越青年人才。

提供平台服务，速到公司负责配送业务，曹某某为平台注册的配送人员，负责订单配送，速到公司支付曹某某相应的服务报酬。

2. 曹某某与速到公司签订有《服务合作协议》，约定速到公司将根据曹某某配送任务完成情况向其结算服务费用，速到公司为曹某某投保配送人员人身意外伤害保险。

3. 速到公司为曹某某投保了配送人员人身意外伤害保险（附加快递配送从业人员法律责任保险，保险金额 30 万元）。事故发生在保险期内。根据合同条款，第三者责任保险范围包括：医疗费、残疾（死亡）赔偿金、误工费、营养费、护理费及财产损失。

4. 配送员曹某某在接单配送的过程中与李某某发生交通事故，李某某受伤。经交通部门认定，曹某某承担主要责任。

【案件索引】

一审：北京市东城区人民法院民事判决书（2022）京 0101 民初 7850 号

【裁判结果】

北京市东城区人民法院一审判决：速到公司在曹某某的配送活动中为其支付相应的配送服务报酬，在对曹某某的管理、薪酬、福利、保险等方面扮演了重要角色，可以认定曹某某对速到公司具有从属性，曹某某的配送行为应属履行速到公司的职务行为，故速到公司应对曹某某在工作期间对第三者造成的损失承担用工主体责任。又因速到公司为曹某某在太平洋上海分公司投保了配送人员人身意外伤害保险。事故发生在保险期内。故对原告的损失，应优先由太平洋上海分公司在保险范围及限额内予以赔偿；不足的部分，由速到公司承担赔偿责任。

【案例注解】

一、本案的法律问题

第一，关于劳动关系认定问题。本案的关键问题是曹某某与速到公司是否存在劳动关系，以及由此判断速到公司是否应对曹某某损害行为承担雇主替代责任。虽然速到公司主张其与曹某某是合作关系，签订的是网约工合作协议。但法院通过考察速到公司在曹某某的管理、薪酬、福利、保险等方面的作用，认定了曹某某对速到公司具有从属性，其配送行为是履行速到公司的职务行为。

第二，关于保险公司理赔范围的问题。速到公司为曹某某投保了配送人员人身意外伤害保险（附加快递配送从业人员法律责任保险，保险金额30万元）。事故发生在保险期内。根据合同条款，第三者责任保险范围包括：医疗费、残疾（死亡）赔偿金、误工费、营养费、护理费及财产损失。保险人对责任保险的被保险人给第三者造成的损害，可以依照法律的规定或者合同的约定，直接向该第三者赔偿保险金。事故发生在保险期内。故对原告的损失，应优先由太平洋上海分公司在保险范围及限额内予以赔偿；不足的部分，由速到公司承担赔偿责任。

第三，雇主替代责任问题。根据《民法典》第1191条的规定，用人单位的工作人员以执行任务，给他人造成损害的，由用人单位承担侵权责任。法院通过对速到公司与曹某某之间从属性的考察，已认定曹某某的配送行为构成职务行为，据此速到公司应对曹某某在工作期间对第三者造成的损失承担用工主体责任，实质上认定了速到公司与曹某某之间的劳动关系。

二、判决书的分析逻辑

法院对该起案件从交通事故按照侵权责任路径进行分析。《民法典》第1165条第1款的规定为参照，认为曹某某因操作不当的过错构成了侵权行为，应当承担侵权责任。根据《民法典》第1179条规定的医疗费、护理费、交通费、营养费以及康复支出的相关费用，还要承担精神损害赔偿责任。

法院在确定速到公司与曹某某之间法律关系方面，主要考察从发放劳动报酬的主体，岗位培训和调配相关订单的主体进行考察，认定二者之间存在从属性。判断曹某某属于速到公司管理的配送员的要素，基本符合我国现阶段对平台用工关系的判断标准。而且经过法院了解，曹某某在发生交通事故时，是在为速到公司执行工作任务，故而也纳入保险公司的责任保险理赔范围内。

法院在确定侵权责任之后，便开始根据《保险法》有关规定以及《配送从业人员人身意外伤害保险单》的约定，对该起交通事故的责任认定以及保险公司的相关责任进行了分析。法院认为责任保险是以被保险人对第三者依法应负的赔偿责任为标的的保险，太平洋保险公司作为第三者责任的承保单位，应当依据相关的法律直接向李某某进行赔偿，所以法院在判决中直接要求保险公司进行赔偿。

三、此类案件的特点与裁判建议

（一）案件特点

本案件当中包含了至少三层的法律关系。第一层法律关系是拉扎斯公司与速到公司之间的服务外包关系。拉扎斯公司与配送员签订了《蜂鸟众包用户协议》，速到公司负责配送员的管理，包括岗位培训和劳动报酬支付。

第二层法律关系是速到公司与配送员之间的关系。在这个法律关系当中，尽管速到公司辩称与劳动者不存在劳动关系，与配送员仅是合作关系，但法院根据事实优先原则认为配送员与速到公司存在从属性，据此认定劳动关系，进而认定配送行为属于职务行为，并根据《民法典》的相关规定，由速到公司承担雇主替代责任。

第三层法律关系是保险公司与受害人李某某之间的理赔关系，也是保险关系。被保险人包括受害人有权在符合保险协议的条件下获得相应的保险赔偿，也是平台用工的工伤常见保障模式。对保险合同的调整，应按照《保险法》的有关规定开展，并侧重保障接受格式条款一方的利益。

（二）相关建议

第一，在处理平台从业人员交通事故伤害案件当中，当有保险关系存在的时候，以保险关系为基础定分止争。首先，从保险关系的角度来研判赔偿责任和保障范围。无论受害人是第三人还是被保险人本人，先要判断受害人是否符合保险的理赔条件，并获得相应的赔偿。如果能从保险关系上解决交通事故的责任问题和赔偿责任的问题，就能够比较妥善地解决平台用工的工伤问题。当然，在解决保险赔偿的问题的时候，有一个问题不可避免，即保险公司的理赔是否必须以配送员与平台或其合作公司存在劳动关系的前提。笔者认为在审理此类案件时，不应以存在劳动关系作为基础，而应以该劳动者是否在执行相关任务为准，来判断保险公司是否有赔偿责任。只要该劳动者是在执行任务的过程中，那么保险公司就应有理赔责任，无论其与平台是存在劳动关系、劳务关系或者是其他类型的关系，不应该放在保险赔偿的考虑范围内。

第二，关于雇主替代责任。在确定雇主替代责任时，笔者建议不应以是否存在劳动关系或劳务关系作为判断的基础。普通的劳务关系甚至服务关系都会产生劳动给付一方在为接受劳务一方提供服务的过程中，给第三人造成伤害的问题。劳动者在提供服务的时候造成的伤害，管理劳动者的人有赔偿的责任，原因有二。其一，保障受到伤害的第三人的利益是雇主替代责任的核心法益。第三人是难以从外部判断劳动者与其所属的单位是否存在劳动关系或劳务关系的，只能在形式上判断劳动者属于其所服务单位的一员。正如在本案中，受害人只能从配送员的着装和交通工具标识上判断其所隶属的平台。因此，受害人有理由认为劳动者的行为是代表其所属的平台，在某种程度上构成了一种民法上的表见代理关系。其二，由于平台合作公司是对劳动者存在指挥性和控制性，那么劳动者在这一过程中给第三人造成的伤害就可以通过雇主替代责任进行解决。在判断究竟是哪一个主体属于雇主替代责任的主体时，应当坚持事实优先的原则，重点考察劳动过程，并可据此否定合同中有关排除劳动关系的约定。在本案中，速到公司作为管理方对配送员进行管理，由其承担责任具有正当性。

【裁判全文】

北京市东城区人民法院
民 事 判 决 书

（2022）京 0101 民初 7850 号

原告：李某某。

委托诉讼代理人：李某。

被告：曹某某。

被告：上海拉扎斯信息科技有限公司。

法定代表人：王某。

委托诉讼代理人：石某某。

委托诉讼代理人：周某某。

被告：江西速到信息技术有限公司。

法定代表人：胡某。

委托诉讼代理人：闫某某。

被告：中国太平洋财产保险股份有限公司上海分公司。

负责人：徐某。

委托诉讼代理人：姚某某。

原告李某某与被告曹某某、上海拉扎斯信息科技有限公司（以下简称拉扎斯公司）、江西速到信息技术有限公司（以下简称速到公司）、中国太平洋财产保险股份有限公司上海分公司（以下简称太平洋上海分公司）机动车交通事故责任纠纷一案，本院于2022年5月16日立案后，依法适用简易程序，公开开庭进行了审理。原告李某某之委托诉讼代理人李某，被告曹某某，被告拉扎斯公司之委托诉讼代理人石某某，被告速到公司之委托诉讼代理人闫某某，被告太平洋上海分公司之委托诉讼代理人姚某某到庭参加了诉讼。本案现已审理终结。

原告李某某向本院提出诉讼请求：1. 判令被告赔偿原告医疗费59095.4元、二次手术费40000元、住院伙食补助费700元、营养费4500元、护理费16920元、误工费44100元、残疾赔偿金150004元、鉴定费2250元、被扶养人生活费48004元、精神损害抚慰金10000元、残疾辅助器具费350元、交通费2000元、财产损失500元、复印费5.2元。2. 案件受理费由被告承担。事实及理由：2021年7月12日0时50分，在北京市东城区雍和宫大街北新桥路口至北新桥头条西口段，被告曹某某骑电动自行车由北向南行驶，原告骑电动自行车同向行驶，发生交通事故，造成原告受伤。经交管部门认定，被告曹某某负事故全部责任。本次事故造成原告各项经济损失，故诉诸法院，望判如所请。

被告拉扎斯公司辩称，我公司认可交通事故发生的时间、经过及责任认定，但不同意原告诉讼请求。我公司系“饿了么”网络平台运营商，仅提供网络平台服务，将配送信息推送给第三方公司，配送业务由第三方公司完成，我公司与曹某某之间不存在劳务关系。

被告太平洋上海分公司辩称，我公司认可交通事故发生的时间、经过及责任认定。被告速到公司在我公司投保了配送人员意外伤害险，其中第三者责任险的保险限额为 30 万元，保险范围为：残疾（死亡）赔偿金、医疗费、营养费、护理费、误工费、财产损失，其他项目不在保险赔偿范围内。其中误工费最长赔偿 90 天的误工期。我公司同意在保险赔偿范围内承担赔偿责任。

被告速到公司辩称，我公司认可交通事故发生的时间、经过及责任认定。我公司与曹某某是合作关系，签订的是网约工合作协议。我公司为曹某某投保了太平洋人身意外保险，在保险责任范围外，我公司同意与曹某某各承担一半赔偿责任。因投保时，保险公司未告知误工期只能最长 90 日，故对保险公司只能赔偿 90 日的误工费的抗辩，我公司不予认可。

当事人围绕诉讼请求依法提交了证据，本院组织当事人进行了证据交换和质证。关于事故发生的时间、经过、责任认定及肇事车辆的投保情况，当事人均不持异议，本院予以确认。2021 年 7 月 13 日，原告入中国人民解放军总医院第七医学中心住院治疗，被诊断为左侧肱骨近端骨折，并行左侧肱骨近端骨折切开复位内固定术。治疗期间，原告共支出医疗费 59095. 4 元、护理费 1800 元（6 日）。原告购买支具支出 350 元。

诉讼前，原告自行委托北京中正司法鉴定所对其伤残等级进行鉴定。该所于 2022 年 2 月 24 日作出鉴定结论为：李某某的伤残程度为十级。原告支出鉴定费 2250 元。被告对鉴定结论均无异议。

原告提交宣汉县塔河镇大店村民委员会出具的证明，以证明原告之父李某 1（1940 年 3 月 29 日出生）、原告之母廖某某（1939 年 2 月 9 日出生），共生育五名子女。其二人早年积劳成疾，晚年体弱多病，无其他经济来源，需子女扶养。被告对该证据真实性认可，证明目的不认可。

李某某之子赵某某，2021 年 5 月 3 日出生。

原告提交证明一份，以证明其在北京轻松时刻酒楼任前台经理，月工资 4900 元，现金发放。交通事故发生后，至今一直未上班，每月扣发工资

4900元。被告对此不予认可，认为无银行流水、纳税证明予以佐证。经询，原告称该酒楼系其与配偶共同经营。

庭审中，双方一致认可由法院酌情确定原告所需误工期、护理期及营养期。

被告拉扎斯公司提交《蜂鸟众包用户协议》、配送信息，以证明曹某某与其公司不存在认可劳务关系，曹某某是与被告速到公司签约的配送人员。原告及曹某某请求法院依法认定。被告速到公司及太平洋上海分公司对该组证据的真实性、关联性均认可。经审查，被告曹某某在2021年7月11日23时39分到7月11日0时54分，有四单未完成配送业务。

另查，速到公司为曹某某投保了配送人员人身意外伤害保险（附加快递配送从业人员法律责任保险，保险金额30万元）。事故发生在保险期内。根据合同条款，第三者责任保险范围包括：医疗费、残疾（死亡）赔偿金、误工费、营养费、护理费及财产损失。

又查，曹某某与速到公司签订有《服务合作协议》，约定速到公司将根据曹某某配送任务完成情况向其结算服务费用，速到公司为曹某某投保配送人员人身意外伤害保险。

本院认为，行为人因过错侵害他人民事权益造成损害的，应当承担侵权责任。用人单位的工作人员因执行工作任务造成他人损害的，由用人单位承担侵权责任。保险人对责任保险的被保险人给第三者造成的损害，可以依照法律的规定或者合同的约定，直接向该第三者赔偿保险金。本案中，曹某某与原告发生交通事故致原告受伤，经交管部门认定，曹某某负全责。拉扎斯公司提供平台服务，速到公司负责配送业务，曹某某为平台注册的配送人员，负责订单配送，速到公司支付曹某某相应的服务报酬。事发时，曹某某正在配送中。结合已查明的事实，速到公司在曹某某的配送活动中为其支付相应的配送服务报酬，在对曹某某的管理、薪酬、福利、保险等方面扮演了重要角色，可以认定曹某某对速到公司具有从属性，曹某某的配送行为应属履行速到公司的职务行为，故速到公司应对曹某某在工作期间对第三者造成的损失承担用工主体责任。又因速到公司为曹某某在太平洋上海分公司投保了配送人员人身意外伤害保险（附加快递配送从业人员法律责任保险，保险金额30万元）。事故发生在保险期内。

故对原告的损失，应优先由太平洋上海分公司在保险范围及限额内予以赔偿；不足的部分，由速到公司承担赔偿责任。

关于医疗费，原告提交住院病历、医疗费发票等予以佐证，该项诉讼请求于法有据，本院予以支持。关于营养费，原告的伤情需加强营养，本院结合《人身损害误工期、护理期、营养期评定规范》酌情确定营养期为90日，数额酌定为2700元。关于护理费，原告的伤情需人护理，本院结合《人身损害误工期、护理期、营养期评定规范》酌情确定护理期为75日，对于住院期间的护理费（6日）1800元，原告提交护理费发票及协议予以佐证，本院予以支持；对于剩余护理费（69日），原告未提交证据佐证，本院酌情确定为10350元。以上共计12150元。关于误工费，原告的伤情需要休息，本院结合《人身损害误工期、护理期、营养期评定规范》酌情确定误工期为180日，原告提交的证据无法证明其实际误工损失，本院酌情确定为23400元。关于残疾赔偿金，本次事故致原告十级伤残，该项诉讼请求于法有据，本院予以支持。关于被扶养人生活费，原告之父母至原告定残前一日，均逾80周岁，结合其提交的证据，可以证明其父母无劳动能力及经济来源，需人扶养。原告之子女系未成年人，无劳动能力及经济来源，需人扶养。该项诉讼请求于法有据，本院予以支持，数额一并计入残疾赔偿金。关于财产损失，原告主张衣物受损，但未提交证据证明实际损失情况。考虑其受伤部位，其衣物受损具有必然性，本院酌情确定为100元。以上各项，由被告太平洋上海分公司进行赔偿。

关于住院伙食补助费，原告因伤住院7日，该项诉讼请求于法有据，本院予以支持。关于残疾辅助器具费、鉴定费，此系合理、必要支出，本院予以支持。关于交通费，原告未提交证据证明，考虑原告就诊势必支出一定交通费用，本院结合其就诊路程及次数酌定为400元。关于精神损害抚慰金，本次事故致原告十级伤残，该项诉讼请求于法有据，本院予以支持。以上各项，由被告速到公司进行赔偿。

关于复印费，依据不足，本院不予支持。关于二次手术费，尚未发生，本院不予支持，原告可待实际发生后另行主张。

综上所述，依照《中华人民共和国民法典》第一千一百六十五条、第一千一百九十一条，《中华人民共和国保险法》第六十五条之规定，判决如下：

一、被告中国太平洋财产保险股份有限公司上海分公司于本判决生效之日起十日内赔偿原告李某某医疗费59095.4元、营养费2700元、护理费12150元、误工费23400元、残疾赔偿金（含被扶养人生活费）198008元、财产损失100元；

二、被告江西速到信息技术有限公司于本判决生效之日起十日内赔偿原告李某某住院伙食补助费700元、残疾辅助器具费350元、交通费400元、鉴定费2250元、精神损害抚慰金10000元；

三、驳回原告李某某的其他诉讼请求。

如果未按本判决指定的期间履行给付金钱义务，应当依照《中华人民共和国民事诉讼法》第二百六十条之规定，加倍支付迟延履行期间的债务利息。

案件受理费3488.21元，由原告李某某负担688.21（已交纳），被告江西速到信息技术有限公司负担2800元（于本判决生效后七日内交纳）。

如不服本判决，可在判决书送达之日起十五日内，向本院递交上诉状，并按对方当事人的人数提出副本，交纳上诉案件受理费，上诉于北京市第二中级人民法院。逾期未交纳上诉案件受理费的，按自动撤回上诉处理。

审 判 员　陈　贝

二〇二二年八月十六日

法官助理　孙玲杉

书 记 员　李　倩

案例八　网络主播与签约公司之间的劳动关系认定

——张某某与北京飞扬天下文化传媒有限公司劳动争议案

宋子懿*

关键词　网络主播　平台用工　主播签约协议　劳动关系

【裁判要旨】

网络主播依托签约公司指定的直播平台完成工作，当双方签订的并非劳动合同时，人民法院应当从合同内容是否符合劳动合同性质、实际用工是否符合劳动关系项下用工的本质特征两方面进行审查。若合同对工作内容、条件以及报酬等事项的约定已经体现出管理与被管理的从属性特征，人民法院应当判定该协议系劳动合同；若实际用工符合从属性，则应认定双方存在劳动关系。

【案情要点】

1. 北京飞扬天下文化传媒有限公司（以下简称飞扬公司）是一家直播视频网红孵化公司。

2. 张某某（乙方）与飞扬公司（甲方）签订了《主播签约协议》。该协议的主要内容是：

（1）乙方为甲方的签约主播，甲方为乙方提供演艺平台，甲方有权对乙方的行为实施监督、管理。

* 北京普然律师事务所律师助理。

（2）乙方的待遇由底薪、提成、奖金构成，底薪5000元（播够44小时），提成35%，具体构成及数额根据乙方每月表现进行确定。底薪、奖金、提成每月15日发放。

（3）乙方月直播有效天数22天、时长44小时，月刷量不符合底薪领取标准的，甲方有权下月取消乙方主播资格。

（4）正式主播每天必须按时上播，如有特殊情况需提前一天申请，批准之后方可请假，无批准不开播的，视为旷工处理，扣除底薪100元，出现2次以上，甲方有权取消主播资格，一个月内只允许3天带薪请假，多请假1天扣50元，2天扣100元，以此类推。

（5）直播时间未满一个月工资不予发放。

（6）协议有效期为2017年6月28日至2020年6月27日。乙方在签约期内，如因故辞职，未经甲方允许不得以任何形式在其他类似的平台、网站进行开播，如上述问题出现，甲方有权要求乙方支付50000元的违约金。

3. 关于合同的履行，张某某提交了直播记录、参加活动的照片及相关协议，证明履行了主播义务。

4. 关于合同的解除，飞扬公司上诉主张张某某自动离职，张某某主张是因飞扬公司拒不支付劳动报酬。

【案件索引】

一审：北京市怀柔区人民法院（2018）京0116民初3206号

二审：北京市第三中级人民法院（2018）京03民终10711号

【裁判结果】

北京市怀柔区人民法院一审判决：认定张某某与飞扬公司构成劳动关系，对张某某主张的劳动报酬、解除劳动关系经济补偿金予以支持，对张某某主张的未签订书面劳动合同二倍工资差额、未支付工资的赔偿金等诉讼请求不予支持。

北京市第三中级人民法院二审判决：维持原判。

【案例注解】

一、本案的法律问题

第一，劳动关系认定问题。飞扬公司主张与张某某之间不具有人身隶属关系，双方不存在劳动关系，是劳务关系。

张某某主张与飞扬公司签订的《主播签约协议》具有劳动关系的性质，符合劳动关系的要件，双方是劳动关系。

第二，报酬支付问题。飞扬公司主张已经足额支付张某某报酬，不存在拖欠情形。

张某某主张飞扬公司从未支付过劳动报酬，其曾就劳动报酬支付问题到劳动监察部门投诉，飞扬公司也未予理睬。

第三，经济补偿金支付问题。飞扬公司主张张某某系自动离职，不应当支付解除劳动关系经济补偿金。

张某某主张飞扬公司不支付劳动报酬，应当支付解除劳动关系经济补偿金。

二、判决书的分析逻辑

第一，针对劳动关系认定问题，一审法院对张某某与飞扬公司签订的《主播签约协议》进行审查，强调协议具备明显的劳动合同内容，且体现出管理与被管理的从属性特征。《主播签约协议》中明确约定了其工作内容、工作条件、工作地点、职业要求、劳动报酬等，上述主播签约协议已经具备劳动合同的要件，张某某接受飞扬公司的管理，飞扬公司对张某某进行工作安排，张某某亦按照合同要求提供劳动。二审法院认可《主播签约协议》符合劳动合同性质特点，同时，根据事实劳动关系的判断标准，对飞扬公司与张某某的劳动关系主体资格、飞扬公司制定的劳动规章制度对张某某的适用、飞扬公司劳动报酬的发放方式等情况进行审查，认定飞扬公司与张某某之间存在管理与被管理的人身隶属关系。

第二，针对报酬支付问题，在明确双方存在劳动关系，报酬的性质属于劳动报酬的基础上，一审法院从合同出发，强调了飞扬公司的劳动报酬支付义务。二审法院认为，飞扬公司作为用人单位在劳动报酬支付方面负有举证责任，由于飞扬公司未提供充分有效证据佐证其已经足额支付张某某在职期间的劳动报酬，应当承担举证不利的后果，应依约支付张某某的劳动报酬。

第三，针对经济补偿金支付问题，一审法院认为张某某系因飞扬公司拖欠劳动报酬而解除劳动关系，主张飞扬公司支付经济补偿金，于法有据。二审法院在认可上述观点的基础上，同时强调了飞扬公司的举证责任，飞扬公司上诉主张张某某为自动离职，但并未提交充分有效证据证明张某某系主动离职的事实。

三、此类案件的特点与裁判建议

（一）网络主播的工作形式存在较强的“自主性”

网络主播依托签约公司指定的直播平台完成工作，从工作形式上看存在较强的“自主性”，具体体现在以下四个方面。其一，工作时间方面，网络主播工作时间不固定，部分主播签约协议只约定网络主播需达到的直播总时长。网络主播可自行决定开播时间和直播时长，在工作时间上享有自主决定权。其二，工作地点方面，网络主播可结合直播内容来调整工作地点，在符合直播内容的条件下，网络主播的工作场所较为灵活。其三，工作方式方面，网络主播依托平台可以独立完成工作，与公司其他主播之间合作需求较小，有较强的独立性。

网络主播在工作形式上具有较强的“自主性”，一定程度上削弱了传统劳动关系中的从属性。

（二）网络主播的报酬构成存在较大的“灵活性”

网络主播的报酬构成主要由底薪、观众打赏、流量或销售提成三部分组成，但没有统一的规则和标准。主播签约协议中对报酬构成与比例的约定多样化，极具灵活性，如底薪之外的报酬计算基数仅限打赏金额和带货销售额、报酬的组成与比例依据直播成果和相应规则进行调整，也有部分协议对报酬的组成与比例并未作出明确约定。

网络主播工作的特性决定了其报酬构成的灵活性及多样化，且常常受到直播平台技术升级、算法变更的影响，因此在报酬方面容易因约定不明或计算方式复杂产生争议。

（三）网络主播签约协议条款“责大权轻”问题突出

网络主播的工作形式存在较强的“自主性”，报酬构成存在较大的“灵活性”，导致形式上与签约公司之间从属性的弱化，但实质上签约公司仍可以对网络主播进行严格的管理，尤其是对于处在发展初期的网络主播。签约公司能够通过内容资源、流量指标、销售指标等方式对网络主播进行管理和考核，双方签订的主播签约协议中，签约公司对于网络主播进行管理的条款过于严苛，甚至可依据直播情况对网络主播进行奖惩并约定高额违约金，网络主播“责大权轻”问题突出，双方地位明显不对等。

（四）网络主播劳动关系认定的裁判建议

对于直播签约协议、劳务协议，应坚持从以下两方面进行实质性审查：一是审查合同内容是否名为普通民事合同，实为劳动合同；二是审查实际用工过程中是否符合劳动关系项下从属性用工的本质特征。

在从属性的判断上，应当重点审查签约公司对网络主播实质上的管理控制以及网络主播对签约公司经济上的依赖。避免仅因网络主播在工作时间、工作地点及具体工作内容的选择上有自主性而否定实质上从属性的存在，防范签约公司以签订合作协议或劳务协议、主播自主性强为由逃避劳动法上的义务。

【裁判全文】

北京市第三中级人民法院
民 事 判 决 书

（2018）京 03 民终 10711 号

上诉人（原审被告）：北京飞扬天下文化传媒有限公司。

法定代表人：赵某某，总经理。

委托诉讼代理人：冯某。

被上诉人（原审原告）：张某某。

委托诉讼代理人：丁某。

委托诉讼代理人：高某某。

上诉人北京飞扬天下文化传媒有限公司（以下简称飞扬公司）因与被上诉人张某某劳动争议一案，不服北京市怀柔区人民法院（2018）京 0116 民初 3206 号民事判决，向本院提起上诉。本院于 2018 年 8 月 21 日立案后，依法组成合议庭进行了审理。本案现已审理终结。

飞扬公司上诉请求：撤销一审判决，依法改判双方不存在劳动关系，驳回张某某要求飞扬公司支付其拖欠工资及经济补偿金的请求；一审、二审诉讼费由张某某承担。事实和理由：1. 一审认定事实和适用法律错误。双方签订的《主播签约协议》系劳务合同，且一审证人出庭做证亦能够证明双方系劳务关系。一审法院认定双方存在劳动关系是错误的。2. 飞扬公司已经足额给张某某发放劳动报酬，不存在拖欠工资情形。3. 张某某系自动离职，故飞扬公司不应当支付解除劳动关系经济补偿金。4. 一审法院违反《中华人民共和国民事诉讼法》相关规定，对于飞扬公司要求张某某本人出庭的请求未予准许，系程序违法。

张某某辩称：同意一审判决，不同意飞扬公司上诉请求。1. 双方签订的《主播签约协议》具有劳动关系的性质，符合劳动关系的要件。2. 飞扬公司一审出庭的证人，系飞扬公司的副总，与飞扬公司具有利害关系，其证言证明效力低，一审法院不予采纳是正确的。3. 法律并没有规定劳动争议案件中当事人本人必须到庭，所以一审程序合法。

张某某向一审法院起诉请求：确认张某某与飞扬公司 2017 年 6 月 28 日至 9 月 30 日存在劳动关系；飞扬公司支付张某某 2017 年 6 月 28 日至 9 月 30 日拖欠的工资 15000 元；飞扬公司支付未签订劳动合同双倍工资差额 15000 元；飞扬公司支付解除劳动关系经济补偿金 2500 元；飞扬公司支付未支付工资的赔偿金 15000 元。

一审法院认定事实：2017 年 6 月 28 日，张某某（乙方）与飞扬公司（甲方）签订一份《主播签约协议》，协议约定，乙方为甲方的签约主播，甲方为乙方提供演艺平台，甲方有权对张某某的行为实施监督、管理。协议约定，合同有效期为 2017 年 6 月 28 日至 2020 年 6 月 27 日。第四条约定："原则上，乙方的待遇由底薪、提成、奖金构成，具体构成及数额根据乙方每月表现进行确定，底薪 5000 元（播够 44 小时），提成 35%。底薪、奖金、提成每月 15 日发放。"第五条第二款约定："乙方月直播有效天数 22 天、时长 44 小时，月刷量不符合底薪领取标准的，甲方有权下月取消乙方主播资格。"第五款约定："乙方在签约期内，如因故辞职，未经甲方允许不得以任何形式在其他类似的平台、网站进行开播，如上述问题出现，甲方有权要求乙方支付 50000 元的违约金。备注：1. 正式主播每天必须按时上播，如有特殊情况需提前一天申请，批准之后方可请假，无批准不开播的，视为旷工处理，扣除底薪 100 元，出现 2 次以上甲方有权取消主播资格，一个月内只允许 3 天带薪请假，多请假 1 天扣 50 元，2 天扣 100 元，以此类推。2. 直播时间未满一个月工资不予发放……"

本案在一审审理过程中，张某某提交了一份直播记录、张某某参加活动的照片及相关协议，证明张某某按照合同约定履行了主播义务。

2017 年 11 月 23 日，张某某曾向北京市怀柔区劳动人事争议仲裁委员会申请仲裁，要求飞扬公司支付工资，确认劳动关系等，2018 年 4 月，仲裁委员会作出裁决书，裁决驳回张某某的申请请求。2018 年 4 月 24 日，张某某持上述请求及理由诉至法院。

一审法院认为，张某某、飞扬公司签订的主播签约协议中明确约定了其工作内容、工作条件、工作地点、职业要求、劳动报酬等，上述主播签约协议已经具备劳动合同的要件，上述协议具有劳动合同的性质，对张某某主张的未签订劳动合同的双倍工资差额法院不予支持。张某某接受飞扬公司的管理，飞扬公司对张某某进行工作安排，张某某亦按照合同要求提供劳动，飞扬公司应当按照合同约定支付张某某劳动报酬。因飞扬公司拖欠劳动报酬，张某某主张已于 2017 年 9 月 30 日与飞扬公司解除劳动关系，对其主张的要求飞扬公司支付解除劳动关系经济补偿金 2500 元的请求，法院予以支持。张某某要求飞扬公司支付未支付工资的赔偿金的请求不符合法律规定，法院不予支持。

综上，依据《中华人民共和国劳动法》第五十条，《中华人民共和国劳动合同法》第三十八条、第四十七条，《最高人民法院关于适用〈中华人民共和国民事诉讼法〉的解释》第九十条之规定，判决：一、确认北京飞扬天下文化传媒有限公司与张某某自 2017 年 6 月 28 日至 9 月 30 日存在劳动关系；二、北京飞扬天下文化传媒有限公司支付张某某 2017 年 6 月 28 日至 9 月 30 日拖欠的工资 15000 元（于判决生效后七日内执行）；三、北京飞扬天下文化传媒有限公司支付张某某解除劳动关系经济补偿金 2500 元（于判决生效后七日内执行）；四、驳回张某某其他诉讼请求。如果未按判决指定的期间履行给付金钱义务，应当依照《中华人民共和国民事诉讼法》第二百五十三条之规定，加倍支付迟延履行期间的债务利息。

二审期间，双方均无新证据提交。

本院对一审查明的事实予以确认。

本院认为，根据双方诉辩意见及本院查明事实，本案二审期间争议焦点是：1. 双方是否存在劳动关系；2. 飞扬公司是否应当支付张某某 2017 年 6 月 28 日至 9 月 30 日拖欠的工资；3. 飞扬公司是否应当支付张某某解除劳动关系经济补偿金。

关于第一个争议焦点，飞扬公司上诉主张双方不存在劳动关系，系劳务关系，一审法院认定有误。对此，本院认为，根据双方签订的《主播签约协议》，飞扬公司与张某某具有符合法律法规规定的劳动关系主体资格，飞扬公司依法制定的主播管理规定等劳动规章制度适用于张某某。张某某日常直播天数、时长、演艺平台、参与公司宣传活动等工作内容由飞扬公司安排，并需要遵守飞扬公司考勤、请假管理及不得在其他平台或网站开播等规章制度，飞扬公司按月发放劳动报酬，故双方存在管理与被管理的人身隶属关系，《主播签约协议》符合劳动合同性质特点，一审法院认定双方之间属于劳动关系性质正确，本院予以确认。飞扬公司虽上诉双方属于劳务关系，但未能就此提供充分有效证据佐证，故对其上诉意见，本院不予采信。

关于第二个争议焦点，飞扬公司上诉主张其已经足额支付张某某劳动报酬。对此，本院认为，双方均认可张某某自2017年6月28日入职，2017年9月30日离职，本院予以确认。《北京市工资支付规定》第十三条规定："用人单位应当按照工资支付周期编制工资支付记录表，并至少保存二年备查……"《中华人民共和国劳动争议调解仲裁法》第六条规定："发生劳动争议，当事人对自己提出的主张，有责任提供证据。与争议事项有关的证据属于用人单位掌握管理的，用人单位应当提供；用人单位不提供的，应当承担不利后果。"现飞扬公司未提供充分有效证据佐证其已经足额支付张某某在职期间劳动报酬，其上诉请求于法无据，本院不予采纳。一审法院认定飞扬公司应当支付张某某2017年6月28日至9月30日拖欠工资并无不当，本院予以支持。

关于第三个争议焦点，飞扬公司上诉主张系张某某自动离职，故其不应当支付解除劳动关系经济补偿金。对此，本院认为，《最高人民法院关于民事诉讼证据的若干规定》第二条规定："当事人对自己提出的诉讼请求所依据的事实或者反驳对方诉讼请求所依据的事实有责任提供证据加以证明。没有证据或者证据不足以证明当事人的事实主张的，由负有举证责任的当事人承担不利后果。"① 飞扬公司并未提交充分有效证据证明张某某主动离职的事实，现张某某以飞扬公司拖欠劳动报酬为由解除劳动关系具有事实和法律依据。根据《中华人民共和国劳动合同法》第三十八条、第四十六条规定，用人单位未及时足额支付劳动报酬的，劳动者有权解除劳动合同并要求用人单位支付经济补偿金。一审法院认定飞扬公司支付张某某解除劳动关系经济补偿金，于法有据，本院予以支持。飞扬公司上诉请求并无相关证据佐证，本院不予采纳。

---

① 《最高人民法院关于民事诉讼证据的若干规定》于2019年10月14日修正。

因双方当事人对于一审法院认定的拖欠工资及解除劳动关系经济补偿金数额均无异议，本院亦不持异议。另，经审查，一审程序合法，并无不当，故本院对飞扬公司上诉请求，不予采纳。

综上，飞扬公司的上诉理由均不能成立，本院均不予采信。一审法院认定事实清楚，适用法律正确，依法应予维持。依照《中华人民共和国民事诉讼法》第一百七十条第一款第（一）项之规定，判决如下：驳回上诉，维持原判。二审案件受理费10元，由北京飞扬天下文化传媒有限公司负担（已交纳）。

本判决为终审判决。

审 判 长　侯　军
审 判 员　尚晓茜
审 判 员　李　森
审 判 员　杜丽霞
审 判 员　田　璐

二〇一八年九月十八日

法官助理　张　清
书 记 员　崔浩然

案例九　劳动者注册为个体工商户后的劳动关系认定

——李某某与天津快派信息科技有限公司劳动争议案

谢丽娜*

关键词　新就业形态　平台用工　承揽　个体工商户　劳务关系

【裁判要旨】

新就业形态从业者作为有就业需求的个体，加入新兴的平台经济活动中，其一旦选择了平台用工的方式，则其通过平等协商建立劳动关系的权利较之传统的劳动合同用工形式的劳动者就天然地处于弱势地位。这种弱势可能有深层的复杂的法律关系原因，但显而易见的是，这些从业者甚至没有机会与平台企业的“人”面对面地协商和订立合同。从注册到接单再到获得收入最后到“离职”，全过程都接触不到平台企业的“人”。由于不具备平等协商的机会，新就业形态从业者在缺乏平台企业的“人”去告知各种工作相关信息的情况下，可能通过复杂的层层安排签订一系列排除劳动关系的协议，如劳务协议、承包合同、合作协议等，甚至存在用工主体为从业者安排注册为个体工商户，再按照设计好的流程让从业者以个体工商户的身份承接具体的劳动的情形。面对这种情形，法院在审理案件时依据“事实优先”原则，先审查相关协议约定的内容是否实际执行，再审查约定之外的执行情况，如约定的排除劳动关系的协议内容与实际执行情况不符的，应当以实际执行情况从人格从属性和经济从属性等劳动关系特性

* 北京市兰台律师事务所劳动法团队合伙人、北京市朝阳区劳动争议仲裁委员会兼职仲裁员。

方面作出是否构成劳动关系的认定。

【案情要点】

1. 天津快派信息科技有限公司（以下简称天津快派公司）自2018年12月8日起取得了“饿了么”怀柔地区订餐和配送业务的经营权，后于2020年12月16日结束该地区的经营权。

2. 天津快派公司（甲方）与李某某（乙方）签订了自2020年7月25日起至2021年7月24日止的《劳务服务协议》，约定乙方根据甲方工作要求和安排，提供送餐服务，乙方应当服从甲方的安排，听从甲方的指挥，按时保质完成工作任务；乙方应按照甲方劳务指令中所述的时间、地点和条件提供送餐劳务服务；甲方有权聘请第三方管理公司对乙方进行管理，乙方应服从该第三方公司的管理；甲方根据与发包方的业务外包合作可以将乙方分配至怀柔送餐工作。

3. 李某某通过登录蜂鸟平台接受系统派单进行送餐，所属站点为易店送（怀柔），其站长苗某某为天津快派公司工作人员。

4. 2020年8月21日，天津快派公司（甲方）与好活（昆山）网络科技有限公司（以下简称好活公司）（乙方）签订《“好活”平台服务协议》，合作期限为自2020年8月1日起至2021年7月31日止，通过将自然人注册为个体工商户的形式，约定个体工商户通过“好活”平台承揽天津快派公司的业务。天津快派公司向好活公司支付平台服务费及项目服务费。

5. 2020年9月9日，李某某作为昆山市玉山镇壹捌陆捌叁叁贰号好活商务工作室的经营者与好活公司签订《项目转包协议》，李某某的签名系电子签章。

【案件索引】

一审：北京市怀柔区人民法院（2021）京0116民初4453号

二审：北京市第三中级人民法院（2021）京03民终21028号

【裁判结果】

北京市怀柔区人民法院判决：一、确认李某某与天津快派公司自2020年7月25日起至12月10日止存在劳动关系；二、驳回天津快派公司的诉讼请求。

北京市第三中级人民法院二审判决：驳回上诉，维持原判。

【案例注解】

一、本案的法律问题

本案涉及新就业形态从业者以及平台企业之间常见的，以协议方式约定承揽关系、排除劳动关系的效力问题。本案中，天津快派公司提供劳务服务协议，证明其与李某某之间是承揽关系，不适用劳动法调整；又提供其与好活公司签订的“好活”平台服务协议，证明天津快派公司将配送业务发包给好活公司，李某某自愿注册个体工商户，与“好活”平台签订《项目转包协议》，双方不存在劳动关系。

法院认为，李某某所从事的送餐业务属于天津快派公司的业务组成部分，天津快派公司按月向其支付劳动报酬，并由其工作人员苗某某进行管理，李某某向天津快派公司提供了较为长期、固定的劳动，双方所签的协议虽名为《劳务服务协议》，但并不能否定劳动关系的本质。在劳动关系履行过程中，天津快派公司虽又通过“好活”平台向李某某发送业务、发放报酬，但该用工模式仍同时具备人格从属性和经济从属性，好活公司与李某某所注册个体工商户之间签订的《项目转包协议》并没有建立在实际的承包关系上，仍然应当认定李某某与天津快派公司之间存在劳动关系。

二、判决书的分析逻辑

第一，针对协议中排除劳动关系条款的效力问题。本案中李某某所从事的外卖派送业务是天津快派公司业务的主要组成部分，天津快派公司按月向其支付劳动报酬，并由其工作人员进行管理，足以证明李某某向天津快派公司提供了较为长期、固定的劳动。双方所签的协议虽名为《劳务服务协议》，但并不能仅仅根据协议的字面约定即否定双方劳动关系的本质。法院认为好活公司与李某某所注册个体工商户之间签订的《项目转包协议》并没有建立在实际的承包关系上。是否存在劳动关系、与谁存在劳动关系的认定仍应以实际工作模式、内容等情况予以确定。

第二，针对报酬的性质问题。尽管天津快派公司主张，李某某从事的工作没有底薪，实行多劳多得、少劳少得的原则，鼓励李某某多接单，但并没有强制性要求。但并不影响由于李某某服从天津快派公司工作管理和约束而产生的人身从属性特征，因此并不能仅凭李某某的工资没有固定数额这一点，否认李某某与天津快派公司之间存在固定、长期的事实劳动关系。况且事实调查证明天津快派公司按月向李某某发放报酬，虽然金额不固定，但已经可以看出报酬发放的持续性及稳定性。

第三，针对劳动关系认定问题。一审法院主要根据《劳动和社会保障部关于确立劳动关系有关事项的通知》第一条规定，认为判断是否构成劳动关系应从人身从属性及经济从属性方面综合认定。本案中李某某所从事的送餐业务属于天津快派公司的业务组成部分，并由其工作人员进行管理，符合人身从属性的特征；天津快派公司按月向其支付劳动报酬，符合经济从属性的特征。李某某向天津快派公司提供了较为长期、固定的劳动，与天津快派公司之间的关系具有较强的人身从属性和经济从属性，符合劳动关系的本质特征。尽管相较于传统的劳动关系，李某某的工作较为灵活，其对于工作的安排具有一定的自主性，但双方之间关系的人身从属性和经济从属性并未发生实质性转变。双方所签订的协议虽名为《劳务服务协议》，但并不能仅以此否定双方劳动关系的实质。此外，在劳动关系履行过程中天津快派公司又通过“好活”平台向李某某发送业务与报酬，但李某某具体接单方式、工作内容等均无变化，李某某与天津快派公司之间的关系未发生实质变化，好活公司与李某某所注册的个体工商户之间签订的《项目转包协议》并没有建立在实际的承包法律关系中，故仍认定李某某与天津快派公司之间存在劳动关系。

三、此类案件的特点与裁判建议

在新就业形态各种形式的用工关系下，双方所签订的合同内容是判断从业者一方与企业一方法律关系的重要依据。形式上的各种“合作协议”“承包合同”常常被用来掩盖真实的劳动关系。例如上述案例中天津快派公司与新就业形态从业者李某某签订的《劳务服务协议》，其中约定双方为劳务关系；李某某注册为个体工商户后与好活公司签订了《项目转包协议》，其中约定双方为承揽关系，李某某以个体工商户身份承揽好活公司的业务，但是从实际劳动过程来看，李某某仍然是从事天津快派公司的送餐业务，该送餐业务是天津快派公司的业务组成部分。此类案件中涉及用人单位以形式上的劳务关系、承揽关系掩盖真实劳动关系的情况。案件审理中除从事实劳动关系认定的角度，按照人格从属性和经济从属性的特征进行劳动关系的认定，也应当注意由不认可劳动关系的一方澄清双方为何种关系并提供证据，再进一步查明和分析双方的关系是否符合劳务关系、承揽关系，以防认定存在偏差或遗漏。

（一）企业主张与新业态从业者之间为劳务关系的

关于劳务关系，《民法典》第一千一百九十二条规定：“个人之间形成劳务关系，提供劳务一方因劳务造成他人损害的，由接受劳务一方承担侵权责任。接受劳务一方承担侵权责任后，可以向有故意或者重大过失的提供劳务一方追偿。提供劳务一方因劳务受到损害的，根据双方各自的过错承担相应的责任。提供劳务期间，因第三人的行为造成提供劳务一方损害的，提供劳务一方有权请求第三人承担侵权责任，也有权请求接受劳务一方给予补偿。接受劳务一方补偿后，可以向第三人追偿。”从上述法律的角度来看，《民法典》仅提及了个人与个人之间形成劳务关系的人身损害责任承担问题，但社会生活实践中，劳务关系是一个更为广泛的法律关系范畴，建立劳务关系的双方可以是个人与个人之间，也可以是单位与个人之间。

在劳务关系中，双方属于一种平等民事主体之间的关系。从提供劳动的方式来看，提供劳务者与单位之间不存在从属关系，提供劳务者可以自主完成约定的劳务工作；而劳动关系中劳动者需要接受用人单位的劳动用工管理。从支付报酬的形式上看，劳务关系多为一次性即时结清或按约定分批次结算，没有固定的发放规律；而劳动关系多以定期工资的方式支付

（一般是按月支付），具有规律性和稳定性。

（二）企业主张与新业态从业者之间为承揽关系的

企业与个人建立承揽关系应当签订承揽合同，承揽合同是《民法典》中规定的有名合同，《民法典》第七百七十条规定："承揽合同是承揽人按照定作人的要求完成工作，交付工作成果，定作人支付报酬的合同。承揽包括加工、定作、修理、复制、测试、检验等工作。"在（2010）浙绍民终字第71号判决中，法院对于如何区分雇佣关系和承揽关系进行了详细的分析。该院认为，当事人双方就承揽与雇佣的性质发生争议时，人民法院可以综合分析下列因素，结合案件具体情况予以认定：（1）当事人之间是否存在控制、支配和从属关系；（2）是否由一方指定工作场所、提供劳动工具或设备，限定工作时间；（3）是定期给付劳动报酬还是一次性提供工作成果；（4）是继续性提供劳务，还是一次性提供工作成果；（5）当事人一方所提供的劳动是其独立的业务或者经营活动，还是构成合同相对方的业务或者经营活动的组成部分。基于承揽合同的定义以及社会常识中对于承揽关系的理解，法院在审查新业态从业者涉及承揽关系的案件中，可以从以下方面分析是否构成承揽关系：承揽人对于定作人不存在被控制、被支配和从属的关系；由承揽人独立自主地完成工作任务；承揽人一般一次性提供工作成果，一次性或者分阶段获得报酬；承揽人所从事的是其独立的业务或经营活动，而不是定作人的业务或经营活动。

【裁判全文】

北京市第三中级人民法院
民 事 判 决 书

（2021）京 03 民终 21028 号

上诉人（原审原告）：天津快派信息科技有限公司。

法定代表人：刘某，总经理。

委托诉讼代理人：钟某某。

被上诉人（原审被告）：李某某。

上诉人天津快派信息科技有限公司（以下简称天津快派公司）因与被上诉人李某某劳动争议一案，不服北京市怀柔区人民法院（2021）京 0116 民初 4453 号民事判决，向本院提起上诉。本院立案后，依法组成合议庭对本案进行了审理。本案现已审理终结。

天津快派公司上诉请求：1. 依法撤销原判，将本案发回重审或依法改判驳回李某某的全部诉讼请求；2. 本案诉讼费用全部由李某某承担。事实与理由：原审判决认定事实不清、证据不足，适用法律错误，请求贵院将本案发回重审或依法改判驳回李某某的全部诉讼请求。李某某从 2020 年 7 月 25 日至 12 月 10 日从事"饿了么"配送活动，配送的经营地点在怀柔城区内，李某某在一审中没有提供证据证明其归天津快派公司管理，遵守天津快派公司的规章制度。因双方未签订书面劳动合同，判断双方是否具有劳动关系应当依据《劳动和社会保障部关于确立劳动关系有关事项的通知》第一条规定。首先，李某某可自行选择接单与否，并能在接单后单向将订单转出，其工作具有较强的自主性；其次，李某某自行购置交通运输工具，不接受天津快派公司对其劳动过程的管理，虽原则上接受片区站长的管理，但没有具体的考勤制度和奖惩措施，其工作具有较强的独立性；最后，李某某从事的工作没有底薪，实行多劳多得、少劳少得的原则。天津快派公司虽鼓励李某某多接单，但并没有强制性，双方属于合作共赢，其工作具有自我劳动的特点。因李某某的工作对天津快派公司的隶属性不强，独立性更强，因而判决天津快派公司与李某某间存在劳动关系认定错误。以互联网为平台的新型用工行业蓬勃发展，这种新型用工模式既符合用人单位控制人力成本的需求，同时也满足了劳动者对工作独立、自由的要求。劳动关系是指用人单位招用劳动者为其成员，劳动者在用人单位的管理下提供由用人单位支付报酬的职业劳动而产生的权利义务关系。劳动关系具有人格上的从属性和经济上的从属性特点。新型用工模式下，判断劳动者与用人单位之间是否建立劳动关系，应当坚持劳动关系从属性的特点，从劳动者是否接受用人单位管理的角度出发，判断劳动者的工作内容是隶属性更强还是自主性、独立性更强。劳动者工作具有较强自主性、独立性的，不宜认定劳动者与用人单位间存在劳动关系。综上，一审法院认定事实不清、证据不足、适用法律错误，请求贵院依法发回重审或改判驳回李某某的全部诉讼请求。

李某某未到庭，亦未向本院提交书面意见。

天津快派公司向一审法院提出诉讼请求：1. 判决天津快派公司与李某某 2020 年 7 月 25 日至 12 月 10 日不存在劳动关系；2. 诉讼费用由李某某承担。

一审法院认定事实：天津快派公司称自 2018 年 12 月 8 日起取得了“饿了么”怀柔地区订餐和配送业务的经营权，后于 2020 年 12 月 16 日结束该地区的经营权。天津快派公司（甲方）与李某某（乙方）签订了自 2020 年 7 月 25 日起至 2021 年 7 月 24 日止的《劳务服务协议》，约定乙方根据甲方工作要求和安排，提供送餐服务，乙方应当服从甲方的安排，听从甲方的指挥，按时保质完成工作任务。乙方应按照甲方劳务指令中所述的时间、地点和条件提供送餐劳务服务。甲方有权聘请第三方管理公司对乙方进行管理，乙方应服从该第三方公司的管理。甲方根据与发包方的业务外包合作可以将乙方分配至怀柔送餐工作。李某某通过登录蜂鸟平台接受系统派单进行送餐，所属站点为易店送（怀柔），其站长苗某某为天津快派公司工作人员。

2020 年 8 月 21 日，天津快派公司（甲方）与好活（昆山）网络科技有限公司（以下简称好活公司）（乙方）签订《“好活”平台服务协议》，合作期限为自2020年8月1日起至2021年7月31日止，通过将自然人注册为个体工商户的形式，约定个体工商户通过“好活”平台承揽天津快派公司的业务。天津快派公司向好活公司支付平台服务费及项目服务费。2020年9月9日，李某某作为昆山市玉山镇壹捌陆捌叁叁贰号好活商务工作室的经营者与好活公司签订《项目转包协议》，李某某的签名系电子签章。

2020年12月17日，李某某向北京市怀柔区劳动人事争议仲裁委员会（以下简称怀柔仲裁委）申请仲裁，要求确认2020年6月23日至12月10日双方存在劳动关系。怀柔仲裁委于2021年4月7日作出京怀劳人仲字（2021）第680号裁决书，确认李某某与天津快派公司2020年7月25日至12月10日存在劳动关系。

2021年4月26日，天津快派公司不服京怀劳人仲字（2021）第680号裁决书，故起诉至一审法院。

天津快派公司就其主张向一审法院提交了如下证据：1.“饿了么”项目补充协议，证明原天津快派公司自2018年11月1日至2020年10月28日有北京市怀柔区外卖配送任务的代理权；2. 天津快派公司与小白龙（天津）科技有限公司签订的业务经营权转让协议及天津快派公司企业变更信息，证明天津快派公司自2018年12月8日实际取得北京市怀柔区城市站点的经营权；3. 劳务服务协议，证明天津快派公司、李某某之间是承揽关系，不适用劳动法调整；4. 天津快派公司与好活公司签订的“好活”平台服务协议，证明天津快派公司将配送业务发包给好活公司；5. 项目转包协议和个体工商户注册信息，证明李某某自愿注册个体工商户，双方不存在劳动关系；6. 付款凭证及增值税发票，证明好活公司在取得项目服务费后依法出具增值税发票；7. 京怀劳人仲字（2021）第680号仲裁裁决书，证明仲裁情况及双方对该仲裁裁决存在争议。李某某未向一审法院提交证据。经法庭质证，李某某对天津快派公司提交证据一的真实性不认可，认为天津快派公司没有提交原协议，协议不完整；对证据二中业务经营转让协议的真实性不认可，对企业变更信息的真实性认可，证明目的均不认可；对证据三、四、五、六的真实性认可，证明目的不认可；对证据七真实性认可，认可仲裁结果。

上述事实，有双方当事人陈述及相关书证在案佐证。

一审法院认为，《劳动和社会保障部关于确立劳动关系有关事项的通知》（劳社部发〔2005〕第12号）第一条规定："用人单位招用劳动者未订立书面劳动合同，但同时具备下列情形的，劳动关系成立。（一）用人单位和劳动者符合法律、法规规定的主体资格；（二）用人单位依法制定的各项劳动规章制度适用于劳动者，劳动者受用人单位的劳动管理，从事用人单位安排的有报酬的劳动；（三）劳动者提供的劳动是用人单位业务的组成部分。"也即判断是否构成劳动关系应从人身从属性及经济从属性方面综合认定。本案中，李某某所从事的送餐业务属于天津快派公司的业务组成部分，天津快派公司按月向其支付劳动报酬，并由其工作人员苗某某进行管理，李某某向天津快派公司提供了较为长期、固定的劳动，双方所签的协议虽名为《劳务服务协议》，但并不能否定劳动关系的本质。在劳动关系履行过程中，天津快派公司虽又通过"好活"平台向李某某发送业务、发放报酬，但该用工模式仍同时具备上述两个属性，好活公司与李某某所注册个体工商户之间所签订的《项目转包协议》并没有建立在实际的承包关系上，仍然应当认定李某某与天津快派公司之间存在劳动关系。一审法院依法认定双方在形成用工管理期间实际建立劳动关系。关于实际劳动关系成立的时间，由于天津快派公司违法未与李某某签订书面劳动合同，劳动关系自实际用工之日起成立，故一审法院确定实际签署劳务协议之日为劳动关系确立之日。关于劳动关系的终止之日，一审法院认定为天津快派公司2020年12月16日结束在怀柔地区的"饿了么"的经营权之日，故一审法院对2020年7月25日至12月10日天津快派公司与李某某之间存在劳动关系予以认定，对天津快派公司的诉讼请求不予支持。

一审法院依照《中华人民共和国劳动合同法》第七条、《最高人民法院关于适用〈中华人民共和国民事诉讼法〉的解释》第九十条之规定，判决：一、确认李某某与天津快派公司自2020年7月25日起至2020年12月10日止存在劳动关系；二、驳回天津快派公司的诉讼请求。

二审中，当事人均未提交新证据。天津快派公司向本院提交了一张自行统计的怀柔站2019年至2020年劳务服务费明细作为法庭参考。

本院经审理查明的其他事实与一审法院查明的事实一致。

本院认为，虽然互联网平台经济顺应时代潮流，应为司法政策所保障和推动，但新型用工模式的发展绝不应以牺牲劳动者的劳动权益为代价。

《劳动和社会保障部关于确立劳动关系有关事项的通知》第一条规定："一、用人单位招用劳动者未订立书面劳动合同，但同时具备下列情形的，劳动关系成立。（一）用人单位和劳动者符合法律、法规规定的主体资格；（二）用人单位依法制定的各项劳动规章制度适用于劳动者，劳动者受用人单位的劳动管理，从事用人单位安排的有报酬的劳动；（三）劳动者提供的劳动是用人单位业务的组成部分。"本案中，李某某所从事的送餐业务属于天津快派公司的业务组成部分，天津快派公司按月向其支付劳动报酬，并由其工作人员进行管理，李某某向天津快派公司提供了较为长期、固定的劳动，由此可以认定李某某与天津快派公司之间的关系具有较强的人身从属性和经济从属性，符合劳动关系的本质特征。虽然相较于传统的劳动关系，李某某的工作较为灵活，其对于工作的安排具有一定的自主性，但双方之间关系的人身从属性和经济从属性并未发生实质性转变。双方所签订的协议虽名为劳务服务协议，但并不能否定双方之间的关系系劳动关系的实质。在劳动关系履行过程中，虽又通过"好活"平台向李某某发送业务、发放报酬，但李某某在注册"好活"平台前后的接单方式、工作内容均无变化，李某某与天津快派公司之间的关系未发生实质上的变化，好活公司与李某某所注册个体工商户之间所签订的《项目转包协议》并没有建立在实际的承包法律关系上，故仍应认定李某某与天津快派公司之间存在劳动关系。一审法院根据本案实际情况对李某某主张的劳动关系存续期间予以认定并无不当，故本院予以维持。

综上所述，天津快派公司的上诉请求及理由不能成立，应予驳回。一审判决认定事实清楚，适用法律正确，应予维持。依照《中华人民共和国民事诉讼法》第一百七十七条第一款第（一）项之规定，判决如下：驳回上诉，维持原判。二审案件受理费10元，由天津快派信息科技有限公司负担（已交纳）。

本判决为终审判决。

审 判 长　李　森
审 判 员　邓青菁
审 判 员　田　璐

二〇二二年三月三十日

法官助理　王雯雯
书 记 员　刘　爽

案例十　从闪送员案看用工灵活性对劳动关系认定的影响

——李某某与北京同城必应科技有限公司劳动争议案

任妮娜*

关键词　闪送员　灵活性　从属性　劳动关系

【裁判要旨】

互联网信息技术介入传统劳动供求关系后使新工作岗位在工作地点、工作时间、工作量及劳动工具等方面呈现灵活性之特征。但仍应从劳动关系的本质特征即从属性的角度，来审查用工方式的灵活性是否足以阻却劳动关系的判定。

【案情要点】

1. 北京同城必应科技有限公司（以下简称同城必应公司）为闪送 App 的运营方。客户作为发货人将送货需求发送至闪送平台，App 后台以发货人为中心将订单信息发送至周围闪送员，闪送员抢单成功后，自行上门取件，配送至收件人处。

2. 工作模式。李某某自行购买配送车辆、置物箱等劳动工具，由闪送 App 发送订单信息，李某某自行决定是否接单，工作期间无工作量要求、

* 北京凯联律师事务所专职劳动法律师。

无在线时长要求、无服务区域要求，可自主安排工作、休息时间。工作期间需佩戴闪送员工牌，不得为其他竞争性平台从事类似工作。如发生配送超时或者损坏、丢失物品的情形，同城必应公司可以对李某某进行处罚。实际工作期间，李某某每日基本工作 10 小时左右，每周平均收入 1400 元。

3. 李某某与同城必应公司签订的《合作协议》主要内容为：

（1）甲方（同城必应公司）为乙方（李某某）提供取、送货服务的信息，乙方收到信息后自行为用户提供取、送货服务。

（2）甲方有权调配取送任务，有权对乙方提出服务要求，有权对乙方的违规行为进行处理。

（3）甲方收取用户支付的取送服务费的 20%作为信息费并有权调整收取的信息费。

（4）甲乙之间不存在劳动人事关系，不受劳动法律法规调整。

（5）甲乙之间不存在缴纳相关社会保险的义务，乙方由于患病或者工作期间负伤，应自行承担相关责任。

4. 报酬结算及支付。李某某工作期间无底薪，每笔订单 80%收入分配至李某某 App 账户内，剩余 20%平台留存。每周李某某可以申请提款一次，由同城必应公司账户转入其个人银行账户内。李某某每单收益中扣除 0.3 元作为保险费用，由同城必应公司为其投保“员工意外医药补偿医疗保障”。

5. 双方关系解除。李某某于 2016 年 7 月 24 日在完成订单过程中发生交通事故，造成右侧髌骨开放性粉碎性骨折，由“员工意外医药补偿医疗保障”向李某某赔付了第一次手术的相关费用。此后，李某某多次要求同城必应公司支付工伤待遇未果，于 2017 年 7 月 30 日开始在其他单位工作。

【案件索引】

一审：北京市海淀区人民法院（2017）京 0108 民初 53634 号

【裁判结果】

北京市海淀区人民法院一审判决：确认李某某与同城必应公司自 2016 年 5 月 29 日至 2017 年 3 月 30 日存在劳动关系。

【案例注解】

一、本案的法律问题

本案的焦点问题为双方法律关系性质的认定问题。

首先，同城必应公司与李某某是否构成居间合同关系。对此，同城必应公司主张该公司仅负责发布送货需求信息，并从每笔货物运送费用中收取相应的信息服务费。由闪送员直接与客户建立货物运送合同关系。因此，同城必应公司、客户、闪送员之间应适用居间合同的相关规定进行调整。

其次，同城必应公司与李某某是否构成平等民事主体之间的合作关系。对此，同城必应公司主张双方签署的《合作协议》中明确约定，双方属于商业合作关系，不存在劳动人事关系，不受劳动法律法规调整。

最后，同城必应公司与李某某之间的关系是否具有劳动关系的从属性特征。对此，同城必应公司主张，公司不限定李某某的在网期限、不考勤、不限定工作时间和地点、不到公司指定地点报到、没有完成任务的额度要求；公司也不向李某某提供交通工具等劳动条件；闪送费用及信息服务费及时结清，并且闪送任务也不是公司的主营业务。因此，双方之间不具备成立劳动关系的法定情形。

二、判决书的分析逻辑

第一，针对双方是否构成居间合同关系的问题。法院认为，居间人仅提供媒介服务，不参与具体合同条款商定，也不参与委托人与相对人之间的合同履行。但本案中，同城必应公司直接制定了服务标准、收费标准等货物运输合同的条款，并且直接参与了分配业务、监督业务完成情况、收取服务费用的货物运输全过程。真正的货物运输合同关系存在于同城必应公司和下单客户之间，闪送员的作用仅在于提供货物运输服务，使同城必应公司得以履行运输义务。同城必应公司通过大量提供货物运输服务来获取利润，是一家从事货物运输业务经营的公司。因此，同城必应公司关于与李某某之间属于居间合同关系的辩解不能成立。其中，关于同城必应公司经营业务的认定，也为后续经济从属性的认定奠定了基础。

第二，针对双方是否构成平等民事主体之间合作关系的问题。法院认为，当事人不可以协议约定的方式排除劳动法之适用。对于双方之间法律关系的性质应从涉案相关法律事实出发，依据相关法律规定进行判断。

第三，针对双方之间的关系是否具有劳动关系的从属性特征，以及双方关系中的灵活性是否影响劳动关系认定的问题。法院肯定了双方之间关系与传统劳动关系存在一定区别。首先，李某某可以自主决定是否接单，这使李某某看似在工作任务和工作量方面具有灵活性和自主权，不受同城必应公司的劳动定额管理。其次，李某某可以自主决定上线接单的时间，这使李某某看似在工作时间方面具有灵活性和自主权，不受同城必应公司考勤管理。综合以上两点，看似李某某与同城必应公司之间并不具备充分的人格从属性。再次，李某某自备车辆从事运输服务，看似同城必应公司并未向其提供生产资料。最后，李某某获得的收入来源与客户支付的运费分成，并非同城必应公司直接向其支付劳动报酬，并且同城必应公司辩称其经营业务是信息服务而非李某某从事的货运服务。综合以上两点，看似李某某与同城必应公司之间也不具备经济从属性。

但法院经审理认为以上灵活性并不足以影响李某某与同城必应公司之间具有从属性的认定。

在人格从属性方面。首先，李某某在服务时需佩戴同城必应公司的工牌，以该公司闪送员的身份为客户提供服务，客户亦认为自身在接受同城必应公司的货运服务，李某某的人格完全隐藏在同城必应公司的人格之后。其次，同城必应公司对闪送员的服务流程有明确具体的要求，在闪送员服务超时或损失、丢失物品时同城必应公司可以对其进行处罚，说明李某某在提供劳动的过程中接受同城必应公司的管理和拘束。最后，虽然从单一订单业务或单日工作时间来看，李某某具有自主选择权，同城必应公司并未直接对李某某进行劳动定额和考勤管理。但同城必应公司在《合作协议》中要求李某某不得同时为其他平台服务，并约定李某某无底薪。因此李某某为了维持生计，必须保持一定的工作时间，为同城必应公司完成一定的劳动定额。因此，从整体工作过程来看，李某某并无更多的选择自主权，同城必应公司通过劳动渠道的排他性，以及将李某某的收入与具体闪送订单的联结，取代了传统意义上直接的劳动定额和考勤管理。同时，在工作时间方面，劳动关系项下本身就包括相对灵活的用工工时形式。故，上述灵活性并不影响李某某与同城必应公司之间的人格从属性。

在经济从属性方面。首先，法院通过前述分析已说明同城必应公司事实上从事货物运输业务，而李某某提供的闪送服务正是该公司业务的组成部分。其次，李某某仅通过同城必应公司闪送员的工作来获得报酬，并作为其主要劳动收入。最后，虽然李某某自主决定使用何种交通工具，看似是其自备生产资料，但在互联网经济下新的用工模式中，交通工具并不是主要的生产资料，由公司通过互联网技术所掌握的信息才是更为重要的生产资料。公司一方恰是借助其对相关信息及技术手段的掌控权，而在与李某某的用工关系中处于强势支配地位。故，上述灵活性并不影响李某某与同城必应公司之间的经济从属性。

三、此类案件的特点与裁判建议

（一）新业态用工与传统用工模式的显著区别

在数字经济的大背景下，利用电子通信设备和信息技术手段进行远程用工和劳动，已成为应用范围越来越广泛的一种用工模式。在该模式下，劳动者提供劳动的过程往往发生在用人单位的办公场所之外；用人单位对劳动者的管理也由线下转移到了线上，以信息化平台对劳动过程的监督和记录替代了传统的人为指挥管理；生产资料也从传统的机器、原材料等实物转变成可以设计、安排、控制、完成整个生产经营活动的信息技术。因此，在数字经济环境中，劳动者在工作时间、工作地点、工作定额、生产资料等方面具有更高的灵活性和自主性，这一变化同时也对劳动关系中从属性的认定标准带来了新的挑战。

（二）新业态用工模式下从属性认定的裁判建议

新业态用工模式下的从属性认定，仍应坚持从人格从属性和经济从属性的内涵出发，并结合新业态用工模式的特点进行判断。

第一，人格从属性的认定因素。人格从属性指劳动者在用人单位的指挥管理下给付劳务，劳动过程处于受拘束状态。结合新业态用工模式的特点，笔者认为可以从以下几个方面对人格从属性进行判断：第一，劳动者是否以平台（用人单位）的名义向客户提供服务，即劳动者的人格隐藏在平台（用人单位）的人格之后，即人格的隐藏性；第二，劳动者是否仅能通过一个平台提供服务，即劳动渠道的排他性；第三，劳动者是否需要按照平台规定的工作流程来完成服务，以及平台是否可以通过技术手段监控劳动者的服务过程、评价劳动者的服务成果并配合相应的奖惩措施（劳动过程的技术拘束性）。

第二，经济从属性的认定因素。经济从属性指劳动者使用用人单位提供的劳动条件给付劳务，获得工资报酬，并不承担用人单位的生产经营风险。结合新业态用工模式的特点，笔者认为可以从以下几个方面对经济从属性进行判断：第一，仍应关注劳动者提供的劳动是不是用人单位业务的组成部分，可以通过劳动者的作用是否仅是替平台完成对客户的具体服务来进行判断，即业务的承继性；第二，考察劳动者的收入与平台的（部分）收入是否均产生于同一来源，例如本案中的客户支付的运费，即收入的同源性；第三，劳动者自单一平台取得的收入是否稳定，是不是其用以维持生计的主要收入，即收入的稳定性；第四，劳动者是否依赖平台所提供的信息、技术来完成工作，即技术的依赖性。

【裁判全文】

北京市海淀区人民法院
民 事 判 决 书

（2017）京 0108 民初 53634 号

原告：李某某。

被告：北京同城必应科技有限公司。

法定代表人：薛某，首席执行官。

委托诉讼代理人：卜某某。

委托诉讼代理人：刘某。

原告李某某与被告北京同城必应科技有限公司（以下简称同城必应公司）劳动争议一案，本院于2017年10月23日立案受理后，依法适用普通程序，公开开庭进行了审理。原告李某某、被告同城必应公司委托诉讼代理人卜某某、刘某到庭参加了诉讼。本案现已审理终结。

李某某向本院提出诉讼请求如下：我不服京海劳人仲字（2017）第10950号仲裁裁决书起诉至法院，请求判决：确认2016年5月29日至2017年3月30日我与同城必应公司间存在劳动关系。事实和理由：我在自己的手机上下载同城必应公司的闪送App，经注册、审核，前往公司位于北京市朝阳区双井的办公场所进行考试后，同城必应公司向我发放了工牌。我于2016年5月29日起开始进行抢单、从事配送工作。在职期间，双方未签订劳动合同。我登录手机App，自主决定上线时间，自主抢单，自行安排交通工具在规定的时间内完成闪送业务；每完成一单闪送业务，我可按照该单费用的80%计提收入，收入累计在App个人账户内，可于每周一进行转账提取。2016年7月24日，我在进行闪送业务时发生交通事故受伤，我认为属于工伤，应享受工伤保险待遇。2017年3月31日，我开始为其他公司服务。因此我要求确认与同城必应公司间自2016年5月29日至2017年3月30日存在劳动关系。

同城必应公司辩称，我公司同意仲裁裁决结果，不同意李某某的诉讼请求。其一，我公司、客户、闪送员之间的法律关系应适用《合同法》中居间合同的相关规定进行调整。我公司创新性地设立了闪送平台，用以解决客户小件物品急送的需求与社会上闲散运力之间无法有效对接的矛盾。由客户在闪送App上发布送货需求信息，由闪送员通过闪送员App接收信息，并自主选择是否承接送货业务。一旦闪送员承接送货任务则在客户与闪送员之间形成了货物运送合同，合同双方通过闪送平台进行结算，我公司从每笔货物运送费用中收取相应的信息服务费。从整个交易流程及各方承担的权利义务考量，均符合《合同法》中居间合同相关条款的规定。其二，我公司与李某某之间不存在劳动关系所应当具备的法律特征。李某某通过手机App进行抢单并完成闪送任务，对其不限定在网期限、不考勤、不限定工作时间和地点、不到同城必应公司指定地点报到、没有完成任务的额度要求。李某某自主决定是否承接闪送任务、自主决定使用何种交通工具，闪送费用及信息服务费及时结清，并且闪送员从事的闪送任务也不是我公司的主营业务。我公司不向闪送员提供相应的劳动条件。双方之间不具备成立劳动关系的法定情形。其三，我公司已经为闪送员购买了商业保险，李某某发生的事故已经由保险理赔。综上，我公司与李某某之间系平等民事主体之间的合作关系，合作过程是间断性、偶然性的，不具有劳动关系所体现的连续性、必然性和从属性。请求法院驳回李某某的诉讼请求。

当事人围绕诉讼请求依法提交了证据，本院组织当事人进行了证据交换和质证。对当事人无异议的证据，本院予以确认并在卷佐证。

根据双方当事人陈述，双方对以下事实无争议：

同城必应公司为闪送平台的运营方；李某某于 2016 年 5 月 27 日注册成为闪送员，自 2016 年 5 月 29 日起开始接单。李某某自行购买配送车辆，自置箱子，自行负担油费。

在运营模式上，双方确认闪送 App 分为闪送员版和用户版两种版本。闪送员 App 软件带有定位功能，闪送员选择听单模式时，同城必应公司即可知悉闪送员的位置。客户将送货需求发送至闪送平台，闪送平台根据距离和重量评定费用，客户也可以自主上浮费用，以上需求信息汇总至后台服务器，后台以发货人为中心将订单信息发送至周围闪送员；闪送员自行决定是否接单或抢单，闪送员抢单成功后，自行上门取件，配送至收件人处。平台会随机发送验证码至收件人，收件人把验证码给闪送员后，闪送员将其输入平台，一致无误后视为送达成功。每单 80%收入分配至闪送员 App 账户内，剩余 20%平台留存。每周闪送员可以申请提款一次，由同城必应公司账户转入闪送员个人银行账户。另闪送员收益中，每单扣除 0.3 元作为保险费用。

本案审理过程中，经询问，双方陈述：其一，对于薪资结构。双方确认李某某无底薪，一单一结算，另有接单奖励。同城必应公司称接单奖励是为了吸引客户和闪送员。其二，对于工作时间、工作量、在线时长、服务区域。李某某确认无工作量要求、无在线时长要求、无服务区域要求，其可自主安排工作、休息时间；自述如果在线时间超过一定时长，会有奖金。其三，对于送达时间。李某某自述公司对送达时间有要求，确认一般情况下不会超时，在安全驾驶的正常状态下可以按时送到，超时多发生在交通状况不好或天气不好的情况下；称超时会分情况处理，可能会罚款。其四，对于管理情况。李某某称，如果配送超时或者损坏、丢失物品会有惩罚，但本人并未发生过以上情况。其五，对于车辆安全及安全教育问题。结合双方陈述，闪送平台对闪送员的交通工具无强制要求、不审查驾驶员及车辆资质信息。其六，对于能否为其他平台工作。李某某自述在闪送工作期间，没有在其他同类平台工作；同城必应公司亦确认曾经提出过此类要求，但表示仅能通过技术手段进行处理，但不同手机号码仍可注册多家互联网平台从事类似配送业务。

李某某 2016 年 7 月 24 日在进行闪送业务时发生交通事故。李某某自述当日下雨，在望京地铁站附近的直路上冲撞到道路护栏发生事故。

本案争议焦点集中于李某某与同城必应公司之间是否为劳动关系。

李某某主张双方间为劳动关系。李某某称 2016 年 7 月 24 日在进行闪送业务时发生交通事故，此后未再工作，双方劳动关系于 2017 年 3 月 30 日解除，次日开始为案外互联网平台从事配送工作。为证明双方间存在劳动关系，李某某提交以下证据：

1. 工牌。正面张贴有李某某证件照，显示“姓名李某某；闪送员编号”，并有闪送官网网址、监督电话及闪送 App 二维码。背面显示内容为对闪送员服务时的要求，包括：做好服务前的准备工作，如检查手机是否充电、车辆是否处于良好状态、工牌是否已经携带等；保持良好的工作状态、精神饱满、衣着干净整洁，服务时注意言谈举止；接单后请马上致电寄件人，请说“您好，我是您的闪送员某某”并确认地址，之后立即出发；到达寄件人附近，请点击“我已就位”按钮；见到客户时请佩戴并出示工牌同时说“您好，我是您的闪送员某某，我来取件”，验明货物后向客户索要取件密码，验证后完成取件；取件后立即致电收件人，请说“您好，我是您的闪送员某某”并确认地址，之后快速出发；见到客户时请佩戴并出示工牌同时说“您好，我是您的闪送员某某，我来送件”，并向客户索要收件密码，验证后交接货物，完成送件；服务过程中出现问题请及时使用上报功能，遇到急需解决的问题可致电客服处理。

李某某称，2016年5月27日在双井金隅大厦公司培训地点接受了培训，培训结束后公司发放了工牌，配送过程中用以向客户证明闪送员的身份。经询，同城必应公司对该证据真实性无异议，证明目的不予认可，主张并非“工牌”，仅为信息牌或身份识别卡，无考勤及门禁功能，仅用于客户识别闪送员的身份；认可李某某所述信息牌发放过程，信息牌是对个人进行过培训后由公司制作；主张信息牌背面内容是对如何使用App的介绍。对于培训，同城必应公司称，培训是为了保证服务质量，因此在下载App，注册成闪送员时进行培训，培训内容为如何操作App，考试内容为软件操作及与客户交流。

2. 银行明细。显示2016年6月13日至7月25日，李某某每周一可收到一笔“代发劳务费”，上述期间共计七笔款项，金额在1189.2元至1717.2元不等。2016年10月26日收到“代发补贴费”22575.26元。李某某称，日常闪送的收入都会存入App账户内，可每周日在App内申请提现，每周一支付报酬。另2016年10月26日的2万多元为保险理赔款。经询，同城必应公司对该证据真实性认可，证明目的不予认可，主张款项性质为合作收益，因银行备选的款项性质中并无该名目，因此以“代发劳务费”名义支付。同城必应公司称，只要闪送员完成闪送服务，每单收入会即时进入个人账户，每周个人可申请提现一次，公司无须审批；如果个人不申请提现，则款项会在账户内累计；提现无提取额度限制；但如果闪送员App账户内留存金额少于300元时，公司不再向其推送订单。

3. 理赔通知书。显示投保单位同城必应公司，被保险人李某某，保险产品名称为“友邦附加意外医药补偿A3款团体医疗保险——员工意外医药补偿医疗保障”，申请金额为23597.99元，扣除自费1022.73元，余额22575.26元100%赔付。李某某称，自己骑电动车撞到了马路栏杆上，并未报警；事故发生后，朋友代其在App平台上进行了留言，客服要求拍照，因此在医院对伤情进行拍照后传给公司；自己曾对客户和公司客服进行了说明。此后，同城必应公司要求其自行联系保险公司，因此其自行找保险公司进行了理赔，其间同城必应公司未向其出具过材料。经询，同城必应公司对此证据真实性认可，证明目的不予认可，认可第一次理赔后保险公司理赔责任即告结束；称由于2016年11月22日公司更换了客服系统，此前信息无法查询，以致无法查询李某某的事故上报情况，但认可李某某是通过闪送平台完成订单时发生的事故。

4. 诊断证明书、急诊车收费收据。显示：接诊时间 2016 年 7 月 24 日 23 时 12 分，李某某自述 22 时 40 分左右骑电动车撞到马路栏杆上，致伤右膝部，伤后自觉患处疼痛伴活动受限，为求诊治，呼叫救护车。经初步诊断为“1. 右侧髌骨开放性粉碎性骨折；2. 右肘部、左大腿皮擦伤；3. 右大腿软组织损伤”。李某某称，保险公司仅理赔事故半年内的费用，此后的费用不予理赔，骨折取钢钉二次手术费用大约 8000 元无法报销。经询，同城必应公司对该组证据真实性无法确认，表示事故发生时公司并未接到通知，亦无员工到场。

5. 闪送 App 接单详情打印件。显示李某某自 2016 年 5 月 29 日 16 时许开始作为闪送员从事闪送配送工作，订单均为抢单。2016 年 7 月 24 日，李某某抢单，从百子湾配送至城建 N 次方，订单处于“闪送中”状态。李某某称完成该订单过程中发生交通事故。经询，同城必应公司对该证据真实性认可，证明目的不予认可。

同城必应公司主张双方间为合作关系，并就此提交以下材料为证：

1. App 截屏。显示：（1）平台优势为“兼职闪送员，平均日收入 200 元，平均月收益 6000 元。①时间灵活，自由接单，工作区域不受限制；②接单结算，月入千元（个人报酬=物品重量+配送距离+奖金）；③31 个服务城市，数千家商户，订单源源不断；④实时查看账户余额，自助提现功能；⑤24 小时订单推送服务，订单预约，夜间单补助；⑥优秀闪送员奖励，不定期工服、背包、冷藏箱免费发放”。（2）报名流程为：扫描二维码下载闪送员 App→在 App 里报名闪送员/上传证件资料→站点培训/获得证件后开始接单。（3）招募条件为：①年龄：男 18 岁至 55 岁，女 18 岁至 45 岁；②具有支持 GPS 功能的安卓手机；③有汽车、电动车或者摩托车优先；④具有良好的服务意识；⑤有过快递、跑腿、鲜花、外卖配送经验者优先；⑥工作时需要随身携带能够放下 A4 纸大小文件的包，面试时需携带；⑦退伍军人、先进工作者及劳动模范等优先。此外，下方“加入我们”一栏，分别显示为“成为合作商户”“成为闪送专员”“成为公司员工”三类。经询，李某某对该证据真实性无异议。

2. 合作协议。主要内容为：甲方（同城必应公司）向乙方（闪送员）提供取、送货服务的信息，乙方收到前述信息后为用户提供取、送货服务。

甲方应符合企业法人资质，乙方应在一定年龄范围内，且身体健康、衣着言谈举止符合要求，能够提供合法有效证件，使用合法、合规车辆，同时具备使用这些交通工具的资质。

双方的合作流程为：甲方接收用户信息后应通知乙方服务内容，包括取货地点、送货地点、距离、价格等相关信息；乙方收到上述信息后，应依据本协议提供取送服务。

合作服务中双方的权利义务：甲方应根据用户要求，合理调配取送任务；甲方有权利根据管理的需求及市场的变化增加、减少或变更对乙方提出的服务要求（包括但不限于甲方在其官网公布的《闪送员手册》中规定的服务流程、风险规避、事务处理、行为与规范、安全策略等各项服务要求，以及甲方在任意时间以其他任何书面、口头或其他形式对乙方提出的其他服务要求）。乙方的权利与义务：乙方应严格遵守甲方的服务要求，若违反，甲方有权根据服务要求中的相关规定处理，包括但不限于临时或永久禁闭乙方的系统账户；乙方应根据甲方的服务要求完成取送服务，并有义务根据甲方的要求向用户推广甲方的服务与产品；在本协议有效期内，乙方不得与与甲方有竞争关系或具有潜在竞争关系的公司或个人签署相同或类似的合作协议与合同；乙方不得擅自私下承接用户的订单。

关于收益分配与结算方式：甲方有权收取用户支付的取送服务的20%作为信息费；甲方有权根据市场的变化及竞争情况的改变合理调整对乙方收取的信息费。

关于违约责任：如在送货过程中因乙方原因造成货物丢失毁损，乙方应承担全部赔偿责任；如乙方充当用户或伙同用户通过下假单、毁损货物等恶意手段，非法牟取公司补贴、奖励或保价赔偿等，一经发现立即冻结乙方系统账户，乙方应立即返还以上款项并应赔偿给甲方造成的损失。

此外，还约定：双方确认，甲方及甲方的关联公司与乙方之间是商业合作关系，不存在劳动人事关系，不受劳动法律法规调整。甲乙之间不存在缴纳相关社会保险的义务，乙方在同甲方合作的过程中，由于患病或者工作期间负伤，乙方应自行承担相关责任，与甲方无涉。

同城必应公司称，在下载闪送 App 后，会出现《合作协议》。《合作协议》只能选择同意或者不同意，不可修改。经询，李某某对证据真实性认可；认可下载 App 后需要去培训，培训后需要在手机上进行考试，内容包含软件操作及与客户交流；主张在培训之前并未见过《合作协议》，但在培训之后正式抢单前见过。

3. 团体保险合同。显示保险项目为友邦团体意外伤害保险（2014版）、友邦附加意外医药补偿 A3 款团体医疗保险，参保资格说明：团体指投保人全体成员的集合，团体为机关或企事业单位的，成员指该团体中身体健康、正常工作的在职员工。客户参保资格说明：客户公司指定的在公司互联网平台上注册并提供客户服务的人员。经询，李某某表示对证据真实性无法核实。

4. 招商银行说明及《招商银行批发银行业务申请协议确认书》。同城必应公司据此主张，招商银行批量代发业务中，仅能选择“工资、养老金、奖金、补贴、劳务费、奖学金、加班费、福利费、救济金、其他”，由于银行系统中并无“合作收益”选项，因此选择了最为贴近的“代发劳务费”为付款名目。经询，李某某表示对证据真实性无法核实。

5. 公证书。公证书公证内容为 2017 年 11 月 1 日下载手机应用闪送员（版本 6.6.8）及闪送员注册过程。同城必应公司称，虽软件版本不同，但注册流程一致；公证书内容可以证明，仅点击同意《合作协议》才能进行下一步的注册；如不同意《合作协议》就直接退出无法进行下一步注册。当庭，同城必应公司再次演示闪送员的注册过程，显示下载点击 App 后首先出现《合作协议》界面，点击同意《合作协议》后，事后再次登录和输入信息的过程中，页面仍提示有《合作协议》内容可随时点击查看。经询，李某某表示，注册闪送员的具体操作是朋友进行，当时有协议，但其并未看清，不了解具体内容，但认可只有点击同意《合作协议》后才能进行下一步注册；对当庭演示经过无异议。

6. 李某某接单详情清单。同城必应公司主张，经统计，李某某 2016 年 5 月 29 日至 7 月 24 日共计完成 410 单，平均每月超过 200 单；同期，2016 年 6 月、7 月，平台活跃闪送员人均接单 134.3 单、139.8 单，因此，李某某的接单数远超过平台活跃闪送员的平均接单数，李某某的情况不具有代表性。经询，李某某对证据真实性无异议。

李某某于2017年7月3日提起劳动仲裁，要求确认与同城必应公司间存在劳动关系。北京市海淀区劳动人事争议仲裁委员会审理后做出京海劳人仲字（2017）第10950号仲裁裁决书，以李某某自主抢单完成闪送业务、无固定工作场所，自行掌握工作时间，不接受同城必应公司的劳动分工及安排，同城必应公司未向李某某提供劳动条件，李某某取得的劳动报酬实质为相应服务费用分成为由，认定双方间不属于劳动关系，驳回李某某的仲裁申请。李某某不服该裁决结果，于法定期间内起诉至我院；同城必应公司未起诉。

本院认为，对于李某某与同城必应公司之间是否存在劳动关系，应从以下几个方面分析：

一、同城必应公司辩称双方之间为平等主体之间的居间合同关系，该辩称意见能否成立。

依据《合同法》之规定，居间合同是居间人向委托人报告订立合同的机会或提供订立合同的媒介服务，委托人支付报酬的合同。在居间合同关系中，居间人仅向委托人报告订立合同的机会或者为订约提供媒介服务，具体合同条款及内容仍系委托人与相对人自行协商确定。而本案中，同城必应公司不仅通过闪送平台获取运输货物服务的需求信息，并向众多闪送员发送，而且规定了货物运输合同的权利义务关系，包括服务标准、收费标准等，相关的条款并非由闪送员与客户协商制定。在居间合同关系中，居间人并不参与委托人与相对人之间合同的履行。而本案中，同城必应公司通过闪送平台分配闪送业务，监督闪送员货物运输过程，并通过闪送平台向客户直接收取服务费用。虽然合同履行的收益在同城必应公司与闪送员之间分配，但分配比例由同城必应公司规定，收益提取方式、提取时间亦由同城必应公司规定。因此，事实上货物运输合同关系形成于同城必应公司与客户之间，且相关客户也相信是与闪送平台运营方——同城必应公司之间形成货物运输合同关系，而非与闪送员之间。闪送员的作用在于提供货物运输服务，使同城必应公司得以履行货物运输合同中运输货物之合同义务。

同城必应公司认为自己收取的只是信息服务费，类似于中介费，理由不能成立。虽然运送货物的需求信息通过闪送平台发布，但闪送平台的运营公司实际上组织了货物运送的整个过程，平台运营公司收取的费用虽然在每一单合同中比例并不高——只占20%，但平台的整个经营模式是通过大量提供货物运输服务来获取利润。因此本院认为，闪送平台的运营公司——同城必应公司并不是一家信息服务公司，而是一家从事货物运输业务经营的公司，其关于收取中介费的意见不能成立。

综上，同城必应公司关于与李某某之间属于居间合同关系的辩解不能成立。

二、同城必应公司主张与李某某之间是平等民事主体之间的合作关系，该辩称意见能否成立。

同城必应公司为此提交了《合作协议》，《合作协议》明确约定，双方之间是商业合作关系，不存在劳动关系。李某某虽称在注册闪送员过程中未注意到该《合作协议》，但通过庭审质证，其对注册过程中需要操作点击同意该《合作协议》的选项并未提出异议。因此本院认定李某某在注册成为闪送员时见到了该《合作协议》。

同城必应公司主张依据该《合作协议》，双方已明确约定属于商业合作关系，不存在劳动关系，不受劳动法调整。对此本院认为，基于劳动法之性质，当事人不可以协议约定的方式排除劳动法之适用。对于双方之间法律关系的性质应从涉案相关法律事实出发，依据相关法律规定进行判断。若双方关系之性质指向劳动关系，则用人单位一方以格式条款形式作出的、排除劳动者主要权利的约定无效。

因此，同城必应公司依据该份《合作协议》，主张与李某某之间是平等主体之间的合作关系，依据不足。对于双方之间的法律关系，应依据劳动法律之相关规定及劳动法之相关原理，结合涉案法律事实进行分析判断。

三、李某某与同城必应公司之间关系是否具有从属性之特征。

通常认为，从属性是劳动关系之本质特征。劳动者对于用人单位具有人格从属性、经济从属性，用人单位一方具有强势和主导地位。目前，司法实践中认定劳动关系多参照《劳动和社会保障部关于确立劳动关系有关事项的通知》（劳社部发〔2005〕12号），该通知第一条规定："用人单位招用劳动者未订立书面劳动合同，但同时具备下列情形的，劳动关系成立。（一）用人单位和劳动者符合法律、法规规定的主体资格；（二）用人单位依法制定的各项劳动规章制度适用于劳动者，劳动者受用人单位的劳动管理，从事用人单位安排的有报酬的劳动；（三）劳动者提供的劳动是用人单位业务的组成部分"。该条文体现了对劳动关系从属性的判断路径。

本案中，同城必应公司与李某某符合法律、法规规定的劳动关系主体资格，同城必应公司在招聘闪送员时，对工作方式、工作特点、收入计算、奖励等进行了说明，对担任闪送员的条件作出了要求，该内容具有招聘信息之性质。同城必应公司对报名的闪送员进行了培训，说明其对提供服务的人员在工作方面有一定的标准要求。

同城必应公司为李某某发放了工牌。该工牌具有身份识别功能，在李某某佩戴工牌进行服务时，其代表同城必应公司。在工牌背面详细列明了对闪送员服务流程的具体要求，说明同城必应公司对李某某的服务过程进行管理，要求李某某按照公司的规章制度进行服务。

李某某虽然可以自主决定是否接单，但其一旦接单，就需要按照同城必应公司规定的工作流程来完成服务。

以上充分说明李某某担任闪送员期间，与同城必应公司之间存在相当的人格从属性。

李某某自2016年5月29日担任闪送员，至同年7月25日，每周有规律地收到报酬，由于李某某工作时间相对稳定，其收取的报酬金额也相对稳定。本院注意到，根据双方当事人均认可的李某某接单详情，李某某每天工作时间在10小时左右。李某某称仅为闪送平台一家工作，同城必应公司也未提交李某某在其他单位工作之证据，并且同城必应公司亦在《合作协议》中明确要求闪送员不得同时为其他平台服务。因此，本院有理由相信，在该期间，李某某未从事其他工作，从事闪送员工作获取的报酬是李某某的主要劳动收入。李某某对同城必应公司在经济上的从属性亦十分明显。

前面已论述，同城必应公司是一家提供货物运输服务的公司，李某某提供的闪送服务是同城必应公司业务的组成部分。

因此，李某某与同城必应公司之间的关系具有从属性之特征，符合劳部发〔2005〕12号文件之规定。

四、双方的关系具有灵活性的特征，是否影响劳动关系的认定。

但本院同时注意到，双方之关系与传统劳动关系有一定的区别，具有相对灵活性之特征。

正如同城必应公司所述，李某某自主决定是否接单，自主决定使用何种交通工具，无须考勤，同城必应公司不限制其工作地点、工作时间、工作量，不向其提供劳动工具。以上互联网信息技术介入传统劳动供求关系后产生的新工作岗位所呈现之特征，是否能够阻却双方劳动关系之判定？本院认为不能。

其一，李某某可以自主决定是否接单，但只要其注册成为闪送员，并决定以此谋生，则其必须通过完成一定的工作量来挣取维持生活所需之收入，所以尽管从每一单闪送业务来看，李某某有接单或不接单之选择自主权，但从其整体工作来看，其并无更多的选择自主权。

其二，李某某可以决定自己的工作时间，公司无须考勤。但从双方均认可的接单记录来看，李某某在担任闪送员期间，每日基本工作10小时左右（指接单时间起始点），每周平均收入1400元。如果李某某要保持这样的收入水平，其对工作时间、工作量并无过宽的选择自主权。并且灵活安排工作时间的特点本身并不排斥劳动关系的存在，因为劳动关系项下本身有多种用工的工时形式，包括相对灵活的用工工时形式。

其三，李某某可以自主决定使用何种交通工具，同城必应公司并不向其提供劳动工具。但本院认为，在本案中所体现出来的这种互联网经济下新的用工模式中，所谓的交通工具并不是主要的生产资料，由闪送平台运营方——同城必应公司通过互联网技术所掌握的信息才是更为重要的生产资料，这些信息及信息技术手段，是李某某个人无法掌握的，同城必应公司恰借助其对相关信息及技术手段的掌控权，而在与李某某的用工关系中处于强势支配地位。

因此，本院认为，同城必应公司与李某某之间用工关系的灵活性特点，并不能掩盖其劳动关系之本质。

五、对李某某适用劳动法保护之必要性。

同城必应公司认为，已经为李某某投保了商业保险，并且保险公司已经理赔，己方已尽到义务。

但本院注意到，李某某通过同城必应公司投保的“员工意外医药补充医疗保险”，只获得了第一次手术的相关费用理赔，其后续二次手术费用无法获得赔偿，并且其在治疗期间的工资等相关待遇均未得到保障。在李某某为同城必应公司工作中受伤的情况下，同城必应公司仅提供商业保险，对李某某的救济显然是不够的。

同城必应公司从李某某提供的劳动中获益，则其应当承担相应的法律责任及企业之社会责任。若允许其低成本地用工，则其必然缺乏防范用工风险之主动性，对采取劳动安全保护措施的积极性必然不高，因此带来之社会问题必然增多。本案中同城必应公司对李某某使用的交通工具的安全性、驾驶员资质等均未严格审核，即可证明这一点。互联网企业不能因其采用了新的技术手段与新的经营方式而不承担本应由其承担的法律责任与社会责任。

不可否认，李某某在同城必应公司工作的时间及完成工作情况具有一定的稳定性，而在闪送平台注册的众多闪送员的工作情况与李某某的情况并不完全相同。因此本院认定李某某与同城必应公司之间有劳动关系，并不代表所有注册的闪送员与同城必应公司之间均具有劳动关系。闪送员之间情况的不同可能会使同城必应公司面临管理上的困难，但作为运用新技术手段进行经营的公司，其完全可以运用信息技术优势实现合法的经营、管理，不能因为闪送员之间情形不同而一概否认劳动关系。

不可否认，目前同城必应公司与李某某之间的劳动关系，缺乏完全吻合的法定工时形式与其匹配，亦缺乏完全适应的社会保险制度。但本院认为，不能因为相关配套制度尚不完善而拒绝向劳动者提供基本权利之救济——如李某某要求确定劳动关系从而获得工伤保险待遇之基本权利。

综合以上各方面之分析判断，本院认为，李某某与同城必应公司之间自 2016 年 5 月 29 日起存在劳动关系。由于李某某受伤后同城必应公司并未支付相关待遇，而李某某一直在主张工伤待遇。因而本院确认双方劳动关系解除的时间以李某某开始为其他单位工作的时间为准，即 2017 年 3 月 30 日。

依据《中华人民共和国劳动法》第三条、第四条，《中华人民共和国劳动合同法》第七条之规定，本院判决如下：确认李某某与北京同城必应科技有限公司自2016年5月29日起至2017年3月30日止存在劳动关系。

案件受理费十元，由北京同城必应科技有限公司负担，于本判决生效之日起七日内交纳。

如不服本判决，可在判决书送达之日起十五日内，向本院递交上诉状，并按对方当事人的人数提出副本，交纳上诉案件受理费，上诉于北京市第一中级人民法院。

审判长　张　弓

审判员　王继延

审判员　蔡　笑

二〇一八年六月六日

书记员　常　丽

··· 上海编 ···

SHANG HAI BIAN

案例一　带货主播是否适用竞业限制
——段某某与上海汉娜国际贸易有限公司竞业限制纠纷案

吴文芳*

关键词　主播　竞业限制　违约金

【裁判要旨】

企业与主播约定适用竞业限制，主播知悉或掌握企业的核心商业信息时，属于《劳动合同法》第二十四条规定的“其他负有保密义务的人员”，当事人之间真实签订的竞业限制协议合法有效，法院裁判时应尊重协议内容并合理划定责任。

【案情要点】

1. 上海汉娜国际贸易有限公司（以下简称汉娜公司）系网络直播销售公司，主营二手奢侈品销售，段某某原系汉娜公司员工，双方签订有劳动合同，其中约定段某某在汉娜公司担任主播工作。

2. 段某某与汉娜公司签订《竞业限制协议书》，其中约定：

（1）段某某的竞业限制期限为与汉娜公司解除、终止劳动合同之日起两年；

（2）竞业限制期间，段某某不得在与汉娜公司经营的行业相同或相近的单位及与汉娜公司有竞争关系的单位内工作（包括但不限于……网络主

* 上海财经大学法学院教授、博士生导师。

播等工作)；

(3) 汉娜公司按双方劳动关系终止前十二个月平均工资（不包含技能津贴、主管津贴）的 20%支付段某某竞业限制补偿金，次月 20 日左右发放上月补偿金；

(4) 段某某未履行竞业限制义务的，除全额返还汉娜公司已经实际支付的补偿金外，还应当一次性按协议期应支付的竞业限制补偿金总额的 10 倍向汉娜公司支付违约金。

3. 段某某 2020 年 2 月 8 日与汉娜公司解除劳动合同，2020 年 3 月至 5 月在淘宝及抖音平台某店铺从事主播工作。

4. 汉娜公司分别于 2020 年 3 月 23 日及 2020 年 4 月 21 日向段某某的银行账户支付竞业限制补偿 2097.06 元，但因段某某注销账户未能支付成功。

【案件索引】

一审：上海市浦东新区人民法院（2020）沪 0115 民初 52018 号

二审：上海市第一中级人民法院（2021）沪 01 民终 2327 号

【裁判结果】

上海市浦东新区人民法院一审判决：一、段某某应继续履行与汉娜公司的竞业限制协议；二、段某某应自判决生效之日起十日内向汉娜公司支付竞业限制违约金 251647.20 元。

上海市第一中级人民法院二审判决：维持原判。

【案例注解】

一、本案的法律问题

第一，带货主播是否属于竞业限制的适格主体。段某某主张其是汉娜公司的普通员工，工作职责仅是通过网络直播销售货物，没有任何特别的岗位要求，其既不是汉娜公司的高级管理人员，也不掌握汉娜公司的商业秘密，不符合《劳动合同法》第二十四条关于竞业限制主体范围的规定。

汉娜公司认为段某某在职期间可通过业务管理系统，知悉店铺内的客户的真实姓名、名单、收货地址，产品的采购成本，销售价格以及其中的利润差价。因此段某某实际掌握了汉娜公司的商业秘密，构成竞业限制的适格主体。

第二，竞业限制协议的效力。段某某认为《竞业限制协议书》在约定了低于法律、法规强制性规定的补偿金的同时，还约定了明显高于合理损失的违约金，使其承担了过高的责任，《竞业限制协议书》作为格式合同应属无效。

汉娜公司承认双方约定的竞业限制补偿金低于法律规定的比例，但认为竞业限制协议并不因为约定低于法定标准而无效。另外竞业限制协议是在双方完全知情的情况下签署的，没有任何欺诈和胁迫，也没有违反法律的强制性规定，应属真实、合法、有效。

二、判决书的分析逻辑

关于段某某作为带货主播是否属于竞业限制的适格主体，一审法院首先从举证角度判定了竞业限制协议的效力，否定了段某某的主张，之后结合竞业限制的协议内容和“从事与汉娜公司存在竞争关系的工作”的事实认为段某某违反了竞业限制义务，实际上默认了当事人基于合意签订协议的规制范围和法律效果。二审法院则立足于《劳动合同法》第二十四条，从获取商业秘密的可能性及内容的角度，认为“段某某虽不是汉娜公司的高级管理人员，但可通过登录公司管理系统了解公司的客户信息、成本利润等相关内容，故应属负有保密义务的人员，符合竞业限制的适格主体”。

关于竞业限制的效力问题，一审法院秉持“谁主张，谁举证”的司法原则，认定段某某“未能提供充分有效的证据予以证明”，应承担举证不能的不利后果，故不予采纳段某某的主张。二审法院通过阐释法律条文，表明了竞业限制经济补偿条款瑕疵的法律效果，据此认为本案中“补偿标准低于本市最低工资标准，但竞业限制协议并不因此而无效”。同时法院也认为“不存在《劳动合同法》第二十六条所规定的其他合同无效的情形”，故双方当事人均受该竞业限制协议约束。

三、此类案件的特点与裁判建议

（一）主播是否适用竞业限制与工作职能密切相关

竞业限制的设立旨在保护用人单位的商业秘密、维护竞争优势。对于劳动者来说，竞业限制约束了自由择业权的行使，产生了附属义务。为了维护正常的劳动秩序，法律对于竞业限制的对象作了明确规定。《劳动合同法》第二十四条规定：竞业限制的人员限于用人单位的高级管理人员、高级技术人员和其他负有保密义务的人员。因而，如果用人单位任意扩大竞业限制的约束范围，超出该条所列举的三类人员，劳动者则可以协议违反法律的强制性规定主张无效。

本案中，法院判定段某某属于竞业限制的适格主体，要点在于段某某作为公司的员工，在工作中知悉公司的关键商业信息。该信息关乎公司的商业竞争状况，如不对此加以限制则可能危害公司的正常经营，因而符合“其他负有保密义务的人员”的含义范畴。

值得注意的是，在实务中，普遍存在主播与平台或公司通过合作关系开展商业活动，劳动法上的经济从属性和人格从属性特征不明显，此时，因主播“跳槽”而产生纠纷适用竞业限制条款是否有效，需要进一步讨论。竞业限制的制度功能在于通过限制合同相对方的择业自由或竞业自由以保护商业秘密，即使主播与公司之间并不存在劳动关系，但主播的市场力量构成平台的竞争优势（综合主播的知名度、主播在平台的等级、粉丝量以及打赏数目等判定）且平台前期为主播投入流量扶持和相关帮助的，宜认定为双方在平等自愿基础上签订的竞业限制协议有效。对于素人主播而言，由于其与平台之间力量悬殊缺乏议价能力，其签订竞业协议的意思真实性受限，且可能导致素人主播无法从事主播工作而陷入就业困难的处境，不符合公平原则，不宜认定竞业限制协议的有效性。

（二）竞业限制协议违约责任的裁判建议

1. 竞业限制主体聚焦知悉商业秘密员工

关于主播是否属于劳动者中“其他负有保密义务的人员”，《公司法》

关于“商业秘密”的定义提供了明确指引。由于直播行业的特殊性，主播是所属公司长期稳定经营所必不可缺的商业资源，工作过程中可能会接触公司的商业秘密，因而人民法院在裁判过程中，需要对主播的职能空间进行定位。在我国司法实践中，可以依据主播在用人单位中的职务和工作内容，并结合用人单位对某些信息所采取的特殊保护措施等因素，从而判断其所掌握、接触或泄露的内容是否属于原单位的商业秘密。

2. 经济补偿金尊重契约并兼顾公平

根据权利与义务对等原则，原公司主张主播履行竞业限制义务，那么公司也应当支付其对价，因为限制劳动者自由择业权必须为主播支付一定金额的经济补偿金。双方签订了竞业限制协议，表示彼此对竞业限制达成了合意，虽然有时并未规定具体的竞业限制补偿金的金额，但是我国法律已经明确了竞业限制补偿金的最低标准，合同的签订表示双方愿意按照法律或法规的标准执行。双方共同签订竞业限制协议，一方应履行竞业限制义务，另一方应支付经济补偿金保障其生活。其理由是“经济补偿”是法律强制规定的，而“经济补偿条款”可由双方自由约定。针对补偿金过低或违约金过高的情况，考虑到主播未来预期收入的不确定性和公司的可能损失，人民法院应基于公平原则，在明显不公允的情况下对金额进行主动调整，以平衡双方利益。

【裁判全文】

上海市第一中级人民法院
民 事 判 决 书

（2021）沪01民终2327号

上诉人（原审原告）：段某某。

委托诉讼代理人：何某某。

被上诉人（原审被告）：上海汉娜国际贸易有限公司。

法定代表人：应某某，总经理。

委托诉讼代理人：李某某。

委托诉讼代理人：瞿某。

上诉人段某某因与被上诉人上海汉娜国际贸易有限公司（以下简称汉娜公司）竞业限制纠纷一案，不服上海市浦东新区人民法院（2020）沪0115民初52018号民事判决，向本院提起上诉。本院于2021年2月8日立案后，依法组成合议庭公开开庭进行了审理，上诉人段某某委托诉讼代理人何某某、被上诉人汉娜公司委托诉讼代理人李某某到庭参加诉讼。本案现已审理终结。

段某某上诉请求：撤销一审判决，请求二审法院发回重审或依法改判：1. 段某某无须继续履行与汉娜公司之间的竞业限制协议；2. 段某某无须支付汉娜公司违反竞业限制协议的违约金人民币（以下币种相同）251647.20元。事实和理由：原审判决认定事实不清，法律适用错误，违反法定程序。第一，段某某是汉娜公司的普通员工，工作职责仅是通过网络直播销售货物，没有任何特别的岗位要求，既不是汉娜公司的高级管理人员，也不掌握汉娜公司的商业秘密。根据《劳动合同法》第二十四条的规定，“竞业限制的人员限于用人单位的高级管理人员、高级技术人员和其他负有保密义务的人员”。汉娜公司并未举证段某某属于公司高级管理人员、高级技术人员或者其他负有保密义务的人员。另外，段某某通过网络搜索“上海汉娜国际贸易有限公司”，该公司所发布的101条招聘信息，基本工资均在10000元左右，而段某某的月平均工资才10485.29元，更证实了段某某并非汉娜公司的高级管理人员、高级技术人员或其他负有保密义务的人员。段某某仅是一名非常底层且普通的员工，不会因为自身的职位获取任何汉娜公司的保密信息，也不因该职位获得任何额外利益。第二，汉娜公司支付的竞业限制补偿金明显违反法律、法规的强制性规定，《竞业限制协议书》作为格式合同应属无效。首先，汉娜公司给段某某签订的格式文本《竞业限制协议书》中，无论是竞业限制补偿金的比例（劳动关系终止前十二个月平均工资的20%），还是补偿金的数额（2097.20元，目前上海市最低工资标准为2480元），均严重低于我国法律法规强制性的最低标准。其次，《竞业限制协议书》在约定了低于法律、法规强制性规定的补偿金的同时，还约定了明显高于合理损失的违约金（除全额返还汉娜公司已经实际支付的补偿金外，还应当一次性按协议期应支付的竞业限制补偿金总额的10倍向汉娜公司支付违约金）。这些约定明显是汉娜公司处心积虑写出来的格式文本，汉娜公司通过该格式合同免除其责任、加重段某某责任、排除段某某的自主择业权。根据《合同法》第四十条的规定，“格式条款具有本法第五十二条和第五十三条规定情形的，或者提供格式条款一方免除其责任、加重对方责任、排除对方主要权利的，该条款无效”。汉娜公司与段某某签订的《竞业限制协议书》应属无效。最后，段某某自始至终未收到汉娜公司的竞业限制补偿金，亦不承认《竞业限制协议书》的有效性、合法性及合理性。一审法院却罔顾事实和法律，作出让段某某支付天价赔偿的违法判决，错误极其严重。第三，汉娜公司滥用竞业限制协议，损害了普通员工的自主择业权和就业权。汉娜公司与公司所有主播及主播助理均签订了《竞业限制协议书》，几乎对公司全员进行竞业限制约束，但显然并非所有员工都是公司高级管理人员、技术人员或者知悉公司商业秘密的人员。竞业限制制度的目的是保护用人单位的商业秘密与知识产权相关的事项，在竞业限制的适用对象上，《劳动合同法》赋予用人单位一定的“自由裁量权”，但用人单位不能无限扩大该范围，导致全员适用竞业限制。这种主体的泛化会侵害一般劳动者的就业权。签订保密协议而负有保密义务不等同于实际可能接触到保密信息，从保护商业秘密的初衷出发，应将“其他负有保密义务的人员”限制在可能接触用人单位商业秘密的人。第四，汉娜公司利用优势地位通过《竞业限制协议书》的违法规定，以小额代价（每月2097.06元）谋取25万元的天价赔偿，实属巧取豪夺。段某某作为一名普通的在沪务工人员，通过自己的辛苦劳动，在汉娜公司工作了八个月，共领取工资83047.31元（2020年2月的工资未收到）。在扣除房租、水电、交通、伙食费后，在沪生活几乎存不了钱，再加上家中老人、小孩要照顾，生活也是捉襟见肘。段某某在汉娜公司处工作前途渺茫，不得已辞职另谋出路，也仅是想通过自己的劳动去创造价值，获得更高的回报。段某某在汉娜公司仅担任网络主播（网络销售人员），没有因职务获得任何工资之外的利益。更不知道因为莫名其妙的一份协议，竟然需要向汉娜公司支付25万元的天价违约金。第五，一审过程存在程序错误，仅经双方证据交换即匆匆下判。一审法院于2020

年9月15日组织双方第一次开庭，但因汉娜公司当庭提交证据，且证据繁多，段某某无法当庭质证，要求质证期，一审法官同意给予段某某质证期，并表示会再次安排开庭。但在段某某庭后交了书面质证意见，等一审法院再次安排开庭，以便在庭上更充分地发表质证意见和辩论意见时，却直接等到了一审法院的判决。一审庭审流程未完成，一审法院剥夺了段某某当庭质证和发表辩论意见、最后陈述的机会，属于重大程序错误。综上，请求二审法院发回重审或者依法改判，支持段某某的上诉请求。

汉娜公司辩称：汉娜公司不同意段某某的上诉请求。第一，汉娜公司在一审时已举证段某某知悉汉娜公司的商业秘密。段某某在职期间可通过用户名和登录密码登录公司的花苗联盟业务管理系统，知悉汉娜公司店铺内的客户的真实姓名、名单、收货地址，产品的采购成本、销售价格以及其中的利润差价。因此段某某实际掌握了汉娜公司的商业秘密，构成竞业限制的适格主体。第二，虽然双方约定的竞业限制补偿金为离职前十二个月平均工资的20%，低于原《最高人民法院关于审理劳动争议案件适用法律若干问题的解释（四）》规定的30%。但竞业限制协议并不因为约定低于法定标准而无效。段某某辩称其未收到过汉娜公司的竞业限制补偿金，系因段某某恶意注销收款账户，故未收到竞业限制补偿金的法律后果应由段某某自行承担。第三，竞业限制协议是在双方完全知情的情况下签署的，没有任何欺诈和胁迫，也没有违反法律的强制性规定，应属真实、合法、有效，段某某应在离职后履行竞业限制义务。第四，关于竞业限制协议中的违约金数额是否过高。汉娜公司认为仲裁及一审法院已经就违约金进行了调整。首先，段某某违反竞业限制义务的主观恶意非常明显，其在离职后当月即入职了案外人公司运营的“想某1”店铺担任主播，且段某某在案外人处担任主播的排班频次非常高。其次，段某某单方注销银行账号，拒绝领取汉娜公司支付的竞业限制补偿金。再次，段某某知悉汉娜公司所有的客户的联系方式，产品进销存渠道，采购价格、销售价格、利润、销售话术等，上述信息的泄露对于汉娜公司造成的损失是难以挽回的。复次，基于二手奢侈品直播销售的特性，主播对于客户购买的影响是非常大的，具有一定的粉丝效应，因此部分老客户也被其带走，使汉娜公司遭受了一定的损失。汉娜公司为了维护合法权益，也存在维权成本，包括公证费、律师费等相关的费用。最后，段某某在仲裁庭审时自述，其在汉娜公司的小花奢侈品店担任主播，是其第一份正式工作，可见其之前并无二手奢侈品的销售经验。汉娜公司对于每名主播的培训均投入了大量的精力和成本。一审时，汉娜公司也提交了相关的培训记录，证明公司每天会对所有主播开会培训，宣导销售技巧，系统掌握产品卖点。在汉娜公司的培养下，段某某积累了丰富的行业销售经验，也积累了一部分的粉丝以及老客户。段某某离职后立即到案外人平台入职担任主播，也可证明此前汉娜公司对其进行了大量的培训。因此，一审法院结合相关因素对双方约定的 50 万元的违约金调整为减半的 25 万元，具有合理性。第五，一审法院程序并无不当。对于公司当庭提交的补充证据，一审法院也让段某某书面发表了质证意见。综上，请求二审法院驳回上诉，维持一审法院判决。

段某某向一审法院起诉请求：1. 无须继续履行竞业限制协议；2. 无须支付汉娜公司违反竞业限制协议的违约金 251647.20 元。

一审法院认定事实：段某某原系汉娜公司员工。双方签订有期限自 2019 年 6 月 9 日起至 2021 年 6 月 8 日止的劳动合同，其中约定段某某在汉娜公司担任主播工作。双方于 2019 年 7 月 27 日签订《竞业限制协议书》，其中约定：段某某的竞业限制期限为与汉娜公司解除、终止劳动合同之日起两年；竞业限制期间，段某某不得在与汉娜公司经营的行业相同或相近的单位及与汉娜公司有竞争关系的单位内工作（包括但不限于……网络主播等工作）；汉娜公司按双方劳动关系终止前十二个月平均工资（不包含技能津贴、主管津贴）的 20% 支付段某某竞业限制补偿金，次月 20 日左右发放上月补偿金；段某某未履行竞业限制义务的，除全额返还汉娜公司已经实际支付的补偿金外，还应当一次性按协议期应支付的竞业限制补偿金总额的 10 倍向汉娜公司支付违约金。段某某与汉娜公司的劳动合同于 2020 年 2 月 8 日解除。2020 年 4 月 26 日，汉娜公司向上海市浦东新区劳动人事争议仲裁委员会提出仲裁申请，要求裁令：1. 段某某继续履行竞业限制协议；2. 段某某支付汉娜公司违反竞业限制义务的补偿金 503294.40 元。2020 年 7 月 3 日，该仲裁委员会作出仲裁裁决，裁令：1. 段某某继续履行竞业限制协议；2. 段某某向汉娜公司支付违反竞业限制义务的违约金 251647.20 元。段某某不服，诉至一审法院。

一审法院另查明，1. 段某某在汉娜公司从事线上主播工作，销售二手奢侈品；2. 段某某在职期间的月平均工资为 10485.29 元；3. 汉娜公司分别于 2020 年 3 月 23 日及 2020 年 4 月 21 日向段某某在中国工商银行上海分行开设尾号为 0386 的银行账户支付竞业限制补偿 2097.06 元，但因“卡号状态非正常”等原因未能支付成功；4. 段某某 2020 年 3 月至 5 月有在淘宝平台“想某 1”店铺及抖音平台“想某 2”店铺从事主播工作。

一审审理中，段某某表示其在中国工商银行上海分行开设尾号为 0386 的银行账户已在 2020 年 2 月底或 3 月初时注销。

一审法院认为，本案中，段某某、汉娜公司于 2019 年 7 月 27 日签订了《竞业限制协议书》，现段某某主张该协议书无效，但对此未能提供充分有效的证据予以证明，故段某某的该项主张，一审法院不予采纳。双方在《竞业限制协议书》中明确约定段某某的竞业限制期限为与汉娜公司解除、终止劳动合同之日起两年；竞业限制期间，段某某不得在与汉娜公司经营的行业相同或相近的单位及与汉娜公司有竞争关系的单位内工作（包括但不限于……网络主播等工作），段某某应当按照上述协议书，履行竞业限制的义务。因此，汉娜公司要求段某某继续履行竞业限制协议的请求，一审法院予以支持。此外，因段某某 2020 年 3 月至 5 月有在淘宝平台“想某 1”店铺及抖音平台“想某 2”店铺从事主播工作，段某某确实存在违反竞业限制义务的行为，应向汉娜公司支付违反竞业限制义务的违约金。段某某自离职当月即注销了可收取竞业限制补偿金的银行卡，并于次月即从事与汉娜公司存在竞争关系的工作，对其要求调整竞业限制违约金的主张，一审法院实难采纳，现仲裁裁决段某某需向汉娜公司支付竞业限制补偿金总额的 5 倍的违约金，汉娜公司对此亦未提出起诉，一审法院对竞业限制违约金的金额，依照仲裁裁决的金额予以判明。

综上，依照《中华人民共和国劳动合同法》第二十三条、第二十四条，《最高人民法院关于适用〈中华人民共和国民事诉讼法〉的解释》第九十条的规定，一审法院于 2020 年 11 月 17 日作出判决：一、段某某应继续履行与汉娜公司的竞业限制协议；二、段某某应自判决生效之日起十日内向汉娜公司支付竞业限制违约金 251647.20 元。如果未按判决指定的期间履行给付金钱义务，应当依照《中华人民共和国民事诉讼法》第二百五十三条之规定，加倍支付迟延履行期间的债务利息。案件受理费10元，减半收取计5元，免予收取。

本院经审理查明，一审法院查明的事实无误，双方当事人亦无异议，本院予以确认。

二审中，段某某向本院补充如下事实：1. 段某某确实可以登录汉娜公司的花苗联盟业务管理系统，但该管理系统汉娜公司所有员工均可登录，段某某主要通过该系统查询自己的销售提成，对于公司的客户名单，客户联系方式以及成本利润等内容，并非其从事主播工作期间所需掌握的信息。该些内容汉娜公司也没有采取适当的保密措施从而导致所有员工均可看到，不能因为汉娜公司管理存在缺陷，对其所认为的商业秘密进行全员公示，就认定该些内容构成商业秘密。2. 段某某工作的主要内容是在直播过程中向直播间的观众展示和介绍二手奢侈品的款式、大小、颜色和上身效果等客观情况，吸引客户通过网络下单。段某某在该过程中不直接接触客户，也不掌握具体的客户信息、消费喜好和购买力等情况。

汉娜公司对段某某补充的事实发表意见如下：1. 段某某的工资结构是底薪加提成，提成的计算方式是根据其每次主播后的成单率及收货情况，按照公司采购的成本价与其直播间内售价的价差，乘以不同品类的提成比。在此过程中，段某某对公司的采购价格、销售价格、差价利润以及客户的收货情况均是知晓的。公司的花苗联盟业务管理系统也并不是全员都可登录，且不同员工的权限也不一样。2. 由于计算提成时段某某可以看到客户信息及购买信息，故其掌握具体的客户信息、消费喜好和购买力等情况。

段某某还向本院补充提供其通过“企查查”平台查询到的汉娜公司的招聘信息，该些信息反映汉娜公司招聘的淘宝奢侈品门店的店长、总经理助理、线上销售人员的工资均在8000元至10000元左右，而该些人员占到了公司的主体，证明段某某仅是公司的普通员工，并非高级管理人员、高级技术人员或掌握公司商业秘密的人员。

汉娜公司对该证据的真实性无异议，但认为与本案无关联性，段某某虽不是公司高级管理人员，但属接触公司商业秘密的人员，故系竞业限制的适格主体。

本院认为，本案争议焦点如下：一、段某某是否属于竞业限制的适格主体；二、竞业限制协议的效力；三、一审判决的违约金是否过高；四、一审程序是否合法。

关于争议焦点一，《劳动合同法》第二十四条第一款规定："竞业限制的人员限于用人单位的高级管理人员、高级技术人员和其他负有保密义务的人员……"段某某虽不是汉娜公司的高级管理人员，但可通过登录公司管理系统了解公司的客户信息、成本利润等相关内容，故应属负有保密义务的人员，符合竞业限制的适格主体。

关于争议焦点二，根据《最高人民法院关于审理劳动争议案件适用法律若干问题的解释（四）》第六条的相关规定："当事人在劳动合同或者保密协议中约定了竞业限制，但未约定解除或终止劳动合同后给予劳动者经济补偿，劳动者履行了竞业限制义务，要求用人单位按照劳动者在劳动合同解除或终止前十二个月平均工资的30%按月支付经济补偿的，人民法院应予支持。前款规定的月平均工资的30%低于劳动者合同履行地最低工资标准的，按照劳动合同履行地最低工资标准支付。"可见，即使用人单位与劳动者未约定竞业限制经济补偿，竞业限制协议仍属有效。本案中，双方签订的竞业限制协议约定了经济补偿，虽然该补偿标准低于本市最低工资标准，但竞业限制协议并不因此而无效。同时，该竞业限制协议也不存在《劳动合同法》第二十六条所规定的其他合同无效的情形，故应属合法有效，双方当事人均应恪守协议约定。段某某在从汉娜公司离职后，立即到与汉娜公司同样从事二手奢侈品销售的案外人公司工作，并同样担任网络主播，确实违反了竞业限制协议的约定，应当承担相应的违约责任。

关于争议焦点三，考虑到段某某的主观违约恶意及客观违约行为、履行竞业限制义务的期间长短并兼顾其离职时的工作岗位及收入水平、双方约定的竞业限制补偿金数额、违约行为可能给用人单位造成的损失等因素，本院认为，仲裁及一审判决已将双方约定的50余万元违约金数额调整降低了一半，该违约金数额并无明显不当，段某某认为违约金数额仍过高的上诉主张，本院不予采纳。

关于争议焦点四，经查，一审庭审程序完整，对于汉娜公司当庭提交的证据，段某某庭后也提交了书面质证意见，代理人提交了书面代理意见。故并不存在剥夺当事人的质证、辩论、最后陈述权利的情形。

综上所述，段某某的上诉请求不能成立，应予驳回。一审判决认定事实清楚，适用法律准确，应予维持。依照《中华人民共和国民事诉讼法》第一百七十条第一款第（一）项的规定，判决如下：驳回上诉，维持原判。二审案件受理费 10 元，由上诉人段某某负担。

本判决为终审判决。

审判长　王　茜

审判员　郑东和

审判员　周　寅

二〇二一年四月二十九日

书记员　王正叶

案例二　网络主播案中的劳动关系认定

——上海三白影视文化有限公司诉胡某某其他合同纠纷案

吴文芳*

关键词　代理关系　劳动关系　合意　劳动过程管理　风险负担

【裁判要旨】

法院考虑影视公司和主播之间并无建立劳动关系的合意，公司未对主播劳务提供过程行使管理权，用工过程中的风险负担由劳动者个人承担等因素，认定双方不存在劳动关系。

【案情要点】

1. 主体身份。上海三白影视文化有限公司（以下简称三白影视文化公司）是一家主播经纪公司，为胡某某对接互联网直播平台“陌陌直播”。三白影视文化公司的法定代理人也是胡某某的经纪人。公司对胡某某“从事全职主播工作”有异议，认为其主播身份会发生变化，胡某某不予认可，认为自己一直是全职主播。

2. 协议内容。胡某某与三白影视文化公司签订了《公会播主直播协议》，该协议的主要内容是：

（1）合作内容：甲方（三白影视文化公司）负责为乙方（胡某某）对接互联网直播平台，乙方在直播平台注册有关账号。甲方同意乙方享有

* 上海财经大学法学院教授、博士生导师。

直播平台的相关优质资源及获得相应提成。

（2）甲方权利义务：乙方为甲方的签约主播，甲方为乙方演绎（艺）平台。甲方对各级主播给予不同扶持方案，具体包括房间管理员、直播基础培训等，表现出色的直播可以推荐参与影视演出及商业演出。

（3）乙方待遇：胡某某的待遇原则上由保底薪资和奖金构成，具体构成及数额根据胡某某每月表现确定。全职主播为每月 4000 元保底工资。

（4）保底薪资、奖金考核办法：按照主播后台实际收入值所在的区间计算相应的主播收入，其中当月主播后台实际收入值在 3 万元（包含）至 5 万元时，主播收入为保底薪资以及高于 8000 元部分的 60% 的奖金部分。主播直播时产生的礼物金额被直播平台固定扣取 60%，剩下 40% 自动进入主播后台作为实际收入值。

（5）乙方出勤要求：全职主播直播要求每月（室内/室外）（演唱/话题）的时间不少于 25 天，每天累计时间不少于 4 小时（单次直播时间不小于 2 小时），如果少一天（包括当天未满 4 小时和单次不足 2 小时）按每天 160 元扣除基本工资。

3. 相关证据。《公会播主直播协议》证明、“陌陌平台” App 截屏、中国建设银行个人账户工资/收入明细、两段胡某某直播视频、陌陌平台行为规则、国家税务总局上海市浦东新区税务局出具的胡某某个人所得税完税证明。

4. 工作模式。主播直播时间可以自己调整，每周都有休息，开播时间随意。每天没有明确要求 4 小时，有时直播六七小时。2018 年 2 月胡某某因准备回家过春节而直播时间变少，2018 年 3 月因公司未发工资并询问无果后决定停播。2018 年 2 月 3 日，三白影视文化公司工作人员通过微信询问胡某某是否直播，胡某某答复：“不播”“休息”。

5. 收益分配与风险负担。胡某某的业绩来源于“打赏”，双方依据“打赏”收益按比例分配收入。胡某某的工资中扣除了“公司开票税点”“公司营销收入”等。

【案件索引】

一审：上海市徐汇区人民法院（2018）沪 0104 民初 10205 号

二审：上海市第一中级人民法院（2019）沪01民终4651号

【裁判结果】

上海市徐汇区人民法院一审判决：三白影视文化公司于判决生效之日起七日内支付胡某某2017年12月至2018年2月工资差额30066元。

上海市第一中级人民法院二审判决：驳回上诉，维持原判。

【案例注解】

一、本案的法律问题

第一，双方法律关系性质。三白影视文化公司提出如下主张：

1. 公司为胡某某对接直播平台，相当于胡某某经纪人的角色。胡某某提供的服务内容与公司的业务内容完全不相符。三白影视文化公司对胡某某的管理，实质是基于对演艺行为的管理权，实际是代理关系。

2. 胡某某的业绩来源于“打赏”，并非公司接到任务后分派给主播，双方依据“打赏”收益按比例分配收入，体现的是民事合作关系。

3. 直播节目的知识产权属于胡某某，并非三白影视文化公司，也不符合劳动关系的要素。

胡某某辩称双方系劳动关系，但并未举证。

第二，应否支付工资差额。关于计算奖金的金额。胡某某认为“陌陌平台”App显示的该月的总收益为主播后台实际收入值，并以此计算奖金。

三白影视文化公司抗辩该金额应在扣除60%平台固定扣除部分后再按比例计算奖金，并抗辩2017年12月已发放工资金额因计算错误多发了。还抗辩2017年12月至2018年2月总收益中还含有公司刷给胡某某的礼物值、红包和吸粉费用等应扣除费用。但三白影视文化公司对上述抗辩均未举证证明。

关于应否扣发工资。胡某某主张因三白影视文化公司拖欠工资，故其从2018年2月起暂停直播，当月胡某某直播收入4679.26元，按约定应支付保底薪资4000元，3月无直播，按约定应支付750元。

三白影视文化公司辩称，双方签订的合同明确约定胡某某每月的出勤天数和时间要求，低于出勤要求的要扣发工资。

二、判决书的分析逻辑

第一，双方法律关系性质。一审法院以劳动合同纠纷为案由判决三白影视文化公司支付胡某某工资差额，但是未对劳动关系认定进行说理。

二审法院则认为双方确实并非劳动合同关系，具体有以下三个方面的原因。

一是双方没有建立劳动关系的合意。二审法院从三白影视文化公司的性质、职能、协议内容和双方关系角度分析，三白影视文化公司是存在于直播平台和网络主播之间的主播的演绎（艺）平台，职能上等同于经纪公司，胡某某也自述三白影视文化公司的法定代理人也是其经纪人。因此，双方并无建立劳动关系的合意。

二是公司未对主播劳务提供过程行使管理权。二审法院从劳动关系独有的本质特征出发，认为相比于其他注重劳务提供成果的类似关系，劳动关系强调用人单位对劳动者用工过程的全程监督、管理和控制。结合胡某某陈述的自己可以调整直播时间，可临时安排休息，还因个人原因径行减少直播甚至停播的事实，二审法院认为三白影视文化公司未对胡某某劳务提供过程行使管理权。

三是用工过程中的风险负担由劳动者个人承担。二审法院从劳动关系最终的风险负担主体出发，认为劳动用工过程中的风险负担由用人单位承担，一般不需要劳动者承担风险。结合法院认可真实性的工资明细显示的事实，即胡某某工资中扣除了“公司开票税点”“公司营销收入”等项目，胡某某也应当知道该事实，据此可以得出用工过程中的风险负担由胡某某而非用人单位承担的结论，因此认定不属于劳动关系的承担方式。

二审法院综合上述三方面的事由，认定双方不存在劳动关系，不应以劳动合同纠纷为案由，鉴于本案双方并非单一的有名合同关系，因此将案由确定为其他合同纠纷。

第二，应否支付工资差额。一审法院从三白影视文化公司的举证责任出发，认为三白影视文化公司提出的抗辩，包括应在扣除 60%平台固定扣除部分后再按比例计算奖金，2017 年 12 月已发放工资金额因计算错误而多发，以及 2017 年 12 月至 2018 年 2 月胡某某总收益中还含有三白影视文化公司刷的礼物值、红包和吸粉费用等应扣除费用等事项，均未举证证明，因此一审法院对其主张不予采信。

但一审法院也从协议本身约定的出勤要求出发，在胡某某 2017 年 12 月至 2018 年 2 月均有未遵守出勤要求的情况下，三白影视文化公司抗辩应扣发工资并无不当，且扣发后的工资金额也未低于法定最低小时工资，因此一审法院予以确认。

二审法院则认为因双方不存在劳动关系，因此主张的工资及工资差额实际应为劳务报酬及劳务报酬差额。另外，也认可了一审法院对该部分事实的认定，认为三白影视文化公司对其抗辩并未提供相关依据和证据，因此对一审认定予以维持。

三、此类案件的特点与裁判建议

（一）网络主播与企业间劳动关系认定的特殊性

司法实践中对网络主播这一灵活从业人员与经纪公司之间是否具有劳动关系的认定尚有争议，主要形成两种观点：一种认为双方构成劳动关系，对主播适用劳动法律保护；另一种则认为不构成劳动关系，应适用民事法律。同时，在判定过程中考虑到个案的具体因素，对“从属性”的认定也存在差异。

具体而言，与传统劳动者相比，第一，网络主播工作时间、地点和方式是否具有极大的灵活性，还是仍受到企业规章制度和劳动纪律的严格管理，这会影响主播相对于企业的人身从属性大小。第二，网络主播收入的主要来源是企业为其发放的薪资？还是自己通过直播获得的打赏或礼物金额？双方是否签订了对收益按比例分成的协议等，都会影响主播相对于企业的经济从属性大小。

司法实践中判定是否存在事实劳动关系主要依据的是《劳动和社会保障部关于确立劳动关系有关事项的通知》（劳社部发〔2005〕12 号）第一条的规定，“用人单位招用劳动者未订立书面劳动合同，但同时具备下列情形的，劳动关系成立。（一）用人单位和劳动者符合法律、法规规定的主体资格；（二）用人单位依法制定的各项劳动规章制度适用于劳动者，劳动者受用人单位的劳动管理，从事用人单位安排的有报酬的劳动；（三）劳动者提供的劳动是用人单位业务的组成部分”。该条可以归纳为三个方面：一是主体资格合法；二是人身从属性和经济从属性；三是业务相关性。

本案中，二审法院在判定胡某某与三白影视文化公司之间的法律关系时主要运用的是上述条文的从属性标准和业务相关性标准。第一，胡某某可以对直播时间和休息时间自行安排，不受三白影视文化公司对其劳动过程的管理和控制，因此不具有人身从属性。第二，协议约定胡某某的待遇由保底薪资和奖金构成，双方根据主播后台实际收入值以及打赏的礼物金额按比例分配收入，并且约定的保底薪资也不是其收入的主要来源，因此不具有经济从属性。第三，三白影视文化公司为胡某某的演绎（艺）平台，其法定代理人也是胡某某的经纪人，由此可见胡某某提供的服务内容与三白影视文化公司的业务内容并不相符，因此不具有业务相关性。

（二）劳动关系认定的裁判建议

1. 建立劳动关系的合意与“事实优先”原则

本案中，二审法院将双方不具有建立劳动关系的合意作为不存在劳动关系的一个考量因素。因网络主播通常与企业签订的是民事合同，从外观上看，相关条款容易被认定为不具有劳动关系的“合意”，此时，建立劳动关系的合意这一考量与劳动关系认定中的“事实优先”原则产生了一定的冲突。因此，在司法实践中应进一步厘清两个标准的适用顺序和具体规则。

首先，考察双方建立劳动关系的合意，以《劳动法》第十七条规定的“平等自愿、协商一致的原则”对此进行阐释。签订合同的名称与类型是合意的外观表现形式，但基于劳动关系的从属性，这种外观形式很有可能不符合“平等自愿、协商一致”原则，故在合意与事实冲突时，需要采纳“事实优先”原则，以事实为依据判定法律关系，这也是最高人民法院第179号指导性案例明确的原则。2017年《江苏省劳动人事争议疑难问题研讨会纪要》（苏劳人仲委〔2017〕1号文）对两个标准的结合运用作出了指引："如果劳动者未与互联网平台企业订立劳动合同，而是签订了承包合同、委托协议等，一般应从其约定来认定双方的法律关系。如果双方关系符合原劳动和社会保障部《关于确立劳动关系有关事项的通知》（劳社部发〔2005〕12号）的要求，应认定双方存在劳动关系。"

建议司法实践中处理两个标准的适用关系，应遵循"外观合意为劳动合同+从属性从宽"以及"外观合意为民事合同+从属性从严"标准。若双方签订的是劳动合同，一方对此否认，由于建立劳动关系合意的外观标准已经存在，此时司法部门可以从宽审查从属性。如果双方签订的不是劳动合同，导致考察建立劳动关系的合意存在困难，此时一方主张劳动关系的，司法部门应从严审查从属性。一方面避免劳动关系认定泛化，另一方面避免因劳动者在合同签订时处于弱势而被迫签订劳务合同。因此，认定双方之间的劳动关系时应审查双方建立劳动关系的合意，若约定与实际情况不符，则应按照"事实优先"原则认定劳动关系，即严格按照"从属性"标准进行审查。

2. 进一步完善劳动关系认定标准

美国在认定是否为雇员时，通常会采用与"经济现实"有关的多诺万测试①，主要包括：(1) 雇主对工作执行方式的控制权程度；(2) 雇员获利或亏损的机会取决于其管理技能；(3) 雇员为完成任务或雇用帮手而需要在设备或生产资料上投资；(4) 雇员提供服务是否需要特殊技能；(5) 双方工作关系的持久度；(6) 雇员所提供的服务是否构成了被指控雇主业务的组成部分。

罗马尼亚也提出了自由职业的标准，以下七个标准中满足四个便可认定为自由职业，否则就具有从属性②：(1) 执行工作的个人（服务供应者）可自由选择执行工作的地点、时间和方式；(2) 可以为多个顾客工作；(3) 自己承担工作所固有的风险；(4) 使用自己的设备进行工作；(5) 按照工作的具体特点，投入体力和智力完成工作；(6) 是代表、约

① ［法］伊莎贝尔·道格林、［比］克里斯多夫·德格里斯、［比］菲利普·波谢：《平台经济与劳动立法国际趋势》，涂伟译，中国工人出版社2020年版，第213~214页。

② ［法］伊莎贝尔·道格林、［比］克里斯多夫·德格里斯、［比］菲利普·波谢：《平台经济与劳动立法国际趋势》，涂伟译，中国工人出版社2020年版，第134~135页。

束、监管该职业的职业组织或协会的成员（例如律师协会）；（7）可以独自或在员工、同事的帮助下完成工作。

本案中二审法院判定双方不存在劳动关系的其中一个因素是胡某某需要承担用工过程中的风险，该标准在美国的诺万测试和罗马尼亚的自由职业标准中也有体现。因此，我国司法实践中也可以参考国外的雇员身份认定因素，结合个案情形完善劳动关系认定标准。

同时，还可以考虑不将“劳动者提供的劳动是用人单位业务的组成部分”作为认定劳动关系的决定性因素，但仍应将人身从属性和经济从属性作为核心要素。因网络主播的职业特殊性决定其业务内容可以相对独立于用人单位的业务，而传统劳动关系中劳动者的劳动内容与用人单位的业务内容通常是一个有机整体，二者明显不同。因此，不能机械地以不满足业务相关性标准而直接否定劳动关系，可以通过审查主播签约公司的营业执照上记载的经营范围、是否获得相应行政许可证书等，确定网络主播从事直播的行为是否属于公司的业务组成部分，进而判断双方是否为劳动关系。同时还应结合“合意”因素及“从属性”标准进行综合判定，在不降低劳动者权益保障水平和不加重企业经营负担之间寻求平衡，从而构建网络经济下和谐统一的劳资关系。

【裁判全文】

上海市第一中级人民法院
民 事 判 决 书

（2019）沪01民终4651号

上诉人（原审被告）：上海三白影视文化有限公司。

法定代表人：王某某。

委托诉讼代理人：迟某某。

被上诉人（原审原告）：胡某某。

委托诉讼代理人：李某某。

上诉人上海三白影视文化有限公司（以下简称三白影视文化公司）因与被上诉人胡某某其他合同纠纷一案，不服上海市徐汇区人民法院（2018）沪0104民初10205号民事判决，向本院提起上诉。本院于2019年4月1日立案后，依法组成合议庭公开开庭进行了审理。三白影视文化公司的委托诉讼代理人迟某某，胡某某的委托诉讼代理人李某某到庭参加诉讼。本案现已审理终结。

三白影视文化公司上诉请求：撤销原判，依法改判不支付胡某某2017年12月至2018年2月工资差额人民币30066元（以下币种均为人民币）。事实和理由：（1）双方系合作关系，而不是劳动关系，三白影视文化公司相当于胡某某经纪人的角色。三白影视文化公司为胡某某对接互联网直播平台“陌陌直播”，根据每月实际业绩，胡某某可能是全职或兼职主播，三白影视文化公司会根据主播级别给予相应的扶持方案。胡某某提供的服务内容与三白影视文化公司的业务内容完全不相符。双方的权利、义务、违约责任内容也不符合劳动关系特征。三白影视文化公司对胡某某的管理，实质是基于对演艺行为的管理权，实际是代理关系。胡某某的业绩来源于“打赏”，并非公司接到任务后分派给主播，双方依据“打赏”收益按比例分配收入，体现的是民事合作关系。直播节目的知识产权并非属于三白影视文化公司，而是属于胡某某，此亦不符合劳动关系的要素。本案胡某某并未举证双方是劳动关系，仲裁委员会也认为本案不属于劳动争议受理范围。(2) 胡某某存在违反合作协议的行为，三白影视文化公司可以追究其违约责任。胡某某利用其亲属的信息注册了账号，也未按照协议约定的时间提供直播服务，最终导致双方合作终止，应承担赔偿责任。胡某某的部分直播内容存在欺骗、有违公序良俗的情形。三白影视文化公司有权根据约定追究胡某某的违约责任，并在胡某某“收入”中予以抵扣。

胡某某辩称，双方系劳动关系，胡某某直播内容中不存在违背公序良俗的行为，三白影视文化公司应支付系争工资差额。原审认定事实清楚，适用法律正确，三白影视文化公司的上诉请求不能成立。

2018年4月3日，胡某某向上海市徐汇区劳动人事争议仲裁委员会申请仲裁，要求三白影视文化公司支付2017年12月工资差额1402元、2018

年1月工资26259.76元、2月工资1500元、3月工资750元。2018年4月8日，仲裁委员会以胡某某的请求事项不属于劳动争议受理范围为由，决定不予受理。胡某某不服，向原审法院起诉请求：三白影视文化公司支付2017年12月至2018年3月工资差额37376元。

原审法院认定事实：2017年3月17日，胡某某至三白影视文化公司从事全职主播工作。2017年3月30日，胡某某与三白影视文化公司签订合同期限自2017年3月17日至2018年3月16日的《公会播主直播协议》，其中第五条约定，胡某某待遇原则上由保底薪资、奖金构成，具体构成及数额根据胡某某每月表现确定，其中“（二）全职主播”为“每月4000元保底工资……出勤时间：直播要求每月（室内/室外）（演唱/话题）的时间不少于25天，每天累计时间不少于4小时（单次直播时间不小于2小时），如果少一天（包括当天未满4小时和单次不足2小时）按每天160元扣除基本工资”；保底薪资、奖金考核办法为：“1. 如当月主播后台实际收入值≤2400元（扣除公司刷给主播的礼物值、红包、吸粉费用），当月薪资降为保底兼职主播标准。公司根据主播具体表现，可以适当给予奖金鼓励。2. 如当月主播后台实际收入值大于2400元，小于8000元（扣除公司刷给主播的礼物值、红包、吸粉费用），主播收入为保底薪资。如主播当月工作表现突出，公司适当给予奖金鼓励。主播连续两个月后台实际收入值在本条款区间内，甲方（三白影视文化公司）有权将乙方（胡某某）降为保底兼职主播薪资标准。3. 如当月主播后台实际收入值大于等于8000元，小于30000元（扣除公司刷给主播的礼物值、红包、吸粉费用），主播收入为保底薪资及高于8000元部分的50%作为奖金。4. 如当月主播后台实际收入值大于等于30000元，小于50000元主播收入为保底薪资及高于8000元部分的60%作为奖金……注：主播直播时产生的礼物金额直播平台固定扣取60%，剩下40%自动进入主播后台（此部分收入即为主播后台实际收入值）；主播实际收入按上述标准核算。每月的15日发放上月薪资。（三）保底兼职主播每月1500元保底工资。出勤时间：主播要求每月（室内/室外）（演唱/话题）的时间不少于15天，单次直播时间不小于2小时，总时长不低于30小时，如果少一天（包括当天未满2小时和单次不足1.5小时）按每天50元扣除基本工资……”

三白影视文化公司每月中旬发放胡某某上月工资，已发放胡某某2017年12月工资22417.84元。

“陌陌平台”App登录胡某某账户“阿茹啊”，显示2017年12月至2018年3月每月总收益分别为45366.60元、49039.80元、4679.26元、0元，每月直播天数分别为27天（18天直播时间超过4小时、9天直播时间少于4小时）、26天（14天直播时间超过4小时、12天直播时间少于4小时）、7天（2天直播时间超过4小时、5天直播时间少于4小时）、0天。

原审法院另查明，2018年2月3日，三白影视文化公司工作人员通过微信询问胡某某是否直播，胡某某答复：“不播”“休息”。

2018年2月9日、2月26日，三白影视文化公司先后出具书面通告，指出胡某某合约期间多次停播，违反约定，将追究其法律责任。

原审法院认为，当事人对自己的主张，有责任提供证据。胡某某与三白影视文化公司签订的《公会播主直播协议》对全职主播的保底薪资、奖金及出勤有明确的约定，双方均应按照约定履行各自义务。“陌陌平台”App显示胡某某2017年12月总收益为45366.60元，胡某某主张该金额为其主播后台实际收入值，以此计算奖金，三白影视文化公司抗辩该金额应在扣除60%平台固定扣除部分后再按比例计算奖金，并抗辩2017年12月已发放工资金额因计算错误多发了。但三白影视文化公司作为用工管理一方及工资支付一方，未就胡某某当月直播所产生的礼物金额进行举证，也未提供胡某某2017年12月之前工资的计算依据以印证其主张，且其抗辩计算错误多发工资，也有悖常理，故三白影视文化公司的上述意见，原审法院不予采信。原审法院采信胡某某的主张，确认“陌陌平台”App上显示的总收益金额为《公会播主直播协议》上约定的主播后台实际收入值，三白影视文化公司未举证证明2017年12月至2018年2月总收益中还含有三白影视文化公司刷给胡某某的礼物值、红包和吸粉费用等应扣除费用，原审法院认定无扣除费用，三白影视文化公司应按照显示的收益金额核算胡某某工资。但《公会播主直播协议》明确约定胡某某每月出勤天数及时间，也明确约定了未遵守该出勤要求的后果，在胡某某2017年12月至

2018年2月均有未遵守出勤要求的情况下，三白影视文化公司抗辩应扣发工资，并无不当，且扣发后的工资金额也未低于法定最低小时工资，原审法院予以确认。综上，经原审法院核实，三白影视文化公司应支付胡某某2017年12月至2018年2月工资差额30066元。2018年3月，胡某某未根据要求出勤，其主张该月工资，缺乏依据，原审法院不予支持。

依照《中华人民共和国劳动法》第七十八条规定，原审法院遂于2019年1月11日判决：上海三白影视文化有限公司于判决生效之日起七日内支付胡某某2017年12月至2018年2月工资差额30066元。如果未按判决指定的期间履行给付金钱义务，应当依照《中华人民共和国民事诉讼法》第二百五十三条规定，加倍支付迟延履行期间的债务利息。一审案件受理费10元，减半计5元，免予收取。

本院二审期间，当事人围绕上诉请求依法提交了证据。本院组织当事人进行了证据交换和质证。对当事人无异议的证据，本院予以确认并在卷佐证。对当事人二审争议的事实，本院认定如下：

三白影视文化公司对一审认定的“2017年3月17日，胡某某至三白影视文化公司从事全职主播工作”有异议，认为胡某某的主播身份是会发生变化的。胡某某对此不予认可，认为胡某某一直就是全职主播。对此，本院认为，根据三白影视文化公司在一审庭审中的陈述“胡某某开始是全职主播”，一审法院作如上记载，并无不当。三白影视文化公司的该异议，本院不予确认。

二审中，三白影视文化公司为补强一审的证据又提交了：（1）两段胡某某直播视频，证明胡某某在直播中存在违约以及违背公序良俗的行为；（2）“陌陌平台”行为规则，证明“陌陌平台”禁止直播中含有挑逗性的内容，禁止直接索要金钱的行为、发布商业广告等。胡某某均表示因非新证据，且不符合证据要件、内容与本案无关联，故不予认可。本院认为，民事主体从事民事活动，不得违反法律，不得违背公序良俗。因此胡某某的直播内容是否有违法以及违背公序良俗的情况，本院应予以审查，故该组证据与本案有关联性。经核查，该组直播视频的内容是“阿茹啊”账户直播片段，其中胡某某的衣着、言行尚不足以认定含有色情暗示或挑逗性内容，三白影视文化公司主张直播中胡某某的言行有违公序良俗，证据不足，本院不予采信。

经审理查明，原审认定的事实无误，本院依法予以确认。

本院另查明，《公会播主直播协议》中记载：鉴于甲方（三白影视文化公司）是一家主播经纪公会，与互联网上有专属的演绎（艺）分享直播平台，并含有上述平台的PC端和移动设备端，以下简称直播平台合作；乙方（胡某某）是依照中国法律享有完全民事权利能力及完全民事行为能力的自然人，且具有良好的演艺才能或艺术天赋。经双方友好协商，根据《中华人民共和国合同法》及相关法律法规的规定，达成协议如下：一、合作内容：甲方负责乙方与互联网直播平台对接，乙方在直播平台注册有关账号。甲方同意将乙方视为所在平台公会的播主，并同意其享有直播平台的相关优质资源及获得相应提成……三、甲方权利义务：1. 甲乙双方签订合约，乙方即为甲方的签约主播，甲方即为乙方演绎（艺）平台……公司根据各级主播给予相应的不同扶持方案，具体包括：房间管理员、直播基础培训、入门礼仪培训、基本形象策划、不定期的活动推荐、表现出色的直播可以推荐参与影视演出及商业演出……

本院再查明，根据胡某某一审提交的国家税务总局上海市浦东新区税务局出具的税收完税证明显示，胡某某2017年10月、11月、12月，2018年1月的个人所得税实缴金额分别为198.76元、22.70元、244.33元、318.65元。

本院又查明，在一审中，胡某某本人陈述，（1）王某某系三白影视文化公司的法定代理人，也是胡某某的经纪人。（2）直播时间其自己可以调整，但每周都有休息，都是很随意的，可临时安排休息。主播开播的时间也很随意，临时比较多，有情况的话打招呼即可。每天要播出4小时，也没有明确4小时，有时候直播六七小时，没有刚好4小时就下线的情形。（3）2018年2月其直播时间确实少了，因为其准备回家过春节。2018年3月其没有直播，是因为三白影视文化公司一直没发工资，其在群里询问后也没发放，所以其停播了。

本院认为，本案胡某某以《公会播主直播协议》为依据请求三白影视文化公司支付工资及工资差额，仲裁委员会以胡某某的请求事项不属于劳动争议受理范围为由不予受理，一审法院以劳动合同纠纷为案由判决三白影视文化公司支付胡某某工资差额，现三白影视文化公司以双方不属于劳动关系等理由请求不支付一审判决内容。故本院确认本案争议焦点为：第一，双方法律关系性质；第二，三白影视文化公司应否支付胡某某系争款项。

关于争议焦点一，双方法律关系的性质。

本案一审法院确认案由为劳动合同，现三白影视文化公司认为双方并非劳动合同关系，而是合作关系、代理关系等，对此本院认为，双方确实并非劳动合同关系。具体分析如下：

其一，就一般认知而言，直播公会是存在于直播平台与网络主播之间的机构，职能上等同于经纪公司，加入公会并非即有建立劳动关系的意思。且根据本案二审再查明的《公会播主直播协议》的内容，三白影视文化公司负责胡某某与互联网直播平台对接，胡某某在直播平台注册账号，三白影视文化公司为胡某某的演绎（艺）平台，故从合意角度而言，双方并无建立劳动关系的意思。胡某某在一审中也自述，三白影视文化公司法定代理人是其经纪人，更难谓双方存在建立劳动关系的合意。

其二，劳动关系是双方当事人通过合意由劳动者一方提供劳动、用人单位一方给付报酬所形成的权利义务关系。劳动关系注重劳动提供的过程，用人单位对劳动者的用工过程进行全程监督、管理、控制，但其他类似关系则注重劳务提供的成果，至于如何达成最终成果则在所不问。一审中胡某某亦陈述，直播时间其自己可以调整，但每周都有休息，都是很随意的，可临时安排休息；而且 2018 年 2 月因为准备回家过春节，其径行减少直播，2018 年 3 月则直接停播。据此，本院难以认定三白影视文化公司对劳务提供过程行使了管理权。

其三，劳动用工过程中的风险负担由用人单位承担，劳动成果是否得以实现，一般不需要劳动者承担风险。劳动者在履行劳动义务时产生的费用均应由用人单位承担，而不应由劳动者自行承担。胡某某在一审中陈述其并不知道报酬如何组成，但是其亦提交了工资明细。三白影视文化公司虽对该组证据的真实性不认可，认为其没有发过，但理由是因为人员变动，其在电脑中没有发现这些东西，而且其亦对工资明细上记载的实际发放数额予以认可。本院经核实，该组工资明细中所列的保底薪资、平台总收入、公司开票税点、实发工资等数值与三白影视文化公司的陈述均一致，且可由本案在卷其他证据相佐证，个税数额也与应缴月份的下一月份的数额相符，因此本院对该组工资明细的真实性予以认可。根据该组工资明细显示，胡某某的工资中扣除了公司开票税点、公司营销收入（星光总值、红包、其他、本月其他成本）等，因此胡某某也应当知道其报酬中需要扣除公司开票税点以及公司营销收入等，这与劳动关系项下用工过程中的风险负担由用人单位承担，明显有异。

据此，本案双方当事人之间不存在劳动关系，一审确定本案案由为劳动合同纠纷确有不妥。鉴于本案双方之间并非单一的有名合同关系，故本院将本案案由确定为其他合同纠纷。

关于争议焦点二，三白影视文化公司应否支付胡某某系争款项。

本案胡某某为三白影视文化公司提供劳务的行为虽不属于劳动争议，劳动仲裁部门不予受理，但人民法院经审查属于民事争议的，应予受理。因此本院在本案中对胡某某的请求一并予以处理。

本案胡某某主张工资及工资差额，然如前所述，双方当事人之间并不存在劳动关系，因此其主张的工资及工资差额实际应为劳务报酬及劳务报酬差额，鉴于双方在实践中均采用“工资”“奖金”等词，故本院在本案中亦不作区分，仍沿用这些词汇，但不代表确认双方之劳动关系。根据双方签订的《公会播主直播协议》，三白影视文化公司主张应在扣除60%平台固定扣除部分后再按比例计算奖金，没有依据；三白影视文化公司主张2017年12月多发了工资，以及存在“礼物、红包和吸粉费用”等应扣除费用等，但是未能提供证据予以佐证，因此本院对该些理由均不予采纳。经核算，三白影视文化公司应支付胡某某2017年12月至2018年2月工资差额30066元，一审法院对该部分事实认定正确，本院依法予以维持。双方对一审法院未支持胡某某2018年3月工资差额的诉请均无异议，本院对此亦予以确认，因不具有可执行的内容，故不在判决主文中予以赘述。

二审中，三白影视文化公司虽然以胡某某存在违约行为应支付违约金为由主张暂扣其直播收入，然其在一审中并未提供相关证据，亦未就此提出反诉，因此本院在本案中不予处理。如果三白影视文化公司坚持其请求，可以另行主张。

综上所述，三白影视文化公司的上诉请求应予驳回，原审判决虽有瑕疵，但可予维持。依照《中华人民共和国民事诉讼法》第一百七十条第一款第（一）项规定，判决如下：驳回上诉，维持原判。二审案件受理费551.66元，由上诉人上海三白影视文化有限公司负担。

本判决为终审判决。

审判长　方　方
审判员　杨　力
审判员　顾慧萍

二〇一九年七月十五日

书记员　蒋　静

案例三 "e 家洁"保洁员的劳动者身份认定

——施某与北京逸家洁信息技术股份有限公司上海分公司确认劳动关系纠纷案

王 倩*

关键词 "e 家洁" 居间协议 劳动关系

【裁判要旨】

劳动关系是双方当事人通过合意由劳动者一方提供劳动、用人单位一方给付报酬所形成的具有经济人身从属性的权利义务关系，核心是劳动的内容、过程以及在无工作但劳动关系仍然存续的情况下，还需受到用人单位规章制度及具体管理行为的约束。

【案情要点】

1. 北京逸家洁信息技术股份有限公司（以下简称逸家洁公司）针对社会家政服务需求研发了名为"e 家洁"的 App 软件，客户可以在该软件上发布家政服务需求，逸家洁公司根据就近原则推送给注册的阿姨或将阿姨信息推送给客户。

2. 2015 年 10 月 11 日，施某与逸家洁公司签订了有效期自 2015 年 10 月 11 日至 2016 年 10 月 10 日的家政服务居间协议。该协议的主要内容是：

（1）施某委托逸家洁公司介绍雇主，委托逸家洁公司与雇主协商服务

* 上海政法学院教授、德国不来梅大学法学博士。

内容，施某可以自由浏览逸家洁公司平台的家政信息，自主选择雇主，劳务报酬由雇主直接支付，或是委托逸家洁公司代收劳务报酬，到期代付。

（2）逸家洁公司协助施某为其代缴家政团体意外伤害保险，费用由施某负担。逸家洁公司有权利要求施某按照雇主要求的时间、地点和标准进行服务。

（3）施某如不能按照逸家洁公司要求的时间、地点进行服务，需提前 24 小时告知逸家洁公司；否则由此造成的损失及所产生的全部风险由施某自行承担。

3. 逸家洁公司发放给施某一个放有保洁工具的工具盒及印有“e 家洁”的工具包、围裙及工作服，另收取施某工具包押金 200 元、保险费 200 元。

4. 施某需在其手机中下载并安装“e 家洁”App 软件阿姨端，在“修改时间表”上选择可以提供服务的时间，逸家洁公司根据施某选择的可以提供服务的时间向客户推送阿姨信息，同时向施某推送符合时间的客户订单，施某可以点击“我要抢活”选择客户的订单，在确定抢活前需点击“我已阅读并同意《e 家洁服务协议》”，施某点击“确定”后显示“抢活成功了”，右边为订单详情，下方有“去不了，换阿姨”及“修改时间”两个选择项，施某根据实际情况点击操作，取消订单或修改时间。施某另可根据客户要求在“e 家洁”App 上帮助客户下单。

5. 逸家洁公司根据当月施某在“e 家洁”App 上完成的订单数量，按每单 25 元的标准结算报酬，另根据完成情况给予额外奖励补贴。逸家洁公司也可根据投诉情况给予施某封号处理。

6. 2017 年 5 月 2 日，施某发生交通事故。为了向保险公司索赔，施某要求逸家洁公司出具工作证明，公司拒绝盖章。

【案件索引】

一审：上海市徐汇区人民法院（2017）沪 0104 民初 24481 号

【裁判结果】

上海市徐汇区人民法院一审判决：施某要求确认与逸家洁公司存在劳

动关系，缺乏事实依据，不予支持。

【案例注解】

一、本案的法律问题

施某与逸家洁公司主要就双方之间的法律关系是居间关系还是劳动关系有争议。

施某认为，双方虽然签订了居间协议，但是实际上存在劳动关系。阐述的主要理由是：施某是经应聘面试后入职，之后一直以逸家洁公司的名义进行家政服务和销售逸家洁公司的充值卡；逸家洁公司也对施某的工作量及质量进行考核，若遇到客户投诉，会受到惩罚；公司次月 15 日以银行转账形式支付上月 26 日至当月 25 日的工资。

逸家洁公司认为，双方系居间服务关系，没有从属性，并非劳动关系。阐述的主要理由是：逸家洁公司并未对施某进行考勤，施某可以自行选择雇主和工作时间，可以自主选择是否接单；劳动报酬由雇主直接支付或委托逸家洁公司代付；如果施某遭到客户投诉，逸家洁公司只能根据投诉情况进行封号处理，无惩罚措施；逸家洁公司的主要业务是研发、维护、管理 App 软件，施某向客户提供家政服务，不是逸家洁公司的业务组成部分。

二、判决书的分析逻辑

法院首先提出，“劳动关系是双方当事人通过合意由劳动者一方提供劳动、用人单位一方给付报酬所形成的具有经济人身从属性的权利义务关系，核心是劳动的内容、过程以及在无工作但劳动关系仍然存续的情况下，还需受到用人单位规章制度及具体管理行为的约束”。然后，法院从双方签订的家政服务居间协议的约定推导出双方并无订立劳动合同的合意。就人格从属性的判定，法院主要考虑到施某可以通过软件阿姨端自行设置服务时间和自主选择订单，还有自行取消订单、修改服务时间和代客户下单的权限，从而认定施某没有受到逸家洁公司的用工管理，最后否定了双方之间存在劳动关系。法院并未讨论施某对逸家洁公司是否存在经济从属性。

三、此类案件的特点与裁判建议

平台企业使用了不同的用工模式，按照传统的劳动关系判断标准，其中有部分网约工仍然是劳动者，部分网约工则属于自雇者，最富争议的是众包型网约工的身份认定，比如李某某与北京同城必应科技有限公司劳动争议案中人民法院肯定了配送员的劳动者身份，[①] 而本案人民法院则是持否定态度。平台用工之所以给劳动法带来了全新的挑战，正是因为平台及其关联方企业对于众包型网约工进行了一些劳动管理，但是又赋予了众包型网约工一定的选择自由，其劳务提供的部分情况体现了人格从属性，部分情况又不符合，使得传统的判断标准难以适用。所谓人格从属性，一般从劳动者是否在单位的管理下工作以及是否融入了单位的组织来判断，即劳动者在工作时间、工作地点、工作的内容和具体履行方式等方面听从单位的指挥，需要服从上级、指挥下级，处于企业金字塔结构之中，完成工作需要团队合作，又或者完成工作任务需要使用单位提供的工具设备等。[②]

本案中的施某是众包型网约工，其表现出来的特征部分像劳动者、部分像自雇者。一方面，施某可以选择是否接单，可以选择服务时间，甚至在接单后可以提前一定时间取消订单或者修改服务时间，也就是在工作量、工作时间上受到的拘束很少，工作地点的灵活机动倒是源自作为保洁员需要为客户上门服务的工作特点；另一方面，施某需要使用公司提供的保洁工具，工作时需要穿着印有公司标志的围裙及工作服，公司有权要求施某按照客户要求的标准进行服务，客户投诉可能遭到封号的惩罚。由于我国存在社会保险关系与劳动关系“绑定”的问题，尤其认定工伤的前提条件之一是存在劳动关系，正如本案中施某也是在上班途中发生交通事故后提起劳动关系确认之诉的，所以众包型网约工的身份认定容易让裁审人员陷入两难。

学界对于众包型网约工的身份有很大争议，基本有以下几种观点：

---

① 参见北京市海淀区人民法院（2017）京0108民初53634号民事判决书。

② 参见王倩：《德国法中劳动关系的认定》，载《暨南大学学报（哲学社会科学版）》2017年第6期。

(1) 属于劳动者，由劳动法调整;[①] (2) 属于“类雇员”，转型三分法调整;[②] (3) 不应引入“类雇员”概念，而是应进行专门立法规制;[③] (4) 属于自雇者，应该由民法调整。[④] 人力资源社会保障部等八部 2021 年 7 月 16 日公布的《关于维护新就业形态劳动者劳动保障权益的指导意见》规定，“不完全符合确立劳动关系情形但企业对劳动者进行劳动管理（以下简称不完全符合确立劳动关系情形）的，指导企业与劳动者订立书面协议，合理确定企业与劳动者的权利义务”。究竟官方是确认了前述第二种观点，还是打算按照第三种观点推进？目前尚不可知，所以此类劳动争议的审判结果在将来一段时间内还会有较大差异。

【裁判全文】

上海市徐汇区人民法院
民 事 判 决 书

（2017）沪 0104 民初 24481 号

原告：施某。

委托诉讼代理人：骆某某。

被告：北京逸家洁信息技术股份有限公司上海分公司。

主要负责人：孙某，总经理。

委托诉讼代理人：杨某。

原告施某与被告北京逸家洁信息技术股份有限公司上海分公司（以下简称逸家洁公司）确认劳动关系纠纷一案，本院于 2017 年 9 月 21 日立案后，依法适用简易程序，公开开庭进行了审理。原告施某的委托诉讼代理

① 参见常凯：《平台企业用工关系的性质特点及其法律规制》，载《中国法律评论》2021 年第 4 期。

② 参见王天玉：《超越“劳动二分法”：平台用工法律调整的基本立场》，载《中国劳动关系学院学报》2020 年第 4 期。

③ 参见谢增毅：《平台用工劳动权益保护的立法进路》，载《中外法学》2022 年第 1 期。

④ 参见徐增鹏：《关于闪送平台劳动关系认定的思考》，载《中国法律评论》2018 年第 6 期。

人骆某某、被告逸家洁公司的委托诉讼代理人杨某到庭参加诉讼。诉讼中，经双方当事人同意，本院院长批准，本案依法延长简易程序审理期限。本案现已审理终结。

施某向本院提出诉讼请求：确认施某与逸家洁公司于2016年10月11日至2017年6月26日存在劳动关系。事实和理由：2015年9月21日，施某至逸家洁公司处应聘面试，且经培训后领取了工具包及工作服进入逸家洁公司从事家政服务工作，双方签订了有效期自2015年9月21日至2016年10月10日的家政服务居间协议，期满后双方未再签订任何书面协议。施某仍继续在逸家洁公司从事家政服务工作，正常工作至2017年5月1日。2017年5月2日，施某在上班途中发生交通事故受伤。施某入职以来，严格按照逸家洁公司的要求向客户提供服务，并以逸家洁公司的名义进行家政服务和销售逸家洁公司的充值卡，且客户也认为施某是逸家洁公司的员工，逸家洁公司也对施某的工作量及质量进行考核，并于次月15日以银行转账形式支付上月26日至当月25日的工资。施某在逸家洁公司处工作期间，必须接受逸家洁公司的规定和管理，若遇到客户投诉，会受到惩罚。双方虽名义上签订的是居间协议，但实际为劳动合同，双方系劳动关系。施某发生交通事故后申请工伤认定，逸家洁公司拒绝承认。

逸家洁公司辩称，逸家洁公司针对社会家政服务日益增长的情况，研发了名为“e 家洁”的 App 软件，该软件包含客户端和阿姨端。客户可以在该软件上发布家政服务需求，经系统处理后，逸家洁公司根据就近原则推送给注册的阿姨或将阿姨信息推送给客户，由阿姨或客户选择自行联系，逸家洁公司只是提供信息的平台。2015年10月11日，施某与逸家洁公司签订了家政服务居间协议，双方系居间服务关系。双方的协议到期后虽然没有续签书面协议，但是“e 家洁”App 软件上有载明法律关系的规定，施某只有在同意后才能使用该软件。具体工作中，施某可以自行选择雇主和工作时间，可以自行抢单也可以不接单，劳动报酬由雇主直接支付或委托逸家洁公司代付，施某与逸家洁公司之间不存在隶属关系，且逸家洁公司为施某代缴了家政团体意外伤害保险。逸家洁公司并未对施某制定规章制度，也无考勤，如果施某遭到客户投诉，逸家洁公司只能根据投诉情况进行封号处理，无惩罚措施。另外，施某只要卸载了“e 家洁”App

软件的阿姨端就可以随时解除双方关系，双方之间不存在任何约束。最后，逸家洁公司的主要业务是研发、维护、管理 App 软件，施某向客户提供家政服务，不是逸家洁公司的业务组成部分。综上，双方并非劳动关系，请求驳回施某的诉讼请求。

本院认定事实如下：2015 年 10 月 11 日，施某与逸家洁公司签订了有效期自 2015 年 10 月 11 日至 2016 年 10 月 10 日的家政服务居间协议，第二条约定：施某委托逸家洁公司介绍雇主；委托逸家洁公司与雇主协商服务内容；施某为雇主从事家政工作，休息及待岗期间安全由本人负责，由此产生的人身及财产风险由施某自行承担；施某可以自由浏览逸家洁公司平台的家政信息，自主选择雇主，劳务报酬由雇主直接支付，或是委托逸家洁公司代收劳务报酬，到期代付。第三条约定：逸家洁公司受施某委托，为施某介绍雇主并知晓服务内容，协助施某为其代缴家政团体意外伤害保险，费用由施某负担；逸家洁公司有权利要求施某按照雇主要求的时间、地点和标准进行服务；逸家洁公司是家政信息服务平台，免费为施某提供家政服务信息；逸家洁公司经施某委托，可以将施某的信息进行平台披露，供雇主选择。第四条约定，逸家洁公司同意根据施某委托，执行全时保洁结算标准。第五条约定，施某如不能按照逸家洁公司要求的时间、地点进行服务，需提前 24 小时告知逸家洁公司，否则由此造成的损失及所产生的全部风险由施某自行承担，与逸家洁公司无关，逸家洁公司不因此承担任何赔偿责任；施某与雇主属雇佣关系，施某应遵守雇主的日常指导和管理，雇佣期间雇主给施某造成意外损失的，施某应先向保险公司要求先行承担赔偿责任……

逸家洁公司发放给施某一个放有保洁工具的工具盒及印有“e 家洁”的工具包、围裙及工作服，另收取施某工具包押金 200 元、保险费 200 元。

施某在从事家政服务前需在其手机中下载并安装“e 家洁” App 软件阿姨端，在“修改时间表”上选择可以提供服务的时间，逸家洁公司根据施某选择的可以提供服务的时间向客户推送阿姨信息，同时向施某推送符合时间的客户订单，施某可以点击“我要抢活”选择客户的订单，在确定抢活前需点击“我已阅读并同意《e 家洁服务协议》”，右边有《阿姨协议》，附有一份《服务合同》约定甲方（使用“e 家洁” App 下单客户）

委托乙方（逸家洁公司）为其介绍服务人员，乙方将丙方（使用“e家洁”App的服务人员）介绍给甲方作为甲方的雇员，甲方与乙方系居间服务合同关系，丙方与乙方系居间服务合同关系，甲方与丙方系劳务合同关系……施某点击“确定”后显示“抢活成功了”，右边为订单详情，下方有“去不了，换阿姨”及“修改时间”两个选择项，施某根据实际情况点击操作，取消订单或修改时间。施某另可根据客户要求在“e家洁”App上帮助客户下单。

逸家洁公司根据当月施某在“e家洁”App上完成的订单数量，按每单25元的标准结算报酬，另根据完成情况给予额外奖励补贴。逸家洁公司也可根据投诉情况给予施某封号处理。

2017年5月2日，施某发生交通事故。当日，逸家洁公司徐汇门管杨某某告知施某保险单号。此后，施某要求逸家洁公司出具工作证明，用于处理交通事故。杨某某通过微信发送电子文档，内容为“证明：姓名施某……任职于我公司保洁阿姨职位，于2015年9月21日入职，特此证明。e家洁”。施某要求加盖公章，杨某某表示不能加盖公章，阿姨与该公司只是合作关系。

2017年6月26日，施某向上海市徐汇区劳动人事争议仲裁委员会申请仲裁，提出与本案诉讼请求相同的申诉请求。2017年8月4日，该仲裁委员会作出裁决：对施某的申诉请求不予支持。施某不服该裁决，向本院提起诉讼。

以上事实，除有当事人陈述一致外，另有家政服务居间协议、照片、收据、系统截屏、微信聊天记录、银行账户历史明细、结算详情表等证据证明，本院予以确认。

本院认为，劳动关系是双方当事人通过合意由劳动者一方提供劳动、用人单位一方给付报酬所形成的具有经济人身从属性的权利义务关系，核心是劳动的内容、过程以及在无工作但劳动关系仍然存续的情况下，还需受到用人单位规章制度及具体管理行为的约束。根据已查明的事实，施某与逸家洁公司签订家政服务居间协议，明确约定逸家洁公司为其介绍雇主，施某可以自由浏览逸家洁公司平台的家政信息，自主选择雇主等内容，双方并无订立劳动合同的合意。施某通过“e家洁”App软件阿姨端自行设置可提供服务的时间、自主选择订单，在选择订单后也有权取消订单和修改提供服务的时间，另外还可代客户下单，故施某实际并不需要遵守逸家洁公司的规章制度，逸家洁公司对施某也无用工管理权，双方未形成人身依附，不符合劳动关系人身从属性的特征。综上，施某要求确认与逸家洁公司存在劳动关系，缺乏事实依据，本院不予支持。

依照《中华人民共和国劳动法》第七十八条规定，判决如下：驳回施某的诉讼请求。案件受理费10元，减半计5元，免予收取。

如不服本判决，可以在判决书送达之日起十五日内，向本院递交上诉状，并按对方当事人的人数提出副本，上诉于上海市第一中级人民法院。

审判员　蒋凤莲

二〇一七年十二月二十五日

书记员　陈华翔

案例四　“某网站”配送员的劳动者身份认定

——郎溪创奕服务外包有限公司与徐某某确认劳动关系纠纷案

王　倩*

关键词　平台用工　自由职业者合作协议　劳动关系　从属性

【裁判要旨】

对于新就业形态中企业与劳动者间的法律关系，应根据双方之间的实际权利义务内容予以认定，而不是拘泥于相关协议的约定。在判断人格从属性时可以从劳务提供者的出勤时间是否相对固定、工作任务是否由单位管理人员安排和考核、工作内容是否属于单位的业务组成部分等各方面进行考察，而报酬的计算、组成和支付不应成为关键的考量因素。

【案情要点】

1. 郎溪创奕服务外包有限公司（以下简称郎溪公司）与案外人××公司于2019年4月1日签订了《服务承揽合同》，约定郎溪公司为××公司完成商品的分拣、配送等双方约定的工作。2019年7月5日至8月13日，徐某某由郎溪公司安排至“某网站”九亭站从事配送工作。

2. 徐某某和郎溪公司签订了电子版《自由职业者合作协议》及书面《新业态自由职业者任务承揽协议》。上述两份协议均约定：徐某某与郎溪公司通过协议建立合作关系，适用《合同法》《民法总则》和其他民事法

* 上海政法学院教授、德国不来梅大学法学博士。

律，不适用《劳动合同法》。其中《新业态自由职业者任务承揽协议》中约定，郎溪公司将根据经合作公司确认的项目服务人员服务标准及费用标准向徐某某支付服务费用，无底薪、无保底服务费。

3. 2019 年 8 月 12 日，郎溪公司向徐某某转账 9042. 74 元，该笔款项在徐某某的银行账户历史交易明细表交易摘要栏内显示为“工资网上代发代扣”。2019 年 9 月 3 日，郎溪公司转账支付徐某某服务费 15000 元。交易明细单及收入明细显示有基本工资、绩效奖金、补贴等项目。

4. 徐某某在“某网站”九亭站从事配送工作，需按照站长的排班准时到站，并需根据派单按时完成配送任务，无法选择是否接单。

【案件索引】

一审：上海市松江区人民法院（2021）沪 0117 民初 600 号

二审：上海市第一中级人民法院（2021）沪 01 民终 11591 号

【裁判结果】

上海市松江区人民法院一审判决：确认徐某某与郎溪公司自 2019 年 7 月 5 日至 2020 年 8 月 13 日存在劳动关系。

上海市第一中级人民法院二审判决：维持原判。

【案例注解】

一、本案的法律问题

第一，劳动关系的认定。郎溪公司认为根据双方签订的协议，双方之间已经建立了承揽关系，系双方真实意思之体现，徐某某使用“某网站”的 App 进行接送单系提供服务本身的需要，并不体现人身隶属性，否认公司对徐某某进行了管理和考核。

徐某某认为双方之间存在劳动关系，门店站长于每周周末在微信群中发布下周的排班表，徐某某需要按每日排班要求准时到店进行打卡，之后系统会向其派单，只有当出现紧急情况等无法按时完成配送任务时才能向站长申请停止派单，由站长负责协调配送任务，其无法自主选择配送时间和配送任务。

第二，报酬的性质。郎溪公司主张只是代“某网站”方发放服务费。

徐某某主张，2019年8月12日郎溪公司向其转账9042.74元，该笔款项在银行账户交易明细摘要栏内显示为“工资网上代发代扣”，7月的工资由基本工资、绩效奖金、补贴等构成。

第三，合同约定与实际履行的冲突解决。郎溪公司认为，双方签订的《自由职业者合作协议》《新业态自由职业者任务承揽协议》并未违反法律的规定，系双方真实意思之体现，应该给予充分的尊重。

徐某某主张，自己是按照公司要求下载了“某网站”的App并在该App上签订了《自由职业者合作协议》，但实际上其受到了公司的管理，应根据用工事实认定劳动者与企业的关系。

二、判决书的分析逻辑

第一，针对劳动关系认定问题，一审法院认为，判断用人单位与劳动者是否存在劳动关系，关键在于双方之间是否存在人身隶属性以及劳动者提供的劳动是不是用人单位业务的组成部分等。本案中徐某某从事的工作属于郎溪公司自××公司处承揽的业务组成部分，徐某某每月的出勤时间相对固定，工作内容需要接受管理人员的安排及考核。另外，郎溪公司也并未按照协议约定的服务费计算方式支付费用，明细显示郎溪公司发放的系“工资”，所以双方当事人之间的关系符合劳动关系的一般特征。

二审法院强调，“对于新就业形态中企业与劳动者间的法律关系，应根据双方之间的实际权利义务内容予以认定，以依法保护企业与劳动者的合法权益”。肯定了应该根据劳动者的配送工作是否单位的业务组成部分、是否需要按照排班工作、是否必须接受派单等事实进行认定。

第二，针对报酬的性质问题，一审法院认为，虽然双方合同中约定郎溪公司向徐某某支付服务费用，但交易明细单及收入明细显示郎溪公司发放的系“工资”，且有基本工资、绩效奖金、补贴等项目，郎溪公司亦未能对该笔款项的组成进行合理解释。二审法院还从报酬的组成中含有基本报酬、按单计酬以及奖励等项目之中推断出单位对徐某某进行了考核。

第三，针对合同约定与实际履行冲突的解决问题，两级法院都认为，虽然双方之间签订了所谓的合作协议、承揽协议，但是应该根据履行事实所体现出来的权利义务安排来判断双方之间真实的法律关系。两级法院没有拘泥于双方签订的合同的名称和条款，都坚持了劳动关系认定中的事实优先原则，有利于揭露隐蔽劳动关系。

三、此类案件的特点与裁判建议

（一）新就业形态从业者仍有部分为劳动者

我国现行法中并没有“劳动关系”或“劳动者”的定义，但是学界和理论界基本都认可从属性理论。司法实践中基本上引用的是原劳动与社会保障部于2005年5月25日发布的《关于确立劳动关系有关事项的通知》，即“用人单位招用劳动者未订立书面劳动合同，但同时具备下列情形的，劳动关系成立。（一）用人单位和劳动者符合法律、法规规定的主体资格；（二）用人单位依法制定的各项劳动规章制度适用于劳动者，劳动者受用人单位的劳动管理，从事用人单位安排的有报酬的劳动；（三）劳动者提供的劳动是用人单位业务的组成部分”。也就是说，需同时满足“主体适格、劳动管理、业务组成”三个要件，人民法院才会认定存在劳动关系。

《关于维护新就业形态劳动者劳动保障权益的指导意见》第十八条强调，各级法院和劳动争议调解仲裁机构要“根据用工事实认定企业和劳动者的关系”。该意见体现了一种实事求是的态度，也就是要兼顾平台发展和劳动者权益保护，既没有泛化劳动关系，也不支持去劳动关系化。平台用工与传统用工相比，虽然用工模式更为灵活多样，在生产组织方式、任务分配与执行、考核与奖惩机制有一些差异，但还是有部分平台从业者仍然处于平台及其相关方企业的严密管理和精准控制之下，其管控强度并不弱于传统用工，此时适用前述标准认定劳动关系并无困难，只是需要根据平台用工的特点稍加调适具体考量因素。比如，按照某法官的意见，关键应考虑：企业是否以组织劳动者从事平台分配的工作任务为主营业务；企业是否制定了工作任务完成的标准；企业是否规定了完成任务的报酬标准；企业是否限制了劳动者随意进入或者退出平台，是否对于完成工作任务的数量、工作时间有一定要求。在以上这些要素中，具备得越多离劳动关系就更近一些。[①]

本案中，徐某某从事的配送工作属于郎溪公司自××公司处承揽的业务组成部分，必须遵守排班表，也不得拒绝派单，在工作时间和工作量上受到的拘束跟工厂流水线上的工人没多大区别。另外，该案没有提及配送任务完成过程的具体情况。一般情况下，配送平台对于配送员的订单配送过程有着非常严密的监督和控制，通过配送员随身携带的智能手机，平台可以监控到配送员的所处位置、配送时长、配送路线、服务行为等方方面面并实时干预调度，从而确保配送任务按质按量完成。[②] 所以，徐某某对于郎溪公司的从属性很明显，应该认定其劳动者身份。

（二）报酬的计算、组成和支付不应成为关键因素

平台用工中，从业者的报酬基本上是按照工作任务的完成量来计算，既没有底薪，也不受最低工资标准的限制，支付周期往往不规律，可能是平台线上自动结算，甚至可能是第三方代为支付。实践中，平台及其关联方企业往往以此作为否定劳动关系的理由之一，部分裁审人员也认可。[③]

笔者认为，报酬的计算、组成和支付不应成为认定劳动关系的关键因素。作为劳动提供对价的报酬和其他合同关系中的对待给付（比如买卖合同中买方支付的价金）并无本质差异，真正使劳动关系和其他法律关系区分开来的是劳动。[④] 报酬的计算方式不能说明问题，是计时工资还是计件工资，或者根本不被称为工资，都不影响劳动关系的认定，比如无论是保险公司的雇员还是独立的保险代理人，都有可能按照其签单的多少来获得提成。[⑤] 现行法对于工资的组成部分也没有强制性规定，并不是所有的劳动者都能够获得底薪。考虑是否受到最低工资标准的限制则是颠倒了因果

---

① 参见张弓：《平台用工争议裁判规则探究：以〈关于维护新就业形态劳动者劳动保障权益的指导意见〉为参照》，载《法律适用》2021 年第 12 期。

② 参见陈龙：《数字控制下的劳动秩序：骑手的劳动控制研究》，载《社会学研究》2020 年第 6 期。

③ 比如上海拉扎斯信息科技有限公司与周某某劳动合同纠纷案（2019）沪 02 民终 3226 号。

④ Abbo Junker, Grundkurs Arbeitsrecht, 3. Auflage, München: Verlag C. H. Beck, 2004, S. 59f.

⑤ 参见王倩：《德国法中劳动关系的认定》，载《暨南大学学报（哲学社会科学版）》2017 年第 6 期。

关系，应该是先判断是否存在劳动关系，再确定是否能够适用关于最低工资的法律规定。另外，劳动关系中工资的支付方式也是多元化的，不少用人单位会将薪酬支付、代缴个税和社保等外包给专业第三方公司。

【裁判全文】

上海市第一中级人民法院
民 事 判 决 书

（2021）沪 01 民终 11591 号

上诉人（原审原告）：郎溪创奕服务外包有限公司。

法定代表人：陈某某，总经理。

委托诉讼代理人：茅某。

被上诉人（原审被告）：徐某某。

委托诉讼代理人：韦某某。

上诉人郎溪创奕服务外包有限公司（以下简称郎溪公司）因与被上诉人徐某某确认劳动关系纠纷一案，不服上海市松江区人民法院（2021）沪 0117 民初 600 号民事判决，向本院提起上诉。本院于 2021 年 9 月 6 日立案受理后，依法组成合议庭进行了审理。本案现已审理终结。

上诉人郎溪公司上诉请求：撤销原判，改判确认上诉人与被上诉人不存在劳动关系。事实和理由：一、原审认定上诉人向被上诉人发放的系工资而非服务费有误。原审庭审过程中，上诉人提供了招商银行账户历史交易明细表及招商银行代发业务汇总报告，该两份证据充分证明上诉人向被上诉人支付的系“服务费”而非工资，故原审认定上诉人支付的系工资，是错误的。二、原审忽视了双方签订的《自由职业者合作协议》《新业态自由职业者任务承揽协议》的效力。上诉人与被上诉人签订的《自由职业者合作协议》《新业态自由职业者任务承揽协议》并未违反法律的规定，这种承揽关系的建立系双方真实意思之体现，应该给予充分的尊重。三、原审对于人身隶属性的特征未进行详细阐述。上诉人在九亭站未配备任何的管理人员对骑手进行管理，被上诉人接单完全按照其自愿进行，被上诉人使用“某网站”的 App 进行接送单系提供服务本身的需要，并不体现人身隶属性。上诉人更未对被上诉人进行过任何形式上的考核，故原审判决的认定系错误的。综上，原审判决认定双方存在劳动关系显然是错误的，应当予以纠正。

被上诉人徐某某辩称，不同意上诉人的上诉请求。一、上诉人 2019 年 8 月 12 日向被上诉人的转账系工资。2019 年 8 月 12 日，上诉人向被上诉人转账 9042.74 元（人民币，以下币种同），该笔款项在被上诉人提供的银行账户交易明细摘要栏内显示为“工资网上代发代扣”，与 2019 年 9 月 3 日上诉人向被上诉人转账的“服务费”两者表述存在明显差异，体现出前笔转账系工资。二、上诉人与被上诉人不是承揽关系。上诉人与上海××有限公司（以下简称××公司）签订的协议明确约定，雇佣、委托第三方向××公司提供服务，应当提前获得××公司的书面同意。由此可见，上诉人若将业务交由被上诉人承揽，应当获得××公司的书面同意，然上诉人并未有证据证实。因此，被上诉人并非合同所涉的第三方，而是上诉人的员工，并向××公司提供劳动力。三、上诉人与被上诉人系劳动关系，被上诉人根据上诉人与××公司的协议接受××公司的管理。根据人力资源社会保障部、最高人民法院等相关部门制定的《关于维护新就业形态劳动者劳动保障权益的指导意见》，对于网约配送员等新就业形态劳动者，应根据用工事实认定劳动者与企业的关系。本案中，被上诉人按照上诉人的安排至××公司提供劳动力，由××公司对被上诉人的日常工作进行安排与指导，接受××公司的管理。被上诉人与其他配送员的共同任务是需要将门店内的订单及时完成配送，如配送员可自由选择何时到岗、何时休息，那配送任务根本不可能完成，故上诉人陈述被上诉人可自由安排工作是不现实的。因此，制定明确的工作排班表，安排适当的配送人员，才能保障门店的配送任务得到合理分配和完成。被上诉人所在的门店站长于每周周末在“团结就是力量”微信群中发布下周的排班表，被上诉人按每日排班要求准时到店进行打卡。门店站长看到打卡信息后，在电脑后台打开被上诉人的接单系统，之后系统会向被上诉人派单，被上诉人无法选择是否接单，只有当被上诉人出现紧急情况等无法按时完成配送任务时，被上诉人需向站长申请停止派单，由站长负责协调配送任务。因此，被上诉人的配送时间不由其自主选择，配送任务亦不由其自主选择。被上诉人的薪资系由××公司与上诉人进行核对并结算，再由上诉人向被上诉人进行转账支付。综上，原审判决认定事实清楚，判决正确，请求驳回上诉，维持原判。

郎溪公司向一审法院提起诉请：确认双方当事人自 2019 年 7 月 5 日至 8 月 13 日不存在劳动关系。

一审法院认定事实如下：2019 年 7 月 5 日至 8 月 13 日，徐某某由郎溪公司安排至“某网站”九亭站服务。双方当事人分别签订电子版《自由职业者合作协议》及书面《新业态自由职业者任务承揽协议》。上述两份协议均约定：徐某某与郎溪公司通过协议建立合作关系，适用《合同法》《民法总则》和其他民事法律，不适用《劳动合同法》。其中《新业态自由职业者任务承揽协议》中约定，郎溪公司将根据经合作公司确认的项目服务人员服务标准及费用标准向徐某某支付服务费用。无底薪、无保底服务费，实行多劳多得、不劳不得制。2019 年 8 月 12 日，郎溪公司向徐某某转账 9042.74 元，该笔款项在徐某某的银行账户历史交易明细表交易摘要栏内显示为“工资网上代发代扣”。2019 年 9 月 3 日，郎溪公司转账支付徐某某服务费 15000 元。

一审另查明，2020 年 8 月 10 日，徐某某向郎溪县劳动人事争议仲裁委员会申请仲裁，请求：确认双方当事人之间自 2019 年 7 月 5 日至 8 月 13 日存在事实劳动关系。2020 年 8 月 12 日，郎溪县劳动人事争议仲裁委员会出具郎劳人仲不字（2020）第 18 号不予受理案件通知书。

一审又查明，郎溪公司与案外人××公司于 2019 年 4 月 1 日签订了《服务承揽合同》，约定郎溪公司为××公司完成商品的分拣、配送等双方约定的工作，合同有效期自 2019 年 4 月 1 日至 2020 年 3 月 30 日，若合同到期双方同意继续合作的，应当以书面方式另行约定。该合同约定，双方应于每月 10 日前对郎溪公司前一个月的承揽费用进行核对，核对一致后由××公司于当月 11 日前向郎溪公司支付前一个月的承揽费用。郎溪公司应视承揽服务情况，自主采取措施确保其具有参与履行本合同的能力和实力，并对郎溪公司提供服务的人员进行管理。郎溪公司独立对上述郎溪公司提供服务的人员承担法律法规所规定的雇主责任或其他责任。郎溪公司提供服务的人员的薪酬、商业保险费、福利待遇等的缴纳或发放均由郎溪公司自行承担。

2020 年 8 月 25 日，徐某某向上海市松江区劳动人事争议仲裁委员会申请仲裁，请求：确认双方当事人自 2019 年 7 月 5 日至 8 月 13 日存在事实劳动关系。2020 年 10 月 22 日，该仲裁委员会出具松劳人仲（2020）办字第 2756 号裁决书，裁决如下：郎溪公司与徐某某 2019 年 7 月 5 日至 8 月 13 日存在劳动关系。裁决后，郎溪公司不服，遂诉至一审法院。

一审审理中，徐某某称其在 2019 年 7 月通过微信名为“艾・悄悄”的中介介绍至“某网站”在九亭的门店，经过门店站长面试后开始工作的，站长安排排班，分早中晚三班，上班时间需打卡，在发放 7 月工资前，徐某某按照要求下载了“某网站”的 App，并在该 App 上签订了《自由职业者合作协议》，次日即收到了 7 月的工资，由基本工资、绩效奖金、补贴等构成。郎溪公司则认为，其只是代“某网站”方发放服务费，双方并无建立劳动关系的合意。

一审法院认为，判断用人单位与劳动者是否存在劳动关系，关键在于双方之间是否存在人身隶属性以及劳动者提供的劳动是不是用人单位业务的组成部分等。本案中，虽然双方当事人签订的合同形式为合作协议、承揽协议，但徐某某从事的工作属于郎溪公司自××公司处承揽的业务组成部分；另双方当事人的合同中虽约定郎溪公司向徐某某支付服务费用，无底薪、无保底服务费，但根据徐某某提供的交易明细单及收入明细显示郎溪公司发放的系“工资”，且有基本工资、绩效奖金、补贴等项目，郎溪公司虽对此不予确认，但亦未能对该笔款项的组成进行合理解释。据此，一审法院认为，郎溪公司实际并未按照协议约定的服务费计算方式支付费用，且徐某某每月的出勤时间相对固定，工作内容需要接受管理人员的安排及考核，这些都符合劳动关系的特点，因此，双方当事人之间的关系符合劳动关系的一般特征，徐某某要求确认双方存在劳动关系的请求，于法有据，一审法院予以支持。依照《中华人民共和国劳动合同法》第二条之规定，判决：确认徐某某与郎溪公司自 2019 年 7 月 5 日至 8 月 13 日存在劳动关系。一审案件受理费 10 元，由郎溪公司负担（于判决生效之日起十日内交付一审法院）。

本院经审理查明，一审法院查明事实无误，本院予以确认。

本院认为，对于新就业形态中企业与劳动者间的法律关系，应根据双方之间的实际权利义务内容予以认定，以依法保护企业与劳动者的合法权益。本案中，被上诉人经由上诉人安排至××公司经营的“某网站”九亭站从事配送工作，被上诉人虽与上诉人签订了《自由职业者合作协议》及《新业态自由职业者任务承揽协议》，然对于双方间真实的法律关系，应根据双方间的实际权利义务内容依法予以审查并作出认定。根据双方当事人陈述及本案查明的事实，被上诉人从事的配送工作属于上诉人自××公司处承揽的配送等业务的组成部分，被上诉人在“某网站”九亭站从事配送工作，需接受该站站长的管理，按照站长的排班准时到站，并需根据派单按时完成配送任务，被上诉人并无选择接单的自由，而从被上诉人的报酬组成来看，虽双方提供的明细中对于报酬的组成项目在表述上有差异，但均包含基本报酬、按单计酬以及奖励等项目，表明上诉人对被上诉人的工作情况进行相应的考核和管理。综上，原审从双方是否存在人身隶属性以及被上诉人提供的劳动是不是上诉人单位的业务组成部分等方面进行分析，确认被上诉人与上诉人间的法律关系符合劳动关系的基本特征，并据此确认双方存在劳动关系，并无不当，本院予以确认。上诉人主张双方不存在劳动关系，依据不足，本院不予采信。据此，依照《中华人民共和国民事诉讼法》第一百七十七条第一款第（一）项之规定，判决如下：驳回上诉，维持原判。二审案件受理费10元，由上诉人郎溪创奕服务外包有限公司负担。

本判决为终审判决。

审判长　孙少君
审判员　唐建芳
审判员　沈　雯

二〇二二年三月七日

书记员　朱骏南

案例五　外卖平台配送员侵权案中的劳务关系认定

——杨某某、黄某某与紫椴信息科技（上海）有限公司、安徽易达来服务外包有限公司健康权纠纷案

潘俊秀*

关键词　平台用工　配送员　外包服务合同　劳务关系

【裁判要旨】

平台企业的合作商承接某区域的外卖配送业务后，再次将配送业务外包给服务公司，服务公司与具体的配送员签署《外卖配送承揽服务协议》并要求配送员办理个体工商户营业执照后从事平台企业的外卖配送业务。上述一系列协议在一定程度上可能模糊配送员的实际用人单位，给侵权行为的受害人主张权利造成困难。人民法院应当从协议签署的目的、内容入手，比对劳务关系的本质特征，确定配送员的用人单位以及侵权行为的责任主体。

【案情要点】

1. 拉扎斯网络科技（上海）有限公司为“饿了么”平台的经营者，其将上海金山区域内的外卖配送业务发包给了紫椴信息科技（上海）有限公司（以下简称紫椴公司），该公司成为“饿了么”品牌的加盟商。

2. 紫椴公司（甲方）与安徽易达来服务外包有限公司（以下简称易

* 上海市第一中级人民法院立案庭审判员、三级高级法官。

达来公司）（乙方）签订《配送业务外包服务合同》。合同的主要内容如下：

（1）甲方根据业务外包项目需要，向乙方提供配送业务需要的专业知识培训及质量考核要求。

（2）甲方有权指派专人指导，监督乙方业务外包项目完成情况。

（3）甲方有权制订考核计划，对乙方外包服务效果进行考核。

（4）若乙方根据甲方标准完成甲方指定工作，甲方将按照每月完成的工作量或项目完成情况向乙方支付服务费，每月由甲乙双方核对服务费清单。

（5）乙方应教育、督促乙方服务人员在给甲方提供服务期间按有关服务外包管理规范和作息时间完成相应外包服务工作，乙方应保证服务人员按照上述规范完成外包服务内容，并接受甲方人员的服务监督，以保障甲方外包服务业务的正常进行。

（6）乙方服务人员必须根据甲方业务外包项目运作要求，派驻符合要求的服务人员，并为服务人员配备外包项目必需的劳动工具、劳保用品、设备等。

3. 易达来公司（甲方）与黄某某（乙方）签订《外卖配送承揽服务协议》。合同的主要内容如下：

（1）鉴于甲方拟将其配送业务外包给有工商注册资质的供应商，乙方拟成为甲方的合格供应商，但因其不符合甲方必须有工商资质的要求，乙方为了满足甲方外包要求，乙方特委托甲方为其办理工商个体户的注册登记（乙方登记成立的工商个体户的具体名称以工商核准登记的为准）。

（2）甲方应在合同签订后负责协助乙方办理各类出入证件或识别标志，做好协调工作，确保乙方在合同期内正常完成承揽业务。

（3）乙方在此确认，乙方与甲方不存在劳动合同法律关系，是服务外包合同关系，乙方应注意安全生产，乙方在完成承揽业务过程中受伤或导致其他第三方受伤及非因完成承揽业务导致死亡或受伤等出现的责任均由乙方自行承担，与甲方无关。

4. 关于用工模式，各方在庭审中的陈述如下：

（1）黄某某陈述，“饿了么”的服装和配送箱系其根据平台的要求花钱购买，其认为自己为紫椴公司提供服务，该公司向其发放工资、为其购买雇主责任险，故紫椴公司为黄某某的雇主。

（2）紫椴公司陈述，雇主责任险为拉扎斯网络科技（上海）有限公司和保险公司自动形成，由于上海金山区域内的外卖供应商为紫椴公司，故系统默认雇主为该公司。外卖订单费用的结算方式为紫椴公司与拉扎斯网络科技（上海）有限公司进行结算，结算完毕后，紫椴公司与易达来公司进行结算。紫椴公司与黄某某不认识，也不对其进行管理。

（3）易达来公司陈述，其为紫椴公司的供应商，黄某某要承包外卖配送员的业务需要与易达来公司签订《外卖配送承揽服务协议》，并委托该公司办理营业执照，在办理个体工商户营业执照后，黄某某才可以承揽外卖配送业务。

5. 黄某某在“饿了么”平台注册成为骑手，并与易达来公司签订《外卖配送承揽服务协议》，该公司为其办理个体工商户营业执照。黄某某的工资由紫椴公司通过易达来公司的账户向其发放，紫椴公司为其购买了雇主责任险。本案致杨某某受伤的交通事故发生时，黄某某身穿“饿了么”的服饰正在进行外卖配送业务。

【案件索引】

一审：上海市金山区人民法院（2020）沪 0116 民初 5766 号

二审：上海市第一中级人民法院（2021）沪 01 民终 1757 号

【裁判结果】

上海市金山区人民法院一审判决：认定黄某某与紫椴公司构成雇佣关系，由紫椴公司对外承担雇主责任，向杨某某承担赔偿责任。

上海市第一中级人民法院二审判决：维持原判。

【案例注解】

一、本案的法律问题

第一，新就业形态下，平台企业、外卖配送员与服务外包企业签订一系列协议的效力问题。在以手机端软件及数字技术为载体的新就业形态下，骑手与互联网平台的合同方式存在多样化的趋势，从最初的平台企业直接与骑手建立法律关系、结算工资，发展到骑手虽然在平台企业注册，但其与服务外包企业签订承揽协议后才能从事外卖配送业务。上述现象的出现，一方面，系由于平台企业经营范围不断扩大、外卖配送业务进一步发展、外卖骑手的队伍随之壮大，在客观上需要合作商承担一定区域的外卖配送服务；另一方面，针对外卖骑手的素质参差不齐、侵权行为多发的态势，平台企业等各方试图通过签订各种协议模糊法律关系，规避法律风险。对此，法院应当审查协议本身是否存在违反法律、行政法规的强制性规定的情形，在此基础上区分协议的内部、外部效力。

第二，雇佣关系双方主体的确定。虽然本案各方签署了一系列协议，但从工资的发放、雇主责任险的购买等因素，可以判断紫椴公司与黄某某之间成立雇佣关系。

第三，侵权责任主体认定问题。本案交通事故发生时，黄某某身穿"饿了么"服饰正在配送外卖，表明其正在履行职务，至于其雇主，考虑到"饿了么"将上海金山区的外卖配送业务发包给紫椴公司，紫椴公司为黄某某的实际雇主，故应由紫椴公司对外向杨某某承担相应的侵权赔偿责任。

二、判决书的分析逻辑

第一，针对协议的效力问题。紫椴公司（甲方）与易达来公司（乙方）签订的《配送业务外包服务合同》以及黄某某与易达来公司签订《外卖配送承揽服务协议》，其内容本身并不存在违反法律、行政法规的强制性规定的情形，黄某某在上述协议的背景下才有机会成为"饿了么"平台的骑手从事外卖配送业务。一审、二审法院均认为，根据合同的相对性，上述协议仅在签约双方之间产生内部效力。针对黄某某对外构成侵权时，仍然需要从侵权行为的构成要件、法律对侵权责任承担主体有无特殊规定等角度出发考察实际应当承担侵权赔偿责任的主体。

第二，针对雇佣关系双方主体的确定。本案交通事故发生于 2019 年，应当适用 2003 年《最高人民法院关于审理人身损害赔偿案件适用法律若干问题的解释》第九条考察黄某某在事故发生时系在为谁履行职务，即黄某某雇主的确定。一审法院认为紫椴公司作为投保人与被保险人投保了保险标的为黄某某的雇主责任险，且保单特别约定仅承担被保险人年龄在16~65岁雇员的保险责任，结合骑手App截图显示发放工资的主体为紫椴公司，据此判定黄某某系为紫椴公司履行职务，系紫椴公司的雇员。二审中，黄某某陈述其实际接受紫椴公司的考勤与管理，二审法院认定虽然黄某某与紫椴公司之间不存在书面协议，但双方已经在事实上成立雇佣关系，黄某某对外以紫椴公司的名义履行职务，系紫椴公司的雇员。

第三，针对侵权责任主体认定问题。本案交通事故发生时，黄某某穿着“饿了么”的服饰正在配送外卖，结合其为紫椴公司雇员的事实，其系在履行职务的过程中致杨某某受伤，黄某某作为实际侵权人本应向杨某某承担侵权责任。考虑到黄某某对交通事故的发生不存在主观上的故意或者重大过失，仅为一般过失，根据2003年《最高人民法院关于审理人身损害赔偿案件适用法律若干问题的解释》第九条的规定，雇主即紫椴公司应对黄某某的侵权行为承担替代责任，即对于杨某某因事故导致的损失，应由紫椴公司向其承担赔偿责任。

三、此类案件的特点与裁判建议

（一）平台用工中存在隐蔽雇佣

平台企业的配送员入行门槛低，不需要特别的资质，结合外卖配送行业的快速发展，平台企业的用工量大幅增加，外卖配送员在履行职务过程中因侵权行为导致平台企业作为用人单位对外承担赔偿责任的案件数量与日俱增。不堪重负之下结合新就业形态的发展，平台企业将一定区域的配送业务外包给合作商，由相关合作商与外卖配送员签订劳务协议。而合作商通过服务外包公司招募外卖配送员，为规避法律风险，服务外包公司在招募外卖配送员时往往要求配送员签订《外卖配送承揽服务协议》，并为配送员办理个体工商户营业执照，制造双方之间成立承揽合同法律关系的假象。因此，平台企业用工中存在的劳务关系或者雇佣关系较为隐蔽，可以称为隐蔽雇佣的现象化。

平台用工中存在隐蔽雇佣，这种雇佣在《民法典》颁布前指向为雇佣关系，在《民法典》颁布后指向为劳务关系。由于《民法典》删除了2003年《最高人民法院关于审理人身损害赔偿案件适用法律若干问题的解释》第九条的规定，故笔者认为，平台用工的复杂性、隐蔽性导致劳务关系主体双方的确定存在一定难度，进而导致外卖平台配送员的侵权行为所致损害的赔偿责任主体确定亦存在困难，但通过分析外卖平台配送员的注册流程、相关主体之间签订协议的背景及协议内容、协议的履行情况等，可以基本判断配送员与哪一方主体成立劳务关系，进而确定侵权责任的承担主体。

（二）劳务关系认定的裁判建议

第一，厘清纷繁复杂的协议。如前所述，平台用工的复杂性在于平台企业将配送业务外包后，相关合作商再签署协议将服务外包，外卖配送员个人甚至需要与服务外包企业签订承揽协议才能开展配送业务。因此，确定外卖配送员的用工主体，肯定需要从分析各类协议的内容以及实际履行情况入手，厘清协议的内部效力与外部效力以及各类协议对劳务关系的确定是否存在影响。

第二，从劳务关系的实质性特征入手确定劳务合同的双方。劳务关系不同于承揽关系，其系一方提供简单的劳务为对价而另一方支付报酬为特点的法律关系，双方之间的关系相对松散，也不以签订书面协议为必要条件，但用工单位对提供劳务者进行考勤与管理，并以此为依据支付报酬。因此，平台企业的配送员注册成为骑手后，法院需要考察实际向其发放工资、进行考勤管理并购买雇主责任险的主体，在此基础上，确定劳务合同的双方。

【裁判全文】

上海市第一中级人民法院
民 事 判 决 书

（2021）沪 01 民终 1757 号

上诉人（原审被告）：紫椴信息科技（上海）有限公司。

法定代表人：胡某某，执行董事。

委托诉讼代理人：胡某 1。

被上诉人（原审原告）：杨某某。

委托诉讼代理人：顾某某。

被上诉人（原审被告）：黄某某。

委托诉讼代理人：戴某某。

被上诉人（原审被告）：安徽易达来服务外包有限公司。

法定代表人：向某某。

委托诉讼代理人：强某某。

上诉人紫椴信息科技（上海）有限公司（以下简称紫椴公司）因与被上诉人杨某某、黄某某及安徽易达来服务外包有限公司（以下简称易达来公司）健康权纠纷一案，不服上海市金山区人民法院（2020）沪 0116 民初 5766 号民事判决，向本院提起上诉。本院于 2021 年 2 月 1 日立案受理后，依法组成合议庭进行了审理。本案现已审理终结。

紫椴公司上诉请求：撤销一审判决第一项，改判为被上诉人黄某某赔偿被上诉人杨某某损失人民币 218168 元，紫椴公司无须向杨某某承担赔偿责任。事实和理由：杨某某在一审中并未提供证据证明黄某某在事故发生时正在送餐，亦未举证证明黄某某系为紫椴公司提供雇佣活动。杨某某、黄某某均未提供证据证明黄某某在事故发生时的着装，一审法院仅根据杨某某、黄某某陈述黄某某在事故发生时穿戴“饿了么”送餐员的统一着装认定紫椴公司承担雇主责任，属于认定事实错误。黄某某并非紫椴公司所招聘，且紫椴公司对黄某某不进行管理，亦未与黄某某结算费用，被上诉人易达来公司与黄某某结算费用时备注紫椴公司仅系区分合作单位，方便项目核算。紫椴公司并非黄某某的雇主，双方之间不存在雇佣关系。因黄某某不是在履行职务过程中致人损害，其作为侵权人应自行承担侵权责任。

被上诉人杨某某辩称，不同意上诉人紫椴公司的上诉请求。事故发生时，被上诉人黄某某穿着“饿了么”的服饰在配送外卖，而且其向交警支队陈述在配送外卖过程中发生本起事故。紫椴公司为黄某某投保了雇主责任险。请求二审驳回上诉，维持原判。

被上诉人黄某某辩称，不同意上诉人紫椴公司的上诉请求。黄某某在配送外卖的途中发生本案交通事故，至于紫椴公司与被上诉人易达来公司之间的服务外包关系，黄某某并不清楚。请求二审驳回上诉，维持原判。

被上诉人易达来公司辩称，同意上诉人紫椴公司的上诉请求。

杨某某向一审法院起诉请求判令：黄某某、易达来公司赔偿杨某某各项损失合计 218378 元。

一审法院审理后，于 2020 年 12 月 18 日作出判决：一、紫椴信息科技（上海）有限公司应于判决生效之日起十日内赔偿杨某某损失 218168 元；二、驳回杨某某的其他诉讼请求。如果未按判决指定的期间履行给付金钱义务，应当依照《中华人民共和国民事诉讼法》第二百五十三条之规定，加倍支付迟延履行期间的债务利息。本案案件受理费 2288 元，由杨某某负担 3 元，紫椴信息科技（上海）有限公司负担 2285 元。

二审中，各方当事人均未提交新证据。

本院经审理查明，一审法院认定事实无误，本院予以确认。

本院认为，被上诉人杨某某与黄某某作为本案事故双方一致陈述黄某某在配送外卖的过程中与杨某某发生碰撞并致杨某某受伤，虽然上诉人紫椴公司对此不予认可，但其作为“饿了么”平台的合作商，未能提供相反证据证明黄某某在事发时并未派送“饿了么”的订单，应承担举证不能的法律后果，故本院采信杨某某的主张，认定黄某某在事发时正在配送“饿了么”的外卖订单。根据紫椴公司与被上诉人易达来公司的陈述可知，紫椴公司承包“饿了么”金山区域内的外卖配送业务并与易达来公司签订《配送业务外包服务合同》，将相应的配送业务外包给易达来公司，易达来公司再与黄某某签订《外卖配送承揽服务协议》，允许黄某某从事“饿了么”平台的外卖配送业务。虽然上述当事人之间签订了上述协议，但该协议仅在双方当事人之间产生内部效力。据黄某某所述，其实际接受紫椴公司的考勤与管理，骑手 App 截图亦显示工资的发放主体为紫椴公司，这与客户电子回单显示的付款方户名为“易达来公司（紫椴）”能够相互印证，表明黄某某工资发放的名义方为紫椴公司，并且紫椴公司作为投保人投保了保险标的为黄某某的雇主责任保险，上述证据表明紫椴公司与黄某某在事实上成立了雇佣关系，并且黄某某对外以紫椴公司的名义履行职务。鉴于黄某某事发时配送“饿了么”的外卖订单实际为紫椴公司履行职务，应当由紫椴公司作为用人单位对黄某某的侵权行为承担替代责任。杨某某要求紫椴公司承担赔偿责任，合法有据，应予支持。紫椴公司要求黄某某作为直接侵权人自行承担赔偿责任，缺乏依据，本院不予支持。

综上所述，上诉人紫椴公司的上诉请求，不能成立，应予驳回；一审判决认定事实清楚，适用法律正确，应予维持。据此，依照《中华人民共和国民事诉讼法》第一百七十条第一款第一项之规定，判决如下：驳回上诉，维持原判。二审案件受理费人民币 4576 元，由上诉人紫椴信息科技（上海）有限公司负担。

本判决为终审判决。

审判长　唐春雷
审判员　潘俊秀
审判员　何　建

二〇二一年三月二十九日

书记员　徐咼杰

案例六　众包骑手主张人身损害赔偿的举证责任

——赵某与安徽蓝喆人力资源服务外包有限公司等提供劳务者受害责任纠纷案

王天玉*

关键词　平台用工　众包骑手　人身损害　侵权　举证责任

【裁判要旨】

当事人对自己提出的诉讼请求所依据的事实有责任提供证据加以证明。没有证据或者证据不足以证明当事人的事实主张的，由负有举证责任的当事人承担不利后果。众包骑手就其在履行职务的过程中受伤负有举证责任，结合事故申报时间、订单配送记录、就医时间予以证明。若骑手不能证明其受伤系发生在订单配送过程中，则其以侵权为由要求用工方承担责任的主张，缺乏足够依据，法院难以支持。

【案情要点】

1. 赵某于2018年11月25日通过注册“蜂鸟众包”App的方式，成为“蜂鸟众包”的骑手。赵某自述其于2018年12月1日起开始作为骑手为安徽蓝喆人力资源服务外包有限公司（以下简称蓝喆公司）从事外卖配送工作。

---

* 中国社会科学院法学研究所社会法室副主任、研究员，国家协调劳动关系三方会议专家委员会委员。

2. 赵某自述于2019年4月9日18时30分左右在骑行电动自行车的过程中因故摔倒，赵某未报警，未留取事故发生时的监控。上海拉扎斯信息科技有限公司（以下简称拉扎斯公司）提供了2019年4月9日赵某的送餐记录，称并未显示存在异常。

3. 赵某就医时间为2019年4月10日，赵某主张与保险公司联系的时间为2019年4月11日，赵某自述通过在线客服与被告联系的时间为2020年8月。

4. 上海市闵行区人力资源和社会保障局于2020年8月26日出具闵人社不受（2020）字第6号《工伤认定申请不予受理决定书》。上海市普陀区劳动人事争议仲裁委员会于2020年8月26日出具普劳人仲（2020）通字第123号《不予受理通知书》。

5. 2021年2月，赵某以侵权为由诉至法院，请求判令蓝喆公司、拉扎斯公司共同赔偿其医疗费、康复治疗费、残疾赔偿金等若干。

【案件索引】

一审：上海市普陀区人民法院（2021）沪0107民初5129号

二审：上海市第二中级人民法院（2022）沪02民终120号

【裁判结果】

上海市普陀区人民法院一审判决：一、赵某曾就本案所涉纠纷申请工伤认定和劳动仲裁，均未予受理，赵某亦当庭明确其认为其与蓝喆公司之间系劳务关系，赵某在拉扎斯公司的App上接单，拉扎斯公司存在误导和包庇的情况，赵某以侵权为由主张权利。法院对上述赵某的请求权基础予以确认。二、赵某并未就其系在履行职务的过程中受伤予以举证，结合赵某的就医时间、赵某自述事发当日的送餐记录，法院对赵某称系在送餐过程中受伤的诉称意见，难以采纳，赵某并未就侵权责任的构成要件完成举证责任，故赵某以侵权为由要求蓝喆公司承担责任的主张，缺乏足够依据，法院难以支持。三、法院难以认定蓝喆公司、拉扎斯公司存在过错及赵某受伤与蓝喆公司、拉扎斯公司之间存在因果关系，故对赵某据此要求拉扎斯公司承担责任的诉讼请求，法院同样难以支持。

上海市第二中级人民法院二审判决：维持原判。

【案例注解】

一、本案的法律问题

第一，关于众包骑手主张用工方和平台承担损害赔偿责任的请求权基础。本案中，赵某作为众包骑手具有不同于劳动关系下劳动者的自主性，与用工方及平台不构成劳动关系，其本人亦认可与用工方之间系劳务关系，因此其人身损害依据现行规定无法认定为工伤。但是，这不妨碍赵某以雇佣活动中履行职务行为的人身损害为由，提出基于侵权赔偿责任的诉讼请求。

第二，关于众包骑手主张人身损害赔偿的举证责任。本案的关键事实是赵某的人身损害是否发生在订单配送过程中，即是否因履行职务行为导致人身损害。事发当时，赵某未报警，未留取事故发生时的监控，法院认为赵某未提供任何证据证明其所主张的受伤发生在 2019 年 4 月 9 日 18 时 30 分。同时，赵某以拉扎斯公司存在误导和包庇的情况为由，要求拉扎斯公司承担侵权责任，但未提供证据证明拉扎斯公司对赵某所主张的其受伤之间存在过错。

二、判决书的分析逻辑

第一，众包骑手主张损害赔偿的请求权基础。根据上海市闵行区人力资源和社会保障局出具的《工伤认定申请不予受理决定书》和上海市普陀区劳动人事争议仲裁委员会于 2020 年 8 月 26 日出具普劳人仲（2020）通字第 123 号《不予受理通知书》，以及赵某认可其与用工方系劳务关系的陈述，法院认为赵某有权以侵权为由提出损害赔偿的诉讼请求。

第二，众包骑手主张用工方承担雇主责任。本案发生于《民法典》施行之前，应当适用《民法典》施行前的法律、司法解释的规定。根据规定，雇员在从事雇佣活动中遭受人身损害，雇主应当承担赔偿责任。众包骑手主张用工方承担雇主责任的事实基础是其人身损害发生在雇佣活动中，应当就此承担举证责任。本案中，法院考察了赵某的就医时间、赵某自述事发当日的送餐记录等，实质上减轻了赵某的举证责任。但因赵某未提供任何能够证明人身损害系发生在配送过程中的证据，导致法院无法认定该人身损害与职务行为有因果关系，进而无法支持赵某主张用工方承担雇主责任的请求。

第三，众包骑手主张平台承担侵权责任。就侵权责任的成立而言，必须具备违法行为、损害事实、因果关系和主观过错这四个构成要件。本案中，拉扎斯公司提供了 2019 年 4 月 9 日赵某的全部配送记录信息，且已在此前案件的审理中向赵某进行了提供。赵某未提供证据证明拉扎斯公司拒绝或未保存信息或数据。因此，法院认为，赵某并未提供证据证明拉扎斯公司对赵某所主张的其受伤之间存在过错。

三、此类案件的特点与裁判建议

随着新就业形态职业伤害保障试点的推行，众包骑手能够获得现行工伤保险之外的人身损害保障。试点中的一个重点和难点问题是职业伤害的认定，核心是如何确认特定人身损害属于保障范围，以便划定此项保障制度的边界。共识性的观点是该人身损害应当发生在订单配送过程中，能够建立众包骑手受伤与配送行为之间的因果关系。为此，证明这一因果关系就成为司法裁判的关键。

考虑到众包骑手与用工方及平台之间在举证能力上的差距，法院可酌情降低对众包骑手的举证要求，但这不意味着众包骑手作为提出诉请的当事人不承担任何举证责任。基于生活常识，众包骑手在发生轻微事故情况下应当有能力报警、致电平台或用工方，或采取其他适当措施获得发生事故的证据。如果众包骑手发生严重事故，则可借助他人的报警、救助记录予以证明。平台依法有义务保留和提供骑手配送记录，用以证明骑手发生事故时正处于配送过程中。如果众包骑手不能提供任何证据证明其人身损害系发生在订单配送中，且平台提供的配送记录无任何异常，则难以建立骑手人身损害与配送行为之间的因果关系，不应作为职业伤害予以处理，而应纳入医疗保险的保障范围。

【裁判全文】

上海市第二中级人民法院
民 事 判 决 书

（2022）沪 02 民终 120 号

上诉人（原审原告）：赵某。

被上诉人（原审被告）：安徽蓝喆人力资源服务外包有限公司。

法定代表人：王某某，总经理。

委托诉讼代理人：李某。

被上诉人（原审被告）：上海拉扎斯信息科技有限公司。

法定代表人：王某，执行董事。

委托诉讼代理人：俞某某。

上诉人赵某因与被上诉人安徽蓝喆人力资源服务外包有限公司（以下简称蓝喆公司）、被上诉人上海拉扎斯信息科技有限公司（以下简称拉扎斯公司）生命权、身体权、健康权纠纷一案，不服上海市普陀区人民法院（2021）沪 0107 民初 5129 号民事判决，向本院提起上诉。本院于 2022 年 1 月 4 日立案后，依法组成合议庭对本案进行了审理。本案现已审理终结。

赵某上诉请求：撤销一审判决，依法改判支持赵某一审的全部诉讼请求，本案全部伤残鉴定费用、证人出庭等相关费用及一审、二审案件诉讼费由蓝喆公司、拉扎斯公司共同负担。事实和理由：赵某提供的就诊记录及摄片报告、国泰财产保险公司出具的赵某事发后的报案记录、证人证言等证据均能证明赵某是在送餐工作中受伤。拉扎斯公司提供的配送记录并不完整，其仅提供了事发当天赵某的跑单记录。因拉扎斯公司未履行提示或者说明义务，拒绝开具出险证明，故意包庇、隐瞒蓝喆公司相关信息，拒绝为赵某垫付医疗费，误导赵某去找国泰财产保险公司协商医疗费用等事项，没有提示或者告知赵某工作中遇到意外或交通事故时正确的应对程序和处理办法，故意不保留赵某事发当天的全部配送数据，造成赵某重大人身损害和严重经济损失，故应与蓝喆公司共同承担赔偿责任。在司法鉴定中，法医拒绝为赵某做伤残鉴定，仅做三期鉴定，故赵某要求更换鉴定机构。一审法院以赵某无正当理由拒绝配合鉴定为由终止鉴定，系程序违法。综上，请求依法改判。

蓝喆公司辩称，赵某自述工作中受伤，系其单方陈述，无交警的现场调查及事故认定，致使无法判定事故发生的时间、性质及发生原因，且蓝喆公司对其受伤不存在任何过错。综上，一审判决认定事实清楚，适用法律正确，请求驳回上诉，维持原判。

拉扎斯公司辩称，同意蓝喆公司的意见，拉扎斯公司在一审中已提供了赵某的跑单记录，蓝喆公司的信息是网上公开材料，不存在故意包庇、隐瞒蓝喆公司相关信息的情况。综上，一审判决认定事实清楚，适用法律正确，请求驳回上诉，维持原判。

赵某向一审法院起诉请求：1. 判令蓝喆公司、拉扎斯公司共同赔偿赵某医疗费人民币（以下币种均为人民币）413.60 元、后续康复治疗费 5000 元、营养费 3640 元、残疾赔偿金 128366 元、护理费 10920 元、交通费 767 元、误工费 23496 元、精神损害抚慰金 30000 元、残疾辅助器具费（肩托）64.04 元；2. 本案的诉讼费由蓝喆公司、拉扎斯公司承担。

一审法院认定事实：赵某于 2018 年 11 月 25 日通过注册“蜂鸟众包”App 的方式，成为“蜂鸟众包”的骑手。赵某自述其自 2018 年 12 月 1 日起开始作为骑手在蓝喆公司从事外卖配送工作。2019 年 4 月 9 日，赵某在“蜂鸟众包”App 上从事配送服务，当日赵某接单的起始时间为 10：12：17，结束时间为 19：44：54。赵某自述于 2019 年 4 月 9 日 18 时 30 分左右在骑行电动自行车的过程中因故摔倒，赵某未报警，未留取事故发生时的监控。2019 年 4 月 10 日 9 时 50 分，赵某前往上海中医药大学附属龙华医院就诊，诊断为：左肱骨近端骨折。2019 年 4 月 11 日 12：37：14 赵某将上述情况在保险公司处进行登记。

一审法院另查明，上海市闵行区人力资源和社会保障局于 2020 年 8 月 26 日出具闵人社不受（2020）字第 6 号《工伤认定申请不予受理决定书》，载明“赵某要求将其于 2019 年 4 月 9 日所受伤害申请工伤认定。经审查，赵某申请工伤认定时已超过《工伤保险条例》和《上海市工伤保险实施办法》规定的受理时限，且赵某所申请单位注册地不属于我区，不符合《工伤保险条例》和《上海市工伤保险实施办法》第十七条规定的受理条件，现决定不予受理”。上海市普陀区劳动人事争议仲裁委员会于 2020 年 8 月 26 日出具普劳人仲（2020）通字第 123 号《不予受理通知书》，载明“本会经查，申请人自述其与被申请人一（上海拉扎斯信息科技有限公司）为平等合作关系，与被申请人二（上海××有限公司安徽××分公司）为劳务关系……申请人与被申请人之间的争议不属于劳动争议，故对申请人的上述请求本会决定不予受理”。赵某不服上述普劳人仲（2020）通字第 123 号《不予受理通知书》诉至一审法院，法院受理后赵某申请撤诉，一审法院于 2020 年 12 月 2 日出具（2020）沪 0107 民初 21700 号民事裁定书，准许赵某撤回起诉。嗣后，赵某诉至法院，请求判决如其所请。

一审法院审理中，经赵某申请，各方当事人一致同意，法院依法委托复旦大学上海医学院司法鉴定中心对赵某的伤残等级及休息、营养、护理期限进行评定，复旦大学上海医学院司法鉴定中心于 2021 年 6 月 7 日出具《不予受理鉴定告知书》，载明：“……现因当事人要求更换鉴定机构，致使鉴定工作无法继续进行。根据《司法鉴定程序通则》第二十九条第（六）款‘其他需要终止鉴定的情形’之规定，我鉴定中心决定终止此次鉴定工作。”经质证，各方当事人均认可上述《不予受理鉴定告知书》。蓝喆公司、拉扎斯公司均认为赵某不配合鉴定应视为其放弃鉴定并承担相应的不利后果；赵某以“鉴定人员的专业性及公正性存在问题”为由要求更换一家鉴定机构进行鉴定。

一审法院认为，首先，本案中赵某自述其受伤这一法律事实发生的时间为 2019 年 4 月 9 日，该事实发生在《民法典》施行前，赵某亦未提供证据证明上述事实持续至《民法典》施行后，故法院依法确定本案应当适用《民法典》施行前的法律、司法解释的规定。

其次，赵某曾就本案所涉纠纷申请工伤认定和劳动仲裁，均未予受理，赵某亦当庭明确其认为其与蓝喆公司之间系劳务关系，赵某在拉扎斯公司的 App 上接单，拉扎斯公司存在误导和包庇的情况，赵某以侵权为由主张权利。法院对上述赵某明确的请求权基础予以确认。

再次，依据赵某明确的请求权基础，法院分为两部分予以分析：

其一，赵某以其与蓝喆公司存在劳务关系为由要求其承担责任。根据规定，雇员在从事雇佣活动中遭受人身损害，雇主应当承担赔偿责任。就侵权责任的成立而言，必须具备违法行为、损害事实、因果关系和主观过错这四个构成要件。本案中，赵某主张其在送餐过程中受伤，则赵某应当提供证据证明其系在送餐过程中发生的受伤。根据本案中已查明的事实，2019 年 4 月 9 日，赵某在“蜂鸟众包”App 上从事配送服务接单的起始时间为 10：12：17，结束时间为 19：44：54，赵某自述其受伤的时间为 18 时 30 分左右。赵某自述其在受伤后拨打了“蜂鸟众包”App 上的客服联系电话，但赵某却无法提供其拨打电话的通话记录，赵某的说法是“时间太久了，我没有保存”；各方均认可 2019 年 4 月 9 日赵某未报警，未留取事故发生时的监控，法院认为，从现有证据来看，赵某并未提供任何证据证明其所主张的受伤发生在 2019 年 4 月 9 日 18 时 30 分；且蓝喆公司、拉扎斯公司对赵某的上述诉称意见不予认可，拉扎斯公司提供了 2019 年 4 月 9 日赵某的送餐记录，称并未显示存在异常，故法院对赵某自述的上述受伤时间难以采信。根据本案中查明的事实，赵某就医时间为 2019 年 4 月 10 日，赵某主张与保险公司联系的时间为 2019 年 4 月 11 日，赵某自述通过在线客服与被告联系的时间为 2020 年 8 月，即在 2019 年 4 月 9 日配送接单结束后至 2019 年 4 月 10 日赵某前往医院就诊的这段时间，赵某并非处于从事配送服务的过程之中。法院认为，当事人对自己提出的诉讼请求所依据的事实有责任提供证据加以证明。没有证据或者证据不足以证明当事人的事实主张的，由负有举证责任的当事人承担不利后果。本案中赵某并未就其系在履行职务的过程中受伤予以举证，结合赵某的就医时间、赵某自述事发当日的送餐记录，法院对赵某称系在送餐过程中受伤的诉称意见，难以采纳，赵某并未就侵权责任的构成要件完成举证责任，故赵某以侵权为由要求蓝喆公司承担责任的主张，缺乏足够依据，法院难以支持。

其二，赵某以拉扎斯公司存在误导和包庇的情况为由，要求拉扎斯公司承担侵权责任，赵某主张根据《电子商务法》的规定，服务信息、交易信息、交易数据应当至少保存 3 年，但拉扎斯公司没有遵守上述规定。法院认为，行为人因过错侵害他人民事权益，应当承担侵权责任。就侵权责任的成立而言，必须具备违法行为、损害事实、因果关系和主观过错这四个构成要件。本案中赵某并未提供证据证明拉扎斯公司拒绝或未保存信息或数据，从本案审理过程中双方提供证据的情况来看，拉扎斯公司提供了2019年4月9日当日赵某的全部配送记录信息，且已在此前案件的审理中向赵某进行了提供，故法院认为，赵某并未提供证据证明拉扎斯公司对赵某所主张的其受伤之间存在过错。赵某主张要求拉扎斯公司提供通话记录和申诉记录，法院认为，赵某所称的通话记录是由赵某向被告客服致电的记录，赵某理应保留上述通话记录，上述通话记录不属于留存在拉扎斯公司的证据，故法院对赵某的上述诉称意见，不予采纳。结合法院前述在对蓝喆公司应否承担责任的论述，即对赵某受伤是否发生在履行职务过程中的认定，法院难以认定蓝喆公司、拉扎斯公司存在过错及赵某受伤与蓝喆公司、拉扎斯公司之间存在因果关系，故对赵某据此要求拉扎斯公司承担责任的诉讼请求，法院同样难以支持。

最后，在审理过程中赵某曾提出鉴定申请，因蓝喆公司、拉扎斯公司均同意赵某的鉴定申请，法院依法启动鉴定程序。但在鉴定过程中赵某拒绝配合鉴定，提出更换司法鉴定机构的申请。法院认为，法院依法指定的鉴定机构出具的《不予受理鉴定告知书》载明系因赵某要求更换鉴定机构，致使鉴定工作无法继续进行，故终止此次鉴定。法院于2021年4月14日的证据交换中已明确告知：各方均应配合鉴定，如因不配合导致鉴定结论无法出具的，由不配合方承担不利后果。赵某以“鉴定人员的专业性及公正性存在问题”为由要求更换一家鉴定机构进行鉴定，无任何依据。赵某在递交的《情况说明》中写明“2021年6月3日14时30分，本人到复旦大学上海医学院司法鉴定中心做伤残鉴定及三期，接诊医生告知骨折已愈合，目测手臂可以抬到170度，不构成伤残，属于正常人，本人提出异议，她不接受，鉴于这种情况，本人对其专业能力、公正性不予认可”，根据赵某递交的上述书面材料，法院认为，赵某要求更换鉴定机构的理由不成立，赵某属于在无正当理由的情况下拒绝配合进行鉴定，结合法院的上述论述，因赵某已缺乏证据证明其要求蓝喆公司、拉扎斯公司承担侵权责任的构成要件，赵某申请的鉴定不具有必要性，为避免赵某徒增费用，故法院对赵某提出的更换司法鉴定机构进行鉴定的申请，不予准许。

一审法院依照《最高人民法院关于适用〈中华人民共和国民法典〉时

间效力的若干规定》第一条第二款、2010 年《中华人民共和国侵权责任法》第六条第一款及《最高人民法院关于审理人身损害赔偿案件适用法律若干问题的解释》第十一条之规定，判决如下：驳回赵某的全部诉讼请求。

本院二审期间，赵某为证明其主张，提供以下证据：1. 2021 年 12 月 13 日上海市普陀区司法局出具的受理告知书，旨在证明赵某因为司法鉴定人员拒绝为其作伤残鉴定，仅同意为其作三期鉴定而向司法局投诉，司法局已受理投诉。2. 2021 年 9 月 27 日赵某的报警回执，旨在证明赵某确在事发时受伤。3. 音频截图、赵某与拉扎斯公司刘律师的短信截屏、赵某与蓝喆公司李某的短信截屏、赵某与国泰财产保险公司郭某某律师的微信截屏，旨在证明保险公司同意理赔，但要求蓝喆公司、拉扎斯公司出具受伤证明及跑单记录。4. 百度地图路线截屏，旨在证明赵某受伤前后送外卖轨迹的时间分析。蓝喆公司、拉扎斯公司对赵某提供的证据发表如下意见：1. 对上海市普陀区司法局出具的受理告知书真实性认可，关联性不认可。2. 对报警回执的真实性认可，但报案内容不认可，该报案系赵某自述受伤，无其他证据予以佐证。3. 对音频截图的“三性”均不认可，拉扎斯公司已经提供了赵某相应的跑单记录，但并无赵某受伤的报备记录。

本案审理中，赵某申请证人吴某、李某出庭做证。吴某陈述其在赵某受伤后接到赵某电话后赶至现场，其让赵某至“蜂鸟众包”App 上申述报备，并向保险公司电话报案，之后离开现场。李某陈述其与赵某系同租房屋的室友，事发后赵某回家告诉其，他在送餐途中摔倒受伤，第二天赵某至医院摄片检查结果为骨折。蓝喆公司、拉扎斯公司对两位证人证言均有异议，认为两位证人都未看到事发现场，对赵某的受伤情况均是听赵某转述。

本院经审理查明，一审法院查明的事实属实，本院予以确认。

本院认为，当事人对自己提出的诉讼请求所依据的事实或者反驳对方诉讼请求所依据的事实有责任提供证据加以证明。没有证据或者证据不足以证明当事人的事实主张的，由负有举证责任的当事人承担不利后果。本案的争议焦点在于蓝喆公司、拉扎斯公司是否应对赵某承担赔偿责任。赵某认为其在配送过程中摔倒受伤，蓝喆公司、拉扎斯公司予以否认，一审法院综合本案双方当事人陈述及在案证据，赵某所举证尚不能佐证其主张的事实，一审法院所作分析认定并无不当，本院予以认同。现赵某在二审中提交的证据亦难以证明赵某的受伤系其在配送过程中受伤，故对于赵某的该项主张本院不予采信。另，赵某对一审程序所提之质疑，经本院审查并无程序违法之事实，亦未侵害赵某的诉讼权利，故不予采纳。综上，赵某之上诉请求缺乏事实和法律依据，应予驳回。一审判决认定事实清楚，适用法律正确，本院予以维持。依照《中华人民共和国民事诉讼法》第一百七十七条第一款第（一）项之规定，判决如下：驳回上诉，维持原判。二审案件受理费人民币 4340 元，由上诉人赵某负担。

本判决为终审判决。

审 判 长　李伊红
审 判 员　谢亚琳
审 判 员　姚　敏

二〇二二年二月十五日

法官助理　姜英超
书 记 员　高晓东

案例七　签有承揽协议之商务推广员的劳动关系认定

——周某与上海A信息技术有限公司确认劳动关系纠纷案

楼凌宇*

关键词　承揽协议　建立劳动关系的合意　劳动关系

【裁判要旨】

判断双方之间是否建立劳动关系的核心要件是用工事实。然而，并非所有的提供工作或劳动的行为都可归入劳动法上的用工概念，应考量提供的缘由，双方有无建立劳动关系的合意。本案中，三方主体通过承揽协议建立了两个层级、各自独立的承揽关系；而且关于证明建立劳动关系的合意，难以形成盖然性认定。

【案情要点】

1. A公司与案外人B公司签订有承揽服务协议，内容记载：B公司承揽A公司的商务拓展项目，B公司及其人员按A公司的要求，完成A公司指定的相关工作；双方约定一方提出终止后，B公司配合完成所有项目交接后，视为终止；承揽费用的计算为根据每个项目双方单独约定并根据届时A公司发布的费用结算标准结算。

2. 周某在2019年12月20日加入A公司的企业微信，在通信录中归类于业务发展部。其于2020年3月10日至6月4日通过企业微信App上传工

* 上海圣知林律师事务所主任、上海市律协劳动与社会保障业务研究委员会副主任。

作日报。周某在2020年6月通过企业微信App进行外出打卡（2020年6月1日至16日打卡规则显示“魔盒外勤考勤分组”，2020年6月17日至30日打卡规则显示“无”），在2020年7月1日至15日通过企业微信App进行上下班打卡（2020年7月1日至9日打卡规则显示“无”，2020年7月10日至15日打卡规则显示“湖南路固定考勤分组”）。

3. 周某的银行交易明细显示智联公司自2020年1月15日至6月15日每月月中分别向周某转账1025元至4637.5元，均备注“鲜和代理上海人力”；另有户名为“合利宝公司”及“广州合利宝支付科技有限公司备付金”的账户于上述期间内每月分别向周某转账1206.25元至10398.55元，均备注“结算”。

4. 周某作为乙方与甲方B公司签有一份落款日期为2019年12月20日的个人承揽服务协议，但表示当时未仔细看即签字。该承揽协议记载，乙方承揽甲方的商务拓展项目任务，承揽任务包括但不限于为甲方或甲方合作方的第三方相关工作；具体费用根据每个项目的单独约定并根据届时甲方发布的费用结算标准结算，甲方有权对乙方承揽的项目内容进行监督并定时检验，对乙方承揽过程中存在的问题有权提出整改意见，同时扣除相应的服务费；乙方利用自己空余时间承接的服务均由乙方自行完成，不受甲方管理，双方仅存在商务合作关系，不存在任何劳务关系，双方约定不受劳动法约束。

【案件索引】

一审：上海市徐汇区人民法院（2020）沪0104民初29173号

二审：上海市第一中级人民法院（2021）沪01民终6932号

【裁判结果】

上海市徐汇区人民法院一审判决：周某主张其与A公司存在劳动关系缺乏依据，不予支持，周某基于劳动关系所主张的解除劳动合同经济补偿、未签劳动合同双倍工资差额、工资差额及未休年休假折算工资的诉讼请求均缺乏依据，不予支持。

上海市第一中级人民法院二审判决：驳回上诉，维持原判。

【案例注解】

一、本案的法律问题

本案主要法律问题为：周某与A公司之间是否存在劳动关系。

周某认为，其系经A公司工作人员招募而进入A公司工作，受到该公司的管理和指挥。其上班时通过企业微信的方式打卡考勤，每日提交日报汇报工作。同时，A公司通过第三方平台为周某缴纳社会保险费并发放工资。尽管周某与案外人B公司签订了个人承揽服务协议，但其签订时并未看清协议内容，且该协议并非劳动合同，周某不存在与A公司建立劳动合同的法律障碍。此外，B公司自周某入职之前就已经处于吊销营业执照的状态，不可能再从事员工派遣或承包经营的业务。因此，周某从入职起一直认为自己入职的是A公司，与A公司建立劳动关系。

A公司认为，其与周某并无建立劳动关系的合意，双方为承揽服务关系。周某由其关联公司鲜和公司员工陈某介绍为A公司提供商务拓展服务，与陈某对接客户需求，可自由安排每日工作时间、拜访行程，按与客户达成的交易量收取提成性质的服务费，故通过B公司、委派周某至其处提供承揽服务，周某与B公司签订承揽协议。事实上，周某在提供服务的过程中所接触到的包括陈某在内的内部人员均为鲜和公司的员工，鲜和公司通过第三方公司发放服务费，均与A公司无关。

二、判决书的分析逻辑

一审法院提出："劳动关系是双方当事人通过合意由劳动者一方提供劳动、用人单位一方给付报酬所形成的具有经济、人身从属性的权利义务关系。"随后，一审法院通过周某与A公司沟通过后商定周某可自由安排每日工作时间、拜访行程，按与客户达成的交易量收取提成性质的服务费，并通过案外公司委派的方式提供承揽服务，且周某自认确与案外公司签订了载明周某利用自己空余时间承接服务、与案外公司存在商务合作关系的个人承揽服务协议的事实，判断周某与A公司之间并不存在建立劳动关系的合意。尽管周某主张其未仔细看协议即签字，但一审法院认为周某作为完全民事行为能力人，理应对自己的行为承担责任，故未采纳周某提出的上述意见。对于经济及人身从属性问题，一审法院则未作分析。

二审法院提出："根据《中华人民共和国劳动合同法》第七条，用人单位自用工之日起即与劳动者建立劳动关系。由此，判断双方之间是否建立劳动关系的核心要件是用工事实。然并非所有的提供工作或劳动的行为都可归入劳动法上的用工概念，应考量提供的缘由，双方有无建立劳动关系的合意。"基于一审法院认定的事实，二审法院认为，虽然周某工作或劳动的内容指向A公司，但根据A公司与B公司签订的承揽服务协议、B公司与周某签订的个人承揽服务协议所约定的内容，三方之间建立了两个层级、各自独立的承揽关系，故可采纳A公司关于B公司委派周某至其处提供承揽服务的主张。周某虽主张其与A公司直接建立劳动关系，但其提供的证据从举证高度上未能推翻上述协议的证明力。继而，对周某与A公司越过B公司，直接存在建立劳动关系的合意，二审法院无法形成盖然性认定，故判决双方并未建立劳动关系。

三、此类案件的特点与裁判建议

个人与企业之间除了传统的劳动关系之外，根据我国《民法典》，还可能建立劳务关系、雇佣关系、承揽关系、聘用关系等各类用工模式。在认定劳动关系纠纷案件中，经常可以见到企业提交与个人之间签订的劳务协议、服务协议、承揽协议等各类合同，以证明其与个人之间建立的是平等民事主体间的民事关系，而非劳动关系。尽管在目前的司法实践中，即便双方签有非劳动合同的各类民事合同，裁审机关也会对双方的客观履行情况是否符合劳动关系的基本特征进行审查，但是上述书面约定在裁审机关审查双方主观上是否具备建立劳动关系的合意时往往会起到较为重要的参考作用。

在本案中，周某自行与案外公司所签订的个人承揽服务协议以及案外公司与A公司签订的承揽服务协议在三方之间建立了两个层级、各自独立的承揽关系，且在周某自己认可与B公司的承揽协议又无法举出相反证据的情况下，使得法官形成了其与A公司并无建立劳动关系合意的确信，最终判决双方之间不构成劳动关系。

随着用工类型的复杂化以及劳动者个人的需求，对此类案件，裁审机关仍应从主客观两个角度出发，一方面审查双方主观上是否存在建立劳动关系的合意，另一方面仍应审慎认定实际履行过程中企业和劳动者之间的履行特征是否符合《劳动和社会保障部关于确立劳动关系有关事项的通知》(劳社部发〔2005〕12号）所规定的劳动关系基本特征。

人民法院对按民事主体在意思自治原则上达成且实际如约履行的协议的支持，有利于促进民事法律主体对诚信原则的遵守，以及避免影响民事主体在正常民事活动中对自己所签合同可能产生的法律后果的合理预期，从而保障民事活动的秩序和效率。

故此，在双方存有民事协议的情况下，依据民事主体的意思自治原则，人民法院应着重审查实际法律关系履行内容与协议所载类型及内容是否相一致，以判断双方建立商务关系的合意是否真实。若从现有证据可证实双方的法律关系不符合“劳动者向用人单位提供劳动、用人单位支付劳动报酬的劳动力交换形式，以及劳动者对用人单位经济上的依赖以及用人单位对劳动者的指挥、控制和支配的劳动关系基本特征”的，则应不予认定劳动关系。反之，即便在形式上双方签有“劳务协议”或“商务协议”，也仍应认定双方存在劳动关系。

【裁判全文】

上海市第一中级人民法院
民事判决书

（2021）沪01民终6932号

上诉人（原审原告）：周某。

委托诉讼代理人：蓝某某。

被上诉人（原审被告）：上海A信息技术有限公司。

法定代表人：王某，总经理。

委托诉讼代理人：胡某。

上诉人周某因与被上诉人上海A信息技术有限公司（以下简称A公司）确认劳动关系纠纷一案，不服上海市徐汇区人民法院（2020）沪0104民初29173号民事判决，向本院提起上诉。本院于2021年6月3日立案受理后，依法组成合议庭于2021年7月2日公开开庭进行审理。上诉人周某及其委托诉讼代理人蓝某某、被上诉人A公司委托诉讼代理人胡某到庭参加诉讼。本案现已审理终结。

周某上诉请求：撤销一审判决，改判支持其一审提出的诉讼请求。主要事实与理由：周某是经A公司工作人员陈某招募而进入该公司工作，受到该公司的管理和指挥。首先，其上班时通过企业微信的方式打卡考勤，每日提交日报汇报工作，并非一审法院所认为的工作时间自由。A公司通过第三方平台为周某缴纳社会保险费并发放工资。以上情况足以证明周某为A公司提供劳动。其次，周某与所谓案外人签订的合同非劳动合同，周某不存在与A公司建立劳动合同的法律障碍。A公司称周某是案外人派遣至A公司工作却无法提供其与案外人之间的交易往来。经查明，案外人自周某入职之前就已经处于吊销营业执照的状态，不可能再从事员工派遣或承包经营的业务。因此，一审法院认为周某与A公司不存在建立劳动关系的合意是错误的。周某从入职起一直认为自己入职的是A公司，与A公司建立劳动关系。A公司利用案外人逃避劳动法规定的雇主责任，不应得到法院的支持。

A公司不接受周某的上诉请求，辩称双方之间不存在劳动关系，周某的各项主张并无依据，应予驳回。

周某向一审法院起诉，请求判令：1. 确认自2019年12月20日至2020年7月17日，其与A公司存在劳动关系；2. A公司支付解除劳动关系的经济补偿10000元；3. A公司支付2020年1月20日至7月17日未签劳动合同双倍工资差额60000元；4. A公司支付2020年2月工资差额5768.75元、2020年3月工资差额3301.10元、2020年6月工资10000元及2020年7月1日至17日工资5977.01元；5. A公司支付2019年12月20日至2020年7月17日未休年休假3天的折算工资2758.62元。

一审法院认定事实：

A公司持有承揽服务协议原件一份［甲方为A公司，乙方为北京B在线信息服务有限公司（以下简称 B 公司），签订日期为 2017 年 10 月 16 日]，内容记载：B 公司承揽 A 公司的商务拓展项目，B 公司及其人员按 A 公司的要求，完成 A 公司指定的相关工作；双方约定一方提出终止后，B 公司配合完成所有项目交接后，视为终止；承揽费用的计算为根据每个项目双方单独约定并根据届时 A 公司发布的费用结算标准结算。

周某于 2019 年 12 月 20 日加入了 A 公司的企业微信，在通信录中归类于业务发展部，周某在 2020 年 3 月 10 日至同年 6 月 4 日通过企业微信 App 上传工作日报。周某在 2020 年 6 月通过企业微信 App 进行外出打卡（2020 年 6 月 1 日至 16 日打卡规则显示“魔盒外勤考勤分组”，2020 年 6 月 17 日至 30 日打卡规则显示“无”），在 2020 年 7 月 1 日至 15 日通过企业微信 App 进行上下班打卡（2020 年 7 月 1 日至 9 日打卡规则显示“无”，2020 年 7 月 10 日至 15 日打卡规则显示“湖南路固定考勤分组”）。

周某的银行交易明细显示上海智联易才人力资源顾问有限公司（以下简称智联公司）在 2020 年 1 月 15 日、2 月 14 日、3 月 16 日、4 月 15 日、5 月 15 日、6 月 15 日分别向周某转账 2000 元、4543. 48 元、1025 元、2987. 50 元、4637. 50 元、4637. 50 元，以上均有备注“鲜和代理上海人力”；另有对方户名为“广州合利宝支付科技有限公司（以下简称合利宝公司）”及“广州合利宝支付科技有限公司备付金”在 2020 年 1 月 16 日、2 月 14 日、3 月 16 日、4 月 15 日、5 月 15 日、6 月 15 日分别向周某转账 3193. 27 元、1992. 94 元、1206. 25 元、1711. 40 元、10398. 55 元、5145. 61 元，以上均备注“结算”。

2020 年 7 月 6 日，A 公司与周某进行谈话，并形成“调查记录”，周某在该记录上签字，记录显示“下午茶团餐有私自签单”“提前知道有人举报为什么不找公司主动说？自己有客户资源……通过公司，金额比较低，难做，就自己做了”。

2020 年 8 月 10 日，周某向上海市徐汇区劳动人事争议仲裁委员会申请仲裁，提出了与本案诉讼请求相同的请求。仲裁庭审中，A 公司出示周某与 B 公司签订的个人承揽服务协议，周某表示协议上签字并非其所签，但自愿放弃申请笔迹鉴定。2020 年 9 月 17 日，该仲裁委员会作出裁决：对周某的全部请求不予支持。周某不服该裁决，提起本案诉讼。

一审中，周某表示，其按照A公司的要求在企业微信App中打卡，工作内容是外出拜访客户，一直无变化，但A公司在2020年7月突然将其打卡范围变为湖南路固定办公地点；合利宝公司与智联公司发放的款项均为其在A公司工作期间的工资，包括底薪及提成，每月具体组成目前无法说清。A公司表示，智联公司所转账的款项为代发的服务费，具体金额按客户成交量核算，合利宝公司与其无关；周某在企业微信App中提交了三个月的工作日报并非其要求，事实上，如果是其员工，也不可能仅有短短三个月的日报而无任何惩戒措施；关于企业微信App中的打卡记录，由于其内部重启考勤系统，未对不同关系的人员进行区分，故周某自行于2020年6月1日至16日进行外出打卡，此后为避免产生误解，将周某调整出正式员工应适用的打卡规则，故打卡规则显示为“无”；2020年7月接到举报，知晓周某不正当利用客户信息，故终止了双方的承揽服务，为避免周某还在企业微信中继续打卡，就将其打卡规则设置为湖南路考勤分组（该地点需通过门禁进入办公场所后方能打卡）。

一审中，周某对A公司所出示的一份落款日期为2019年12月20日，甲方为B公司，乙方为周某的个人承揽服务协议的真实性予以认可，表示当时未仔细看即签字。该承揽协议记载，乙方承揽甲方的商务拓展项目任务，承揽任务包括但不限于为甲方或甲方合作方的第三方相关工作；具体费用根据每个项目的单独约定并根据届时甲方发布的费用结算标准结算，甲方有权对乙方承揽的项目内容进行监督并定时检验，对乙方承揽过程中存在的问题有权提出整改意见，同时扣除相应的服务费；乙方利用自己空余时间承接的服务均由乙方自行完成，不受甲方管理，双方仅存在商务合作关系，不存在任何劳务关系，双方约定不受劳动法约束。

一审法院认为，当事人对自己的主张有责任提供证据。劳动关系是双方当事人通过合意由劳动者一方提供劳动、用人单位一方给付报酬所形成的具有经济、人身从属性的权利义务关系。

本案中，A公司表示其无意愿与周某建立劳动关系，当时沟通后双方商定周某可自由安排每日工作时间、拜访行程，按与客户达成的交易量收取提成性质的服务费，通过案外公司委派的方式提供承揽服务，而周某自认确与案外公司签订个人承揽服务协议，而协议内容载明周某利用自己空余时间承接服务，由周某自行完成，周某与案外公司存在商务合作关系，可见周某与A公司之间并不存在建立劳动关系的合意。周某主张其未仔细看协议即签字，但周某作为完全民事行为能力人，理应对自己的行为承担责任，故一审法院对周某的上述意见难以采纳。况且周某主张A公司与其约定每月有固定工资，开始为8000元，后又增长至10000元，但未就此提供有效证据予以证明，故对其主张难以采信。综上所述，周某主张其与A公司存在劳动关系缺乏依据，不予支持，周某基于劳动关系所主张的解除劳动合同经济补偿、未签劳动合同双倍工资差额、工资差额及未休年休假折算工资的诉讼请求均缺乏依据，不予支持。

依照《中华人民共和国劳动法》第七十八条规定，一审法院于2021年3月1日判决：驳回周某的诉讼请求。一审案件受理费10元，减半计5元，免予收取。

二审中，周某提供聊天记录、考勤记录、电子邮件、社保查询记录、薪资计算表、绩效管理规定、录音、照片、企业公示信息等证据，欲以证明其受A公司管理，与A公司存在劳动关系。A公司对上述证据关联性不予认可，表示：案外人陈某系其公司关联公司上海鲜和信息技术有限公司的员工，且已离职，陈某的行为不能代表其公司；上述证据均不能证明其公司与周某存在建立劳动关系的合意。经查，就上述证据的证明力，本院难以认定，理由下述。

经审理查明，一审法院认定事实无误，本院予以确认。

本院认为，本案争议焦点为周某与A公司是否存在劳动关系。根据《中华人民共和国劳动合同法》第七条，用人单位自用工之日起即与劳动者建立劳动关系。由此，判断双方之间是否建立劳动关系的核心要件是用工事实。然并非所有的提供工作或劳动的行为都可归入劳动法上的用工概念，应考量提供的缘由，双方有无建立劳动关系的合意。本案中，虽然周某工作或劳动的内容指向A公司，但根据A公司与B公司签订的承揽服务协议、B公司与周某签订的个人承揽服务协议所约定的内容，三方之间建立了两个层级、各自独立的承揽关系，故可采纳A公司关于B公司委派周某至其处提供承揽服务的主张。周某虽主张其与A公司直接建立劳动关系，但其提供的证据从举证程度上，难以推翻上述协议的证明力。继而，对周某与A公司越过B公司，直接存在建立劳动关系的合意，本院难以形成盖然性认定。由此，周某的上述主张，本院难以采纳；周某基于劳动关系而主张的各项给付内容，本院亦难支持。

综上所述，周某的上诉请求，缺乏依据，难以支持；一审判决并无不当，应予维持。依照《中华人民共和国民事诉讼法》第一百七十条第一款第一项规定，判决如下：

驳回上诉，维持原判。

二审案件受理费10元，由上诉人周某负担。

本判决为终审判决。

审判长 叶 佳
审判员 宋 赟
审判员 顾 颖

二〇二一年九月二日

法官助理 熊 洋
书记员 熊 洋

案例八　灵活用工平台快递员的劳动关系认定

——周某某与上海某供应链有限公司确认劳动关系纠纷案

楼凌宇*

关键词　快递员　灵活用工　承揽协议　劳动关系

【裁判要旨】

灵活用工模式下，企业与劳动者之间的用工形式若符合《劳动和社会保障部关于确立劳动关系有关事项的通知》中规定的“三要素”，且企业无法举证证明双方属于承揽关系的，双方仍可构成劳动关系。

【案情要点】

1. 上海某供应链有限公司（以下简称某公司）快递站点内的员工分两种：一种是自有员工，用以维持常年的比较稳定的业务；另一种是承揽关系人员，用以在高峰期或有灵活需求时完成突增的业务。自有员工要服从公司的管理和指挥，承揽关系人员只需派送件即可，出勤随意。自有员工或承揽关系人员均可按派件数量计薪。

2. 某公司称周某某并非本公司自有员工，是通过某网络平台与第三方建立承揽关系的灵活用工人员。某公司提供了自由职业者承揽协议、自雇者服务协议、项目外包服务三方协议等，以证明其公司将部分站点业务发布至用工平台（某 App），周某某与该平台建立承揽关系。但上述协议均

* 上海圣知林律师事务所主任、上海市律协劳动与社会保障业务研究委员会副主任。

为打印件。

3. 某公司确认对既有员工进行考勤，但不包括周某某。某公司确认目前所述的 App 平台已无法打开。

4. 周某某在某公司经营的快递站点工作。周某某提供的银行明细中，2019 年 5 月 27 日、5 月 29 日、5 月 31 日、6 月 1 日、6 月 2 日、6 月 3 日、6 月 4 日某公司转账款项，均注明“黄浦一站公款”。2019 年 6 月 17 日后，由多个第三方向周某某发放款项，注明“某项目”“某 7 · 16 发放 283 笔”等内容。

5. 周某某提供了员工手册、加盖某公司公章的工作证明。

【案件索引】

一审：上海市松江区人民法院（2021）沪 0117 民初 9736 号

二审：上海市第一中级人民法院（2021）沪 01 民终 14407 号

【裁判结果】

上海市松江区人民法院一审判决：确认周某某与某公司之间存在劳动关系。对于劳动关系时间，周某某并未举证证明 2019 年 3 月 25 日入职某公司，酌情结合银行明细中首笔款项时间予以确定，同时双方均陈述周某某工作至 2021 年 4 月底，故确认双方于 2019 年 5 月 27 日至 2021 年 4 月 20 日存在劳动关系。

上海市第一中级人民法院终审判决：维持原判。

【案例注解】

一、本案的法律问题

周某某与某公司之间建立的法律关系是承揽关系还是劳动关系。

周某某认为，某公司对其进行用工管理，其从事某公司安排的工作，双方具有劳动关系。

某公司则认为，双方系承揽关系，并非劳动关系。主要理由：(1) 周某某系通过灵活用工平台独立承揽某公司的派件业务，双方通过平台按照周某某的派件量进行结算。某公司并不具体管理周某某的派件过程，周某某使用自有技能、自有工具进行派件，某公司也从无与周某某建立劳动关系的意愿和意思表示。（2）周某某并非某公司自有员工，系通过某网络平台与第三方建立承揽关系的灵活用工人员。周某某知晓平台认证事宜，知晓自己的报酬是平台发放。目前第三方平台因害怕承担责任，避而不处理，并非某公司所能控制。

二、判决书的分析逻辑

一审法院认为，首先，某公司确认周某某在其公司所设的上海市黄浦区××路××号黄浦一站工作，周某某的工作内容应属某公司业务组成部分。其次，某公司虽认为周某某属于是与第三方建立承揽关系的灵活用工人员，但未提供该期间周某某与第三方的协议，且周某某提交了某公司相关的工作证明。再次，某公司主张与周某某系承揽关系，也无法明确发放周某某款项的时间及相应款项的组成。最后，结合2019年5月27日至6月4日双方有直接转账往来，确认周某某与某公司之间存在劳动关系。

二审法院认为，根据在案证据及双方陈述，某公司确认周某某在本公司经营的快递站点工作，周某某与某公司有直接转账往来，收到的钱款有备注“某项目”等内容，周某某提交的工作证明盖有某公司公章，某公司虽表示因时间较久无法确认公章的真实性，但并未提供证据加以反驳，故可予采信。因此，周某某提供的证据能够证明其与某公司之间存在劳动关系。某公司主张双方并非劳动关系，而是承揽关系，应当对此承担举证责任。某公司提供的承揽协议等系打印件，相关App平台无法打开，在周某某予以否认的情况下，难以采信。某公司称其公司有自有员工和承揽关系人员，但未能明确二者在用工管理、发放款项等方面的区别，亦未能提供证据证明周某某属于承揽关系人员而非自有员工，故某公司应承担举证不能的法律后果。

三、此类案件的特点与裁判建议

劳动者与用人单位就是否存在劳动关系发生争议时，双方通常并未订立书面的劳动合同，或订立了名为劳务合同、承揽合同等的民事合同。实践中，双方是否存在劳动关系通常根据《劳动和社会保障部关于确立劳动关系有关事项的通知》（劳社部发〔2005〕12号）来判断。该通知表明，用人单位招用劳动者未订立书面劳动合同，但同时具备下列情形的，劳动关系成立：（1）用人单位和劳动者符合法律、法规规定的主体资格；（2）用人单位依法制定的各项劳动规章制度适用于劳动者，劳动者受用人单位的劳动管理，从事用人单位安排的有报酬的劳动；（3）劳动者提供的劳动是用人单位业务的组成部分。

结合本案，周某某与某公司符合法律、法规规定的劳动关系主体资格，周某某需根据某公司的派单，为客户提供系某公司业务组成的配送服务。同时，某公司未能明确公司自有员工与周某某在用工管理、发放款项等方面的区别。因此裁审机构最终认定双方存在劳动关系。

本案中，周某某为证明其与某公司存在劳动关系，已提供其工作证明、员工手册、邮件及聊天记录截图等作为凭证。某公司为证明双方不存在劳动关系，提供了自由职业者承揽协议，但该协议系打印件。且相关App平台无法打开。也就是说，用人单位在本案中未能有效举证双方间不存在建立劳动关系的要素事实，因而在本案中承担了不利后果。

随着创新型用工模式的出现，平台企业与劳动者之间的用工关系性质如何认定，已成为当前劳动争议案件审判工作中的热点难点问题。平台企业通常基于曾与劳动者签订过民事合同，进而主张双方间是合作、委托或者承揽等一般民事法律关系，在实践中也不排除劳动者基于自身考量愿意与平台建立不完全劳动关系的合作模式。然而，在实际履行过程中，平台企业与劳动者应当实际履行其所约定的法律关系下的权利义务，而非以“劳务”之名规避“劳动”之义务，判断双方间的用工关系必须坚持以用工实际决定用工关系法律性质的基本立场。若双方关系之实质要件和性质均符合劳动关系构成要件的，即便双方此前签订过民事合同，合同内否认劳动关系、排除劳动法适用的条款亦应属于无效条款。也就是说灵活用工模式下，企业与劳动者若符合《劳动和社会保障部关于确立劳动关系有关事项的通知》中规定的实质性“三要素”的，仍应被认定为建立劳动关系。

【裁判全文】

上海市第一中级人民法院
民 事 判 决 书

（2021）沪01民终14407号

上诉人（原审被告）：上海某供应链有限公司。

法定代表人：桂某某，经理。

委托诉讼代理人：陈某。

被上诉人（原审原告）：周某某。

委托诉讼代理人：汪某某。

上诉人上海某供应链有限公司（以下简称某公司）因与被上诉人周某某确认劳动关系纠纷一案，不服上海市松江区人民法院（2021）沪0117民初9736号民事判决，向本院提起上诉。本院于2021年11月10日立案后，依法组成合议庭于2021年12月9日进行了公开开庭审理。上诉人某公司的委托诉讼代理人陈某，被上诉人周某某的委托诉讼代理人汪某某到庭参加诉讼。本案现已审理终结。

某公司上诉请求：撤销一审判决，改判确认周某某与其公司于2019年5月27日至2021年4月20日不存在劳动关系。主要事实和理由：（一）双方系承揽关系，并非劳动关系。周某某系通过灵活用工平台独立承揽某公司的派件业务，双方通过平台按照周某某的派件量进行结算。某公司并不具体管理周某某的派件过程，周某某使用自有技能、自有工具进行派件，某公司也从无与周某某建立劳动关系的意愿和意思表示。双方是独立承揽关系，并非劳动关系。（二）周某某并非某公司自有员工，系通过某网络平台与第三方建立承揽关系的灵活用工人员。周某某知晓平台认证事宜，知晓自己的报酬是平台发放，并非如周某某诉讼时反悔所说毫不知情。目前第三方平台因害怕承担责任，避而不处理，并非某公司所能控制。另，本案相关争议早已过诉讼时效，片面加重某公司的举证责任，对某公司不公。综上，一审判决有误，请求二审法院依法改判。

周某某不接受某公司的上诉请求，辩称：某公司对其进行用工管理，其从事某公司安排的工作，双方具有劳动关系。一审判决无误，要求维持。

周某某向一审法院提起诉讼，请求判决：确认其与某公司于2019年3月25日至2021年4月20日存在劳动关系。某公司亦向一审法院提起诉讼，请求判决确认双方于2020年3月22日至2021年4月20日不存在劳动关系。

一审法院认定事实：

周某某在某公司经营的快递站点工作。周某某提供的银行明细中，周某某于2019年5月27日、5月29日、5月31日、6月1日、6月2日、6月3日、6月4日转账某公司款项，均注明“黄浦一站公款”。2019年6月17日后，由多个第三方发放周某某款项，注明“某项目”“某7·16发放283笔”等内容。

一审中，周某某另提交了工作证明、员工手册、邮件及聊天记录截图等，以证明其系受某公司用工管理，为某公司员工。某公司除对员工手册的形式真实性予以确认外，对其余证据的真实性均不予认可，认为工作证明因时间较久无法确认公章的真实性，而邮件及聊天记录截图亦无法显示是发给周某某。

一审中，某公司提供了自由职业者承揽协议、自雇者服务协议、项目外包服务三方协议等，以证明其公司将部分站点业务发布至用工平台，周某某与该平台建立承揽关系，某公司确认对既有员工进行考勤，但不包括周某某。周某某对上述证据真实性不予认可，认为某公司对其进行考勤，其未与第三方签订过承揽协议。某公司确认目前所述的App平台已无法打开。

2021年3月22日，周某某向上海市松江区劳动人事争议仲裁委员会申请仲裁，要求确认其与某公司自2019年3月25日至2021年4月20日存在劳动关系。2021年5月11日，该仲裁委员会以松劳人仲（2021）办字第865号裁决书，裁决：周某某与某公司于2020年3月22日至2021年4月20日存在劳动关系。裁决后，双方均不服，先后起诉至一审法院。

一审法院认为，本案中，某公司主张周某某申请仲裁要求确认与某公司存在劳动关系已经超过劳动争议仲裁时效，但因确认劳动关系属于确认之诉，不具有给付内容，不受时效限制，故对某公司提出的时效抗辩，不予采纳。根据本案查明的事实，某公司确认周某某在其公司所设的本市黄浦区××路××号黄浦一站工作，周某某的工作内容应属某公司业务组成部分，由此可见周某某系为某公司工作。某公司认为其公司存在部分自有员工，部分系与第三方建立承揽关系的灵活用工人员，而周某某属于后者，某公司应对此主张承担主要的举证责任。现根据周某某提供证据，2019 年 5 月 27 日至 6 月 4 日双方有直接转账往来，周某某提交的工作证明上亦加盖某公司公章，某公司虽对公章真实性不予认可，但并未提供证据予以反驳，且某公司也未能提供该期间周某某与第三人的协议，故某公司否认劳动关系缺乏依据。2019 年 6 月 17 日之后虽由第三人发放周某某款项，但某公司提供的自由职业者承揽协议系打印件，且所涉 App 无法打开，真实性难以采信。同时，某公司主张与周某某系承揽关系，亦无法明确发放周某某款项的时间及相应款项的组成。综上，确认周某某与某公司之间存在劳动关系。对于劳动关系时间，周某某并未举证证明 2019 年 3 月 25 日入职某公司，酌情结合银行明细中首笔款项时间予以确定，同时双方均陈述周某某工作至 2021 年 4 月底，故确认双方于 2019 年 5 月 27 日至 2021 年 4 月 20 日存在劳动关系。

据此，一审法院依照《中华人民共和国劳动合同法》第二条的规定，于 2021 年 9 月 17 日判决：确认周某某与上海某供应链有限公司于 2019 年 5 月 27 日至 2021 年 4 月 20 日存在劳动关系。一审案件受理费 10 元，减半收取 5 元，由周某某负担。

二审中，双方当事人均未提供新证据。

经审理查明，一审法院认定的上述事实无误，双方当事人均无异议，本院予以确认。

二审庭审中，某公司陈述，其公司每个快递站点都有自有员工和承揽关系人员，自有员工用以维持常年的比较稳定的业务，高峰期或有些灵活需求则由承揽关系人员完成；自有员工要服从公司的管理和指挥，承揽关系人员只需派送件即可，身体不舒服、有事情则可以不来；承揽关系人员按件计酬，自有员工根据职位不同，也有按件结算工资的。周某某对此陈述，其属于自有员工，每个站点如“双 11”“双 12”搞活动来不及，会招几天临时员工，临时员工才属于承揽关系人员，某公司每天以点名并发视频到微信群的方式进行考勤，每月有考勤统计。

本院询问某公司是否能提供周某某自由请假和不来上班的证据，某公司表示无法提供。

本院认为，本案争议焦点为：某公司与周某某之间是否存在劳动关系。根据在案证据及双方陈述，某公司确认周某某在某公司经营的快递站点工作，周某某与某公司有直接转账往来，收到的钱款有备注“某项目”等内容，周某某提交的工作证明盖有某公司公章，某公司虽表示因时间较久无法确认公章的真实性，但并未提供证据加以反驳，故可予采信。因此，周某某提供的证据能够证明其与某公司之间存在劳动关系。某公司主张双方并非劳动关系，而是承揽关系，应当对此承担举证责任。某公司提供的承揽协议等系打印件，相关 App 平台无法打开，在周某某予以否认的情况下，难以采信。某公司称其公司有自有员工和承揽关系人员，但未能明确二者在用工管理、发放款项等方面的区别，亦未能提供证据证明周某某属于承揽关系人员而非自有员工，故某公司应承担举证不能的法律后果。一审法院根据银行明细中的转款时间及双方陈述，酌情确认周某某与某公司自 2019 年 5 月 27 日至 2021 年 4 月 20 日存在劳动关系，并无不当。

综上所述，某公司的上诉请求，缺乏依据，难以支持；一审判决并无不当，可予维持。故依照《中华人民共和国民事诉讼法》第一百七十七条第一款第（一）项之规定，判决如下：

驳回上诉，维持原判。

二审案件受理费 10 元，由上海某供应链有限公司负担。

本判决为终审判决。

审判长　叶　佳

审判员　宋　赟

审判员　顾　颖

二〇二二年二月八日

书记员　李　阳

案例九　配送平台与骑手之间的劳动关系认定

——周某某诉上海拉扎斯信息科技有限公司劳动合同纠纷案

白丽娟*

关键词　互联网平台　新业态用工　外卖骑手　劳动关系认定

【裁判要旨】

“互联网+”平台经济新业态下劳动关系的认定，应当从内在层面和外在层面上审慎判断平台公司与从业者之间是否存在劳动关系。内在层面，应审查双方是否存在劳动力交换劳动报酬的合意。外在层面，应当主要审查双方之间是否具有人身依附性、从属性以及人身依附性、从属性的强弱程度，同时还应结合平台用工的经营管理模式和特点，审查从业者对工作内容、时间等是否有自主决定权，是否存在长期、持续、稳定的职业性特征，报酬获取方式及稳定程度，风险与利益由谁承担等。

【案情要点】

1. 2016 年 4 月 23 日，葛某某以上海煜峰食品有限公司（以下简称煜峰公司）名义与上海拉扎斯信息科技有限公司（以下简称拉扎斯公司）签订《蜂鸟配送代理合作协议》（以下简称《合作协议》），拉扎斯公司授权其使用“蜂鸟配送”系列产品，在上海市宝山区经营“蜂鸟配送”业务。《合作协议》中提供的账户为葛某某个人银行账户和账号，约定拉扎

* 上海江三角律师事务所高级合伙人、上海市律协社会矛盾化解委员会委员。

斯公司将配送费用支付到上述账户中。《合作协议》的合同附件《配送代理服务规范》中规定："配送商必须按照配送员数量1.2倍在'饿了么'购买并配备蜂鸟物资（蜂鸟标准物资包括：头盔、工服、腰包、餐箱），工作期间必须穿工服，佩戴头盔、腰包、餐箱，工服干净整洁，禁止穿短裤、拖鞋等影响'饿了么'形象行为。"在"客户处行为规范"中规定："到达客户楼下时，停车上锁，致电客户时，应该先说标准语：'您好，蜂鸟配送，您的外卖……'"

2. 2017年2月15日，周某某进入"蜂鸟团队"平台，从事外卖配送工作，其实际工作至2017年3月15日。在拉扎斯公司登记的信息中显示周某某所属的公司为煜峰公司，对应的站点为"杨浦1-民府路支队（煜峰）"。

3. 周某某从站点工作人员刘某军处领取配送箱，并由刘某军为其安装了"蜂鸟配送"App，其电动自行车为自备。周某某自述其报酬为每单7元，没有底薪，多劳多得，在接单时通过"蜂鸟团队"App可以看出周某某每一单可获得的报酬，拉扎斯公司的系统每天扣除2元，为其投保意外伤害保险。由站点负责人直接派单，如果自己无法配送则可退单或转单其他骑手，并且可以自己决定休息。

4. 2017年3月15日17时28分，周某某与案外人发生交通事故，经交警部门认定，周某某承担事故主要责任，案外人承担事故次要责任。2017年2月23日至3月16日，拉扎斯公司通过银行转账方式向葛某某转款。

【案件索引】

一审：上海市普陀区人民法院（2017）沪0107民初27564号

二审：上海市第二中级人民法院（2019）沪02民终3226号

【裁判结果】

上海市普陀区人民法院一审判决：确认周某某与拉扎斯公司自2017年2月15日至3月15日存在劳动关系。

上海市第二中级人民法院二审判决：撤销上海市普陀区人民法院（2017）沪0107民初27564号民事判决；驳回周某某要求确认与拉扎斯公司自2017年2月15日起至今存在劳动关系的诉讼请求。

【案例注解】

一、本案的法律问题

本案中，周某某与拉扎斯公司主要就双方之间是否构成劳动关系存有争议。

周某某认为，其与拉扎斯公司之间存在劳动关系，主要理由为：周某某使用拉扎斯公司统一装备，接受相关管理，提供稳定的劳动，双方建立了劳动关系。

拉扎斯公司认为，其与周某某并未建立劳动关系，一审法院判决有误。其主要理由是：（1）拉扎斯公司与煜峰公司签订的《合作协议》中约定拉扎斯公司授权煜峰公司在上海市内一定区域使用“蜂鸟配送”系列产品进行即时配送服务，并特别约定煜峰公司的员工与拉扎斯公司不存在任何形式的劳动关系。（2）周某某实际系接受煜峰公司下属站点团队的管理，而非接受拉扎斯公司管理，站点向其发布的“饿了么”指令的行为与拉扎斯公司相关指令及管理无关。（3）拉扎斯公司依据《合作协议》向葛某某账户中支付合作款项，而非向周某某支付劳动报酬，故而无论是从报酬发放还是成果归属上看，均不应判定拉扎斯公司与周某某之间建立劳动关系。

二、判决书的分析逻辑

第一，双方是否具有建立劳动关系的合意。一审法院认为，周某某希望与拉扎斯公司建立劳动关系有明确的意思表示。周某某到达葛某某团队处时，葛某某是以“饿了么”名义招聘骑手，站点工作人员为周某某下载并安装“蜂鸟团队”App，让周某某知晓如何使用。葛某某团队的言行，让周某某认为其就是与“饿了么”平台背后的公司建立劳动关系，周某某并没有表示自己要与葛某某团队建立雇佣关系或者是与煜峰公司建立劳动关系，特别是周某某当时还不知道有“煜峰公司”的存在。关于拉扎斯公司提出的其只是与“煜峰公司”（其管理员为葛某某）建立了代理合作关系，《合作协议》中有条款明确自己与合作方所招用的骑手不存在劳动关系、雇佣关系，一审法院认为，拉扎斯公司的主观意愿较为模糊，《合作协议》的名称是“代理合作协议”，代理人（合作方）对外是以被代理人（拉扎斯公司）的名义进行活动，并由被代理人承担相应的法律后果。从协议的名称及条款，法院可以合理推定协议的内容让葛某某一方认为自己有权利以拉扎斯公司或者“饿了么”的名义招聘骑手。

二审法院认为，从劳动者周某某“入职”的过程来看，周某某自述“马路上随意拦截了一个穿‘饿了么’制服的人，然后由他指点我去了松花江路2号，该地方外面没有悬挂牌子”。入职后，下载App，周某某所属团队是“杨浦2-民府路支队（煜峰）”，自始至终并未出现拉扎斯公司的名称，无论是周某某还是拉扎斯公司，因此双方都没有与对方建立劳动关系的意思表示。

第二，双方是否具有较强的人身从属性。一审法院认为，拉扎斯公司提供的公司系统内调取的周某某的配送明细显示有运单号的订单日期、创建时间和终单时间，配送员的姓名为“周某某”，证明周某某在2017年2月15日到3月15日存在相对稳定地提供劳动的情况。拉扎斯公司提供的《配送代理服务规范》，其中对于配送商配送员的健康证规范、着装规范、配送范围规范等均有相应规定。在周某某提供的微信聊天记录中有着对配送员配送方面的要求和“尽量让客户给五星好评”的表述，这些内容表明，周某某作为付出劳动力的一方在付出劳动获取报酬时，需要遵守用人单位的管理、支配，此外，“饿了么”骑手的上下班时间为上午10点到晚上10点，中午、下午单量少的时候可以休息，且配送单是由调度员派发给骑手的，一般来说派一单（骑手）就要送一单。因此一审法院认为，在周某某所述其使用“蜂鸟团队”App进行送餐，提供劳动力获取报酬的整个过程中，周某某具备了将其对劳动力的支配权让渡给用人单位，接受用人单位的管理、支配的特点，具备了建立劳动关系的基本要件。

二审法院认为，就周某某实际履行一节，拉扎斯公司注册登记显示，其运营于普陀区，周某某实际工作于杨浦区，两者相去甚远，缺乏基本联结点。周某某自备交通工具，通过手机系统软件平台接单、取单和送单。从周某某自己的陈述来看，包括周某某在内的送餐员接单之后，可以转让给他人进行送单。可见，骑手对送餐工作的安排具有自主权，并非如与用人单位建立劳动关系的员工一样，具有不可替代性。并且周某某的报酬，也是通过添加站点管理员微信的方式，根据周某某配送的订单数量发放，与传统劳动关系中的劳动者之劳动报酬源由用人单位按月（或定时）发放的形式存在明显不同。关于周某某坚称拉扎斯公司对其工作服务有相关奖惩管理制度及用户评价制度一节，二审法院认为拉扎斯公司作为《合作协议》的运营商，对在通过平台进行工作的从业人员进行一定的约束，系行使相应的监管权，以保证平台的运行及良好形象，不应视为拉扎斯公司对周某某提供的劳动或劳务进行了全面的管理，双方不具备人身及财产的从属性。

三、此类案件的特点与裁判建议

（一）案件特点

尽管从外观来看，从事配送员或快递员工作的骑手实际工作内容趋同，都是接单后将商品送至指定地点，但是这部分劳动者涉及的用工关系极为复杂，既有平台或商家直接聘用的全职及兼职骑手，也有类似本案中通过平台公司与合作方签订《合作协议》，由合作方招募的骑手。因此，认定骑手与平台之间是否建立了劳动关系，或者虽然没有构成劳动关系，骑手又是否与平台或者合作方建立了其他民事法律关系等问题已经成为当前新型用工模式下事实劳动关系认定的重点。

本案中，一方面，周某某并未直接与拉扎斯公司签订任何书面劳动合同，甚至在发生劳动争议之前，周某某都不知道拉扎斯公司的存在，其仅能从 App 及配送装备上知晓“饿了么”及“蜂鸟配送”等信息，同时在工作时也具备一定的自主权，例如可以将自己来不及配送的订单转交他人，配送所用的电动自行车也是周某某自备；另一方面，周某某的订单实际是由拉扎斯公司系统发送，并且拉扎斯公司对骑手的健康证、着装、配送范围等均有相应规定，包括周某某在内的骑手在交付商品时也应当使用拉扎斯公司规定的文明用语。我国《劳动法》《劳动合同法》等法律法规以及相关的劳动法理论，遵循的是“劳动二分法”，即将各类劳动给付活动分为从属性劳动和独立性劳动，二者在法律适用等方面存在显著差异。

在“劳动二分法”的理论中，法院认定劳动者与平台之间是否构成劳动关系与否对劳动者的权利保障差别巨大，法院也仅能对此“二选一”，由于平台用工形式的多样性和创新性，法律法规尚未对这个新生事物作出针对性规范，劳动仲裁委员会及人民法院尚未形成统一的裁审口径，导致一审、二审法院对本案作出了截然不同的判决，从而造成截然不同的结果：如果判决认定劳动者与平台之间构成劳动关系，则平台需要承担作为用人单位的责任，如果判决不能构成劳动关系，则平台仅需承担普通民事法律责任。

针对上述情况，2021 年 7 月人力资源和社会保障部等 8 部门联合颁布的《关于维护新就业形态劳动者劳动保障权益的指导意见》（人社部发〔2021〕56 号，以下简称 56 号文）第二条规定：“符合确立劳动关系情形的，企业应当依法与劳动者订立劳动合同。不完全符合确立劳动关系情形但企业对劳动者进行劳动管理（以下简称不完全符合确立劳动关系情形）的，指导企业与劳动者订立书面协议，合理确定企业与劳动者的权利义务。个人依托平台自主开展经营活动、从事自由职业等，按照民事法律调整双方的权利义务。”56 号文创造性地引入了“不完全劳动关系”的概念，一定程度上打破了目前“劳动二分法”的二元结构，可以看出管理部门试图构建一种“中间型”的用工方式，既能给予劳动者例如最低工资、劳动安全卫生、职业伤害等基础性保障，又不至于让平台承担过重的义务、影响新业态发展，在劳动者和平台之间实现一种平衡状态。目前，有关“不完全劳动关系”的规定仍处于政策施行初期，还有待发布更为详细的实施措施。

（二）裁判建议

在不具备书面劳动合同的情况下，判断劳资双方是否存在建立劳动关系的合意需要综合考量多种因素，特别是关于劳动者是否存在与平台方建立劳动关系的意思表示。在本案中，一审、二审法院有截然不同的认定。笔者倾向于认为，尽管劳动者在“入职”时并不知晓拉扎斯公司的存在，但考虑到“饿了么”“蜂鸟配送”等平台实际是由拉扎斯公司运营，并且劳动者也很难知晓“饿了么”“蜂鸟配送”平台背后的实际运营公司，因此实际上双方存在建立劳动关系的意思表示。法院在裁判时不应当刻意区分平台名称与实际运营公司名称，只要劳动者有与平台建立劳动关系的意思表示，则应当同样认为其具备与平台背后运营公司建立劳动关系的意思表示。

【裁判全文】

上海市第二中级人民法院
民 事 判 决 书

（2019）沪 02 民终 3226 号

上诉人（原审被告）：上海拉扎斯信息科技有限公司。

法定代表人：王某，执行董事。

委托诉讼代理人：郑某某。

委托诉讼代理人：文某。

被上诉人（原审原告）：周某某。

委托诉讼代理人：江某某。

原审第三人：上海煜峰食品有限公司。

法定代表人：高某某，总经理。

委托诉讼代理人：袁某某。

原审第三人：葛某某。

上诉人上海拉扎斯信息科技有限公司（以下简称拉扎斯公司）与被上诉人周某某、原审第三人上海煜峰食品有限公司（以下简称煜峰公司）、原审第三人葛某某因确认劳动关系纠纷一案，不服上海市普陀区人民法院（2017）沪 0107 民初 27564 号民事判决，向本院提起上诉。本院立案受理后，依法组成合议庭，并于 2019 年 5 月 31 日公开开庭进行了审理。上诉人拉扎斯公司的委托诉讼代理人文某，被上诉人周某某及其委托诉讼代理人江某某，原审第三人煜峰公司的委托诉讼代理人袁某某到庭参加诉讼。原审第三人葛某某经本院传票传唤，无正当理由拒不到庭。审理中，各方申请庭外和解三个月时间不计入审理期限，又因案情复杂，报本院院长批准延长审限。本案现已审理终结。

拉扎斯公司向本院提出上诉请求，请求撤销一审判决，依法改判驳回周某某的诉讼请求或发回重审，本案诉讼费用由周某某承担。事实与理由：一、一审判决认定事实不清，适用法律有误，拉扎斯公司与周某某之间不存在任何形式的劳动或劳务关系。1. 2016 年 4 月 23 日，煜峰公司与拉扎斯公司签订《蜂鸟配送代理合作协议》（以下简称《合作协议》），合作协议上“管理员”是葛某某。《合作协议》约定拉扎斯公司授权煜峰公司在上海市内一定区域使用“蜂鸟配送”系列产品进行即时配送服务。并特别约定煜峰公司需要为其配送员购买保险，煜峰公司的员工与拉扎斯公司不存在任何形式的劳动关系。2. 协议签订后，拉扎斯公司和煜峰公司均履行了合作协议约定。通过一审查明的事实可知，周某某亦是煜峰公司下属团队“杨浦 1-民府路支队”的配送员，接受“杨浦 1-民府路支队”相关管理人员的管理。3. 周某某为证明与拉扎斯公司之间存在劳动合同关系，提供了众多截屏。然，截屏显示，工作群中，相关管理人员朱某涛于 2017 年 3 月 1 日前通知“没有签合同的明天下午不忙的时候来单位签一下合同（兼职也要签）。签完的略过此项”。事故发生时间是 2017 年 3 月 15 日，在十几天的时间内，周某某接到通知却迟迟不与用人单位签订劳动合同，由此可以得知，没有签订劳动合同的原因是周某某怠于行使权利。4. 煜峰公司通过拉扎斯公司的平台为周某某购买了中国平安财产保险股份有限公司的短期健康险和意外险。5. 周某某未提供与拉扎斯公司之间的劳动合同，未提交其接受拉扎斯公司管理和拉扎斯公司向其发放薪资的证据。6. 拉扎斯公司系“蜂鸟配送”网络服务平台的运营商，为入驻平台的商户和物流商提供平台服务，与煜峰公司签订有《合作协议》，该协议第三条第八款明确约定煜峰公司能够将自己的商标与甲方商标联合露出。煜峰公司未行使此项权利，并不意味着可以径行推论周某某系拉扎斯公司员工。二、一审判决对劳动关系的认定片面，且自相矛盾。1. 现有证据显示，拉扎斯公司从未对周某某进行管理，且一审审理过程中周某某的证据中所提及的刘某军（民府路支队的调度）、朱某涛（民府路支队的管理人员）、董某峰均非拉扎斯公司员工，葛某某也在质证中明确表示上述三人均是其团队的工作人员。葛某某是煜峰公司的员工，其行为自然代表了煜峰公司。2. 所谓煜峰公司抑或葛某某团队复制并直接发布“饿了么”指令的行为与拉扎斯公司相关指令及管理无关，拉扎斯公司与合作方之间没有管理的隶属关系，双方是平等的合作关系，合作方无论是否对文字进行修改并发布，均是履行《合作协议》的行为。仅从指令的形式上即判定就是拉扎斯公司的指令和管理要求，没有任何事实与法律依据。3. 所谓周某某自 2017 年 2 月 15 日至 3 月 15 日存在相对稳定地提供劳动，然，周某某究竟向谁提供了劳动，应予探究。首先，拉扎斯公司是网络平台运营商，拉扎斯公司对形成于己方平台的订单进行保存是平台服务的需要；其次，《合作协议》明确约定由拉扎斯公司提供产品支持，拉扎斯公司开发蜂鸟配送 App 并提供合作方使用，是《合作协议》约定的事项。据一审判决认定，刘某军系民府路支队的调度，订单是由调度员派发给骑手的，而该调度员系葛某某雇用，拉扎斯公司从未直接管理任何乙方骑手，乙方团队及骑手由其自行建立，拉扎斯公司从未对诸如周某某等骑手进行管理。4. 一审判决表述自相矛盾，判决第 19 页：“……即使第三人现在自认，想与原告建立雇佣关系，在原告没有这样的意思表示的情况下，也是无法在双方之间建立起雇佣关系的。”同理，拉扎斯公司也未曾有与周某某建立劳动关系的意思表示，一审判决强调合作协议中关于“代理”和“加盟”的表面含义，忽略双方“合作”的事实，在雇佣关系明确的前提下，片面推断拉扎斯公司具有与周某某建立劳动关系的意思表示，有失公允。5. 就发放劳动报酬与劳动成果的归属而言，于本案中，已经确认有相关人员和周某某讲解过报酬的计算方式，拉扎斯公司已提供依据《合作协议》向协议中的葛某某账户中支付合作款项的记录，故而无论是从报酬发放还是成果归属，均不应判定劳动关系形成于拉扎斯公司与周某某之间。6. 本案系劳动者要求确认劳动关系的案件，而非商标侵权案件或者网络侵权案件，拉扎斯公司展示企业商标的行为未违反相关法律，认定拉扎斯公司因展示商标而与周某某建立劳动合同关系，与法相悖。三、拉扎斯公司与煜峰公司签订的《合作协议》上并无证据显示煜峰公司的公章系私刻公章，故拉扎斯公司相信该公章是真实的并无不妥，拉扎斯公司作为一家企业，无权对任何前来期望合作的单位作出有罪推定。经办人葛某某确系煜峰公司员工，从合作协议的签订到后续各项手续的办理，煜峰公司不止一次用印，从未提出任何异议，却在需承担相应责任时，提出反对意见，其中缘由拉扎斯公司不得而知。拉扎斯公司和煜峰公司是独立运营、财务独立核算的两个独立法人，拉扎斯公司无权参与煜峰公司的内部管理，同理，煜峰公司内部管理的问题亦不得对抗拉扎斯公司。综上，一审法院罔顾事实，以所谓内心活动定责，背离基本的法律原则，与事实不符，与实际履行不一，致原判事实不清，适用法律不当，请求依法撤销，改判如其诉请。

周某某辩称，其作为退伍军人，为了维系家庭生计而在拉扎斯公司从事配送工作，于送餐途中遭遇车祸导致骨折，并被送往医院进行手术救治。因未签订劳动合同，权利义务无法得到保障，无奈诉至法院。周某某认为，《劳动法》和《劳动合同法》的立法初衷，在于保护劳动者的合法权益，构建及发展和谐稳定的劳动关系。拉扎斯公司过错明显，此前表述亦存在多重矛盾之处，诸如，代理协议中，留存的是葛某某私人账户；又如保证金未进行折抵，而是全额转让退回，与常理严重不符。周某某使用拉扎斯公司统一装备，接受相关管理，提供稳定的劳动，因交通事故而不得已中断提供劳动。拉扎斯公司作为一家有实力的企业，不顾商誉，否认与周某某的劳动关系，属于逃避用工责任。煜峰公司和葛某某这些诉讼主体，周某某从未听说，亦不知晓。综上，请求驳回上诉，维持原判。

煜峰公司辩称，煜峰公司自始至终对于本案不清楚，不知晓。在收到相关诉讼材料后，煜峰公司于2018年3月6日向公安机关报案。煜峰公司认为，其一，相关公章是私刻的，并非公司留存的印章。其二，相关《合作协议》未在煜峰公司的授权下签订。其三，《合作协议》的实际履行，包括钱款均由葛某某的私人账户进出，煜峰公司从未染指一分。综上，煜峰公司在不知情的情况下，被冒用名称卷入诉讼，煜峰公司不应承担任何责任。请求驳回上诉，维持原判。

葛某某未作答辩。

周某某向一审法院提出诉讼请求：要求确认周某某、拉扎斯公司之间自2017年2月15日至今存在劳动关系。周某某为证明其诉称意见向法庭提供如下证据。

证据一：周某某与接受拉扎斯公司服务的顾客的通话记录（2017年2

月 16 日至 3 月 15 日）及文字整理材料、拉扎斯公司外卖平台截图（2017 年 2 月 16 日至 3 月 15 日），证明周某某在很长时间内从事外卖接单、派送工作，周某某提供的劳动是拉扎斯公司的业务组成部分。

证据二：周某某与管理人员刘某军、朱某涛的微信聊天记录截图（与刘某军的聊天记录时间是 2017 年 2 月 17 日、与朱某涛的聊天记录时间是 2017 年 3 月 12 日），内容为管理人员通过微信对周某某的工作进行管理，包括对具体的服务质量、奖励标准等，内容为因客户对周某某的配送给了差评，由刘某军对周某某的配送进行提示；朱某涛的聊天记录中谈到了周某某要尽量让客户给五星好评，这对单位和大家都有好处，每月接单 500 单以上参加评比，另有具体的奖励标准；另有以拉扎斯公司的名义，称拉扎斯公司的制度已有大改变，差评率太高 App 会被禁止接单；未来“饿了么”团队会是素质至上的团队，差评率太高没有办法继续工作，证明管理人员以拉扎斯公司名义对周某某进行劳动管理。

证据三：中国平安保险凭证（2017 年 2 月 15 日的单号为××××××××××××××××××1、2017 年 3 月 15 日的单号为×××××××××××××××××××8）、保险说明及理赔流程（投保人为拉扎斯公司，被保险人为周某某，性质为短期健康意外险，保费为人民币 2 元），证明拉扎斯公司为周某某购买个人保险，双方存在劳动关系。

证据四：交通事故认定书、外卖平台截图及事故现场照片，证明周某某于 2017 年 3 月 15 日在为拉扎斯公司工作期间遭遇交通事故。

经质证，拉扎斯公司对周某某证据一的真实性、关联性、合法性均不认可，通话记录不能实现周某某的证明目的，需要周某某提供证据证明通话记录中的这些号码的机主是拉扎斯公司客户，周某某的证据并不能证明这些消费者是“饿了么”的客户；关于录音文字整理资料，即便是周某某打电话，但周某某没有证明这些商家是谁，拉扎斯公司无法核实在通话时是否存在送餐记录；对系统截图的真实性、关联性、合法性均不认可，该两张图片是管理员发送，但拉扎斯公司不知道管理员是谁、是不是拉扎斯公司的员工。对证据二微信聊天记录中，名称为“A 俯身看脚下”（周某某称是刘某军），其中显示“支队（煜峰）”，在周某某提交的证据中骑手所属团队是“杨浦 2-民府路支队（煜峰）”，关于周某某和朱某涛的微信截图，经拉扎斯公司核实，朱某涛并非拉扎斯公司的员工，在截图中提及的“董某峰”的站长，也不是拉扎斯公司员工，在朱某涛的所有消息记录中从未显示其是代表“饿了么”对周某某进行管理，拉扎斯公司认为周某某提交的证据可以证明周某某属于的团队是“民府路支队”，该支队隶属于煜峰公司。且，朱某涛微信中说“没有签合同的明天来单位签……”拉扎斯公司推测，周某某与煜峰公司已签订了劳动合同，拉扎斯公司认为周某某与煜峰公司已建立劳动关系。对证据三的真实性、合法性认可，关联性不认可，拉扎斯公司与物流供应商（煜峰公司）合作，为了方便煜峰公司为其自己的骑手购买保险，拉扎斯公司与平安保险签订了框架协议，所有通过拉扎斯公司平台接受平台服务的骑手只要在平台购买保险，投保人都会显示为拉扎斯公司，但被保险人的名称均显示为骑手自己的名字，因此拉扎斯公司认为不能说明周某某与拉扎斯公司之间存在劳动关系。对证据四，对交通事故认定书的真实性、合法性无异议，但与拉扎斯公司无关；对截屏与照片的真实性、关联性、合法性均不认可。

煜峰公司发表质证意见如下：其不认识周某某，与周某某没有劳动关系。

葛某某发表质证意见如下：对证据一，通话记录与文字整理材料真实性无法确认，对订单截屏可看出配送员的姓名，若为真实，能看出周某某进行过配送，周某某是在从事“饿了么”的外卖配送业务，但是接受劳务的一方是葛某某。对证据二，微信记录的真实性认可，刘某军系民府路支队的调度，朱某涛系民府路支队的管理人员，两人并非骑手，不提供直接的配送服务，该两人也是葛某某团队的工作人员，并非拉扎斯公司和煜峰公司的人员。从朱某涛聊天记录中的“3·1起饿了么公司的制度已经有大的改变，差评率太高会直接禁止接单……”葛某某认为上述内容可以证明朱某涛是接受了“饿了么”公司的相关要求，向骑手提出了具体的配送要求，朱某涛并不是代表拉扎斯公司在管理周某某，而是基于拉扎斯公司的要求在进行团队自我管理，即代表葛某某团队对骑手进行管理。对证据三，真实性认可，拉扎斯公司整个“蜂鸟配送”业务中，无论是团队骑手、众包骑手，所有骑手日险的投保人都是拉扎斯公司，葛某某以煜峰公司的名义作为加盟商在拉扎斯公司平台上运作，所显示的投保人只能是拉扎斯公司，所有的骑手都是这样。这个结果和现象并不能倒推投保人是用人单位。在拉扎斯公司的眼里，周某某是团队骑手，在周某某当天的第一单业务形成时，系统会自动扣除并为周某某投保。对证据四，交通事故责任认定书的真实性认可，关联性不认可，周某某发生交通事故的这一节事实与本案争议焦点无关联性；对事故视频的截图照片真实性认可，但与本案无关联性。

拉扎斯公司为证明其辩称意见向法庭提供如下证据。

证据一：拉扎斯公司系统内调取的周某某的配送明细，证明根据拉扎斯公司系统显示，2017 年 3 月 15 日周某某通过拉扎斯公司的平台进行接单，拉扎斯公司平台为周某某提供了平台服务，同时该数据显示代理商名称为“上海煜峰公司”，代理商团队名称为“杨浦 2-民府路支队（煜峰）”，与周某某提交的材料相一致，证明周某某系与煜峰公司建立劳动关系。

证据二：《合作协议》（期间为 2016 年 4 月 23 日至 2017 年 4 月 22 日），该协议中约定煜峰公司通过拉扎斯公司的平台进行即时配送服务，拉扎斯公司为煜峰公司提供产品支持，在合同第十一条约定，煜峰公司的员工与拉扎斯公司不存在任何劳动关系，煜峰公司的员工在工作期间出现的任何事故，包括但不限于造成第三人或煜峰公司自身的人身、财产损失，责任由煜峰公司自行承担。

证据三：沈某（煜峰公司）和“静静的滑滑梯”（拉扎斯公司员工）之间的群聊聊天记录（时间为 2018 年 2 月 28 日），证明沈某认可有个离职员工叫周某某，起诉了拉扎斯公司。

证据四：拉扎斯公司向煜峰公司的管理员葛某某转款的清单，证明拉扎斯公司已经向煜峰公司支付了配送费，且煜峰公司与拉扎斯公司是财务独立的两家法人主体。

经质证，周某某发表如下质证意见：对蜂鸟配送代理合作协议的真实性和关联性都不予认可，煜峰支队是拉扎斯公司的团队，周某某此前从不知道有“煜峰公司”的存在。

煜峰公司发表如下质证意见：其与拉扎斯公司没有签订过《合作协议》，2018 年 3 月 6 日公司法定代表人高某某向上海公安局嘉定分局戬浜派出所报案，报案内容是有人私刻公司印章，假冒公司名义与拉扎斯公司签订《合作协议》。

葛某某的质证意见与其答辩意见一致。

煜峰公司向法院提供如下证据：上海公安局嘉定分局戬浜派出所接报回执单，该回执单证明煜峰公司发现葛某某私刻公章后进行了报案。

经质证，各方对此回执单未发表质证意见。

葛某某向法院提供如下证据：葛某某个人的中国银行交易流水清单（期间为2017年1月1日至4月26日），证明葛某某从拉扎斯公司处得到了款项后给了周某某同事朱某涛等骑手。

经质证，周某某对葛某某的交易流水清单的真实性、关联性均不予认可，明细中没有周某某的账户，朱洪涛曾在周某某住院期间给过周某某人民币（币种下同）5000元。拉扎斯公司及煜峰公司未发表质证意见。

一审法院经审理查明，2016年4月23日，葛某某以“煜峰公司”的名义与拉扎斯公司签订《合作协议》，协议中约定的有效期为自2016年4月23日至2017年4月22日，拉扎斯公司授权使用“蜂鸟配送”系列产品在上海市宝山区内经营“蜂鸟配送”业务，在“乙方权利和义务”中载明：“乙方在配送过程中，不得向甲方（拉扎斯公司）用户明示或暗示，使其不通过甲方渠道购买配送服务；不得向甲方用户宣传除‘蜂鸟配送’之外的同类型配送平台；亦不得对甲方用户的客户明示或暗示，使其不通过‘饿了么’旗下平台（包括但不仅限于‘饿了么’网上订餐平台）下单；不得向甲方用户的客户宣传除‘饿了么’旗下（包括但不仅限于‘饿了么’网上订餐平台）以外的同类型O2O平台。乙方可以使用自己的商标LOGO，但必须和‘蜂鸟配送’的商标LOGO联合露出，且‘蜂鸟配送’的平面元素所占比例不得低于50%。乙方有权使用‘蜂鸟配送’的产品、服务、装备和商标LOGO进行日常配送行为，但不得利用其作违法和甲方未授权的用途。”协议中提供的账户为葛某某个人的银行账户和账号，约定拉扎斯公司将配送费用支付到上述账户中，“违约责任”中载明“乙方要严格遵守甲方（拉扎斯公司）最新发布的《配送代理服务规范》，乙方违反《配送代理服务规范》的，甲方有权进行处罚，乙方应及时补救，情节严重的甲方（拉扎斯公司）有权解除合同，甲方保持追诉损失赔偿的权利”，在正文最后一句载明“以上条款加盟商具已知悉”，在落款处加盖了“煜峰公司合同专用章”。《合作协议》的合同附件中有《配送代理服务规范》和配送代理商资质材料，其中《配送代理服务规范》中规定：“配送商必须按照配送员数量1.2倍在‘饿了么’购买并配备蜂鸟物资（蜂鸟标准物资包括头盔、工服、腰包、餐箱），工作期间必须穿工服，佩戴头盔、腰包、餐箱，工服干净整洁，禁止穿短裤、拖鞋等影响‘饿了么’形象行为。”在“客户处行为规范”中规定：“到达客户楼下时，停车上锁，致电客户时，应该先说标准语：‘您好，蜂鸟配送，您的外卖……’与客户见面时，应面带微笑待人，若迟到，应该先行道歉，不得态度恶劣，不得与客户产生纠纷。主动提醒客人验餐。”

2017年2月15日，周某某进入拉扎斯公司运营的“蜂鸟团队”平台从事配送员工作，周某某根据平台发布的信息从事外卖配送工作，周某某实际工作至2017年3月15日。在拉扎斯公司处登记的信息中显示周某某所属的公司为“煜峰公司”，对应的站点为“杨浦1-民府路支队（煜峰）”。

2017年3月15日17时28分，周某某与案外人发生交通事故，经交警部门认定，周某某承担事故主要责任，案外人承担事故次要责任。2017年2月23日至3月16日，拉扎斯公司通过银行转账方式向葛某某转款。

2017年8月28日，周某某向上海市普陀区劳动人事争议仲裁委员会提起仲裁申请，要求确认周某某、拉扎斯公司自2017年2月15日起存在劳动关系，该委员会于2017年9月4日受理。该委员会于2017年10月17日作出普劳人仲（2017）办字第3097号裁决书，裁决：“申请人（周某某）的仲裁请求不予支持。”周某某不服，向法院提起诉讼，请求判决如其诉请。

2018年2月23日，煜峰公司向上海市公安局嘉定分局戬浜派出所报案，称发现其公司员工葛某某私自刻制一枚公司合同章，假冒公司与“饿了么”公司签订一份配送代理合同，私自雇用配送人员。一审法院于2018年6月14日至上海市公安局嘉定分局戬浜派出所询问案件情况，承办民警丁警官表示，因报案所指向的公章只有一枚，不构成刑事立案标准，不会予以刑事立案，葛某某也没有到派出所做过笔录，无法确定“煜峰公司合同专用章”是否为私刻。

案件事实是法院审理案件的基础，本案的事实牵涉当事人众多，环节众多，根据法院在前面列举的当事人诉辩称意见及质证情况，根据周某某找工作、拉扎斯公司与煜峰公司及葛某某的关系这两个主线，可以简要地作一个梳理。

就周某某而言，他就是劳动力市场上一个普普通通的找工作的人，按照周某某自己的话来说，他没有什么特别的技术，原来自己开的店因为没有营业执照被查封了，看到其他人送外卖可以赚到点钱，于是，他想去从事送外卖的工作。他经人介绍到了“民府路”配送站点，和千千万万普通的劳动者一样，周某某来到“民府路”配送站点时并不知道这家站点是个人开的还是公司开的，具体是哪个公司开的，他只是想找个工作。葛某某自认，他是以“饿了么”公司的名义在招录骑手（配送员）。周某某经人介绍到了葛某某招用的工作人员刘某军处，也和其他众多的普通劳动者一样，周某某没有提及签订书面劳动合同一事，没有以其他方式明确到底他将来是为谁工作。刘某军也没有主动提及签订书面劳动合同的事情，但是，刘某军为周某某安装了“饿了么”的“蜂鸟团队”App，让周某某根据指令接单送餐，并给了周某某一个配送箱。周某某接单的时候，通过“蜂鸟团队”App可以看出周某某每一单可获得的报酬，拉扎斯公司的系统每天扣除2元，为周某某投保意外伤害保险。周某某从事配送工作以后，一直是接受的“蜂鸟团队”平台的指示，直到2017年3月15日，周某某在接受“蜂鸟团队”平台送餐过程中出现交通事故受伤。以上就是周某某找工作、从事工作的基本情况和过程。

从拉扎斯公司与煜峰公司、葛某某的关系这条线来看，葛某某曾经在煜峰公司工作过，葛某某想与拉扎斯公司合作经营“蜂鸟配送”业务，由于葛某某个人没有这方面的资质，而煜峰公司有资质，葛某某就以煜峰公司名义与拉扎斯公司洽谈并加盖了“煜峰公司合同专用章”的印章（煜峰公司否认曾经与拉扎斯公司洽谈过合作业务，也没有盖过章，为此还向公安部门报案）。葛某某对此的说法是，其“借用了煜峰公司的抬头和资质”，其系承包了拉扎斯公司“蜂鸟配送”业务的个人。拉扎斯公司并不知道葛某某的上述做法，也未审核葛某某有无煜峰公司的授权委托书，将自己印制的《合作协议》交给了葛某某，由葛某某加盖了所谓“煜峰公司合同专用章”的公章，拉扎斯公司事后陆续收取了葛某某交付的 15 万元保证金。《合作协议》及附件《配送代理服务规范》内容众多，既有条款约定了拉扎斯公司与所谓“煜峰公司”之间的合作，由所谓“煜峰公司”承接拉扎斯公司的配送业务，使用拉扎斯公司的平台，由所谓“煜峰公司”自行招录骑手，这些骑手与拉扎斯公司之间不存在雇佣关系、劳动关系等内容；同时，《配送代理服务规范》中对于骑手的行为有详细的要求和约束，包括了使用拉扎斯公司的 App，使用拉扎斯公司的特有标志的制服和送餐箱，遵守相关流程，如有违反须接受惩罚等。从实际履行情况来看，葛某某团队是以“饿了么”名义在对周某某进行管理。一审庭审中周某某出示了其所在配送团队微信群中的内容，这些内容充分表明，对于“饿了么”的指令和管理要求，葛某某团队并没有进行重新编辑加工转变成自己的指令和管理要求，而是直接复制过来进行发布。从这些指令的形式上看，它就是“饿了么”的指令和管理要求。

本案中，周某某付出劳动，是在劳动过程中受伤，各方当事人均无异议，法院要判断的是：在本案这样的特定背景下，在拉扎斯公司、煜峰公司、葛某某当中，是谁与周某某建立了劳动关系？

一审法院认为，在要求确认劳动关系的案件中，必须从案件的事实中分析双方是否符合劳动关系的基本要件。是否符合劳动关系，主要看两方面：一方面是双方当事人之间有没有建立劳动关系的意思表示或者意愿，另一方面是双方当事人之间有没有形成管理与被管理这样的隶属关系。以下法院就这两个方面分别进行分析。

本案中当事人建立劳动关系的意思表示的判断。建立劳动关系与建立其他民事合同关系一样，需要双方的意思表示达成一致，这是尊重当事人约定的必然要求，也是认定劳动关系的重要标准。没有劳动关系的合意，劳动关系的建立无从谈起。实践中，建立劳动关系的合意与达成其他民事合同一样，主要是通过书面劳动合同来判断，一般而言，达成了书面劳动合同就证明双方有了建立劳动关系的意思表示，除非有相反证据证明这样的书面合同只是形式或者存在欺诈、胁迫等其他无效或者可撤销事由。尽管《劳动合同法》鼓励用人单位与劳动者签订书面劳动合同，但是，实践中也有大量不签订书面劳动合同的情况，这就给认定劳动关系带来了困难。在没有书面劳动合同的情况下，法院就需要通过其他因素，其中主要是以行为来判断当事人有没有建立劳动关系的意思表示。如果某个用人单位与劳动者之间只是“一对一”的关系，即某个劳动者就是在一个用人单位工作，不涉及其他单位或者个人，那么法院也可以从双方客观存在雇用与受雇这一事实行为，认定双方存在事实劳动关系，让实际接受劳动的用人单位承担劳动法上的责任。但是，在本案中，法院遇上的却是更加复杂的情况，不仅周某某在付出劳动时没有签订书面劳动合同，而且在“互联网+”时代，周某某在付出劳动过程中以及出现交通事故后，发现他面对的相对方竟然有多个，在本案中就有以下几个：作为互联网送餐平台的拉扎斯公司，它提供“蜂鸟团队”App，并以一定形式对周某某进行管理；煜峰公司是在形式上与拉扎斯公司签订《合作协议》，承诺与拉扎斯公司合作“蜂鸟配送”业务的一方；葛某某团队，葛某某借用煜峰公司的抬头和资质与拉扎斯公司实际合作，也是由葛某某团队具体招录骑手。

法院通过审理发现，周某某想与拉扎斯公司建立劳动关系的意思表示是明确的。尽管周某某不是主动上门与拉扎斯公司接洽沟通的，但是，周某某到达葛某某团队处时，葛某某是以“饿了么”名义招聘骑手，葛某某团队工作人员为周某某下载并安装“蜂鸟团队”App，让周某某知晓如何使用。葛某某团队的言语和行为释放的信息，让周某某认为其就是与“饿了么”平台所属的公司建立劳动关系，周某某并没有表示自己要与葛某某团队建立雇佣关系或者是与“煜峰公司”建立劳动关系（周某某当时还不知道有“煜峰公司”的存在）。因此，在本案中可以认定周某某有与拉扎斯公司建立劳动关系的意思表示。

当然，认定劳动关系，仅仅有周某某的意思表示还不够，那本案中的拉扎斯公司、煜峰公司、葛某某有没有与周某某建立劳动关系的意思表示呢？哪一方有这样的意思表示？法院通过审理发现，煜峰公司明确表示其并没有与拉扎斯公司签订所谓代理合作协议，在整个事件过程中，煜峰公司完全是被葛某某所“借用”。煜峰公司的这一观点，不仅被其事后马上向公安机关报案所印证，葛某某在一审庭审中也承认了自己系“借用煜峰公司”的抬头和资质。由此，法院可以认定，煜峰公司没有与周某某建立劳动关系的意思表示，与周某某也就不存在事实劳动关系。对葛某某来说，他在一审庭审过程中表示，是自己与周某某建立了劳务关系，这一表示等于是自认其有与周某某建立劳动关系的意思表示。一审法院认为，葛某某的这一自认与其本案中其所作的其他陈述相矛盾，葛某某曾经表示，他当时是以“饿了么”名义招聘骑手，现在也没有证据证明他当初是以自己名义聘用周某某。即使葛某某现在自认，想与周某某建立雇佣关系，在周某某没有这样的意思表示的情况下，也是无法在双方之间建立起雇佣关系的。另外，根据周某某提供的其与刘某军、朱某涛的微信聊天截图看，其中也没有提及煜峰公司的内容，也没有涉及葛某某所述的“系其个人雇佣周某某”的内容。因此，从周某某的角度而言，周某某是无从知晓煜峰公司和葛某某的存在的。

由于周某某是认为与拉扎斯公司建立劳动关系的，一审法院接下来重点分析拉扎斯公司有没有与周某某建立劳动关系的意思表示。拉扎斯公司认为，其只是与“煜峰公司”（其管理员为葛某某）建立了代理合作关系，《合作协议》中有条款明确自己与合作方所招用的骑手不存在劳动关系、雇佣关系，拉扎斯公司对于骑手工作中的受伤不承担责任。从拉扎斯公司的观点看，该协议中的这一条款就是其与周某某没有建立劳动关系的意思表示的证据，也是不存在劳动关系的证据。一审法院认为，拉扎斯公司所提供的《合作协议》的这一条款只是部分反映了其有不想与合作方招录的骑手建立劳动关系的意愿，但是，法院也注意到，拉扎斯公司的主观意愿在这一点上并不是完全清晰的，可以说是模糊的。该协议的名称是“代理合作协议”，拉扎斯公司作为一个规模大、实力强、有着众多法务人员甚至律师参与起草协议的企业，它当然知道“代理”这一专业词汇在法律上的含义，那就是代理人（合作方）对外是以被代理人（拉扎斯公司）的名义进行活动，并由被代理人承担相应的法律后果。尽管该协议中没有直接条款让葛某某一方以拉扎斯公司或者“饿了么”的名义招聘骑手，但从协议的名称及条款，法院仍然可以合理推定协议的内容让葛某某这样的合作方以为自己是有权利这样做的。另外，在该协议的最后还有“以上条款加盟商具已知悉”的内容，将合作方称为“加盟商”。如果将本案中的《合作协议》视为特许经营协议的话，那就更加证明了合作方是以许可方的名义在外经营。

此外，法院要强调的是，意思表示在法律上讲究的是当事人显露在外的意思表示是否合理地被对方接受了，而不是内心的意愿是否被对方接受了。也就是说，意思表示讲究的是外在性，在法律上判断意思表示的时候，不仅是看当事人的内心意愿，而且更多的是要看当事人显示在外的意思表示是如何的。当事人隐藏的内心意愿在认定意思表示一致时并不能起到作用。本案中的拉扎斯公司也许在内心意愿上不想与周某某这样的骑手建立劳动关系，但是，作为其实际合作方或者说代理方的葛某某并没有将拉扎斯公司这样的意愿表示出来，明白地告诉周某某。在本案中，显示在外的内容是，根据《合作协议》，合作商必须让招聘的骑手下载拉扎斯公司的“蜂鸟团队”App，没有这个“蜂鸟团队”App，合作商招聘的骑手就无法进行工作。合作商招聘的骑手还必须配备拉扎斯公司的装备，而不是合作商自己的装备，骑手不得为其他外卖公司送餐。这些显示在外的内容，可以合理地让周某某这样的骑手认为就是拉扎斯公司意欲建立劳动关系的意思表示。在一审庭审过程中，法院也曾询问拉扎斯公司，拉扎斯公司的自雇骑手与周某某这样的团队骑手在外观上有无区分。拉扎斯公司的答复是：合作商向拉扎斯公司购买装备，然后向下属（团队）骑手进行发放；在2016年的时候，拉扎斯公司处存在“自雇骑手”，拉扎斯公司的“自雇骑手”与（像周某某这样的）团队骑手之间在外观上无法区分。法院认为，根据拉扎斯公司的上述陈述，当时在拉扎斯公司处有存在直接劳动关系的骑手，在外观上无法与像周某某这样的团队骑手进行区分。由谁来发放劳动报酬，也是法院认定劳动关系双方的一个重要判断因素。在本案中，已经知道的是，葛某某团队曾经和周某某说过如何计算报酬，例如，每接一单多少钱，但是，并没有证据证明周某某的报酬是由谁发放的。周某某刚刚开始接单，其手机App中只显示了他可以获得多少报酬，并没有实际提取过，周某某从App上看不出他接单的报酬是拉扎斯公司所发，还是葛某某所发，抑或从订餐的消费者餐费中所扣除。周某某在出现交通事故后，葛某某曾经借过5000元钱让周某某治疗，周某某接受，这一节事实并不能得出周某某就是认可与葛某某建立了雇佣关系。认定劳动关系有无，主要是从开始工作时的意思表示来判断。

综上所述，基于当事人陈述以及周某某使用拉扎斯公司的“蜂鸟团队”App进行工作的事实，在葛某某没有与周某某签订劳动合同，也没有告知是自己在雇用周某某的情况下，法院认为，周某某在当时有合理的理由认为其是在为拉扎斯公司进行工作。

接下来法院再分析一下劳动关系中的从属性在本案中是否具备的问题。劳动关系的建立，要求在用人单位与劳动者之间存在管理与被管理的隶属关系，劳动者必须将对劳动力的支配让渡给用人单位，接受用人单位的管理、支配。在没有书面劳动合同，需要判断事实劳动关系时，除前面提到的管理与被管理的隶属关系外，也可以从劳动者提供的劳动是否为用人单位的业务组成部分进行判断。在本案中，拉扎斯公司提供的证据一为拉扎斯公司系统内调取的周某某的配送明细，显示有运单号的订单日期、创建时间和终单时间，配送员的姓名为“周某某”。这一配送明细恰恰证明，周某某自2017年2月15日到3月15日存在相对稳定地提供劳动的情况。拉扎斯公司提供的证据二《合作协议》的合同附件中有《配送代理服务规范》，其中对于配送商配送员的健康证规范、着装规范、配送范围规范等均有相应规定。在周某某提供的微信聊天记录中有着对配送员配送方面的要求和“尽量让客户给五星好评”的表述，这些内容表明，周某某作为付出劳动力的一方在付出劳动获取报酬时，需要遵守用人单位的管理、支配。一审庭审中葛某某还表示，周某某提及的刘某军系民府路支队的调度，朱某涛系支队的管理人员。骑手的上下班时间为上午10点到晚上10点，中午、下午单量少的时候可以休息，单是由调度员派发给骑手的，一般来说派一单（骑手）就要送一单。法院认为，在周某某所述其使用“蜂鸟团队”App进行送餐，提供劳动力获取报酬的整个过程中，周某某具备了将其对劳动力的支配权让渡给用人单位，接受用人单位的管理、支配的特点，具备了建立劳动关系的基本要件。本案中，由于用工方式的特殊和未签书面劳动合同，劳动关系中的用人单位的判断，牵涉多方，存在一定的模糊性。法院认为，在用人单位的确立比较模糊的情况下，按照劳动者所付出劳动成果的归属来确定谁为用人单位是合理的选择。劳动者在劳动力市场上本身属于弱者，无法真正地要求用人单位签订书面劳动合同，这也是劳动法强调对劳动者予以保护的重要原因。在本案这样的用人单位模糊的情况之下，法律不能让处于弱势的劳动者无依无靠，自行承担风险。

让接受了劳动成果的单位来承担责任，是公平的，因为它获得了劳动成果就是获得了利益。在本案这样的情形中，周某某从事送餐业务时，使用的是拉扎斯公司“饿了么”的标志，是在为拉扎斯公司进行宣传，送餐业务也是拉扎斯公司的主营业务，消费者订餐支付的价款也是由拉扎斯公司获得，因此，认定周某某的劳动成果由拉扎斯公司获取，不仅是本案中的事实，也是从这些事实得出的合理结论。

在互联网时代，经营快递业务或者拉扎斯公司这样送餐业务的公司有很多。这些公司招用送餐员的方式主要有以下两种：一种是自己直接招用，与自己签订劳动合同，自己可以直接管理、使用这些快递员。如此用工的好处是，快递员由公司支配，简单、直接，快递员使用本公司的特有标识，客观上也宣传了公司的形象；弊端是在用人单位看来，劳动关系很明确，快递员在履行工作过程中的任何事故，都可能构成工伤，将由公司承担责任。另一种是将快递或者送餐业务完全交由第三方，由第三方自行招用员工、使用第三方自己的资源。如此经营的好处是，与第三方关系切割得非常清楚，所有快递或者配送中的责任都由第三方承担；弊端是不能直接支配、管理快递员或者送餐员，也不能让快递员或者送餐员在工作过程中宣传自己公司的形象。在对本案涉及的《合作协议》以及一审庭审中拉扎斯公司的陈述进行分析之后可以发现，拉扎斯公司一方面想做大业务，扩大市场占有率；另一方面又不想直接以自己名义雇用众多的骑手，其目的无非是想减少用工成本，减少相应的风险。拉扎斯公司没有采取上述两种经营方式中的任何一种，而是将上述两种经营方式进行了改造，采取了本案中这样的方式，希望吸收长处，克服弊端。在法院看来，拉扎斯公司这样的经营方式，其核心就是将自己的主营业务外包给合作方，如此一来，拉扎斯公司可以让马路上千千万万的送餐骑手穿着拉扎斯公司的特有服装，带上有拉扎斯公司特有标识的送餐箱，宣传拉扎斯公司的业务，同时，一旦这些送餐骑手出现交通事故，又可以以他们是合作方聘用的人员为由免除自身责任。法院认为，拉扎斯公司这样的经营方式，在法律还没有明确禁止的情况下，法院也不会作出否定性评价。但是，凡事总是利弊相伴，拉扎斯公司在采取这种经营方式，享受相应的好处时，也须面对相应的风险。客观上看，拉扎斯公司这样的经营方式就是有一定风险的，因为拉扎斯公司是将自己的 App 交由劳动者使用的。拉扎斯公司这种方式想要实现其预想的目的，取决于合作方严格履行合同，以自己的名义去与劳动者签订合同。正如本案中实际发生的这样，在拉扎斯公司的合作方没有在用工过程中披露自己的身份，没有与劳动者签订书面劳动合同明确劳动关系，而劳动者又有理由认为拉扎斯公司这样的公司是用人单位时，就会让拉扎斯公司这样的公司暴露在这一复杂关系的台前。被劳动者合理认为是用人单位，就是拉扎斯公司这种经营方式带来的风险。法院认为，拉扎斯公司作为一个正常的商事主体，应该可以合理预料到这样的风险存在。在本案中，如果法院不加区别地完全认可拉扎斯公司“业务外包”的经营方式，完全采纳拉扎斯公司“签订这样的协议后即免除自己责任”的抗辩意见，实际上就是认可单位以这样的方式来规避劳动法。没有一种经营方式或者用工方式能够让用人单位锁在“利益全归自己，风险全归对方”的“保险箱”中，世界上没有这样的“保险箱”，法律上也不会认可这样的“保险箱”。

法院认为，在《合作协议》签订和履行过程中，拉扎斯公司方面难言没有过错。在签订这一协议时，拉扎斯公司并没有审核葛某某是否有获得煜峰公司的授权，也没有获得葛某某与煜峰公司有其他关系的证明，在这种情况下，拉扎斯公司仅凭葛某某在协议上加盖了煜峰公司合同专用章就认为葛某某是煜峰公司的管理员，显然是在订立协议中存在疏忽。同时，法院注意到《合作协议》中手写的“乙方”银行账户和账号，为葛某某的个人银行账户和账号，并约定将配送费支付到上述账户。拉扎斯公司一方面强调与其合作的相对方是煜峰公司；另一方面在协议中又是将配送费用转入葛某某的个人账户，而非煜峰公司的企业账户，这就导致了在确定合同相对方时存在模糊，拉扎斯公司对此也存在过错。法院认为，本案中周某某劳动关系归属的模糊，在很大程度上是由拉扎斯公司的这种经营方式以及过错造成的。从《合作协议》来看，拉扎斯公司很在意合作方与骑手之间是否建立了劳动关系，亦很在意骑手不是与拉扎斯公司建立劳动关系，但在一审庭审中法院询问拉扎斯公司其是否要审核合作方与骑手合同签订情况时，拉扎斯公司的答复竟然是：拉扎斯公司无权审核，因为拉扎斯公司与煜峰公司等加盟商之间是平等的合作关系，不是上下级的管理关系。法院认为，并不是只能在管理关系的情况下拉扎斯公司才需要对合作方与骑手之间签订书面合同的情况进行审核，拉扎斯公司基于合同履行需要，完全可以要求合作方提供其与骑手之间的书面合同甚至社保费用的缴纳，以保证合作方是真正与骑手建立了劳动关系，从而可以把拉扎斯公司从这种模糊的关系中切割出来。显然，本案中的拉扎斯公司并没有这样做。同时，在一审庭审中法院发现，拉扎斯公司实际上掌握着像周某某这样的团队骑手的基本信息，拉扎斯公司的解释是：骑手的姓名、身份证号码、健康证等信息，是合作商通过拉扎斯公司向合作商开具的端口上传到拉扎斯公司系统的。法院认为，既然拉扎斯公司有这样的上传信息系统，那完全可以将与骑手签订书面合同的情况一并予以上传备案。这一要求在法院看来，并不是强人所难，而是采取此种经营方式的拉扎斯公司在经营过程中需要去关注和把关的方面。

综上所述，从外在的表现形式看，本案中的周某某与拉扎斯公司之间有建立劳动关系的意思表示，周某某与拉扎斯公司之间存在管理与被管理的隶属关系，周某某的劳动成果也归属于拉扎斯公司，同时，拉扎斯公司存在一定过错，导致了劳动关系的模糊，也应该由拉扎斯公司承担相应的后果。故法院根据周某某实际付出劳动的情况，依法确定周某某与拉扎斯公司自 2017 年 2 月 15 日到 3 月 15 日存在劳动关系。

本案中周某某自述其主张确认劳动关系之目的系为进行工伤认定，关于 2017 年 3 月 15 日周某某的受伤是否会被认定为工伤还有待相关劳动保障行政部门进行认定，而上述认定的结果存在不确定性，将对此后期间内双方的关系产生影响，故对周某某要求确认 2017 年 3 月 16 日之后存在劳动关系的诉讼请求，法院暂不作处理。

最后，需要指出的是，在拉扎斯公司承担了劳动法上可能要承担的责任之后，拉扎斯公司仍然是有救济途径的。也就是说，如果他人隐瞒相应事实或者在《合作协议》履行过程中没有严格履行合同而造成拉扎斯公司损失的，拉扎斯公司可以通过主张相对方存在过错，要求其承担赔偿责任。

据此，依照《中华人民共和国劳动法》第二条、第三条之规定，一审法院判决如下：确认周某某与上海拉扎斯信息科技有限公司自 2017 年 2 月

15 日至 3 月 15 日存在劳动关系。一审案件受理费 10 元（周某某预付），由上海拉扎斯信息科技有限公司负担。

本院经审理查明，一审法院认定之事实基本无误，本院予以确认。

本院另查，2019 年 5 月 31 日，二审第一次庭审，审：周某某，你是怎么进入民府路站点的？周某某：马路上随意拦截了一个穿着“饿了么”制服的人，然后由他指点我去了松花江路 2 号。审：松花江路 2 号，外面悬挂什么牌子？周某某：没有牌子。刘某军帮我下载了 App。审：你去的时候他怎么给你谈薪资报酬的？周某某：跟我说每单 7 元钱，多劳多得。审：有底薪吗？住宿、电瓶车谁给？周某某：没有底薪。住宿、电瓶车都我自己买的。审：制服呢？周某某：当时人多，制服不够，他就给我一个配送箱。审：配送箱要另外付钱吗？周某某：不需要。审：如何派单？周某某：我们有一个工作聊天群。派单是蜂鸟平台发给站点的，然后站点再发给我们……审：你是每天都去的，如果偶尔不会去？周某某：就跟他请个假。审：有什么后果？周某某：那天不做就没收入。审：没收入的话，会不会保证你这个月能拿到多少钱？周某某：实际上底薪不存在，你做多少都可以，你那天不做也行，跟站点的站长刘某军谈。

本院又查，2020 年 5 月 18 日调解笔录中，周某某陈述，其无须抢单，由站点负责人刘某军、朱某涛直接派单。如有派单，可以退单或由其他骑手转单。问及，如何知道自己是民府路支队的人呢？周某某陈述，加入时就知道，因为微信群（的名称）有，站长把我们拉到群里，有时候在群里发通知大家要看到的。

本院再查，周某某于一审期间提供微信截图显示，“植耀—民府路”群聊，2017 年 2 月 28 日，董某峰在工作群中连发三遍“手上没活的骑手，来签一下合同”，有骑手回应“不签行不”，沈某发“为了保障大家的权益，让大家知道工资组成、制度、发放时间之类”。2017 年 3 月 1 日，朱某涛再次在工作群连发两次“所有人：还没有签合同的下午不忙的时候来单位签一下合同”。3 月 16 日，沈某发“饿了么公司要看合同，没有签合同的下个月跟没健康证一样的跑不了单了，不签合同跑单，公司查到罚款 1 万元一个人”。二审期间，周某某提供微信截图一份，显示周某某于 2017 年 2 月 15 日入职当日，被朱某涛从“煜峰—国顺东路”移出群聊，当日，被拉入“植耀—民府路”群聊，2017 年 4 月 23 日被“wo 简单执着”移出该群聊。2020 年 5 月 18 日调解笔录中，问及，为何不签合同时，周某某陈述，因为感觉他不可靠，合同应该一式两份，他只让我们自己签一份，签个名就拿走了，也不给我们看。

本院还查明，周某某于一审期间提供微信截图显示，“植耀—民府路”群聊，2017 年 3 月 10 日，朱某涛发“@所有人：老板发工资，加下老板微信”。嗣后，朱某涛再次发“@所有人……老板说过，好评是有奖励的”。

本院审理中，周某某一方提供《交通事故赔偿调解协议书》一份，其上载明，2017 年 3 月 15 日在中原路出国和路的交通事故中，周某某负主要责任，周某某因本次事故获赔医药费、误工费、护理费、营养费、伤残赔偿金、精神损失费、交通费、住院伙食费、电瓶车维修费用合计金额 145543.54 元。再，就商业保险理赔一节，周某某于一审中认可已获赔付 2 万元。另，周某某申请调解，愿意 20 万元了结本案。因各方调解差距过大致本案调解不成。

本院认为，平台经济下，网络平台以其通信功能、社交功能、信息功能、大数据功能和移动共享功能改变了传统意义上的劳动力市场和劳动关系。就网络平台而言，平台本身并不产生产品，而主要致力于整合社会资源，提供即时或者约定服务，于劳动者而言，劳动者没有固定的工作场所和工作时间，工作安排自由化，工作场所流动化，劳动时间和劳动空间趋向松散。平台对劳动者的管理松懈，侧重于劳动者的劳动规范、服务规范的规制，而对劳动纪律并不多加强调，劳动者可以为一个平台工作，也可以同时为多个平台工作。正如本案中，首先，各方所签订的《合作协议》约定，拉扎斯公司负责提供订单流量、产品支持、管理协助、配送费用结算。其次，从送餐过程来看，煜峰公司抑或葛某某团队根据拉扎斯公司提供的送餐信息，派员前往餐厅接单。送餐时，送餐员必须身穿拉扎斯公司提供的工作服，使用拉扎斯公司规定的标准用语。最后，送餐所得报酬，也先由拉扎斯公司向商户或客户收取，在扣除一定比例的费用后，再转账给协议中所约定的葛某某账户。综上，可以看出各方系合作关系，均从“饿了么—蜂鸟配送”服务中取得收益。而通过网络平台，包括周某某在内的大批劳动者采取灵活就业的形式获取新的机会，然而，此间平台上的配送员身份、管理及工资发放多样，有拉扎斯公司自营方式管理的配送员，有区域代理公司招聘的外包配送模式，也有自行注册的众包配送模式。

考察周某某与拉扎斯公司存有何种关系，应考察双方履行方式。就周某某入职而言，其自述“马路上随意拦截了一个穿‘饿了么’制服的人，然后由他指点我去了松花江路 2 号”；“松花江路 2 号，外面没有悬挂牌子”。入职后，装载 App，根据周某某自述先加入“煜峰—国顺东路”工作群，同日，被移出群聊，加入“植耀—民府路”工作群，根据周某某提交的与“A 俯身看脚下”（周某某称是刘某军）的微信往来显示，周某某所属团队是“杨浦 2—民府路支队（煜峰）”，未见拉扎斯公司的名称显露于外，及周某某欲与其缔结劳动关系之意。拉扎斯公司注册登记显示，其运营于普陀区，周某某实际工作于杨浦区，两者相去甚远，缺乏基本联结点。就周某某签订合同一节，微信工作群中，相关管理人员先后两次要求骑手至站点签订合同，对于骑手“不签行不”的疑问亦作了相关解释，罗列了合同的基本内容，然而，周某某以合同应该一式两份以及不可靠为由未签订合同，致权利义务的相对方于本案中模糊不清，值得注意的是，群聊中从未有任何人提及拉扎斯公司，反而实际控制人沈某再次强调要签订合同，强调“饿了么”公司要求看合同，否则将会进行处罚，并且不允许骑手跑单，亦可印证合同的相对方亦非拉扎斯公司。就周某某实际履行一节，周某某自备交通工具，通过手机系统软件平台接单、取单和送单。从周某某自己的陈述来看，包括周某某在内的送餐员接单之后，可以转让给他人进行送单。由此可见，外卖送餐员对送餐工作的安排具有自主权，并非如与用人单位建立劳动关系的员工一样，具有不可替代性。就周某某发放报酬一节，微信群聊天记录截图显示，朱洪涛发“@ 所有人：老板发工资，加下老板微信”。此与传统劳动关系中的劳动者之劳动报酬源于用人单位按月（或定时）发放的形式，明显不同。因周某某入职仅一月即发生交通事故，本院无法采集更多的支付样本，但从本案现有证据及查明之事实可见，拉扎斯公司将款项支付于《合作协议》中约定的账户，再由《合作协议》指定管理员葛某某支付骑手。

本院认为，应当注意到，平台经济给劳动用工形式带来了巨大的变化。无论是平台经济合理有序地发展还是从业人员的合法权益，都需要保护。然而，劳动关系之认定不能被泛化，判断平台公司与从业人员之间是否存在劳动关系，仍应当审查双方之间是否具有人身依附性、从属性特征以及人身依附性、从属性的强弱程度。本案中，周某某主张拉扎斯公司对其进行劳动管理，主要通过手机软件发送派单任务，通过手机系统软件中自带的评价体系进行考核，但是正如以上已查明的事实，周某某接单后也可转让他人，且周某某主要工作于民府路商家附近，无须至拉扎斯公司办公场所上下班。周某某点击上下线时间并非计量其考勤，仅用来计算一天的工作量及接单数。周某某自行采购劳动工具，自主安排工作，自行决定何时上下线，自行决定哪一天休息。从周某某的报酬发放情况看，其按每单 7 元获得提成，多送多得，没有底薪，这种支付方式不同于一般意义上的工资，也不受最低工资标准的限制。周某某所取得的报酬，以量（件）计酬，与劳务付出具有对价性，不含工龄补贴等相关福利待遇，与一般劳动者领取的工资在性质上并不相同。前述种种，均可见周某某与拉扎斯公司不存在紧密的人身和经济从属性，缺乏长期、持续、稳定的职业性特征。至于周某某坚称拉扎斯公司对其工作服务有相关奖惩管理制度及用户评价制度一节，本院认为，拉扎斯公司作为《合作协议》的运营商，对在通过平台进行工作的从业人员给予一定的约束系行使相应的监管权，以保证平台的运行及良好形象，不应视为拉扎斯公司对周某某提供的劳动抑或劳务进行了全面的管理。综上，无论新业态用工还是传统劳动关系，用人单位与劳动者建立劳动关系的原因和目的只能是实现交换。从市场经济角度理解，劳动关系是一种基于资本购买特定劳动力形成的交换关系。劳动者提供劳动，用人单位支付报酬，这是构成劳动关系的基本特征。就平台经济下的用工关系，应当兼顾互联网用工的经营模式和特点。如从业人员对工作内容、工作时间等是否拥有自主决定权，获取报酬是否相对稳定，是否需自担经营风险等，审慎认定劳动关系。本案中，如前所述，周某某与拉扎斯公司就劳动关系缺乏主要的联结点，本院无法认定双方存在劳动关系，一审法院对此认定不当，本院予以纠正。

至于一审法院提及《合作协议》中拉扎斯公司的过错问题，首先葛某某在签订《合作协议》时，确为煜峰公司员工。其次煜峰公司公章之真假，并非本案所需注意之焦点，《合同法》第三十二条规定，当事人采用合同书形式订立合同的，自双方当事人签字或者盖章时合同成立。公司作为组织个体，需要通过特定自然人签字或盖章才能实现其意志。公章之真假应当考察盖章之人有无代表权或者代理权来认定合同的效力。最后，《合作协议》涉及平等主体之间的法律关系，煜峰公司在整个协议履行期间从未提过任何异议，葛某某是否构成表见代理，拉扎斯公司是否存有过错亦非本案探讨之范围。另须指出，周某某与煜峰公司或葛某某之间的法律关系定性，以及周某某与拉扎斯公司之间是否成立劳动关系属不同法律关系，也不影响本案中根据在案证据对周某某与拉扎斯公司之间是否存在劳动关系之认定，如前所述，周某某与拉扎斯公司之间不存在劳动关系，但周某某在送餐过程中若合法权益受到损害，可就其损害根据相关法律规定另行主张权利。

据此，本院依照《中华人民共和国民事诉讼法》第一百七十条之规定，判决如下：

一、撤销上海市普陀区人民法院（2017）沪0107民初27564号民事判决；

二、驳回周某某要求确认与上海拉扎斯信息科技有限公司自2017年2月15日起至今存在劳动关系的诉讼请求。

本案一审案件受理费人民币10元，二审案件受理费人民币10元，均由上诉人周某某负担。

本判决为终审判决。

审 判 长　陈　樱
审 判 员　翁　俊
审 判 员　姜　婷

二〇二〇年六月二日

法官助理　张　曦
书 记 员　倪卓婴

案例十　自媒体案中的劳动关系认定

——王某某与上海温石文化传媒有限公司确认劳动关系纠纷案

白丽娟*

关键词　自媒体　合作协议　劳动关系

【裁判要旨】

判断劳动者与用人单位之间的关系是否系劳动关系，需要重点从外部和内部两个视角进行审查。具体来说，从外部视角看，劳动关系是一种具有紧密的人身和财产从属性的社会关系，劳动者受到用人单位依法制定的规章制度的约束，接受用人单位的指挥命令、检查考核等劳动管理，并且，劳动者被纳入用人单位的生产组织体系中，从用人单位处获取劳动报酬。从内部视角看，劳动者出让劳动力的支配、使用权给用人单位，获得作为对价的劳动报酬，而用人单位支付劳动报酬，获得对相应劳动力的支配、使用，建立劳动关系的双方之间存在劳动与报酬交换的合意。

【案情要点】

1. 王某某与上海温石文化传媒有限公司（以下简称温石公司）签订了合作协议。2017 年 12 月 27 日，王某某作为甲方与温石公司作为乙方签订“××协议”，载有：温石公司“本着利益捆绑，长期共赢的思维方式，建立设计了此合作协议，希望能跟签约大 V 长期地合作下去”。“××协议”

* 上海江三角律师事务所高级合伙人、上海市律协社会矛盾化解委员会委员。

主要内容如下：

（1）由温石公司注册“××”自媒体，包括但不限于微信公众号、新浪微博等，由双方共同经营。

（2）该自媒体的收益分成方式为：年度营收在200万元以下时，温石公司分七成、王某某分三成；年度营收在200万元至500万元时，温石公司分六成、王某某分四成；年度营收在500万元以上时，双方五五分成。

（3）王某某全职管理“××”的，温石公司每月支付5000元管理费，时间为3个月；兼职管理的，温石公司不支付管理费。3个月内，王某某管理能力无法满足温石公司需要的，温石公司有权单方解除本协议等。

（4）原来有自媒体账号的，需要把“粉丝”都导到新号，并注销或闲置老号等。

（5）创建的公众号等自媒体账号，由温石公司统一注册，由双方共同所有等。

（6）温石公司提供指导生产内容、提供涨粉服务、对接各种资源三项服务，收入统一从温石公司处走账，于次月10日结算给王某某等。

（7）王某某主要负责在各大自媒体平台制作生产内容，回复留言。王某某不得以任何形式向自己私人公众号、个人微信号、其他关联自媒体导流等。

（8）“××”不得擅自与其他任何经纪公司等第三方机构签订自媒体经纪合同，不得擅自与其他任何机构或个人展开任何合作等。

（9）任意一方不得向第三人披露与“××”有关的所有信息等。

（10）王某某负有竞业限制义务，如离开温石公司，3年内不得组建同类自媒体公司；如有违约，应赔偿温石公司1亿元等。“××”微信公众号由王某某于2016年8月注册。

上述协议签订后，温石公司未注册新的微信公众号。温石公司未支付过上述5000元/月的管理费。

2. 工作沟通。2017年12月26日至2018年1月11日，温石公司相关人员与王某某持续通过微信，就工作总结与计划的提交、发文的时间等进行交流。

3. 考勤。2017年12月26日至2018年1月11日，温石公司相关人员与王某某持续通过微信，就工作总结与计划的提交、发文的时间等进行交流。温石公司为王某某配备了进出办公区域的门禁卡。王某某下载安装了钉钉 App，温石公司仲裁审理中提供的考勤记录表显示王某某 2018 年 3 月和 4 月不在考勤组，注明离职。

4. 社保。温石公司实际为王某某缴纳了 2017 年 12 月至 2018 年 3 月的社保和公积金。2017 年 12 月、2018 年 1 月、2018 年 2 月的“广告部结款”中，王某某结算了营收的 50%，并扣除社保和公积金的个人与单位负担部分。

5. 双方发生争议。2018 年 4 月初，双方发生争议，并尝试协商解决。2018 年 4 月 13 日和 18 日，王某某就解除双方的合作关系发出书面函件。2018 年 4 月 23 日，王某某发出解除劳动关系通知书等。

【案件索引】

一审：上海市浦东新区人民法院（2018）沪 0115 民初 61915 号

二审：上海市第一中级人民法院（2019）沪 01 民终 4135 号

【裁判结果】

上海市浦东新区人民法院一审判决：王某某与温石公司不存在事实劳动关系，驳回王某某的诉讼请求。

上海市第一中级人民法院二审判决：驳回上诉，维持原判。

【案例注解】

一、本案的法律问题

本案主要法律问题是双方之间是否存在事实劳动关系。原告主张系劳动关系，并据此提出支付工资、解除劳动合同经济补偿等诉讼请求，而被告认为系合作关系，双方之间不具备劳动关系的特征，原告的所有诉请均缺乏依据。

二、判决书的分析逻辑

第一，双方之间是否具有从属性。一审法院对双方之间是否存在人身和财产从属性，从外部和内部两个视角进行了分析。

一审法院判断王某某与温石公司之间的人身从属关系比较松散的事实在于：（1）双方对合作的职责分工作了明确的划分，王某某提供服务完全可以独立于温石公司生产组织体系；（2）社保为挂靠式的代缴，相关费用中的单位和个人负担部分均已由王某某负担；（3）为王某某配备的办公区域门禁卡系为方便其出入，王某某无须到公司报到只需在家写文章即可；（4）“××协议”中约定的排他性合作、保密义务、竞业限制等，并非劳动关系项下所独有，其他法律关系中也可能存在对这种义务的约定。

一审法院在事实审查的基础上，对双方合作协议予以分析，判断双方之间财产关系中的从属性并不明显：（1）“××协议”中关于双方对营收的分成方式的约定，不同于一般劳动关系项下的提成工资或绩效奖金等。（2）“××协议”有关管理费的约定明显有别于劳动关系项下基本工资或底薪等的约定。（3）有关“自媒体的营收从温石公司走账，次月 10 日结算给王某某”结算方式的约定，也不同于劳动关系项下用人单位营业收入的收款和对劳动报酬的支付。（4）另外，王某某结算了营收的 50%，并负担了社保和公积金的单位与个人负担部分，温石公司也未支付所谓的每月 5000 元的管理费。

二审法院对从属性的判断系从《劳动和社会保障部关于确立劳动关系有关事项的通知》（劳社部发〔2005〕12 号）规定的情形出发，审视双方是否具有管理与被管理的关系。根据审理查明的事实，王某某表示不知晓温石公司考勤方式，对未支付劳动报酬也没有及时提出异议，没有提供有效证据证明其受温石公司的劳动管理、从事温石公司安排的有报酬的劳动。因此，虽然王某某、温石公司均符合法律、法规规定的建立劳动关系的主体资格，王某某实际从事的劳动也与温石公司的业务组成部分重合，但没有同时具备《劳动和社会保障部关于确立劳动关系有关事项的通知》（劳社部发〔2005〕12 号）规定的情形，故难以认定双方存在事实劳动关系。

第二，双方是否有建立劳动关系的合意。一审法院判断双方之间无明确的建立劳动关系的合意的证据在于：（1）双方“××协议”中载明双方本着“利益捆绑，长期共赢”的原则，签订的合作协议。可见，双方最初并无建立劳动关系的明示合意；（2）王某某明知社保、公积金仅是挂靠在温石公司名下缴纳，由其自行负担单位与个人负担部分；（3）双方在履行“××协议”过程中，无论是对工作内容进行交流，还是对营收进行结算，双方均未提出彼此之间建立的是劳动关系；（4）双方发生争议时，王某某在发给温石公司的协议书文本和律师函中，均认为双方系“合作关系”，解决的是“因合作产生的争议”。

二审法院根据现有证据判断，未显示出双方有建立劳动关系的默示合意：（1）温石公司虽然为王某某缴纳社保、公积金，但对个人自行负担与单位负担部分，温石公司均在双方结款时予以扣除，王某某不但没有提出异议，还在微信中表示认可，故王某某明知其社保、公积金仅是挂靠在温石公司名下缴纳。（2）2018 年 4 月中旬，双方已经发生争议，王某某在发给温石公司的协议书文本和律师函中，均认为双方系“合作关系”，解决的是“因合作产生的争议”。

二审法院同时指明：“根据劳动关系的本质特征，判断双方是否存在劳动关系应需要审查双方是否有建立劳动关系的合意。”

三、此类案件的特点与裁判建议

（一）双方是否具有紧密的人身和财产从属性关系的裁判建议

劳动关系的本质特征是一种具有紧密的人身和财产从属性的社会关系，劳动者将劳动力的使用权交给用人单位，直接服从用人单位的管理和指挥，并据此获得作为对价的劳动报酬，劳动者完全从属于用人单位。由此可见，从属性既是劳动关系的本质属性，也是劳动关系区别于其他法律关系的关键所在。认定从属性的有无，是审视劳动关系是否建立的核心步骤。

从属性一般分为人身从属性和财产从属性。人身从属性的判断标准主要有：（1）劳动者必须服从用人单位的管理、指挥；（2）劳动者受用人单位规章制度的约束；（3）用人单位有权监督劳动者的工作，对劳动者进行考核、奖惩等。人身从属性的判断重点是管理与被管理的关系。在本案中，王某某提供服务完全可以独立于温石公司生产组织体系，王某某不知晓温石公司考勤方式，无须到公司报到只需在家写文章即可，没有提供有效证据证明其受温石公司的劳动管理，可以判断双方人身从属性较弱。

财产从属性的判断标准主要有：（1）劳动报酬由用人单位支付；（2）劳动工具或器械由用人单位提供；（3）生产组织体系和原材料归用人单位所有；（4）责任与风险由用人单位承担。财产从属性的判断重点是劳动者是否为他人的经营目的而进行劳动。如果是为自己的经营目的而劳动，则不认为具有财产从属性。本案中，王某某对未支付劳动报酬没有及时提出异议，也未从事温石公司安排的有报酬的劳动，而是根据合作收益进行分成的方式，因此财产从属性松散。

（二）双方是否具有建立劳动关系合意的裁判建议

劳动关系的建立需要具备双方当事人的合意。合意是当事人意思表示的一致，既可以通过书面合同或口头协议的方式，直接用语言文字表示出来，即明示合意；也可以从当事人特定的履行行为中用逻辑推理和经验法则等推测而出，通过当事人的实际履行行为进行识别，即默示合意。近年来，随着互联网经济的发展，企业用工的形式越来越多元化，新的用工形态层出不穷。然而，互联网下的新型用工关系的认定并没有一个统一的法律条文加以明确。在传统用工模式下，双方建立劳动关系的合意通过招聘、应聘、考核录用、签订劳动合同等一整套固定流程来建立。而在新业态多元化用工背景下，同一个行业，甚至于同一个工种，可能同时并存多种法律关系形态，有的是劳动关系，也有的是合作、承揽等其他法律关系。因此，区别双方当事人之间建立了什么样的法律关系，审查他们之间的合意变得尤为重要。

第一，对于书面约定的审查，不应仅拘泥于形式上的字面表述，而应看双方实际权利义务的约定目的；另外也要将书面约定与实际履行过程中形成的其他证据相结合，来判断双方之间建立的合意究竟是不是平等的合作关系。

在本案中，虽然双方在“××协议”中约定有“排他性合作、保密义务、竞业限制”等，但前述约定并非劳动关系项下所独有，其他法律关系中也可能存在对这种义务的约定，通过结合其他事实及履约情况，可判断上述约定是出于保障平等民事合作关系的目的而约定的。另外，该案在实际履行中双方已经发生争议，王某某在发给温石公司的协议书文本和律师函中，均认为双方系“合作关系”，解决的是“因合作产生的争议”，可以得知双方并无劳动关系的合意，而是平等的合作关系。

第二，不应将某个证据割裂地作为判定合意的依据，而应综合审视证据材料并结合当事人特定的履行行为进行判断。在本案中，虽然温石公司为王某某缴纳了社保和公积金等，但不能据此判定双方存在建立劳动关系的合意。双方签订的协议中，对工作内容、双方权利义务、收益分配、违约责任等进行了约定，实际履行过程中也可以推测出有合作的意愿，双方并无订立劳动合同的明示或默示意愿，不能认定存在劳动关系。实际上，随着互联网经济的发展，出现了很多互联网经济平台与平台的服务提供者，他们之间可能是劳动关系，也可能只是类似于居间或承揽、服务、合作关系等。对于新业态下的这种新型关系，如何更好地判断他们之间的合意，进而相应地进行法律调整，有待进一步的研究。

【裁判全文】

上海市第一中级人民法院
民事判决书

（2019）沪01民终4135号

上诉人（原审原告）：王某某。

委托诉讼代理人：吴某。

委托诉讼代理人：寇某。

被上诉人（原审被告）：上海温石文化传媒有限公司。

法定代表人：周某某，总经理。

委托诉讼代理人：刘某某。

委托诉讼代理人：王某某。

上诉人王某某因与被上诉人上海温石文化传媒有限公司（以下简称温石公司）劳动合同纠纷一案，不服上海市浦东新区人民法院（2018）沪0115民初61915号民事判决，向本院提起上诉。本院于2019年3月18日立案受理后，依法组成合议庭进行了审理。本案现已审理终结。

王某某上诉请求：撤销一审判决，改判支持上诉人一审全部诉讼请求。事实和理由：《劳动和社会保障部关于确立劳动关系有关事项的通知》（劳社部发〔2005〕12号）第一条规定的事实要件：（1）用人单位和劳动者符合法律、法规规定的主体资格；（2）用人单位依法制定的各项劳动规章制度适用于劳动者，劳动者受用人单位的劳动管理，从事用人单位安排的有报酬的劳动；（3）劳动者提供的劳动是用人单位业务的组成部分。本案中，王某某、温石公司之间的用工事实，完全符合上述要件，应认定双方存在劳动关系。

温石公司辩称，不同意王某某的上诉请求。一审判决正确，请求二审法院驳回上诉，维持原判。

王某某向一审法院起诉，请求确认王某某、温石公司于2017年12月27日至2018年4月23日存在劳动关系，并判令温石公司：1. 支付2017年12月27日至2018年4月23日的工资20000元（人民币，下同）；2. 支付2018年1月27日至4月23日未签订劳动合同双倍工资差额15000元；3. 支付解除劳动合同经济补偿2500元；4. 办理退工手续。

一审法院认定事实：温石公司于2017年9月4日登记成立，经营范围为“文化艺术交流策划，市场营销策划，企业形象策划，电子商务（不得从事增值电信、金融业务），创意服务，从事网络技术、计算机软硬件技术领域内的技术开发、技术转让、技术咨询、技术服务，网络工程，设计、制作、代理各类广告”等。

2017年12月27日，王某某作为甲方与温石公司作为乙方签订“××协议”，载有：温石公司“本着利益捆绑，长期共赢的思维方式，建立设计了此合作协议，希望能跟签约大V长期地合作下去”。1. 由温石公司注册“××”自媒体，包括但不限于微信公众号、新浪微博等，由双方共同经营。

2. 该自媒体的收益分成方式为：年度营收在200万元以下时，温石公司分七成、王某某分三成；年度营收在200万元至500万元时，温石公司分六成、王某某分四成；年度营收在500万元以上时，双方五五分成。3. 王某某全职管理“××”的，温石公司每月支付5000元管理费，时间为3个月；兼职管理的，温石公司不支付管理费。3个月内，王某某管理能力无法满足温石公司需要的，温石公司有权单方解除本协议等。4. 原来有自媒体账号的，需要把粉丝都导到新号，并注销或闲置老号等。5. 创建的公众号等自媒体账号，由温石公司统一注册，由双方共同所有等。6. 温石公司提供指导生产内容、提供涨粉服务、对接各种资源三项服务，收入统一从温石公司走账，于次月10日结算给王某某等。7. 王某某主要负责在各大自媒体平台制作生产内容，回复留言。王某某不得以任何形式向自己私人公众号、个人微信号、其他关联自媒体导流等。8. “××”不得擅自与其他任何经纪公司等第三方机构签订自媒体经纪合同，不得擅自与其他任何机构或个人展开任何合作等。9. 任意一方不得向第三人披露与“××”有关的所有信息等。10. 王某某负有竞业限制义务，如离开温石公司，3年内不得组建同类自媒体公司；如有违约，应赔偿温石公司1亿元等。“××”微信公众号由王某某于2016年8月注册。上述协议签订后，温石公司未注册新的微信公众号。温石公司未支付过上述5000元/月的管理费。

2017年12月26日至2018年1月11日，温石公司相关人员与王某某持续通过微信，就工作总结与计划的提交、发文的时间等进行交流等。温石公司为王某某配备了进出办公区域的门禁卡。王某某下载安装了×× App，温石公司仲裁审理中提供的考勤记录表显示王某某2018年3月和4月不在考勤组，注明离职。2017年11月底至12月底，温石公司相关人员询问王某某“请问要交社保吗？温石最近开了社保，可以挂在温石上面，但是费用要自己承担”，王某某回复同意，并表示社保和公积金均需缴纳。温石公司实际为王某某缴纳了2017年12月至2018年3月的社保和公积金。2017年12月、2018年1月、2018年2月的“广告部结款”中，王某某结算了营收的50%，并扣除社保和公积金的个人与单位负担部分。2018年4月初，双方发生争议，并尝试协商解决。2018年4月13日，王某某发给温石公司协议书文本，载有：由于温石公司等相关方未及时、全面履行合同义务，导致合同目的不能实现；现双方经协商一致，“就解除双方合作关系事宜”，达成如下协议等。2018 年 4 月 18 日，王某某发给温石公司等方律师函，载有“委托人与您方存在合作关系”“对于您方与委托人因合作产生的争议”等。2018 年 4 月 23 日，王某某发出解除劳动关系通知书，以温石公司“(1) 未向本人支付任何劳动报酬；(2) 擅自收回本人工作所用微信账号，导致本人无法工作……”等为由，解除劳动关系。次日，温石公司收到上述通知书。

上海市浦东新区劳动人事争议仲裁委员会于 2018 年 5 月 2 日受理涉案仲裁申请，王某某提出与本案相同之请求。未获仲裁支持后，王某某依法向一审法院提起诉讼。

一审法院认为，根据王某某、温石公司的诉辩意见，本案主要争议是双方之间法律关系的性质。王某某主张系劳动关系，并据此提出支付工资、解除劳动合同经济补偿等诉讼请求，而温石公司认为系合作关系，双方之间不具备劳动关系的特征，王某某的所有诉请均缺乏依据。故一审法院依据王某某的主张，主要审查双方之间是否存在劳动关系。

根据《劳动和社会保障部关于确立劳动关系有关事项的通知》等相关规定，判断劳动者与用人单位之间的关系是否系劳动关系，需要重点从外部和内部两个视角进行审查。具体来说，从外部视角看，劳动关系是一种具有紧密的人身从属性和财产从属性的社会关系，劳动者受到用人单位依法制定的规章制度的约束，接受用人单位的指挥命令、检查考核等劳动管理，并且，劳动者被纳入用人单位的生产组织体系中，从用人单位处获取劳动报酬。从内部视角看，劳动者出让劳动力的支配、使用权给用人单位，获得作为对价的劳动报酬，而用人单位支付劳动报酬，获得对相应劳动力的支配、使用，建立劳动关系的双方之间存在劳动与报酬交换的合意。

首先，王某某、温石公司之间的人身与财产从属性较弱。

根据“××协议”第 6 条、第 7 条等的约定，双方对合作的职责分工作了明确的划分，王某某负责自媒体的内容生产、留言回复，而温石公司负责指导生产内容、提供涨粉服务、对接变现资源，并确认收入统一从温石公司走账。为了履行上述协议，王某某可能需要进出温石公司的办公场所，温石公司为其配备办公区域的门禁卡，合乎情理。从微信聊天记录等来看，王某某提交工作总结与计划给温石公司，双方对发文时间等进行交流，属于对上述协议内容的履行。温石公司确实为王某某缴纳了社保、公积金，但从缴纳前后的沟通经过来看，系经温石公司建议、王某某同意后的挂靠式的代缴，相关费用中的单位和个人负担部分均已由王某某负担。第9条、第11条、第13条等约定的排他性合作、保密义务、竞业限制等，并非劳动关系项下所独有，其他法律关系中也可能存在对这种义务的约定。温石公司对仲裁时提交的考勤记录表所载内容的解释，尚属合理。故从“××协议”的约定及履行情况看，双方之间的人身从属关系比较松散。

“××协议”第2条约定了双方对营收收入的分成方式，该约定针对的是合作收入的分成，不同于一般劳动关系项下的提成工资或绩效奖金等。第3条约定3个月内全职管理的管理费5000元/月，兼职管理的不支付管理费，该约定明显有别于劳动关系项下基本工资或底薪等的约定。第6条约定自媒体的营收从温石公司走账，次月10日结算给王某某，该约定系对营收收款方式及双方结算方式的约定，也迥异于劳动关系项下用人单位营业收入的收款和对劳动报酬的支付。实际上，王某某结算了营收收入的50%，并负担了社保和公积金的单位与个人负担部分，温石公司也未支付所谓的5000元/月的管理费。从上述约定及履行情况看，双方之间财产关系中的从属性并不明显。

其次，双方无明确的建立劳动关系的合意。

合意是当事人意思表示的一致，可以通过书面合同或口头协议的方式，直接用语言文字表示出来，即明示合意；也可从当事人特定的履行行为中用逻辑推理和经验法则等推测而出，通过当事人的实际履行行为进行识别，即默示合意。本案中，双方所签“××协议”载明双方本着“利益捆绑，长期共赢”的原则，签订的是合作协议。可见，双方最初并无建立劳动关系的明示合意。从温石公司为王某某代缴社保、公积金的沟通过程来看，双方均不认为温石公司负有为王某某缴纳社保、公积金的义务，王某某明知社保、公积金仅是挂靠在温石公司名下缴纳，由其自行负担单位与个人负担部分。在履行“××协议”过程中，无论是对工作内容进行交流，还是对营收进行结算，双方均未提出彼此之间建立的是劳动关系。

2018年4月中旬，双方已经发生争议，王某某在发给温石公司的协议书文本和律师函中，均认为双方系“合作关系”，解决的是“因合作产生的争议”。故实际履行的内容也未显示出双方有建立劳动关系的默示合意。

综上所述，虽然王某某、温石公司均符合法律、法规规定的建立劳动关系的主体资格，王某某实际从事的劳动也是温石公司的业务组成部分，但双方的关系不具有明显的人身与财产上的从属性，也未显出明确的建立劳动关系的合意，故不能认定双方之间存在劳动关系，王某某相关主张，一审法院不予采纳。据此，王某某的五项请求均系基于双方系劳动关系而提出，均缺乏依据，一审法院均不予支持。

为此，一审法院依据《中华人民共和国劳动合同法》第二条第一款规定，判决驳回王某某的诉讼请求。案件受理费10元，减半计5元，免予收取。

本院二审期间，被上诉人对原审查明的事实中“温石公司未支付过上述5000元/月的管理费”提出异议，并声称：温石公司按5000元/月的标准支付了2016年以前的管理费。上诉人不予认可。鉴于被上诉人未提交有效证据加以证明，本院对其异议不予采信。经审理查明，原审法院认定的事实无误，本院依法予以确认。

本院认为，本院二审争议焦点在于当事人双方是否存在事实劳动关系。

首先，根据《劳动和社会保障部关于确立劳动关系有关事项的通知》(劳社部发〔2005〕12号)第一条规定：用人单位招用劳动者未订立书面劳动合同，但同时具备下列情形的，劳动关系成立。(1)用人单位和劳动者符合法律、法规规定的主体资格；(2)用人单位依法制定的各项劳动规章制度适用于劳动者，劳动者受用人单位的劳动管理，从事用人单位安排的有报酬的劳动；(3)劳动者提供的劳动是用人单位业务的组成部分。本案中，王某某在本院庭审时表示不知晓温石公司考勤方式，对未支付劳动报酬也没有及时提出异议，没有提供有效证据证明其受温石公司的劳动管理、从事温石公司安排的有报酬的劳动。故，虽然王某某、温石公司均符合法律、法规规定的建立劳动关系的主体资格，王某某实际从事的劳动也与温石公司的业务组成部分重合，但没有同时具备劳社部发〔2005〕12号规定的情形，本院难以认定双方存在事实劳动关系。

其次，根据劳动关系的本质特征，判断双方是否存在劳动关系应需要审查双方是否有建立劳动关系的合意。其一，温石公司虽然为王某某缴纳社保、公积金，但对个人自行负担与单位负担部分，温石公司均在双方结款时予以扣除，王某某不但没有提出异议，还在微信中表示认可，故王某某明知其社保、公积金仅是挂靠在温石公司名下缴纳。其二，2018 年 4 月中旬，双方已经发生争议，王某某在发给温石公司的协议书文本和律师函中，均认为双方系“合作关系”，解决的是“因合作产生的争议”。因此，现有证据未显示出双方有建立劳动关系的默示合意。

综上，王某某与温石公司不存在事实劳动关系，其上诉请求均缺乏事实和法律依据，本院难以支持。王某某的上诉请求不能成立，应予驳回；一审判决认定事实清楚，适用法律正确，应予维持。依照《中华人民共和国民事诉讼法》第一百七十条第一款第（一）项之规定，判决如下：

驳回上诉，维持原判。

上诉案件受理费人民币 10 元，由上诉人王某某负担。

本判决为终审判决。

审判长　郑东和

审判员　韩东红

审判员　徐　焰

二〇一九年五月十六日

书记员　方　芳

··· 深圳编 ···

SHEN ZHEN BIAN

案例一　直播带货案中的劳动关系认定

——陈某某与广东冰原狼文化传媒有限公司劳动争议案

侯玲玲*

关键词　直播带货　平台用工　合作收益分成　劳动关系

【裁判要旨】

工作报酬的确定是劳动关系认定的关键考量因素。直播带货的报酬与其直播带货的销售额收益直接挂钩，所占比例接近带货的销售额收益的一半，与劳动关系的提成比例较低存在明显区别，更符合合作收益分成的特征，不同于一般基于劳动关系而取得报酬的情形，应认定合作关系，而非劳动关系。

【案情要点】

1. 广东冰原狼文化传媒有限公司（以下简称冰原狼公司）系从事文化传媒服务的公司。陈某某在 2019 年 8 月 1 日加入冰原狼公司团队，为冰原狼公司进行网络平台直播。未签订任何书面协议。

2. 陈某某使用快手平台给冰原狼公司做直播带货工作，快手平台注册号是陈某某的，有一定的粉丝量，冰原狼公司要求陈某某带平台账号入职。后冰原狼公司法定代表人谭某某用其本人电话号码绑定了陈某某的快手账户，需要其电话号码验证后才能进行相应登录、提现、维护及管理。

* 深圳大学法学院教授、广东劳动学会副会长、深圳市法学会劳动法学研究会会长。

3. 陈某某的工作时间是每天10时至19时，需要打卡上下班，每月月休假4天，超过4天的请假则按照提成的销售总额，按每月31天平均计算后，再按请假天数扣减工资。

4. 陈某某工作期间没有底薪，最初是按照直播带货的销售额收益的50%计算，后又调整为按销售额收益的41%计算。

5. 陈某某的工作地点、销售产品内容都是由冰原狼公司决定，团队运营费用、销售产品的质量、发货退换货等均由冰原狼公司负责。

【案件索引】

一审：佛山市南海区人民法院（2021）粤0605民初19116号

二审：佛山市中级人民法院（2021）粤06民终17870号

【裁判结果】

佛山市南海区人民法院一审判决：确认陈某某与冰原狼公司存在劳动关系，冰原狼公司应向陈某某支付2020年11月至2021年2月工资共计101943元。

佛山市中级人民法院二审判决：确认陈某某与冰原狼公司存在合作关系，撤销广东省佛山市南海区人民法院（2021）粤0605民初19116号民事判决，冰原狼公司应向陈某某支付合作分配的款项和押金共计101943元。

【案例注解】

一、本案的法律问题

第一，劳动关系认定问题。冰原狼公司主张与陈某某是合作关系，陈某某带其快手账号来做直播带货工作，快手账号一直是由陈某某持有使用。陈某某按直播带货销售额进行利润分配。

陈某某主张与冰原狼公司是劳动关系，进入公司后，陈某某注册的快手账号被冰原狼公司法定代表人的电话号码绑定，需要其电话号码验证后才能进行相应登录、提现、维护及管理。陈某某工作任务、工作地点、提成比例、直播工具、辅助人员等都由冰原狼公司安排。陈某某需要打卡上下班。一个月休假 4 天，超过 4 天请假则需要扣减工资。

第二，报酬性质问题。冰原狼公司主张尚未支付给陈某某的款项是合作分配款项，因陈某严重的违约行为，冰原狼公司有权扣发其合作款项。

陈某某主张冰原狼公司尚未支付其 2020 年 11 月工资 8421 元、2020 年 12 月工资 39244 元、2021 年 1 月工资 15424 元及 2021 年 2 月工资 38854 元，冰原狼公司应支付工资共计 101943 元。

二、判决书的分析逻辑

第一，劳动关系认定的分析逻辑。针对本案劳动关系的认定问题，一审法院与二审法院的分析逻辑存在明显不同，认定结果截然相反。

一审法院主要根据从属性标准来判断冰原狼公司与陈某某是否存在劳动关系。一审法院认为，陈某某为冰原狼公司进行网络平台直播，冰原狼公司向陈某某发放工资，为陈某某提供人员、场地及劳动工具，对陈某某进行考勤管理，陈某某的工作地点、销售产品内容都是由冰原狼公司决定，团队运营费用、销售产品的质量、发货退换货等均由冰原狼公司负责，两者之间明显具有用人单位与劳动者之间管理与被管理的关系，符合劳动关系的一般特征。管理和被管理的事实查明是一审法官判断从属性的核心标准，即具有人格从属性。

二审法院则从报酬性质来判断冰原狼公司与陈某某是否存在劳动关系，二审法院认为，陈某某没有底薪，其报酬是依据双方约定的直播带货的销售额收益的一定比例进行分配，所占比例接近带货的销售额收益的一半，这与劳动关系的提成比例较低存在明显区别，不同于一般基于劳动关系而取得报酬的情形，更符合合作收益分成的特征。所以，冰原狼公司与陈某某双方之间存在合作关系，并非存在劳动关系。

第二，工作报酬性质判定的分析逻辑。针对本案工作报酬性质问题，基于冰原狼公司与陈某某存在劳动关系和合作关系认定不同，两级法院对本案工作报酬性质认定存在不同。一审法院认为，冰原狼公司庭审确认未支付款项为 101943 元，且该公司没有举证证明陈某某 2020 年 11 月至 2021 年 2 月的工资差额，应承担不利后果。冰原狼公司应足额支付陈某某 2020 年 11 月至 2021 年 2 月的工资。二审法院则认为，冰原狼公司尚欠陈某某

2020 年 11 月至 2021 年 2 月押金及合作分配款合计 101943 元。

三、此类案件的特点与裁判建议

（一）新就业形态企业与从业人员劳动关系的认定——从属性标准

新就业形态用工模式具有灵活性和多样性特点，一方面，新就业形态用工单位通常通过书面合作协议、承包协议、承揽协议等方式，排除新就业形态企业与从业人员的劳动关系，规避劳动法上的用人义务和责任，降低劳动用工成本；另一方面，新就业形态用工具有灵活性和多样性特点，相较于传统就业形态，在报酬、工作任务安排、考核和奖惩等方面存在差异，劳动关系难以认定。

《关于维护新就业形态劳动者劳动保障权益的指导意见》第十八条强调“根据用工事实认定企业和劳动者的关系”。落实到司法裁判中，就是应该通过对用工事实来确定新就业形态企业与从业人员的关系。目前，2005 年 5 月 25 日发布的《劳动和社会保障部关于确立劳动关系有关事项的通知》确定的“三要件”依然是新就业形态领域企业与从业人员劳动关系认定的标准，即用工事实符合“主体适格、劳动管理、业务组成”三个要件，应该被认定为劳动关系。归纳起来，我国劳动关系认定要件是主体要件和从属性要件。学界一般认为，从属性主要包括人格从属性、经济从属性和组织从属性。《劳动和社会保障部关于确立劳动关系有关事项的通知》确定的从属性则是人格从属（管理和被管理）和组织从属性（业务组成）。

本案中，陈某某与冰原狼公司团队没有签订书面协议明确双方关系，但陈某某由冰原狼公司安排从事的直播销售产品工作，该业务属于冰原狼公司的主要业务。陈某某工作时间固定为每天 10 时至 19 时，需要打卡上下班，每月月休假 4 天。超过 4 天的请假则需要按照公司规定扣减工资。陈某某注册的进行直播工作的快手账号登录、提现、维护及管理也被公司控制。陈某某工作内容、工作地点、提成比例等都由冰原狼公司决定，直播设备、团队辅助人员、货物质量、退货、发货等由冰原狼公司负责。冰原狼公司给陈某某发放劳动报酬。冰原狼公司与陈某某之间关系符合“主体适格、劳动管理、业务组成”三个要件，从属性非常明显，应当根据用工事实认定双方之间存在劳动关系。

（二）报酬形式不能作为新就业形态企业和从业人员劳动关系认定的关键标准

新就业形态用工中，企业大多通过书面协议和口头协议排除劳动关系的存在，同时，在报酬约定和支付上与传统就业形态劳动者工资存在明显不同。如平台从业人员基本没有底薪，都是依照平台规定的收益提成比例提成。在收益提成比例上，平台从业人员提成比例相对较高，如本案中，双方按约定的直播带货的销售额收益的一定比例进行分配，所占比例接近带货的销售额收益的一半。有的平台收益提成分配甚至更高。在规避最低工资、五险一金以及无用人单位用人责任的情形下，这种报酬给付方式，企业还是有巨大利润。这种报酬确定方式只是双方对于劳动对价约定结果所致，能证明从业人员提供的是有偿性工作，符合《劳动和社会保障部关于确立劳动关系有关事项的通知》提到的“从事用人单位安排的有报酬的劳动”情形，并不能由此否定新就业形态企业与从业人员的劳动关系。

报酬高低不能作为劳动关系认定的标准，判断是不是工资应从劳动关系来判断，即劳动关系中，基于劳动给付获得的对价即为工资，无论何种形式、组成和支付方式。应先确定是否存在劳动关系，再确定报酬约定是否符合劳动法规定，如果存在劳动关系，则需要遵守劳动法的工资规定，如最低工资保障、工资支付规则等。

【裁判全文】

广东省佛山市中级人民法院
民 事 判 决 书

（2021）粤 06 民终 17870 号

上诉人（原审原告）：广东冰原狼文化传媒有限公司。

法定代表人：谭某某，经理。

委托诉讼代理人：陈某某。

被上诉人（原审被告）：陈某1。

委托诉讼代理人：梁某某。

上诉人广东冰原狼文化传媒有限公司（以下简称冰原狼公司）因与被上诉人陈某某合同纠纷一案，不服广东省佛山市南海区人民法院（2021）粤0605民初19116号民事判决，向本院提起上诉。本院受理后，依法组成合议庭审理了本案，现已审理终结。

原审法院经审理，根据《中华人民共和国劳动合同法》第三十条，《中华人民共和国民事诉讼法》第六十四条、第一百四十八条的规定，判决：一、冰原狼公司应于判决发生法律效力之日起十日内支付2020年11月工资8421元、2020年12月工资39244元、2021年1月工资15424元及2021年2月工资38854元予陈某某；二、驳回冰原狼公司的诉讼请求。一审免收案件受理费。

上诉人冰原狼公司不服原审判决，上诉请求：1. 撤销原审判决，改判冰原狼公司无须向陈某某支付2020年11月工资8421元、2020年12月工资39244元、2021年1月工资15424元及2021年2月工资38854元；2. 判令陈某某承担本案上诉诉讼费用。事实与理由如下：陈某某是东莞轩红文化传媒有限公司的员工，与冰原狼公司不存在劳动关系，冰原狼公司与陈某某之间仅为合作关系。因冰原狼公司需要陈某某配合完成月底销售带货活动，因此在陈某某提出双方终止合作时，冰原狼公司提出待陈某某完成月底销售带货活动后，双方可以终止合作。但是在陈某某提出终止合作后两天，陈某某在直播中发布大量攻击冰原狼公司的言论并且在冰原狼公司内部以及外界散布大量不实言论，严重影响冰原狼公司的声誉，导致冰原狼公司被迫取消月底销售带货活动，还导致冰原狼公司十余个微信号被封，给冰原狼公司造成了巨大的经济损失，陈某某的上述行为严重损害冰原狼公司的权益，是严重的违约行为，冰原狼公司扣发其合作款项，合情合理。综上，原审判决未查清事实，判决错误，请求二审法院予以改判，以维护冰原狼公司的合法权益。

针对冰原狼公司的上诉，被上诉人陈某某答辩称：陈某某是为冰原狼公司提供劳动服务的，冰原狼公司应向陈某某发放工资；冰原狼公司与陈某某之间存在劳动关系，不是合作关系。一审判决认定事实正确，适用法律正确，冰原狼公司的上诉请求没有事实和法律依据，应予驳回。

二审期间，双方当事人均未向本院提交新的证据材料。

经审查，原审判决查明的基本事实正确，本院予以确认。

本院认为，本案二审仍存在下列争议焦点，本院论述如下。

一、关于双方之间是存在劳动关系还是合作关系的问题。

根据已查明的事实表明，冰原狼公司系从事文化传媒服务的公司；冰原狼公司与陈某某双方之间没有签订书面合同明确双方之间的法律关系；双方之间建立合同关系是基于陈某某当时拥有一定的粉丝量，所以冰原狼公司要求陈某某带平台账号为冰原狼公司从事直播带货工作；陈某某没有底薪，其报酬最初是按照直播带货的销售额收益的50%计算，后又调整为按销售额收益的41%计算，据此说明陈某某的待遇仅是依照双方约定的直播带货的销售额收益的一定比例进行分配，从中可见陈某某的报酬是与其直播带货的销售额收益直接挂钩，且所占比例接近带货的销售额收益的一半，这与劳动关系的提成比例较低存在明显区别。综上，本案更符合合作收益分成的特征，不同于一般基于劳动关系而取得报酬的情形。故此，本院认为冰原狼公司与陈某某双方之间存在合作关系，并非存在劳动关系。原审判决认为双方为劳动关系适用法律不当，本院予以纠正。

二、关于冰原狼公司应否支付拖欠陈某某的押金、合作款问题。

冰原狼公司确认拖欠陈某某款项共101943元；而冰原狼公司称因陈某某终止双方合作和发布攻击冰原狼公司的言论造成其巨大的经济损失，据此主张扣发陈某某的款项。本案中，冰原狼公司并不能就此举证证明，故本院对此不予采纳。根据查明的事实，本院采信陈某某关于冰原狼公司拖欠其押金、待遇款的主张，认定冰原狼公司尚欠陈某某2020年11月至2021年2月押金及合作分配款合计101943元，故冰原狼公司应向陈某某支付上述款项。

综上所述，冰原狼公司上诉主张无须向陈某某支付2020年11月至2021年2月拖欠款项101943元，本院不予支持。原审判决认定双方为劳动关系，据此判决冰原狼公司应给付陈某某工资适用法律错误；因冰原狼公司与陈某某之间实际系合作关系，故冰原狼公司应向陈某某支付合作分配的款项和押金而非支付工资，故此本院予以改判。依照《中华人民共和国民事诉讼法》第一百七十条第一款第（二）项的规定，判决如下：

一、撤销广东省佛山市南海区人民法院（2021）粤0605民初19116号民事判决；

二、广东冰原狼文化传媒有限公司应于本判决发生法律效力之日起十日内向陈某某支付101943元；

三、驳回广东冰原狼文化传媒有限公司的其他诉讼请求。

如果未按本判决指定的期间履行给付金钱义务，应当依照《中华人民共和国民事诉讼法》第二百五十三条规定，加倍支付迟延履行期间的债务利息。

一审案件受理费仍按一审判决执行，二审案件受理费2338.86元，由广东冰原狼文化传媒有限公司负担。

本判决为终审判决。

审判长　周　芹

审判员　林义学

审判员　周　嫄

二〇二一年十二月二十日

书记员　温钰琳

案例二　货运平台车辆肇事的责任承担

——紫金财产保险股份有限公司深圳分公司与王某某、陈某某、曾某某、深圳市条条通投资发展有限公司机动车交通事故责任纠纷案

沈建峰*

关键词　网约车　货运平台　挂靠　保险责任

【裁判要旨】

在货运平台自主注册并从事经营性道路货物运输的驾驶员发生交通事故，交警认定应当承担全部或主要事故责任的，应当审查该驾驶员是否具备货运从业资格以及肇事车辆商业保险的免责条款。若肇事车辆投保的商业险载明车辆使用性质为营业货运，免责条款包含“驾驶员无从业资格”，而肇事驾驶员欠缺该资格，则保险公司不承担保险责任。若车辆存在挂靠，挂靠公司与肇事驾驶员共同承担赔偿责任。

【案情要点】

1. 曾某某驾驶车辆发生交通事故，造成王某某、陈某某的车辆损坏，交警认定曾某某承担事故的全部责任。

2. 肇事车辆登记车主为深圳市条条通投资发展有限公司（以下简称条条通公司），实际车主为曾某某，使用性质为货运。条条通公司与曾某某

* 中央财经大学法学院教授、博士生导师，德国波恩大学访问学者。

签订《车辆管理协议书》，约定车辆挂靠，条条通公司购买车辆保险，费用由曾某某承担。

3. 肇事车辆在紫金财产保险股份有限公司深圳分公司（以下简称紫金财产保险公司）投保商业第三者责任险，事故发生在保险的有效期内。

4. 事故发生时，曾某某以“货拉拉”名义运货。

5. 曾某某拥有准驾车型为 B2 的机动车驾驶证，但没有“经营性道路货物运输驾驶员”从业资格。

【案件索引】

一审：广东省深圳市宝安区人民法院（2019）粤 0306 民初 10814 号

二审：广东省深圳市中级人民法院（2019）粤 03 民终 31213 号

【裁判结果】

在货运平台注册接单的驾驶员不具备“经营性道路货物运输驾驶员”从业资格，其所投保综合商业险的保险公司依据免责条款，不承担保险责任。因肇事车辆挂靠在运输公司，肇事驾驶员亦为车主，因此由该驾驶员与挂靠公司共同向受害第三人承担连带赔偿责任。

【案例注解】

一、本案的法律问题

货拉拉平台提供了车辆和驾驶员自主注册、自愿接单的劳动场景，驾驶员通过平台履行货运订单并取得报酬。此项劳动行为属于经营性道路货物运输，驾驶员应当按照规定取得相应从业资格。因道路货物运输的风险评估与驾驶员资格直接相关，商业保险公司通常在办理车辆投保时明确车辆使用性质及免责条款，以此控制保险责任边界。在免责条款中载明驾驶员无从业资格的情况下，一旦发生无资质驾驶员承担全部或主要责任的交通事故，保险公司可据此免除保险责任。网约货车平台具备灵活就业的特征，驾驶员的从业资格审查相对宽松，由此导致显著的保险漏洞。保险公司不承担保险责任，交通事故下的损害赔偿将回归民法，由驾驶员作为侵权人独自承担。如果驾驶员的财产不足以承担赔偿责任，将导致受害人权益难以救济。

二、判决书的分析逻辑

审查肇事车辆的商业保险合同，包括肇事车辆的使用性质是否为营业货运，以此判断事故发生时的车辆状态；商业保险合同的免责条款是否存在本案情形，该免责条款在合同订立时是否予以明示告知，以此判断免责条款的法律效力。经审查，商业保险合同免责条款有效，保险公司有权据此提出免责请求。

驾驶员发生交通事故时的行为特征，包括其具备准驾车型的机动车驾驶证，按照车辆用途进行货物运输，运货名义为“货拉拉”，但没有“经营性道路货物运输驾驶员”从业资格，由此触发保险合同免责条款，法律后果是保险公司不承担保险责任，事故损害赔偿转移到肇事车辆挂靠双方。

肇事车辆挂靠的责任承担。该肇事车辆登记在条条通公司名下，曾某某主张其系实际车主，双方存在挂靠协议。据此，以挂靠形式从事道路运输经营活动的机动车发生交通事故造成损害，属于该机动车一方责任，挂靠人和被挂靠人承担连带责任。

三、此类案件的特点与裁判建议

网约货运是平台用工中的一种重要形态，便利了人们搬家、货运等需求，也为货运驾驶员提供了更多劳动机会。在该行业的快速发展中，货运车辆长期存在的挂靠、从业资格管理不严等老问题与平台用工灵活匹配劳务供需的新特点相结合，在一定程度上放大了风险。机动车商业保险是进行车辆风险管理和配置的基本手段，应当准确把握保险合同的责任边界，重点审查车辆用途、驾驶员资格，对照合同免责条款及其告知方式，优先判断保险公司是否承担责任以及责任限度。在保险公司免责或承担责任之外的部分，应考察车辆是否存在挂靠，以便判断赔偿责任的承担主体。如果存在挂靠，则挂靠人与被挂靠人承担连带责任。

【裁判全文】

广东省深圳市中级人民法院
民事判决书

（2019）粤03民终31213号

上诉人（原审被告）：紫金财产保险股份有限公司深圳分公司。

法定代表人：汤某某。

委托诉讼代理人：张某某。

委托诉讼代理人：劳某某。

被上诉人（原审原告）：王某某。

委托诉讼代理人：谭某某。

被上诉人（原审原告）：陈某某。

委托诉讼代理人：谭某某。

被上诉人（原审被告）：曾某某。

委托诉讼代理人：杨某某。

委托诉讼代理人：王某。

被上诉人（原审被告）：深圳市条条通投资发展有限公司。

法定代表人：黄某某。

上诉人紫金财产保险股份有限公司深圳分公司（以下简称紫金财产保险公司）因与被上诉人王某某、陈某某、曾某某、深圳市条条通投资发展有限公司（以下简称条条通公司）机动车交通事故责任纠纷一案，不服广东省深圳市宝安区人民法院（2019）粤0306民初10814号民事判决，向本院提出上诉。本院于2019年11月19日立案后，依法组成合议庭对本案进行了审理。本案现已审理终结。

上诉人紫金财产保险公司上诉请求：1. 撤销深圳市宝安区人民法院（2019）粤0306民初10814号判决，依法改判；2. 一审、二审诉讼费、鉴定费全部由被上诉人承担。事实与理由：上诉人承保的保险标的为机动车辆粤 B×××××，被保险人为深圳市二十四小时汽车有限公司龙岗分公司，投保人为深圳市二十四小时汽车有限公司龙岗分公司，行驶证车主条条通公司，驾驶员为曾某某，一审法院的判决理由是上诉人没有对驾驶员的从业资格问题尽到审查义务，适用法律错误。理由如下：一、根据《保险法》第十六条第一款规定，“订立保险合同，保险人就保险标的或者被保险人的有关情况提出询问的，投保人应当如实告知”。投保人依法负有如实告知的义务，而保险人同时亦具有主动询问和审慎审查的义务。审查范围应为合同涉及保险标的、被保险人的有关情况，而车辆驾驶员是随时可变的，投保人也不能确定车辆驾驶人是谁，保险人自然无法审查，但是一审法院无限扩大了保险人的审查义务，没有法律依据。二、根据《保险法》第十七条，保险人对投保人有提示、说明义务，本案中上诉人已提供投保人盖章的投保单证明上诉人已尽到提示、说明的义务，应依法按保险合同中的免责条款判决。三、原判决书中的判决理由前后矛盾（已标红），前一句是驾驶员需要具备相关从业资格证，后一句又说要审查投保人是否取得相关许可证书，而本案中的驾驶员并不是投保人，一审法院将驾驶员等同于投保人，明显与事实不符。综上，一审法院对事实审查不清，判决理由自相矛盾，适应法律错误，恳请二审法院依法改判。二审庭审时补充如下意见：事故发生后，曾经与对方协商维修车辆，当时与曾某某谈，希望曾某某承担 30%的损失。我方与修理厂谈好 6 万元整的价格，由曾某某承担 30%，所以我方认为对方评估价 11 万元价格过高，应当为 6 万多元。其他事实和理由详见上诉状。

被上诉人王某某、陈某某辩称，一审认定事实清楚，证据确实、充分，适用法律正确，上诉人的上诉没有事实和法律依据，请求二审法庭驳回上诉人的上诉请求，维持一审判决。

被上诉人曾某某辩称，答辩意见与王某某、陈某某的答辩意见一致。

被上诉人条条通公司经法院合法传唤未到庭参加诉讼，亦未提交书面答辩材料。

王某某、陈某某向一审法院起诉请求：1. 三被告连带赔偿原告汽车修理费等各项财产损失人民币 119799 元；2. 本案诉讼费由被告承担。

一审法院经审理查明：

一、事故概况及责任划分。

2018年6月11日15时40分许，曾某某驾驶粤B×××××号车在广深高速南行K91，车头与同车道前方由胡某驾驶的粤B×××××号车右后角及陈某某驾驶的浙C×××××号车车尾发生碰撞，造成三车部分损坏的道路交通事故。深圳市公安局交通警察支队西部高速公路大队作出交通事故认定书认定：曾某某负事故的全部责任；胡某、陈某某不负事故责任。

二、肇事车辆情况。

粤B×××××号车辆登记车主为条条通公司，实际车主为曾某某，使用性质为货运。曾某某于2017年9月21日与条条通公司签订《车辆管理协议书》，约定将涉案车辆挂靠在条条通公司，车辆保险由公司统一购买，费用由挂靠方承担。该车由深圳市二十四小时汽车有限公司龙岗分公司向紫金财产保险公司投保了责任限额为50万元的商业第三者责任险（含不计免赔），事故发生在保险的有效期限内。

三、受损车辆情况。

浙C×××××号车辆登记车主为王某某，事发时由陈某某驾驶。2018年8月26日，陈某某委托广州市华盟价格事务所有限公司云浮分公司对浙C×××××号车辆受损修复费用进行评估。该司于2018年9月3日作出修复评估费用价格结论为110925元、评估费8874元。其后，受损车辆送至深圳市满伟捷汽车修理有限公司维修，维修费用为110925元。

四、其他。

曾某某拥有准驾车型为B2的机动车驾驶证，但没有“经营性道路货物运输驾驶员”从业资格，事发时其以“货拉拉”名义运货。曾某某已将相关投保费用支付条条通公司，车辆的交强险在太平洋保险公司购买，已经理赔条条通公司2000元。

一审法院认为，原告提供有法定资质的评估公司出具的评估报告，证实其因本案交通事故受到损失共计119799元，该评估报告尽管存在瑕疵，被告对此提出异议，但未能提交相反证据予以反驳，法院对该评估报告予以采纳。原告的损失超出交强险赔偿限额，被保险人条条通公司从交强险承保保险公司理赔所得2000元应当支付原告。对于超出交强险赔偿限额的损失117799元，由被告曾某某承担，该金额未超过肇事车辆所投保商业三者险的责任限额，可由被告紫金财产保险公司直接赔付原告。关于被告紫金财产保险公司以涉案车辆没有营运证、肇事司机即被告曾某某没有从业人员资格证为由，主张免除承担保险责任的问题。法院认为，被告紫金财产保险公司作为专业保险公司，明知营业性机动车的驾驶员需要具备相关从业资格证，其在接受商业三者险投保时就应当对投保人是否取得相关许可证书进行审查，而不是在发生保险事故时才要求投保人提供相关材料。其未能提供证据证明其尽到了承保前的审查义务，故其关于在三者险限额内免除保险责任的抗辩理由不能成立，法院不予采纳。综上，依照《中华人民共和国侵权责任法》第六条、第十九条、第四十八条，《中华人民共和国道路交通安全法》第七十六条，《中华人民共和国保险法》第六十五条，《最高人民法院关于审理道路交通事故损害赔偿案件适用法律若干问题的解释》第十五条、第十六条以及《中华人民共和国民事诉讼法》第六十四条、第一百四十四条之规定，判决：一、确认原告王某某、陈某某因本案交通事故应得赔偿款为人民币 119799 元；二、被告条条通公司于判决生效之日起三日内支付原告王某某、陈某某人民币 2000 元（交强险理赔所得）；三、被告紫金财产保险公司于判决生效之日起三日内在商业三者险限额内赔偿原告王某某、陈某某人民币 117799 元；四、驳回原告王某某、陈某某的其他诉讼请求。如果未按判决指定的期间履行给付金钱义务，应当依照《中华人民共和国民事诉讼法》第二百五十三条之规定，加倍支付迟延履行期间的债务利息。案件受理费人民币 1348 元，由条条通公司负担人民币 27 元，由被告紫金财产保险公司承担人民币 1321 元。

二审期间，当事人未提交新证据。

原审法院查明的事实清楚，本院对一审查明的事实予以确认。

本院认为，本案为机动车交通事故责任纠纷。紫金财产保险公司上诉主张曾某某没有“经营性道路货物运输驾驶员”从业资格，根据商业三者险保险合同中的免责条款，紫金财产保险公司无须承担商业三者险的赔偿责任，上诉请求予以改判。对此，本院认为，肇事车辆的综合商业保险投保单载明的车辆使用性质为营业货运，综合商业保险投保单也以黑体字注明免责条款的告知情况，发生事故时曾某某驾驶肇事车辆系以“货拉拉”名义运货，但曾某某没有“经营性道路货物运输驾驶员”从业资格，故本案符合商业三者险保险合同中约定的驾驶员无从业资格的免责情形，被上诉人条条通公司作为肇事车辆的登记车主未出庭否认商业三者险保险合同中的免责条款，投保人深圳市二十四小时汽车有限公司龙岗分公司在原审也未出具证明否认商业三者险保险合同中的免责条款，故紫金财产保险公司关于根据商业三者险保险合同中的免责条款无须承担商业三者险的赔偿责任的上诉主张能够成立，本院予以采纳。肇事车辆登记在条条通公司名下，条条通公司应当就肇事车辆造成的王某某、陈某某损失承担赔偿责任，曾某某在本案中主张其系肇事车辆车主，与条条通公司存在挂靠关系，故曾某某可与条条通公司共同承担对王某某、陈某某的赔偿责任，曾某某与条条通公司应向王某某、陈某某赔偿117799元。曾某某与条条通公司就其双方之间的真实合同权利可另行向对方主张。

综上所述，上诉人紫金财产保险公司的上诉请求成立，本院予以支持；一审判决认定事实有错误，实体处理有误，本院予以纠正。依照《中华人民共和国侵权责任法》第六条、第十九条、第四十八条，《中华人民共和国道路交通安全法》第七十六条，《最高人民法院关于审理道路交通事故损害赔偿案件适用法律若干问题的解释》第十五条、第十六条及《中华人民共和国民事诉讼法》第六十四条、第一百七十条第一款第（二）项之规定，判决如下：

一、维持广东省深圳市宝安区人民法院（2019）粤0306民初10814号民事判决第一、二项；

二、撤销广东省深圳市宝安区人民法院（2019）粤0306民初10814号民事判决第三、四项；

三、被上诉人曾某某与被上诉人深圳市条条通投资发展有限公司于本判决生效之日起三日内赔偿被上诉人王某某、陈某某117799元；

四、驳回被上诉人王某某、陈某某其他的诉讼请求。

以上判项如未按本判决指定的期间履行给付金钱义务，应当依照《中华人民共和国民事诉讼法》第二百五十三条之规定，加倍支付迟延履行期间的债务利息。

一审案件受理费1348元，被上诉人王某某已预交，由被上诉人深圳市条条通投资发展有限公司负担人民币27元，由被上诉人曾某某、深圳市条条通投资发展有限公司共同负担人民币 1321 元；二审案件受理费 2656 元，上诉人紫金财产保险股份有限公司深圳分公司已预交，由被上诉人深圳市条条通投资发展有限公司负担人民币 64 元，由被上诉人曾某某、深圳市条条通投资发展有限公司共同负担人民币 2592 元。

本判决为终审判决。

审判长　沈　炬
审判员　易　静
审判员　郑寒江

二〇一九年十二月十二日

书记员　邓　懿

案例三　网络主播的劳动关系认定

——李某诉深圳先飞传媒有限公司确认劳动关系纠纷案

罗　巧*

关键词　网络主播　经纪合同　劳动关系　从属性　控制

【裁判要旨】

网络主播与直播平台或传媒公司之间即使签订了普通民事合同，双方之间实际形成的法律关系也应当综合考量各项因素进行判断，如符合从属性原则的，应当认定为劳动关系。

【案情要点】

1. 深圳先飞传媒有限公司（以下简称先飞公司）与李某签署了《传媒艺人签约独家经纪合同》（以下简称《经纪合同》），主要内容为：(1) 李某为深圳先飞传媒有限公司（以下简称先飞公司）认可的极具发展潜力的网络红人，先飞公司具有专业的经纪服务、媒体营销以及商业运作经验，李某成为先飞公司的签约艺人，先飞公司作为李某的独家经纪人，将根据李某的特点对其进行包装、宣传并在网络上推广李某，负责处理李某线上、线下演艺经纪事宜，李某按先飞公司要求以个人名义在第三方平台注册网络虚拟账号，或以现有网络虚拟账号，或先飞公司为李某开设的账号，按照合同约定进行合作。李某提供的或新注册用于合作的任意账号的

* 广东省深圳市中级人民法院四级高级法官。

所有权自合作之日起全部归属于先飞公司，李某仅拥有使用权。（2）李某保证全部服从先飞公司的经纪安排，配合先飞公司演出、活动、拍摄安排等，包括但不限于参加先飞公司安排的培训，与先飞公司共同策划账号的内容创意，配合先飞公司营运账号所需要的出演、出镜、直播、视频拍摄、简介等，配合先飞公司安排的商业以及非商业活动，其他运营所需要配合的安排。先飞公司利用自身的团队、资源提升李某影响力，推广上述账号并进行商业运作（包括但不限于广告合作、商业活动、电商销售等）获得收益。未经先飞公司书面同意，李某不得在非先飞公司指定的互联网演艺平台上从事任何的演艺活动。（3）鉴于李某无其他收入，先飞公司每月给予李某生活补贴 2000 元。双方合作的账号产生相应收益，由先飞公司进行收益，在扣除相应的成本后，双方对利润（税前）按照先飞公司 90%、李某 10%的比例进行分配。每月 20 日至 25 日结算上月费用。（4）李某每月需按先飞公司要求拍摄视频发布到合作账号上，若发布的视频数量及质量未达到先飞公司要求，先飞公司有权根据有效视频按比例在李某分配的收益中进行扣除。（5）李某如有违约行为，根据先飞公司确定的赔偿日期的粉丝数量，李某按照每个粉丝 10 元作价赔偿守约方的损失，若上述赔偿仍不足以弥补先飞公司损失，先飞公司可继续追偿。李某违约造成先飞公司或第三方损失的，由李某承担全部违约责任。除约定条件外，李某不得擅自解除合同，若李某擅自解除合同，应赔偿先飞公司在履行本合同中所有投入损失，及支付违约金。

2. 李某每天工作 8 小时，上班时间为 9 时或 10 时至 18 时或 19 时，大周工作 5 天，小周工作 6 天，并通过钉钉 App 打卡记录考勤，李某每周须向先飞公司提交周报。先飞公司每月在固定时间为李某转账 2000 元至 6000 元，备注“工资”，先飞公司曾为李某报销费用。先飞公司没有为李某购买社保。

3. 先飞公司在固定的地点、固定的时间由公司提供专业的拍摄器材及辅助人员，与李某拍摄视频，李某的工作内容就是拍摄剧情性短视频。

4. 先飞公司工作人员与李某在入职前的微信聊天记录记载双方就报酬磋商，先飞公司限定李某的入职时间及应当办理的手续。

5. 第三方平台上的粉丝均由先飞公司负责互动，李某所拍摄剧情性短视频均与先飞公司承接的广告合作和商业活动无关，李某不得在第三方平台的相关账户上发布非先飞公司拍摄的视频，李某不得拒绝先飞公司提出的视频拍摄安排。李某主张其对先飞公司提供的剧本有建议权，但先飞公司决定剧本最终是否拍摄以及以何种版本拍摄；拍摄的视频是否上传至指定网站或者 App 由先飞公司决定，账号及密码均由先飞公司掌握。先飞公司则主张双方合作方式系先飞公司提供团队资源协助，李某配合拍摄出镜短视频，该工作本身也是为了提高李某的知名度和影响力并从中获取粉丝与流量从而达到双方共赢的目的；李某对于具体的工作内容有充分表达自己意见的权利，李某也可与先飞公司共同策划视频的内容创意；网站或 App 账号由双方共同运营，账号也是以李某的个人身份实名认证。

【案件索引】

一审：广东省深圳市南山区人民法院（2020）粤 0305 民初 28112 号

二审：广东省深圳市中级人民法院（2021）粤 03 民终 21086 号

【裁判结果】

深圳市南山区人民法院一审判决：一、确认先飞公司与李某自 2019 年 6 月 6 日至 2020 年 3 月 23 日不存在劳动关系；二、先飞公司无须支付李某律师费 2500 元。案件受理费 5 元，由李某负担。

深圳市中级人民法院二审判决：一、撤销广东省深圳市南山区人民法院（2020）粤 0305 民初 28112 号民事判决；二、确认上诉人李某与被上诉人先飞公司于 2019 年 6 月 6 日至 2020 年 3 月 23 日存在劳动关系；三、被上诉人先飞公司应于本判决生效之日起十日内支付上诉人李某律师费 2500 元。

【案例注解】

一、本案的法律问题

本案的争议焦点为双方之间是平等民事主体之间的演艺经纪合同关系还是具有人身依附性的劳动关系。先飞公司主张双方签订的《经纪合同》

是双方真实意思表示，考勤记录是为了保证李某向先飞公司提供足够数量的视频，以提高账号的曝光率，获取很多的粉丝及流量从而衍生招商广告、演出等项目；聊天记录仅为先飞公司与李某正式签署合同之前的沟通环节，双方签订的《经纪合同》才是双方最终达成的合意。李某则主张双方是劳动关系，《经纪合同》是借经纪之名行劳动合同之实，若不签署则无法入职。

二、判决书的分析逻辑

针对本案争议焦点，一审法院与二审法院得出的结论完全不同。

一审法院紧扣《经纪合同》，认为双方在合同中明确双方系基于李某的发展潜力以及先飞公司可以提供的经纪服务等而签订合同，先飞公司根据李某的特点对其进行包装、宣传并在网络上推广，利用李某注册的网络虚拟账号进行广告合作、商业活动、电商销售等商业运作，李某配合先飞公司演出、活动、拍摄安排等，与先飞公司共同策划虚拟账号的内容创意，并按照先飞公司的要求每月发布一定数量的视频；合作账号产生的收益，先飞公司扣除相应成本后，按照先飞公司90%、李某10%的比例进行分配，另鉴于李某无其他收入，先飞公司每月给予李某生活补贴2000元；合同还约定了违约金条款、解除合同条款等，可见双方订立合同时的真实意思并非建立劳动合同关系。一审法院采信先飞公司主张，认为考勤行为仅是为了保证李某在先飞公司的团队、资源协助下能够发布足够数量及质量的视频，以便切实履行双方订立的经纪合同，除此以外李某并不受先飞公司其他劳动制度的约束，先飞公司也没有为李某购买社保，李某从事该工作初衷是提升李某自身知名度与影响力并从中获取收益，李某对具体工作内容有充分表达自己意见的权利，可与先飞公司共同策划虚拟账号的内容创意，与劳动合同关系中，劳动者提供的劳动完全从属于用人单位业务的特征不符。据此，一审法院认为双方之间不存在劳动关系。

二审法院在辨析经纪合同关系和劳动关系的基础上，结合双方实际产生的法律关系进行了分析，认为先飞公司对李某进行管理，包括考勤、请休假、报销，双方在合同中还约定李某应当遵守先飞公司的各项规章制度。李某的主要工作是出镜拍摄短视频，但李某对视频拍摄安排没有选择权。即使按照《经纪合同》的约定，李某对短视频内容制作、发布以及后续运营并没有主动权，没有挑选的权利，更没有拒绝的权利；李某必须全部服从先飞公司的经纪安排，即李某对其工作内容、工作步骤等没有决定权；先飞公司享有李某拍摄视频的著作权，即先飞公司决定李某的工作内容、工作步骤、工作成果的展示方式及归属，而李某在工作过程中无论对工作内容、工作步骤，还是工作成果都没有主动权和控制权。同样根据《经纪合同》，合作账户产生的收益，由先飞公司进行核算，扣除成本后，对税前利润按照先飞公司 90%、李某 10%的比例进行分配，如对收益或成本有争议的，以先飞公司提供的数据为准，即先飞公司对账户产生的利益分配具有绝对的话语权。李某的入职流程也与其他劳动者相同。而《经纪合同》中并没有约定常见的经纪公司应当为艺人提供职业规划、演艺活动、开展培训等方面，先飞公司也没有提交证据证明其根据李某的特定对其进行包装、宣传并在网络上推广或其他经纪义务。因此，二审法院认为先飞公司招用李某成为先飞公司的成员，并对李某的工作具有极大的控制权和决定权，李某受先飞公司管理并服从于先飞公司，工作成果归属于先飞公司，先飞公司为李某发放报酬。先飞公司通过视频拍摄获取粉丝及流量，进而产生收益，李某的工作构成了先飞公司的业务组成部分。故双方并没有履行演艺经纪合同关系中应有的权利义务关系，双方之间构成劳动关系。

三、此类案件的特点与裁判建议

新就业形态下，劳动用工过程中的招聘任用、工作安排、报酬结算、结束工作等环节大部分都依托于网络进行，劳动者工作场地、工作过程更具有灵活性，从而使得用工单位与劳动者之间的从属性弱化，让劳动关系认定这一司法实践中的难点更增添了挑战性。实践中更有一些公司假借新就业形态用工形式，实现隐蔽用工的目的，规避劳动法强制性规定的适用。

我国劳动法并没有对什么是劳动关系作出明确的法律概念界定，更没有对新就业形态的劳动关系认定作出规定，对于传统劳动关系的认定司法实践依据的是 2005 年《劳动和社会保障部关于确立劳动关系有关事项的通知》第一条①的规定。按照"司法谦抑"原则，在目前没有相关法律法规规定新就业形态领域存在特殊劳动关系认定规则的情况下，对新就业形态下的劳动关系认定，司法裁判中仍应当也只能按照现有的劳动关系认定标准进行。该规定体现了劳动关系中最重要的从属性特征，即将人格从属性、经济从属性及组织从属性作为认定劳动关系的关键。从本案的情况来看，该标准在新就业形态中也能识别出平台用工存在的规避劳动法律关系的"隐蔽雇佣"情形，虽然二审判决中没有直接引用《劳动和社会保障部关于确立劳动关系有关事项的通知》，但实际上就是按照其中确立的从属性标准进行认定的。李某接受先飞公司的指挥和管理，先飞公司对于李某的工作时间、地点、内容、劳动报酬都具有绝对的主导权、控制权，与传统劳动关系并无二致。

现实中网络主播与直播平台或传媒公司之间的法律关系有多种形态，主要有以下两种：一是网络主播与直播平台之间直接签订合同；二是网络主播与传媒公司签订合同，再由传媒公司与直播平台签订合同，即本案的情形。基于各方复杂多样的合作模式，网络主播与直播平台或传媒公司之间构成何种法律关系，仍需要具体案件具体分析，不能一概而论。比如，大部分网络主播、艺人对工作时间、地点、内容有一定的协商权甚至是决定权。有些网络平台主播所获取的收益并非由平台发放，而是由粉丝打赏获得，主播作为自负盈亏的独立主体向平台支付管理费，这种情况下，主播与平台之间并不存在经济从属性。但有些直播平台掌握收费标准、收入分配标准，网络主播并非从其服务对象处直接获取劳动报酬，而是服务对象将款项转入平台经营者账户，平台经营者扣除一部分管理费或自身利润后，再根据网络主播的工作量等情形发放，网络主播对报酬的发放缺乏议价及决定的权利，而且网络主播从平台处获取的劳动报酬是其稳定的收入来源，在这种情形下，认定新就业形态的劳动者与平台经营管理者具有经济从属性为宜，此时应当结合人格从属性认定双方是否建立劳动关系。在

① 该条规定，用人单位招用劳动者未订立书面劳动合同，但同时具备下列情形的，劳动关系成立：(1) 用人单位和劳动者符合法律、法规规定的主体资格；(2) 用人单位依法制定的各项劳动规章制度适用于劳动者，劳动者受用人单位的劳动管理，从事用人单位安排的有报酬的劳动；(3) 劳动者提供的劳动是用人单位业务的组成部分。

网络主播是否与直播平台或者传媒公司具有从属性上，笔者认为裁判者在对事实进行认真辨析的基础上，可以综合考量以下因素进行考量，而无法仅凭某一因素径直认定劳动关系：（1）从业者是否必须服从平台或者传媒公司的规章制度；（2）从业者是否接受平台或者传媒公司的监督与过错制裁；（3）从业者是否有权控制完成指定任务的方式和方法；（4）从业者的劳动是否具有不可代理性，是否可以因自己个人原因找第三人代理工作；（5）从业者对报酬的取得与平台或者传媒公司之间是否有协商的权利；（6）从业者在从业过程中发生的风险、成本是否由单位承担。

劳动者对用人单位的从属性与用人单位对劳动者的控制是一个硬币的两面，从属性是从劳动者角度对是否构成劳动关系的考量，在司法实践中可以从用人单位对劳动者的控制角度帮助裁判者对是否形成劳动关系形成内心确信，即提供劳动一方提供的劳动是否由平台或者公司高度定义与控制，该定义与控制程度是否与传统劳动关系中用人单位对劳动者的控制程度相当甚至更强烈，如果答案是肯定的，那么应当认定为劳动关系；否则不应认定为劳动关系。

综上所述，司法裁判不应仅以双方签订的合同认定双方的法律关系，而应当考察双方实际履行合同过程中形成的法律关系，适用从属性原则，综合各种因素进行判断。

【裁判全文】

广东省深圳市中级人民法院
民事判决书

（2021）粤03民终21086号

上诉人（原审被告）：李某。

委托诉讼代理人：郭某。

被上诉人（原审原告）：深圳先飞传媒有限公司。

法定代表人：高某某，总经理。

委托诉讼代理人：雷某某。

上诉人李某因与被上诉人深圳先飞传媒有限公司（以下简称先飞公司）确认劳动关系纠纷一案，不服广东省深圳市南山区人民法院（2020）粤 0305 民初 28112 号民事判决，向本院提起上诉。本院于 2021 年 6 月 28 日立案后，依法组成合议庭进行了审理。

上诉人李某上诉请求：一、撤销原审判决；二、判令确认李某与先飞公司 2019 年 6 月 6 日至 2020 年 3 月 23 日存在劳动关系；三、判令先飞公司支付李某律师费 2500 元；四、判令先飞公司承担本案一审和二审的诉讼费用。事实与理由：一、一审法院对双方关系认定的事实不清，证据不足。一审法院在作出判决时仅依据双方签订的合同，而不审查双方履约的具体情况，根据本案仲裁阶段的认定，李某自 2019 年 6 月 6 日入职先飞公司，工作日常主要是负责对公司编剧的短视频进行拍摄、出镜等工作，工作内容完全是先飞公司安排，短视频拍摄内容完全由先飞公司提供，李某无权发表任何意见，只能听从其安排，除此之外，李某需服从先飞公司的各项管理规定包括但不限于考勤制度、财务制度等。二、一审法院适用法律错误，李某与先飞公司之间应为劳动合同关系而非普通的经纪合同关系。仲裁阶段中认定的事实足以明确双方的劳动合同关系，而一审法院在先飞公司未提交任何新证据的情况下作出了与仲裁阶段完全相反的认定，一审法院仅依据双方之间签订的《先飞传媒艺人签约独家经纪合同》（以下简称《经纪合同》）的合同条款，未对双方具体的合同履行情况进行审查。

被上诉人先飞公司对此答辩称，原审事实认定清楚，适用法律正确，请求维持原判。

被上诉人先飞公司一审起诉请求：一、确认先飞公司与李某自 2019 年 6 月 6 日至 2020 年 3 月 23 日不存在劳动关系；二、先飞公司无须支付李某律师费 2500 元；三、本案诉讼费由李某承担。

一审法院经审理查明，关于劳动关系问题：李某主张双方于 2019 年 6 月 6 日至 2020 年 3 月 23 日存在劳动关系。先飞公司主张双方系经纪演艺合同关系，不存在劳动关系，银行流水备注工资为公司管理疏忽，实际为李某基本生活费用。先飞公司提交其作为甲方，李某作为乙方，签署于

2019年6月6日的《经纪合同》，李某确认合同的真实性，合同主要内容为：首部载明“乙方为甲方认可的极具发展潜力的网络红人，甲方具有专业的经纪服务、媒体营销以及商业运作经验，基于该前提，本着诚意合作、互利互惠的原则，根据《中华人民共和国合同法》及其他相关法律法规的规定，乙方成为甲方的签约艺人，甲乙双方协商一致达成以下合同”。其中第二条约定：“合作内容：1. 乙方入驻成为深圳先飞传媒有限公司旗下艺人，在合作期间甲方作为乙方独家经纪人，负责处理乙方线上、线下演艺经纪事宜，甲方将根据乙方的特点对其进行包装、宣传并在网络上推广乙方，乙方按甲方要求以个人名义在第三方平台［包括但不限于抖音、腾讯企鹅号（微视）、微博、秒拍、B站、美拍、快手、A站、微信公众号、今日头条、淘宝达人、小红书等现有平台以及将来新注册、开发的与视频有关的一切网站、应用等］注册网络虚拟账号，或以现有网络虚拟账号，或甲方为乙方开设的账号，按照本合同的约定进行合作。2. 乙方提供的或新注册用于本合同合作的任意账号的所有权自双方合作之日起全部归属于甲方，乙方仅在合同期限内拥有使用权。3. 合同期内，乙方保证全部服从甲方的经纪安排，甲方利用自身的团队、资源提升乙方影响力，推广上述账号并进行商业运作（包括但不限于广告合作、商业活动、电商销售等）获得收益。4. 未经甲方书面同意，乙方不得在非甲方指定的互联网演艺平台上从事任何的演艺活动。”第五条约定：“……（1）合作期间，乙方应以专业、守时、敬业的工作态度配合甲方演出、活动、拍摄安排等，包括但不限于参加甲方安排的培训，与甲方共同策划账号的内容创意，配合甲方营运账号所需要的出演、出镜、直播、视频拍摄、简介等，配合甲方安排的商业以及非商业活动，其他甲方运营张某所需要乙方配合的安排……乙方擅自终止合同履行、解除合同或违法合同约定，乙方应向甲方支付甲方为提升乙方知名度而支出的合理费用（已在分配盈利时扣除的除外），并按照第七条第一款约定支付违约金。”第六条约定：“1. 鉴于乙方无其他收入，甲方每月给予乙方生活补贴2000元……双方合作的账号产生相应收益，由甲方进行收益，在扣除相应的成本后，双方对利润（税前）按照甲方90%、乙方10%的比例进行分配……乙方每月需按甲方要求拍摄视频发布到合作账号上，乙方同意。若发布的视频数量及质量未达到甲方要求，甲方有权根据有效视频按比例在乙方分配的收益中进行扣除……费用结算时间：每月 20 日至 25 日结算上月费用。”第七条违约责任约定：“1. 乙方应严格执行本合同约定，如有违反上述条款行为的，根据甲方确定的赔偿日期的粉丝数量，乙方按照每个粉丝 10 元作价赔偿守约方的损失，若上述赔偿仍不足以弥补甲方损失，甲方可继续追偿。2. 乙方违反与甲方签署的经纪合同或违反与甲方有商业关系的第三方签署的合约，造成甲方或第三方损失的，由乙方承担全部违约责任，如因此导致甲、乙双方解除或终止合同，乙方按第七条第一款支付甲方违约金。3. 本合同履行期间，除约定条件外，乙方不得擅自解除合同，若乙方擅自解除合同，应赔偿甲方在履行本合同中所有投入损失，及支付违约金（违约金根据双方确定的赔偿日期的粉丝数量，按照每个粉丝 10 元计算）。4. 乙方应诚实守信，如乙方存在买粉丝、刷粉丝、刷数据等造假行为，甲方可根据乙方造假的粉丝数量按照每个粉丝 10 元计算违约金，要求乙方支付。如情节严重（造假数量达到 1 万个以上），甲方有权解除本合同。5. 因本合同纠纷产生的费用包括但不限于诉讼费、保全费、担保费、律师费、公证费、鉴定费等费用由违约方承担。”另外，合同的第八条约定了甲、乙可以单方解除合同的情形，第九条约定合作账户的回购条件等。李某提交银行流水、考勤记录、《被迫解除劳动合同通知书》、李某与先飞公司人事苏某如微信聊天记录、社保清单、《委托代理合同》、律师费发票，证明李某每天工作 8 小时，大周工作 5 天，小周工作 6 天。并通过钉钉 App 打卡记录考勤，先飞公司没有为李某购买社保。先飞公司对以上证据的真实性均予认可，质证称考勤记录为了保证李某向先飞公司提供足够数量的视频，在抖音等短视频平台运营账号上传高质量及足够数量的视频才能提高账号的曝光率，获取很多的粉丝及流量从而衍生招商广告、演出等项目，公司在固定的地点、固定的时间由先飞公司提供专业的拍摄器材及辅助人员，与李某共同策划拍摄出足够数量的视频，该证据仅为双方正常履行经纪合同的行为，无法证明双方具有劳动关系；聊天记录仅为先飞公司与李某正式签署合同之前的沟通环节，双方于 2019 年 6 月 6 日签订的《经纪合同》才是双方最终达成的合意。

一审法院认为，《经纪合同》明确双方系基于李某的发展潜力以及先飞公司可以提供的经纪服务等，根据《合同法》等法律规定，确定双方的权利义务关系。从合同内容看来，先飞公司根据李某的特点对被告包装、宣传并在网络上推广被告，利用李某注册的网络虚拟账号进行广告合作、商业活动、电商销售等商业运作，李某配合先飞公司演出、活动、拍摄安排等，与先飞公司共同策划虚拟账号的内容创意，并按照先飞公司的要求每月发布一定数量的视频；合作账号产生的收益，先飞公司扣除相应成本后，双方对利润（税前）按照先飞公司 90%、李某 10%的比例进行分配，另鉴于李某无其他收入，先飞公司每月给予李某生活补贴 2000 元；合同还约定了违约金条款、解除合同条款等，可见双方订立合同时的真实意思并非建立劳动合同关系。从合同的履行情况来看，先飞公司存在要求李某考勤的管理行为，但此考勤行为仅是为了保证李某在先飞公司的团队、资源协助下能够发布足够数量及质量的视频，以便切实履行双方订立的经纪合同，除此以外李某并不受先飞公司其他劳动制度的约束，先飞公司也没有为李某购买社保，李某从事该工作本身是为了提升李某自身知名度与影响力并从中获取收益，李某对于具体工作内容，有充分表达自己意见的权利，可与先飞公司共同策划虚拟账号的内容创意，与劳动合同关系中，劳动者提供的劳动完全从属于用人单位业务的特征不符。综上，双方并未形成劳动关系，先飞公司主张其与李某于 2019 年 6 月 6 日至 2020 年 3 月 23 日不存在劳动关系，一审法院予以支持。关于律师费。如前所述，双方不存在劳动关系，李某在仲裁阶段主张的律师费没有依据，一审法院不予支持。

一审法院判决：一、确认先飞公司与李某于 2019 年 6 月 6 日至 2020 年 3 月 23 日不存在劳动关系；二、先飞公司无须支付李某律师费 2500 元。案件受理费 5 元，由李某负担。

本院经审理查明，原审查明的事实正确，本院予以确认。

另查明，李某在二审期间提交了一份钉钉 App 截图，内容是李某提起审批报销及提醒提交周报的截图。先飞公司认可该份证据，但主张报销并不能直接证明双方之间具有劳动关系，而是双方在演艺经纪合同项下不可避免由李某先行垫付部分费用，再向先飞公司报销。

再查，双方均认可李某每天上班时间为 9 时或 10 时至 18 时或 19 时，第三方平台上的粉丝均由先飞公司负责互动，李某所拍摄剧情性短视频均与先飞公司承接的广告合作和商业活动无关，李某不得在第三方平台的相关账户上发布非先飞公司拍摄的视频，李某不得拒绝先飞公司提出的视频拍摄安排。李某主张其对先飞公司提供的剧本有建议权，但先飞公司决定剧本最终是否拍摄以及以何种版本拍摄；拍摄的视频是否上传至指定网站或者 App 由先飞公司决定，账号及密码均由先飞公司掌握。先飞公司则主张根据合同约定，双方合作方式系先飞公司提供团队资源协助，李某配合拍摄出镜短视频，该工作本身也是为了提高李某的知名度和影响力并从中获取粉丝与流量从而达到双方共赢的目的。另外，李某对于具体的工作内容也有充分表达自己意见的权利，李某也可与先飞公司共同策划视频的内容创意。先飞公司主张网站或 App 账号由双方共同运营，账号也是以李某的个人身份实名认证。

本院认为，本案的争议焦点是李某与先飞公司之间是否存在劳动关系。虽然双方签订了《经纪合同》，但双方之间的法律关系应当考察双方之间实质形成的权利义务关系。劳动关系是指用人单位招用劳动者成为其成员，劳动者在用人单位的管理下，提供由用人单位支付报酬的劳动而产生的权利义务关系。演艺经纪合同关系则是指演艺人员与经纪人或经纪机构所签订的，由经纪人或经纪机构为其提供包装、宣传、推介等服务，而演艺人员应当服从经纪人或经纪机构的安排，参与经纪人或经纪机构所组织和安排的演出活动等形成的权利义务关系。前者具有较强的人身属性，后者则是平等民事主体之间的权利义务关系。

本案中，第一，双方均认可先飞公司对李某实行考勤管理。李某每天工作 8 小时，实行大小周工作制，通过钉钉打卡记录考勤。李某的工作均由先飞公司策划部兼人力部主管苏某洋管理，请休假及报销都要通过苏某洋确认。双方在合同中还约定李某应当遵守先飞公司的各项规章制度。从上述情况可见，先飞公司对李某进行管理。

第二，双方均确认李某的主要工作内容是出镜拍摄短视频。李某对视频拍摄安排没有选择权，根据双方签订的《经纪合同》，李某“在合作过程中，包括短视频内容制作、发布以及后续运营等方面应积极配合乙方（本院注：先飞公司）工作的安排，不得推诿或拒绝”，即李某对短视频内容制作、发布以及后续运营并没有主动权，没有挑选的权利，更没有拒绝的权利。同时，《经纪合同》中还约定，李某必须全部服从先飞公司的经纪安排，即李某对其工作内容、工作步骤等没有决定权。合同约定，先飞公司享有李某拍摄视频的著作权，李某“提供的或新注册的用于本合同合作的任意账号的所有权自双方合作之日起全部归属于甲方，乙方仅在合同期内拥有使用权”。因李某拍摄的短视频需要在第三方平台进行推广，但根据上述条文，先飞公司对第三方平台账户拥有比李某更大的权利，李某不享有对其工作成果的所有权、决定权和控制权。而先飞公司决定李某的工作内容、工作步骤、工作成果的展示方式及归属。因此，李某在工作过程中无论对工作内容、工作步骤，还是工作成果都没有主动权和控制权。

第三，先飞公司每月向李某转账支付款项，备注为“工资”。根据双方签订的《经纪合同》，合作账户产生的收益，由先飞公司进行核算，扣除成本后，对税前利润按照先飞公司90%、李某10%的比例进行分配，如对收益或成本有争议的，以先飞公司提供的数据为准，即先飞公司对账户产生的利益分配具有绝对的话语权。

第四，根据《经纪合同》，先飞公司应当根据李某的特点对其进行包装、宣传并在网络上推广李某，但本案中先飞公司并未提交有效证据证明其曾履行了上述合同义务。同时对于演艺经纪合同中常见的经纪公司的合同义务包括就艺人的职业发展进行规划指导、为其安排演艺活动、为艺人的演艺技能提高开展培训等方面，在本案《经纪合同》中未约定，先飞公司也没有举证证明曾履行相关义务。

第五，从双方认可的微信聊天记录中可见，李某提出工资最低要求“6K”，先飞公司2019年5月31日回复“可以从6K开始”，并询问李某看合同的时间。2019年6月6日晚上9时45分先飞公司工作人员询问李某“你那边周一是可以入职的吧?”并发送了图片内容为“员工应缴资料（验原件，留复印件）”。上述流程与普通员工入职流程一致。先飞公司主张虽然双方协商的是劳动关系，但双方最终达成一致并签订合同的是《经纪合同》，对此，本院认为，《经纪合同》签订于2019年6月6日，同日晚上先飞公司工作人员询问及告知的却是入职情况，明显与先飞公司主张不同。

从上述情形可见，先飞公司招用李某成为先飞公司的成员，并对李某的工作具有极大的控制权和决定权，李某受先飞公司管理并服从于先飞公司，工作成果归属于先飞公司，先飞公司为李某发放报酬。先飞公司通过视频拍摄获取粉丝及流量，进而产生收益，李某的工作构成了先飞公司的业务组成部分。双方并没有履行演艺经纪合同关系中应有的权利义务关系。综上，本院认为，双方在合同的实际履行中形成的是劳动关系，而并非平等民事主体之间的合同关系。

因李某为本案支付了律师费 5000 元，本院按照其胜诉比例，根据《深圳经济特区和谐劳动关系促进条例》第五十八条的规定，认定先飞公司应当支付李某律师费 2500 元。

综上，上诉人李某的上诉请求成立，本院予以支持。原审判决认定事实部分不清，适用法律部分不当，本院依法予以纠正。根据《中华人民共和国民事诉讼法》第一百七十条第一款第（二）项的规定，判决如下：

一、撤销广东省深圳市南山区人民法院（2020）粤 0305 民初 28112 号民事判决；

二、确认上诉人李某与被上诉人深圳先飞传媒有限公司于 2019 年 6 月 6 日至 2020 年 3 月 23 日存在劳动关系；

三、被上诉人深圳先飞传媒有限公司应于本判决生效之日起十日内支付上诉人李某律师费 2500 元。

本案一审案件受理费 5 元、二审案件受理费 10 元，由被上诉人深圳先飞传媒有限公司负担。

本判决为终审判决。

审判长　彭　琛

审判员　张士光

审判员　罗　巧

二〇二一年八月十一日

书记员　周铃燕（兼）

案例四　“送幸福”案中的劳动关系认定

——陈某某与深圳市送幸福物流有限公司劳动争议案

邢蓓华*

关键词　“送幸福”　平台用工　合作协议　劳动关系

【裁判要旨】

平台企业与从业者签订的有排除劳动关系条款的《合作协议书》在没有证据显示存在无效或可撤销事由的情况下，可作为认定平台企业与从业者之间法律关系性质的初步证据。从业者主张双方之间存在劳动关系的，应承担反证的责任。从业者未能提供充分有效的证据反驳《合作协议书》的，对其关于双方之间存在劳动关系的主张，不应支持。

【案件要点】

1. 深圳市送幸福物流有限公司（以下简称送幸福物流公司）与深圳幸福西饼公司和广州幸幸之福公司签订了《物流配送协议》，约定由送幸福物流公司为深圳幸福西饼公司和广州幸幸之福公司提供物流配送服务，将深圳幸福西饼公司和广州幸幸之福公司的货物配送至客户处。

2. 送幸福物流公司使用的幸福西饼 App 系深圳幸福西饼公司所有和管理。配送员需注册该 App 方可从事相关的物流配送服务。

3. 工商登记资料显示，深圳幸福西饼公司和广州幸幸之福公司存在关

* 广东省深圳市中级人民法院四级高级法官。

联关系，但送幸福物流公司与深圳幸福西饼公司或广州幸幸之福公司并不存在关联关系。

4. 陈某某自2018年10月1日至2019年9月30日在送幸福物流公司棠下配送站从事糕点配送服务。2018年12月2日，送幸福物流公司与陈某某签订《合作协议书》，主要内容为：

（1）送幸福物流公司承接深圳幸福西饼公司或其他公司的货物配送业务，并将以上货物交由陈某某负责具体货配送，合作期限为2018年10月1日至2019年9月30日。

（2）双方的关系为合作关系，陈某某就其活动自负一切风险和从合法经营中的获利。陈某某既不是送幸福物流公司的代理人，也不是送幸福物流公司的雇员或合伙人，双方不存在任何劳动关系。陈某某不是送幸福物流公司委托的代表，无权以送幸福物流公司的名义签订协议，使送幸福物流公司在任何方面对第三人承担责任或由送幸福物流公司负担任何费用、承担任何义务。

（3）送幸福物流公司有权要求陈某某遵守配送服务规范或制度，陈某某须按送幸福物流公司《配送签收单》（以及其他配送单据/凭证）的日期、时间、地点及配送的货物数量等，使用符合条件的车辆承担配送义务，否则送幸福物流公司有权随时终止与陈某某的合作关系。

（4）合作期间，陈某某自主安排时间，自主决定是否接受送幸福物流公司的货物配送订单，但一旦接受送幸福物流公司的配送单后，不得擅自拒绝履行配送义务。

（5）配送货物的交通工具由陈某某自行提供，须提供配送车辆保险保单（第三者责任险）、驾驶员驾驶证、身份证、车辆行驶证；配送交通工具因配送业务而产生的一切责任和费用由配送员承担。

5. 工作模式：送幸福物流公司向配送员提供幸福西饼App的注册、登录；需要配送的订单上载于App，由各配送员在App上自行抢单。配送员可自主决定是否接单，但接单后，不得拒绝配送。配送时，配送员需要穿着印有幸福西饼标识的专门服装，需遵守配送服务制度，按配送单的日期、时间、地点、数量配送。如配送员配送迟到或被客户投诉严重，将被罚款。配送车辆为配送员自有车辆，车辆在配送过程中所产生的费用（如燃油费、停车费、过路费、车辆保险等）均由配送员自行负担。配送费用为月结；配送站点区域内配送的，蛋糕每单 20 元，下午茶每单 15 元；跨区域的，按里程加价，但单笔配送费最高不得超过 80 元。配送员收取客户现金付款的，不用上缴，而是在月结中扣除。配送费由深圳幸福西饼公司或广州幸幸之福公司按照配送员在幸福西饼 App 平台接单数量核算，扣除送幸福物流公司收取的 5%~8%服务费后，直接转入陈某某在该 App 平台上注册的账户。送幸福物流公司以配送员名义购买人身意外团体险，费用是 100 元，从配送费中扣取。

6. 2018 年 10 月至 2019 年 9 月，陈某某实际收到的配送费为 2600 元至 14500 元。

7. 双方均认可 2019 年 9 月 30 日之后陈某某未再为送幸福物流公司提供配送服务。陈某某主张送幸福物流公司在 2019 年 10 月 9 日将其踢出微信工作群。

8. 陈某某申请劳动仲裁，请求：（1）确认双方于 2018 年 10 月 1 日至 2019 年 10 月 9 日存在劳动关系；（2）送幸福物流公司支付 2018 年 11 月 1 日至 2019 年 9 月 30 日未签订劳动合同二倍工资差额 104606.7 元；（3）送幸福物流公司支付律师费 3000 元。

【案件索引】

一审：深圳市龙岗区人民法院（2020）粤 0307 民初 6933 号

二审：深圳市中级人民法院（2020）粤 03 民终 24166 号

【裁判结果】

深圳市龙岗区人民法院一审判决：1. 确认陈某某与送幸福物流公司在 2018 年 10 月 1 日至 2019 年 10 月 9 日不存在劳动关系；2. 驳回陈某某的全部诉讼请求。

深圳市中级人民法院二审判决：驳回上诉，维持原判。

【案例注解】

一、本案的法律问题

第一，《合作协议书》对于认定双方之间法律关系性质的作用。双方签订的《合作协议书》已明确约定，双方之间系合作关系，陈某某不是送幸福物流公司的代理人、雇员或合伙人。双方签订《合作协议书》明确排除劳动关系的事实是否必然否定双方之间存在劳动关系，举证责任在双方之间如何进行分配？

第二，劳动关系的认定标准。陈某某主张其与送幸福物流公司存在劳动关系，其受送幸福物流公司管理，与送幸福物流公司存在组织、人身和经济上的从属性。

送幸福物流公司则主张其与陈某某之间系合作关系，陈某某使用自有车辆提供配送服务，配送费系由案外人核算并直接支付给陈某某，其仅收取一定比例的管理费，其与陈某某之间不存在经济或人身上的依附性。

二、判决书的分析逻辑

第一，《合作协议书》效力的分析逻辑。本案生效判决认为，双方当事人均认可《合作协议书》的真实性，陈某某未主张该协议的签订存在胁迫、欺诈、重大误解或显失公平的情形，其也未要求撤销该协议或要求确认该协议无效。而该协议内容也没有违反法律和行政法规的强制性规定，故该协议应认定是当事人双方的真实意思表示，内容合法有效。《合作协议书》中体现出的双方对相互之间法律关系性质所达成的“合意”，即双方之间为合作关系，而非劳动关系。该“合意”应是认定双方之间法律关系性质的初步证据。

同时，由于平台企业与从业者的地位明显存在强弱之差，平台企业处于强势一方。故双方签订的书面合同并非认定双方之间法律关系性质的唯一决定因素。从业者如能举证证明合同约定与双方实际履行内容不一致，即可推翻双方在书面合同中对相互间法律关系性质所达成的“合意”。但本案中，陈某某所提供的证据不足以推翻《合作协议书》所约定的合作关系，故仍应依照双方“合意”来认定双方间法律关系的性质。

第二，劳动关系认定标准的逻辑分析。本案生效判决对双方之间的工作模式进行了审查，主要还是以双方之间是否存在从属性来判断双方在实际履行过程中是否存在劳动关系特征。本案中，在《合作协议书》实际履行中，主要的劳动工具运输车辆是由陈某某自备，由此产生的油费、过路费、车辆保险费等各项费用也由陈某某自行负担；承接工作任务也采用从App上抢单的形式，陈某某对于是否接单、接单多少及接单的具体时间均拥有较强的自由度，双方之间并不具有人身依附性；而陈某某的收入按接单数量计算，没有固定的工资，且工资系由案外人核算直接支付至陈某某在App的账户，送幸福物流公司仅收取固定比例的管理费，故陈某某的收入来源并非送幸福物流公司，双方之间不具有经济从属性。因此，本案生效判决认为，陈某某在本案中的证据不足以证明其是为送幸福物流公司的经营而工作，不足以证明其收取的仅仅是劳务报酬，而非自己经营配送业务的收入，不足以反驳《合作协议书》约定的合作关系，故对陈某某关于其与送幸福物流公司之间存在劳动关系的主张未予支持。

三、此类案件的特点与裁判建议

（一）企业借助意思自治原则排除劳动关系

由于劳动关系项下，企业要负担更多的义务，承担更大的责任。因此，无论是在传统就业形态还是新就业形态中，企业往往会借助意思自治原则，以双方签订的书面合同将其与从业者的法律关系归入平等的民事法律关系范畴，从而排除劳动关系的适用。

（二）在劳动关系认定领域中，人民法院对当事人意思自治审查原则的建议

人民法院在认定劳动关系时，一方面，应尊重当事人意思自治；另一方面，还应根据双方履行的事实对当事人的合意进行审查，以判断合意与事实是否一致。

本案的意义主要在于确立了双方合意对于双方间法律关系性质认定的

作用与价值，即以合意作为认定双方之间法律关系性质的初步证据，再基于从业者所提供的证据所体现的履行事实来确定能否推翻双方合意。如证据体现的事实可以推翻双方的合意，则采取事实优于合意的原则，以事实来认定双方之间的法律关系性质。如证据所体现的事实不足以推翻双方合意，则仍然以双方合意为准。本案所确立的原则与《关于维护新就业形态劳动者劳动保障权益的指导意见》第十八条的规定以及最高人民法院第179号指导性案例所采纳的原则是一致的，但更强调合意在认定双方法律关系性质方面所起到的初步证据的作用。这更能适应灵活、复杂、多变的新就业形态，也更能体现对当事人意思自治的尊重。

一方面，劳动关系领域，意思自治原则同样是确立双方权利义务的基本准则，也仍然是裁判者需要遵循的基本原则。新就业形态具有的自由性不仅满足了平台企业灵活用工的需要，也更符合新一代从业者崇尚自由、不喜约束的想法。例如，本案中，送幸福物流公司的配送员可以选择是否接单，工作时间更加弹性，其对于是否提供劳动、提供多长时间劳动拥有了更大的自主决定权。如果完全不顾及平台企业与从业者双方的意愿，越俎代庖，将劳动关系强加于双方，不仅不利于平台经济的蓬勃发展，也违背了从业者对工作方式的选择。因此，在排除合同签订过程中可能存在欺诈、胁迫、重大误解或显失公平等情形后，尊重平台企业与从业者双方所达成的合意是人民法院在认定双方之间法律关系性质时首先需遵从的原则。

另一方面，我国目前劳动力市场仍然处于供大于求的局面。在新就业形态中，从业者相较于平台企业仍然处于弱势地位。平台企业在合同谈判中大多居于控制和支配地位，平台企业规模越大，从业者议价能力就越低，对于平台企业提出的合同条款，从业者难有与之谈判的可能。在此情况下，双方在合同中所显示出的合意也非双方之间法律关系性质的唯一决定因素，应当给予从业者举证反驳的权利和机会。若从业者提供的证据足以证明双方之间的用工方式具有劳动关系的特征，则应依照事实优于合意的原则，按照双方履行的事实来认定双方间的法律各项性质。但若从业者提供的证据不足以证明双方之间具有劳动关系的特征，则仍应尊重双方的合意。

（三）双方已合意排除劳动关系的情况下，从业者对双方间存在劳动关系应承担更大的举证责任

按照“谁主张，谁举证”的民事举证原则，从业者主张与平台企业存在劳动关系的，从业者本就应对双方间的从属性承担举证责任。但在审判实务中，人民法院往往要求平台企业对其用工方式进行举证，从而证明双方之间不存在从属关系。这在双方并无合意的情况下，尚属合理。但如双方已就双方间法律关系性质达成合意，如还一味强调平台企业对用工方式的举证责任，就会导致双方合意不具有法律意义的不合理结论。因此，在双方已有合意的情况下，从业者如要推翻双方合意，其应当负担更重的举证责任。如此处理方可鼓励和督促从业者在签订合同时更加谨慎，更加注重对自身权利的保护，而不是在签订合同时对于平台企业提出的合同条款不加审查地一味接受，在发生纠纷时却借口弱势地位对此前所签署的合同一概否认。此种裁判规则才能够倡导诚实信用的社会风气，也才能够促进新就业形态的健康发展。

（四）新就业形态中劳动关系的认定仍然以从属性为主要特征。

虽然新就业形态较之传统就业形态在入职招聘、用工管理、报酬支付、风险负担等多个方面存在较大的差别，但目前我国劳动法律法规对于劳动关系的定义及构成要件并未有所调整。判断平台企业与从业者之间是否劳动关系的主要依据仍然是2005年发布的《劳动和社会保障部关于确立劳动关系有关事项的通知》所规定的劳动关系的三大构成要件，即主体适格、管理关系以及业务组成部分，其中最主要的仍然是判断企业与从业者采取的新就业形态不同，从业者与企业之间的从属关系也不相同。因此，人民法院在判断平台企业与从业者之间法律关系的性质时，不应当局限于某一方面，而应当从新平台企业与从业者之间用工方式、管理模式、报酬支付方式、自主权范围进行综合评判，从而判断双方之间是否存在从属关系，进而判断双方之间是否存在劳动关系。

【裁判全文】

广东省深圳市中级人民法院
民事判决书

（2020）粤03民终24166号

上诉人（原审原告）：陈某某。

委托诉讼代理人：史某某。

被上诉人（原审被告）：深圳市送幸福物流有限公司。

法定代表人：严某某。

委托诉讼代理人：尹某。

上诉人陈某某因与被上诉人深圳市送幸福物流有限公司劳动合同纠纷一案，不服深圳市龙岗区人民法院（2020）粤0307民初6933号民事判决，上诉于本院。本院受理后，组成合议庭审理，已审理终结。

陈某某上诉请求：1. 撤销一审判决；2. 确认上诉人与被上诉人在2018年10月1日至2019年10月9日存在事实劳动关系；3. 请求判决被上诉人向上诉人支付2018年11月1日至2019年9月30日未签订劳动合同二倍工资差额97308元；4. 请求判决被上诉人向上诉人支付律师费5000元；5. 请求判决被上诉人承担本案一审、二审诉讼费。主要事实和理由：

一、一审法院认定上诉人与被上诉人之间不存在事实劳动关系属于事实认定不清、适用法律错误。（一）上诉人与被上诉人之间存在明显的管理与被管理关系，具有劳动关系人格、组织上、经济上的从属性特征。（1）被上诉人对上诉人工作安排了相对固定的派送时间，根据上诉人提交的广州市天河区主管微信工作群截屏显示，能确定其作为派送员兼配送员主管，按照被上诉人工作上的安排，形成了相对固定的上班派送时间。具体为：本周的七天时间内，每天相对固定在两个时间段，平均一个时间段为3小时，每天六小时左右的派送时间，派送员需要严格执行。根据工作安排，第二周会进行相应的顺序调整。而且，公司要求上诉人不能随意休息，休息需要向领导申请。相对而言，这种派送接单时间的相对固定，已经形成了具体的相对固定的工作时间安排制度，具有劳动关系管理与被管理特征。(2) 被上诉人用工形成了相对完善的会议制度、惩罚制度根据双方提供的证据显示，上诉人每天上班前必须提前到岗，每周必须按时参加工作例会，不参加或者不请假，都会受到公司的严肃处理，处罚形式包括但不限于警告、罚款、取消当天派送机会等。除每周例会之外，还需要根据派送站业务交流需要，统一到位迎接上级检查会议等，以上处罚措施的罚款额度为50~200元。不按照公司安排接单，也是需要处罚的，处罚的方式包括罚金、调岗、停运、不安排接单或者刻意减少派单。(3) 被上诉人用工，形成了统一的外观公示形象。上诉人及其他配送员工，严格按照被上诉人要求，统一穿着被上诉人提供的工作服装、携带配送箱，统一在配送车辆上张贴对外宣传广告，从社会第三方外观显示，上诉人、被上诉人之间存在管理与被管理关系。(4) 仲裁时，被上诉人对其广州区域派送主管总负责人陈某洋及财务黄某娜属于公司员工的身份予以自认。而上诉人的日常工作安排、工资发放皆由陈某洋和黄某娜两位负责，上诉人入职也是经过两位审定接受的，从这点来看，无不证实上诉人与被上诉人之间存在事实劳动关系。(5) 上诉人是受该上诉人及关联 App 平台指派接单，报酬由该公司 App 平台发放，而不是通过竞争获得派送业务单量和客户支付报酬，对平台依附性很强，与该公司具有组织从属性。上诉人与被上诉人在接单上存在非常严密的主管与被主管关系，只要入驻上诉人平台，接不接单由公司说了算，接多接少也是由公司说了算。不是那种松散型的，松散型平台与骑手之间的关系是接不接、接多接少由配送员自己决定。被上诉人在对上诉人及其他配送员进行主管时，安排具体排班时间，不排班是需要受罚的，从这点看，存在明显事实劳动关系。另外，该公司对上诉人的职位安排包括配送和管理。配送的时间、次数、排班都进行了比较严密的安排，对配送人员的休息、工作也进行了有序的安排。上诉人作为该公司驻广州地区的配送站主管人员，按照公司统一制度安排具体工作制度，在与公司的关系上，属于明显的事实劳动关系。

（二）上诉人与被上诉人双方具有劳动关系经济上的从属性特征。上诉人作为配送员主管兼配送员期间为全职，不能从事其他工作，从该平台获得报酬是其主要收入，平台根据工资构成按月发放工资，上诉人对该公司在经济上具有从属性。根据上诉人及被上诉人提供的上诉人配送费用（工资）记录中显示，上诉人的工资=配送费提点+500元的主管绩效工资-扣罚金（上诉人工资构成）。除此之外，上诉人并无其他自由时间安排做其他工作，全部时间几乎都贡献于被上诉人及平台的业务配送，收入也全部来自被上诉人，双方具有劳动关系经济上的从属性。其工作岗位为被上诉人公司广州地区配送站配送主管兼配送员，工资收入按照每月工资发放记录为准，工资构成为基本提成薪资+500元主管绩效，这都有相关证据佐证的，用工期间的未签订劳动合同双倍工资差额双方已经确认无误。

（三）未签订书面劳动合同不影响认定双方存在事实劳动关系。基于《劳动合同法》的规定，无论双方是否签订书面劳动合同，只要双方用工关系性质具有劳动关系特征，就可以认定为事实劳动关系。上诉人与被上诉人双方没有签订书面劳动合同不能排除双方主要权利和义务，不影响认定双方之间为事实劳动关系。

二、一审判决书未对上诉人的主管身份进行认定，属事实认定错误该主管身份认定，对上诉人与被上诉人存在事实劳动关系认定意义重大，一审法院对该证明事项未予审查、认定，刻意规避，属于明显事实认定错误。

三、上诉人提交新证据，证实与被上诉人之间存在管理被管理工作安排等具备事实劳动关系的特征事实。综上所述，该案具有重大指导性和社会意义。判决结果对双方的权益影响都比较大，对社会中同类型的配送、骑手等劳动关系的认定也具备示范性。另外，该案件的核心点只有一个，即上诉人与被上诉人是否存在事实劳动关系。如果贸然就以书面合作协议（当然是刻意为之，规避劳动关系认定的协议）的字面意义判断不存在劳动关系，明显过于粗糙。从上诉人一审提交的证据材料完全可以判断双方的关系性质是劳动关系，而不是一审法院认定的证据不足。一审法院判决对事实认定错误、法律适用错误，请求二审法院直接撤销一审判决并在认定事实和正确适用法律基础上直接改判支持上诉人的诉讼请求。

一审法院认定事实：以下为原告主张事项，被告否认与原告存在劳动关系。

一、劳动关系存续期间：2018 年 10 月 1 日至 2019 年 10 月 9 日。

二、书面劳动合同签订情况：未签订书面劳动合同，但双方于 2018 年 12 月 2 日签订了《合作协议书》。

三、工作岗位：配送员兼管理。

四、工资构成：根据原告在由深圳幸福西饼食品有限公司的 App 上接单的数量乘以每单的蛋糕价格（蛋糕 20 元、下午茶 15 元），结算后扣除被告收取 5%至 8%的费用即为原告应得的配送费。

五、工资发放情况：原告确认收到 2018 年 10 月至 2019 年 9 月的配送费分别为 11280 元、14273 元、12669 元、2691 元、6805 元、10938 元、10784 元、8859 元、7598 元、9200 元、7217 元。

六、申请仲裁时间：2019 年 9 月 27 日。

七、仲裁请求：1. 确认双方于 2018 年 10 月 1 日至 2019 年 10 月 9 日存在劳动关系；2. 被申请人支付申请人 2018 年 11 月 1 日至 2019 年 9 月 30 日未签订劳动合同二倍工资差额 104606. 7 元；3. 被申请人支付申请人律师费 3000 元。

八、仲裁结果：驳回申请人的全部申请请求。

九、诉讼请求：1. 确认原告与被告自 2018 年 10 月 1 日至 2019 年 10 月 9 日存在事实劳动关系；2. 被告支付原告 2018 年 11 月 1 日至 2019 年 9 月 30 日未签订劳动合同二倍工资差额 97308 元；3. 被申请人支付申请人律师费 5000 元；4. 诉讼费用由被告承担。

十、其他需要说明的情况：原告作为乙方，被告作为甲方，双方于 2018 年 12 月 2 日签订《合作协议书》，约定甲方承接深圳市幸福西饼食品有限公司（或其他公司）的货物配送业务，并将以上货物交付乙方，由乙方负责具体配送，配送的货物为蛋糕、下午茶、水果等食品，合作期限为 2018 年 10 月 1 日至 2019 年 9 月 30 日。该协议书第二条第一款约定："双方的关系确定为合作关系，乙方就其活动自负一切风险和从合法经营中获利。乙方不是甲方的代理人，也不是甲方的雇员和合伙人，双方不存在任何劳动关系。乙方不是作为甲方委托代表，乙方无权以甲方的名义签订协议，使甲方在任何方面对第三人承担责任或由甲方负担费用承担任何义务。"协议同时约定了配送费用及计算方式、双方的权利义务、违约责任等内容。庭审时，原告陈述其最后工作日为2019年9月30日，被告工作人员陈某祥于2019年10月9日将原告移出“广州配送主管群”，之后就没有工作了。

一审法院认为，本案争议的焦点为原、被告之间是否存在劳动关系。原告认为与被告之间存在劳动关系，被告在全国招聘配送员，订单下放、订单承接、物流配送均系在网络平台办理完成，原告系全职未从事其他工作，原告接受被告App平台指派，报酬也是由被告及其App平台发放，或是委托其他第三方机构发放，原告对平台的依附性很强，双方之间具有劳动关系的从属性；双方未签订书面劳动合同，只签订名义上的合作协议，约定的主要权利义务内容具有一定的违法性，不影响认定双方存在事实劳动关系；被告的派送服务系其主要的经营内容，被告通过管理系统，包括但不限制于App平台或微信工作群，在管理系统中每天按照工作时间安排配送员，配送员如果不正常到岗会有100元至200元的罚款，开会不及时会有30元至50元的罚款，完全不具有对等性；被告严格要求原告穿着统一制服，派送车辆上必须张贴统一的标语，尽管相关标语不是被告所有，但系被告承接的相关业务，被告否认对配送员进行管理和考核不符合事实。被告认为双方是合作关系，合作协议明确了被告承接深圳市幸福西饼食品有限公司及其他关联公司的业务后由原告代配送，原告的工作地点是在深圳市幸福西饼食品有限公司及关联公司的配送站，为了保持对外的统一形象，必须在原告自己的车辆上配备深圳市幸福西饼食品有限公司的标识及形象；原告收取的业务费用是代理深圳市幸福西饼食品有限公司及其他关联收取，而并非代理被告收取，说明原告的行为并非代理被告的行为，原告车辆费用包括保险费、燃油费、违章费均是由其自行承担；原告计量配送费用的网络App平台系深圳市幸福西饼食品有限公司及关联公司的平台，而并非被告的平台；原告的费用并非被告直接支付，并且原告的配送报酬、配送费用并非固定而是每月3000元至10000元起伏不定，说明原告是根据自己的配送量予以核算，同时通过原告注册登记的App可以显示出每个配送量的费用，扣除5%至8%的费用后，即全额由深圳市幸福西饼食品有限公司给原告，故原告与被告没有存在任何人身依附性。一审法院认为，原、被告签订的《合作协议书》明确约定双方为合作关系、不存在劳动关系，合作期间原告获得的配送费用系按平台接单数量及单价予以计算，且一审庭审时原告确认配送所需的车辆及费用均由原告自行提供并承担，故一审法院对被告主张的双方系合作关系的意见予以采纳，原告主张双方于2018年10月1日至2019年10月9日存在劳动关系，依据不足，理由不充分，一审法院不予支持。同时，原告据此要求被告支付2018年11月1日至2019年9月30日未签订劳动合同二倍工资差额、律师费，亦无事实及法律依据，法院予以驳回。综上，依照《中华人民共和国民事诉讼法》第六十四条第一款、第一百四十二条之规定，判决：一、确认原告陈某某与被告深圳市送幸福物流有限公司自2018年10月1日至2019年10月9日不存在劳动关系；二、驳回原告陈某某的全部诉讼请求。一审案件受理费10元，减半收取5元（原告已预缴），由原告负担。

本院经审理查明以下事实：

（一）基本事实

陈某某于2018年10月1日至2019年9月30日为深圳市送幸福物流有限公司（以下简称送幸福物流公司）从事糕点配送员工作，工作地点在广州棠下配送站。2018年12月2日送幸福物流公司提供格式打印版的条款，作为甲方与作为乙方（以下简称配送员）的陈某某签订《合作协议书》。协议抬头载明："甲方承接深圳市幸福西饼食品有限公司（或其他公司）的货物配送业务，并将以上货物交付乙方，由乙方负责具体货送……"第二条第一款约定："双方的关系确定为合作关系，乙方就其活动自负一切风险和从合法经营中获利。乙方不是甲方的代理人，也不是甲方的雇员和合伙人，双方不存在任何劳动关系。乙方不是作为甲方委托代表，乙方无权以甲方的名义签订协议，使甲方在任何方面对第三人承担责任或由甲方负担费用承担任何义务。"

配送员需要经过上岗前的培训，培训内容主要包括如何与客人交流，如何在站点提蛋糕，如何在App领单。陈某某在广州棠下配送站负责配送广州市幸幸之福西饼食品有限公司（以下简称广州幸幸之福公司）的糕点。送幸福物流公司向配送员提供幸福西饼App的注册、登录。需要配送的单上载于App，由各配送员在App上自行抢单。陈某某称，广州站点的配送工作由送幸福物流公司员工陈某洋负责安排，陈某某既是配送员也是棠下站点的主管，按陈某洋指令，安排配送员和配送时间。没有人接的单，则由陈某某安排配送员配送，每天的单都要送完。送幸福物流公司确认陈某洋为其员工，称按协议书第五条第四款，配送员自主决定是否接单，但接单后，不得拒绝配送。

配送时，配送员需要穿着印有幸福西饼标识的专门服装，需遵守配送服务制度，按配送单的日期、时间、地点、数量配送；否则送幸福物流公司有权终止合作（协议书第四条）。陈某某称，送糕点迟到一分钟罚 1 元，迟到 30 分钟全额赔偿，迟到 60 分钟双倍赔偿；投诉严重就会调岗或休息，重新培训，通过后再上岗。

广州配送主管建立有“广州配送主管群”，共 29 人，由陈某洋负责。根据该群聊天内容，陈某洋多次召开会议和传达要求。如 2019 年 2 月 18 日，陈某洋发布群通知：“例会通知：2 月 20 日（本周三）、2 月 21 日（本周四）分两批 8：30 在广州总部会议室召开例会，请各主管安排人员准时参加。注意事项：主管安排在周四过来。专业、二次配送收据给黄某娜。请假回家的，26 日（下周二）过来补上，不来的按规定罚款 100 元/次，连续两次以上停运处理。”2019 年 2 月 8 日陈某洋发群通知：“各位主管，为保障现有团队收入，确保配送任务不受影响，暂时允许每个站设置 1~2 名备用配送员，5 人以下团队 1 名、6 人（含 6 人）以上团队 2 名，由主管负责发展管理。备用人员要求：1. 跟正式配送员一样，正常签约、培训、结算运费（管理费 8%）。2. 单月参与配送不得超过 15 天。3. 可不贴车身广告。”2019 年 9 月 9 日，陈某洋发布群通知：“各位主管，明天是教师节，不得安排休息。”送幸福物流公司否认群聊的真实性，称陈某洋已离职，无法核实。

送幸福物流公司称 App 是由深圳市幸福西饼食品有限公司（以下简称深圳幸福西饼公司）所有和管理。根据工商登记的资料，深圳幸福西饼公司是深圳市幸福商城科技股份有限公司 100% 持股的有限责任公司；广州幸幸之福公司的股东为深圳市幸福商城科技股份有限公司和自然人成某冰，注册资本 1576 万元，其中深圳市幸福商城科技股份有限公司认缴 1550 万元。送幸福物流公司为严某俊独资的有限责任公司。

送幸福物流公司与深圳幸福西饼公司和广州幸幸之福公司均签有物流

配送协议，为该两家公司分别在广州和深圳地区配送糕点。2018 年 9 月 13 日送幸福物流公司作为乙方与作为甲方的广州幸幸之福公司签订的《物流配送服务协议》约定，送幸福物流公司为广州幸幸之福公司（包括其子公司、分公司及关联公司）提供物流配送服务，将货物配送至广州幸幸之福公司的客户。

配送车辆为配送员自有车辆，《合作协议书》约定，配送员须提供配送车辆保险保单（第三者责任险）、驾驶员驾驶证、身份证、车辆行驶证。车辆需要张贴上幸福西饼的标识和广告，配送员需要穿着幸福西饼的衣服。送幸福物流公司提供配送员使用的保温箱、保温袋、干冰、雨伞等物品。

配送费用为月结。配送站点区域内配送的，蛋糕每单为 20 元，下午茶为 15 元，跨区域的，按里程加价，但超单笔配送费最高不得超过 80 元。配送员收取客户的现金付款的，不用上交，而是在月结中扣除。陈某某实际收到的 2018 年 10 月至 2019 年 9 月的配送费分别为 11280 元、14273 元、12669 元、2691 元、6805 元、10938 元、10784 元、8859 元、7598 元、9200 元、7217 元。陈某某称一般配送员每天要送 20 单。

送幸福物流公司称公司只是从广州幸幸之福公司支付的配送费中提取 5%~8%的服务费。

陈某某提交了 2019 年 5 月、8 月和 9 月的配送费表。其中《送幸福物流 2019 年 5 月份配送费总表》记载陈某某 5 月配送提成 9299 元、专车费 50 元，应付配送费 9349 元；客诉罚款/扣款 159 元、绩效扣款 60 元、意外险 100 元、货到付款现金 203.5 元、管理费（5%/8%）467.45 元，应扣小计 989.95 元；绩效 500 元；本月配送费 8859 元。陈某某称专车费是跨区配送的补贴，绩效是每月 500 元，做得不好会有扣款，货到付款是收取客户现金后由公司按月从配送费中扣减，意外险扣款是公司扣取为配送员购买意外险的费用。上述配送费表是由送幸福物流公司财务黄某娜微信发送给陈某某的。送幸福物流公司称黄某娜现已离职，无法核对微信的真实性，但确认公司收取 5%~8%的服务费，并确认公司以配送员名义购买人身意外团体险，费用是 100 元，从配送费中扣取。上述配送费的最后金额与陈某某当月实际收到的配送费一致。

双方确认 2018 年 11 月 1 日至 2019 年 9 月 30 日陈某某取得的配送费总额为 97308 元，并确认陈某某最后配送时间是 2019 年 9 月 30 日。陈某某起诉主张未签订书面劳动合同的双倍工资 97308 元。

（二）《合作协议书》主要内容

送幸福物流公司作为甲方与作为乙方（以下简称配送员）的陈某某签订书面《合作协议书》主要内容如下：

协议抬头载明：“甲方承接深圳市幸福西饼食品有限公司（或其他公司）的货物配送业务，并将以上货物交付乙方，由乙方负责具体货送……”

第二条第一款约定：“双方的关系确定为合作关系，乙方就其活动自负一切风险和从合法经营中获利。乙方不是甲方的代理人，也不是甲方的雇员和合伙人，双方不存在任何劳动关系。乙方不是作为甲方委托代表，乙方无权以甲方的名义签订协议，使甲方在任何方面对第三人承担责任或由甲方负担费用承担任何义务。”该条约定送幸福物流公司根据双方议定的费用标准向配送员支付配送费用，除另有约定外，配送费用按件计费；第二条第三款约定：“双方同意，配送费用按月结算，本月结算上月费用。甲方每月 20 日前核算上月配送费用，并于每月最后一日（因节假日或其他原因可延迟至下月 10 日）将上月配送费用以转账方式支付至乙方几如下账户……”

第三条合作期限约定为自 2018 年 10 月 1 日至 2019 年 9 月 30 日。

第四条约定送幸福物流公司的权利义务。第一款约定：送幸福物流公司有权要求配送员遵守配送服务规范或制度，配送员须按送幸福物流公司《配送签收单》（以及其他配送单据/凭证）的日期、时间、地点及配送的货物数量等，使用符合条件的车辆承担配送义务；否则送幸福物流公司有权随时终止与陈某某的合作关系，并另行选择其他合作方。第六款约定：送幸福物流公司提供陈某某使用的保温箱、保温袋、干冰、雨伞等物品，如在使用过程中人为造成损坏或遗失，配送员须照价赔偿。

第五条约定陈某某的权利义务。第二款约定：配送员配送货物的交通工具，须提供配送车辆保险保章（第三者责任险）、驾驶员驾驶证、身份证、车辆行驶证；配送交通工具因配送业务而产生的一切责任，由配送员承担。第三款约定：“乙方须保证配送交通工具各项性能良好，确保证照齐全、合法、有效，并购买交强险、人身意外险等必要商业险种。乙方须向甲方提供配送车辆及乙方个人的基本信息资料复印件（包括但不限于驾驶证、行驶证、身份证等）。”第四款约定：“合作期间，乙方自主安排时间，自主决定是否接受甲方配单，但接受甲方配送单后，乙方不得擅自拒绝履行配送义务，如发生此类情况，甲方有权随时终止与乙方的合作关系，并要求乙方承担相应违约责任。”第六款约定：“乙方当日（最晚次日）将《配送签收单》收款等单据/凭证上缴甲方，甲方以此确认乙方业务配送量并核算配送费用；若乙方逾期未交，乙方同意按未上缴签收单金额及收款的双倍从配送费用中扣除。”第七款约定：因配送货物遗漏、错发、损坏、遗失以及配送延迟等导致的损失和赔偿责任，由配送员承担，配送员同意由送幸福物流公司在配送费中直接扣除。第八款约定：配送中发生交通事故或其他意外，无论是否导致货物损坏或遗失，配送员在报案（或采取了应急措施）的同时，应及时通知送幸福物流公司。

第七条约定违约责任。第一款约定：配送员违反本协议任何条款以及违反任何配送规定或制度，均视为违约，送幸福物流公司有权要求其承担违约责任；情节严重的，解除合作关系。

第九条第一款约定：送幸福物流公司及其合作方及关联方制定的有关配送业务的规定或制度，属于本协议不可分割的组成部分，与本协议具有同等效力。第二款约定：送幸福物流公司及其合作方及关联方有权根据实际情况，随时修改、完善相关配送规定或制度，配送员同意，除非配送员选择解除合作关系，否则视为接受更新后的相关配送规定或制度。

（三）《物流配送服务协议》主要内容

2018 年 9 月 13 日送幸福物流公司作为乙方与作为甲方的广州幸幸之福公司签订《物流配送服务协议》，约定送幸福物流公司为广州幸幸之福公司（包括其子公司、分公司及关联公司）提供物流配送服务，将货物配送至广州幸幸之福公司的客户。第二条约定服务费按月结算，送幸福物流公司指定广州幸幸之福公司的尾号为 10401 的招商银行账户为收取服务费账户。

第五条约定配送要求。第一款约定送幸福物流公司配送设备须为其自有财产或拥有合法使用权。第二款约定送幸福物流公司须向广州幸幸之福公司提供配送车辆及配送人员的基本信息资料复印件。第五款约定配送设备、工具等须展示广州幸幸之福公司品牌形象，配送设备和工具须向广州幸幸之福公司指定的供应商采购。第六款约定为避免交叉感染，送幸福物流公司的配送设备和工具，仅限于配送广州幸幸之福公司的货物；未经书面同意，不得配送第三方货物。

第七条约定代收货款：对于货到付款的客户，送幸福物流公司可代广州幸幸之福公司收取货款，无须当天上交，广州幸幸之福公司在结算月物流费时，扣除代收的货款。

《物流配送服务协议》附配送费报价单，载明配送费用的计算方法，其中蛋糕每单为 20 元，下午茶每单为 15 元，单笔配送费最高不得超过 80 元等。

本院认为，本案为劳动合同纠纷，二审主要争议焦点为双方是否存在劳动关系，如果存在劳动关系，送幸福物流公司是否应支付未签书面劳动合同的双倍工资。

是否属劳动关系通常按双方签订的书面合同认定，但由于用人单位和劳动者之间议价能力不平等，用人单位在合同谈判中占控制和支配地位，故书面合同的约定并非认定劳动关系的决定因素，提供劳务的一方可以举证证明合同的约定与双方实际履行的内容不一致，也即提供劳务的一方可以举证反驳书面合同的约定。

本案双方签订《合作协议书》，约定双方为合作关系，陈某某不是送幸福物流公司的代理人，也不是雇员和合伙人，双方不存在任何劳动关系。陈某某可以举证证明双方在实际中的权利义务并非合同约定的合作关系，而是劳动关系。合作关系区别于劳动关系的最根本特征是，在合作关系中，提供劳务的一方是经营自己的事业，收取营业的利润，而非劳动报酬，而接受劳务的一方是其客户；相反，在劳动关系中，提供劳务一方是为接受劳务一方的经营而工作，其获得的是劳动的报酬。

本案《合作协议书》约定双方为合作关系，明确排除了雇佣关系。而在合同实际履行中，主要的劳动工具运输车辆是由陈某某自备；承接工作任务也采用从 App 上抢单的形式，陈某某是否接单，以及接多少单有相对的自由；而陈某某的收入按接单数量计算，没有固定的工资；故陈某某在本案中的证据不足以证明其是为送幸福物流公司的经营而工作，不足以证明其收取的仅仅是劳务报酬，而非陈某某自己经营配送业务的收入，不足以反驳《合作协议书》约定的合作关系，故陈某某上诉的证据不足，对其上诉请求，本院不予支持。依照《中华人民共和国民事诉讼法》第一百七十条第一款第（一）项的规定，判决如下：

驳回上诉，维持原判。

二审案件受理费10元，由上诉人陈某某负担（上诉人已预交）。

本判决为终审判决。

审判长　黎康养

审判员　李东慧

审判员　陈俊松

二〇二一年八月二十三日

书记员　陈　嘉

案例五　网约车司机的劳动关系认定

——网约车司机与滴滴出行科技有限公司劳动争议案

彭　湃*

关键词　新业态用工　网约车司机　劳动关系　合作关系

【裁判要旨】

网约车司机与平台未签订劳动合同，签订《专快车服务协议》，约定双方属于挂靠合作关系，不存在劳动关系。人民法院应当按照双方约定并结合案件事实进行判断，审查双方是否有建立劳动关系的合意，再从人身从属性以及经济从属性方面判断双方是否构成劳动关系，若不符合劳动关系的主体资格以及从属性标准的，应当认定不存在劳动关系。

【案情要点】

1. 2017 年 6 月 30 日，刘某某在滴滴出行科技有限公司（以下简称滴滴公司）平台注册，注册时签订《专快车服务协议》。该协议的主要内容如下：

（1）服务合作费用结算标准由滴滴公司决定。该协议第二条约定："服务合作费用　您同意我司按照不时更新的费用结算标准向您因上述合作定期或不定期进行结算。"

---

* 广东卓建律师事务所高级合伙人、第十二届广东省律师协会劳动与社会保障专业委员会副主任。

（2）司机出现违约或违规情形时，滴滴公司与其终止合作且司机承担违约责任。该协议第五条约定：“司机违约责任　所有网约车司机都必须按照约定的服务标准向乘客提供服务，如果出现服务驾驶员或服务车辆与注册信息不一致、驾驶员中途甩客或者故意绕道行驶、驾驶员违规收费、驾驶员对投诉其服务质量或对其服务作出不满意评价的乘客实施报复等违约情形，不论乘客是否产生投诉，司机都应当按照《网约车司机违约责任条款》承担违约责任，我司有权视违约情形终止与网约车司机的合作。由于司机的违约行为导致我司遭受的任何损失，我司有权向司机要求全额赔偿。”

（3）车辆由司机自备，但应符合法定及约定标准。该协议第八条约定：“承诺与保证……（二）您使用的车辆满足如下车型等级标准：行驶里程：10 万公里以内；车龄：车辆使用年限 8 年以内；车辆淘汰标准：行驶里程达到 60 万千米或车辆使用年限达到 8 年（车辆使用年限以车辆登记注册日期为准）。服务期间车辆应按照国家相关法律法规足额投保保险……”

（4）双方为挂靠合作关系，不存在劳动关系。该协议第九条约定：特别约定……本协议正文及其附件受《合同法》等民事法律约束。我司与所有提供网约车服务的司机仅存在挂靠合作关系，不存在任何直接或间接的劳动关系，不适用《劳动法》《劳动合同法》《社会保险法》《住房公积金管理条例》等法律法规。

2. 2018 年 4 月 28 日，刘某某取得网络预约出租汽车驾驶员证。

3. 2019 年 2 月 16 日上午，刘某某在其驾驶的粤 C×××××号车内突发疾病死亡。

4. 刘某某的滴滴平台账号显示其在滴滴公司网络平台累计完成 3518 单，累计收入 20.07 万元。

【案件索引】

一审案号：广东省珠海市香洲区人民法院（2020）粤 0402 民初 14337 号

二审案号：广东省珠海市中级人民法院（2021）粤 04 民终 1438 号

【裁判结果】

滴滴公司对网约车司机提出的履约要求及标准，达不到用人单位对劳动者实施劳动管理的程度。刘某某从滴滴公司获取的报酬，系根据其自主选择的接单量来确定，刘某某虽然只能在每周二从平台提取报酬，但是否提取及提取的金额均由其自行决定，不能据此认定刘某某与滴滴公司之间存在劳动关系。

【案例注解】

一、本案的法律问题

刘某某与滴滴出行科技有限公司之间是否存在劳动关系。刘某某的亲属主张刘某某与滴滴公司存在劳动关系，提交机动车驾驶证、网络预约出租汽车驾驶员证、安全指导手册、认可司机服务标准等证据证明。

滴滴公司主张与刘某某不是劳动关系，认为双方系平等主体之间建立的挂靠合作关系，提交公证书（滴滴出行 App 程序下载及注册使用流程）、《专快车服务协议》、《机动车行驶证》、保险单、提现记录表等证据证明。

二、判决书的分析逻辑

针对刘某某与滴滴公司的劳动关系认定问题，法院依据刘某某与滴滴公司签订的《专快车服务协议》，结合双方的实际履行情况对劳动关系予以认定：

滴滴公司未向刘某某提供基本的劳动工具和劳动条件，双方在签订的《专快车服务协议》约定其为平等主体的挂靠合作关系，且该协议中明确约定双方不存在劳动关系，未达成建立劳动关系的合意，双方之间也并不具备劳动关系的人身从属性及经济从属性，应当认定刘某某与滴滴公司之间不存在劳动关系。

针对劳动关系的认定，一审法院以《专快车服务协议》为事实依据，从劳动工具和劳动条件、建立劳动关系的合意、劳动关系的人身从属性及经济从属性四个方面来分析刘某某与滴滴公司之间是否具有劳动关系。

首先，刘某某的劳动工具均为自备，车辆和保险都由其自行购买，网络预约出租汽车驾驶员证为自行申办，滴滴公司并未为刘某某准备劳动工具也未提供相应的劳动条件，其仅通过平台软件提供信息服务而非工作指令。其次，该协议中明确约定“我司与所有提供网约车服务的司机仅存在挂靠合作关系，不存在任何直接或间接的劳动关系”，该协议是经由双方协商一致达成，双方并不具备建立劳动关系的合意。再次，滴滴公司对刘某某进行人脸认证、车辆外观管理以及要求刘某某按照其指定的相关规则接单和接受服务评价等系列要求，仅是按照法律规定规范网约车服务需要而非对刘某某进行人事管理，刘某某可以自行安排接单和上线时间、接单的模式，其对于自己的工作内容具有自主选择权，并不受滴滴公司的支配和管理，双方之间不具备劳动关系的人身从属性。最后，刘某某的薪酬也并非由滴滴公司决定和支付，是与其完成订单数量及服务情况息息相关的，且刘某某可以自行决定从滴滴公司平台上提取款项的数额和比例，双方之间并不存在经济依附关系。因此，在滴滴公司未向刘某某提供劳动工具和劳动条件、双方未达成建立劳动关系的合意且不具备劳动关系的人身从属性和经济从属性的情形下，一审法院认定刘某某与滴滴公司之间不存在劳动关系。

二审法院在支持上述观点的同时，进一步强调了“劳动关系是指用人单位招用劳动者为其成员，劳动者在用人单位管理下提供有报酬的劳动而产生的权利义务关系”，即劳动关系的裁判重点在于双方之间的人身和经济依附性。在本案中，二审法院认为“刘某某的工作实际完全由其自行安排”，并且“滴滴公司为保证服务质量而对网约车司机提供的服务进行规范，应视为滴滴公司对网约车司机提出的履约要求及标准，达不到用人单位对劳动者实施劳动管理的程度”，且刘某某获得的报酬也是由其自主选择的接单量确定，双方之间并不存在劳动关系中的人身和经济依附性。二审法院综合考虑网约车行业特点并结合案件具体事实，认定双方并不存在劳动关系。

三、此类案件的特点与裁判建议

（一）新业态用工案件的特点

随着互联网技术的广泛应用，以互联网平台为依托的产业极速发展，出现了大量新业态用工现象，以网约车为代表的新就业形态劳动者的数量也快速增长。新业态用工区别于传统的用工，其在工作时间、地点、方式等方面都十分灵活，且个人与用工单位的依附关系也比传统用工关系更弱。因此，在新业态用工中判断双方是否属于劳动关系会更加困难。

并且由于新业态用工现象属于新兴用工现象，法律的滞后性致使该类用工现象的规范目前仍存在缺漏，平台企业极容易利用法律漏洞规避用人主体责任，在这种情况下的劳动者权益很难得到保障。

本案是典型的新业态用工案例，双方之间并没有签订劳动合同，而是签订《专快车服务协议》，因而需要认真厘清双方的关系，要以具体案件事实为依据，结合案件证据具体认定双方之间是否存在劳动关系。

（二）新业态用工劳动关系认定的裁判建议

建立劳动关系的合意。新业态用工中的劳动关系最为简单的判断依据就是看双方是否具备建立劳动关系的合意，即是否签订劳动合同，认可双方为劳动关系的主体。在双方协商一致签订劳动合同的情形下，双方之间毫无疑问应当认定为劳动关系。

事实劳动关系。根据《网络预约出租汽车经营服务管理暂行办法》第十八条第一款规定："网约车平台公司应当保证提供服务的驾驶员具有合法从业资格，按照有关法律法规规定，根据工作时长、服务频次等特点，与驾驶员签订多种形式的劳动合同或者协议，明确双方的权利和义务……"虽然依据劳动合同可以直接认定双方的劳动关系，但是新业态用工形势下，大多数就业者并未与平台企业签订劳动合同。且根据上述规定，网约车从业者可与平台签订多种形式的协议，在双方签订其他形式的协议时，双方之间是否存在劳动关系就需要依据具体的案件事实进行判断。

事实优先约定。根据《广东省高级人民法院、广东省劳动人事争议仲裁委员会关于劳动人事争议仲裁与诉讼衔接若干意见》（粤高法发〔2018〕2号）第一条规定："出租汽车（巡游车和网约车）驾驶员与经营者订立劳动合同并按劳动合同履行的，认定为劳动关系；双方订立承包、租赁、联营等合同，并建立营运风险共担、利益共享分配机制的，按双方约定执行。实际履行与约定不一致或双方未约定的，以实际履行情况认定。"第二条规定："网络平台经营者与相关从业人员之间的用工关系性质，原则上按约定处理。如双方属于自负盈亏的承包关系或已订立经营合同、投资合同等，建立了风险共担、利益共享的分配机制的，不应认定双方存在劳动关系。实际履行与约定不一致或双方未约定的，以实际履行情况认定。"由于劳动合同具有特殊性，其并非简单的债权性合同，劳动关系有不同于一般债权关系的人身依赖性，应当归属于人身性合同范畴。因此，从法律的家长主义原则最大化保障人权出发，调整劳动关系的相关法律法规具有极其明显的倾向性，在劳动关系中更加倾向于保护处于弱势地位的劳动者。从上述规定可以看出，法律在规制平台用工时明确了事实优先于约定的原则。

劳动关系的从属性。根据《劳动和社会保障部关于确立劳动关系有关事项的通知》（劳社部发〔2005〕12号）第一条的规定："用人单位招用劳动者未订立书面劳动合同，但同时具备下列情形的，劳动关系成立。（一）用人单位和劳动者符合法律、法规规定的主体资格；（二）用人单位依法制定的各项劳动规章制度适用于劳动者，劳动者受用人单位的劳动管理，从事用人单位安排的有报酬的劳动；（三）劳动者提供的劳动是用人单位业务的组成部分。"劳动关系作为人身依附性关系，其关系主体之间具备极强的从属地位。因此，在依据具体案件事实来判断是否具备劳动关系时，往往采用劳动关系的从属性作为判断标准。而劳动关系的从属性标准在法院裁判中存在差异，主要差别在于"二要件"与"三要件"。"二要件"包含人身从属性和经济从属性，"三要件"在"二要件"的基础上增加了组织从属性，具体如下：

其一，人身从属性。人身从属性是指劳动者在劳动过程中需要受用人单位的管理和控制，劳动者受用人单位控制程度较高，其从事何种类型的劳动、运用何种手段进行劳动以及劳动的工作内容、时间和地点等都受其控制，即“用人单位依法制定的各项劳动规章制度适用于劳动者，劳动者受用人单位的劳动管理”。若平台的制度适用于从业者，但其目的为从业者提供优质服务进行规则，达不到用人单位对劳动者实施劳动管理的程度，该种制度的适用并不符合人身从属性的要求，不足以成为认定劳动关系的依据。就如同本案例中，滴滴公司要求刘某某遵守一些规章制度目的是保证服务提出的履约要求，并非基于对刘某某进行用工管理，且刘某某按照滴滴公司要求着工装、打卡、按规操作、卫生等，是为了安全、高效、快捷地向客户提供优质服务而采取的一种方式。滴滴公司对刘某某的控制程度并不高，仅仅是对于其服务情况的规制，双方之间并没有强烈的人身依附性。

其二，经济从属性。经济从属性是指劳动者在经济上对用人单位有依赖性，通过劳动获得工资报酬，即劳动者“从事用人单位安排的有报酬的劳动”。若从业者的劳动报酬并非由平台决定，且从业者可以自行决定报酬的领取方式及数额时，双方之间并不存在经济依附性。

其三，组织从属性。组织从属性是指劳动者在劳动过程中成为用人单位的组成部分，在劳动中承担作为劳动组织成员所应遵守的规章制度、保守商业秘密等义务。“劳动者提供的劳动是用人单位业务的组成部分”属于组织从属性的一部分，但组织从属性的范围广于业务组成，除此之外还强调劳动者作为用人单位的组成成员。组织从属性可以弥补人身从属性的不足，规制一些工作自主性较高、人身依附性较弱的人员，如律师、会计师等。

本案例的裁判观点中采纳的是“二要件”的观点，从人身从属性和经济从属性判断双方是否构成劳动关系。从劳动关系的性质来看，人身从属性是判断劳动关系的主要要件，经济从属性可以作为辅助判断的标准。因此，在法院的实际裁判过程中，建议以人身从属性为主，经济从属性和组织从属性为辅，从多个方面综合判定是否具备劳动关系。

【裁判全文】

广东省珠海市中级人民法院
民事判决书

（2021）粤04民终1438号

上诉人（原审原告）：罗某某。

上诉人（原审原告）：刘某。

上诉人（原审原告）：张某某。

上诉人（原审原告）：刘某1。

法定代理人：罗某某。

上诉人（原审原告）：刘某2。

法定代理人：罗某某。

以上五上诉人共同委托诉讼代理人：贤某某。

以上五上诉人共同委托诉讼代理人：罗某。

被上诉人（原审被告）：滴滴出行科技有限公司。

法定代表人：朱某某，执行董事。

委托诉讼代理人：刘某3。

上诉人罗某某、刘某、张某某、刘某1、刘某2因与被上诉人滴滴出行科技有限公司（以下简称滴滴公司）一案，不服广东省珠海市香洲区人民法院（2020）粤0402民初14337号民事判决，向本院提起上诉。本院受理后，依法组成合议庭进行了审理。本案现已审理终结。

罗某某、刘某、张某某、刘某1、刘某2上诉请求：1. 撤销一审判决，依法予以改判；2. 依法改判确认刘某某与滴滴公司自2017年6月30日至2019年2月16日存在劳动关系；3. 由滴滴公司承担本案一审及二审的全部诉讼费用。事实和理由：

一、双方存在事实劳动关系。1. 用人单位和劳动者符合法律、法规规定的主体资格。劳动关系是指劳动者在劳动过程中与用人单位建立的社会关系。《中华人民共和国劳动合同法》第七条规定，用人单位自用工之日起即与劳动者建立劳动关系。滴滴公司作为独立的法人单位，符合劳动用工主体资格，刘某某为完全民事行为能力人，在滴滴公司的统一管理下承担专车服务工作，滴滴公司按时向刘某某提供劳动报酬，上述事实符合劳动法对用人单位、劳动者主体资格的要求。2. 劳动者与用人单位具有从属性。刘某某在与滴滴公司之间的关系中存在"人身从属性"。具体体现在需要服从用工单位的任务指派和分配，需要遵守规定的工作时间安排，需要亲自去做用工单位指派的工作而不得委托他人代理，工作未完成不可以随意离开，还要接受用工单位的检查、考核，甚至违反规章制度接受单位的处分。这种"人身从属性"是劳动者在工作过程中自愿服从用工单位分配的一种表现，也是对单位某种程度的服从，因而能由此确定双方存在的劳动关系。滴滴公司制定的《安全指导手册》《认证司机服务标准》等规章制度适用于刘某某等专车司机，且刘某某所从事的专车运营业务比起快车运营业务对劳动者的要求更加规范和严格，如司机服务分必须在 4.85 分以上，需满足"三净"黄金标准，包括全程静音、人车无异味、车辆干净无杂物，满足基本条件后，司机还需要进行线下验车，面试合格之后再进行培训和考核，要求刘某 3 等专车司机上班时间统一着装、车内标配 3 瓶水（来自滴滴公司指定的物料领取地点）等标准均可证明二者之间存在"人身从属性"。刘某某与滴滴公司的关系还存在"经济从属性"，如网约车收入是专车驾驶员的全部收入来源，但是他们又不能得到除车费分成以外的其他经济保障。刘某 3 从事滴滴公司安排的有报酬、长期且稳定的工作，生前月均工资为 10102 元（200700 元/596 日×30 日），从事专车司机工作是其收入的固定、唯一来源，维持日常生活开支，亦是该六口之家的主要收入来源。刘某某始终作为用人单位中的一分子，在劳动者为用人单位提供劳动的这段时间，接受单位的实际管理。不仅如此，滴滴公司的相关规章制度也对作为劳动者的刘某某进行了严格的约束，有些情况下还要适应用人单位的特殊文化，如穿着符合滴滴公司规定的工作服、佩戴企业的标志等，而在开展业务的时候，劳动者也需要以用人单位的名义进行工作。根据滴滴公司制作的《认可司机服务标准》，对劳动者的个人仪表、司机的车限、车内的内饰等进行了管理，并且要求劳动者在正式成为专车司机前进行培训，由滴滴公司派遣的人员在珠海酒店进行培训，包括车辆车型和租赁公司也均由滴滴公司指定。可证明二者之间存在“组织从属性”。

二、用人单位依法制定的各项劳动规章制度适用于劳动者，劳动者受用人单位的管理。“滴滴专车”司机需要统一着装、按时刷脸报到、接受培训、每周在线时长必须超过一定时间、接单后如果迟到或在服务过程中被投诉依然会受到滴滴公司的处罚，且每完成一单，滴滴公司都要从中抽成，费用由乘客直接向平台支付，不允许线下私自收费，严禁线下交易，如果线下交易会对司机进行相应的处罚。乘客支付费用后，平台按照相关约定与刘某某进行结算。司机可以随时提取费用，根据刘某某的提现记录，其每周提取费用有固定的提取时间，即每周二工作时间可以提取。按照《工资支付暂行规定》的规定，工资可以按月、周、日支付，滴滴公司限定了工资支付时间，符合劳动关系的典型特征。滴滴公司还为专车司机定制了很多奖惩制度和保险保障方案。此外，劳动者提供的劳动是用人单位业务的主要组成部分，从事用人单位安排的有报酬的劳动。

综上所述，刘某某在滴滴公司处工作，且因公身故，滴滴公司否认与刘某某存在劳动关系的主张明显与事实不符，为维护罗某某、刘某、张某某、刘某 1、刘某 2 的合法权益，特诉至二审法院，望判如所请。

滴滴公司辩称，一审判决认定事实清楚，适用法律正确，罗某某、刘某、张某某、刘某 1、刘某 2 的请求没有合理依据，应予驳回。

一、罗某某、刘某、张某某、刘某 1、刘某 2 的上诉观点与仲裁、一审阶段的陈述内容相同。滴滴公司的观点与之前的答辩意见一致。本案是新产业形态下的新型产业关系，目前的法律法规允许双方及多方存在多种形式的，包括劳动关系、民事主体间的合作关系在内的合作形式，本案中，双方签署的相关协议明确界定双方为民事合作关系，而非劳动关系。

二、从事实角度，本案不符合劳动关系的基本特征。1. 滴滴公司不存在对平台司机进行招录、培训、人事管理的行为，网约车司机首先必须根据有关法律政策的要求取得从业资格，之后再自行选择加入平台。根据各平台的具体要求，注册账号，提供符合法规要求的车辆，其间所有的行为均是自主可控的，包括在合作过程中何时上线接单、接多少单、何时下线均由网约车司机自主约定。2. 滴滴公司的网约车平台根据《网络预约出租汽车经营服务管理暂行办法》第十八条规定，需要起到对网约车司机一定的监管要求，如开展法律法规、职业道德、服务规范、安全运营等方面的培训和日常教育，这些行为是滴滴公司履行法定义务的应有之义，而非罗某某、刘某、张某某、刘某 1、刘某 2 所称的人事管理行为。法律法规之所以有这样的要求，是基于维护网约车行业健康发展，维护乘客权益的必然措施，如罗某某、刘某、张某某、刘某 1、刘某 2 提及的网约车司机在上线平台软件时需进行人脸识别，此行为正是滴滴公司履行以上法定义务的措施，目的在于保证上线提供服务的驾驶员与线下实际提供服务的驾驶员一致，即确保是取得网约车资格，并在行政主管部门报备的司机，如果不这样做，很可能会出现注册司机与提供服务的司机不一致的情况，这样游离于监管之外的行为是行政部门所不允许的，对于用车乘客而言也是重大的安全隐患。3. 网约车司机并非以提供劳动为基础从滴滴公司获得固定的报酬。如前所述，网约车司机可以自行决定用车服务的时长，以及何时上线提供服务，何时下线终止服务，相对应地，其所获得的服务对价也是对应其提供的时长出现浮动，这种变动，滴滴公司不能干涉也不会对其工作进行考核，并与其报酬相挂钩。4. 网约车司机从事用车服务的车辆均是其自行提供，车内的保险也是由其自行解决，即其提供服务所使用的工具也并非源于滴滴公司。

综上，双方的关系是民事主体间的合作关系，与劳动关系存在很多区别。罗某某、刘某、张某某、刘某 1、刘某 2 的请求不符合实际情况，也没有法律依据，应予以驳回。

罗某某、刘某、张某某、刘某 1、刘某 2 向一审法院起诉请求：1. 依法确认刘某某与滴滴公司之间自 2017 年 6 月 30 日至 2019 年 2 月 16 日存在劳动关系；2. 本案诉讼费由滴滴公司负担。

一审法院认定事实：刘某某于 2017 年 6 月 30 日在滴滴公司平台注册，使用车辆为粤 C×××××号黑色轿车。2018 年 4 月 28 日，刘某某取得网络预约出租汽车驾驶员证。2019 年 2 月 16 日上午，刘某某在其驾驶的粤 C×××××号车内突发疾病死亡。刘某某的滴滴平台账号显示刘某某在滴滴公司网络平台累计完成 3518 单，累计收入 20.07 万元。

滴滴公司与刘某某没有签订书面劳动合同。滴滴公司主张其没有招录过司机，符合相关条件的个人均可以下载滴滴公司 App 自行注册申请成为滴滴公司网络平台的司机。滴滴公司提交的“滴滴车主”App 中《专快车服务协议》主要内容如下。第二条约定：“服务合作费用　您同意我司按照不时更新的费用结算标准向您因上述合作定期或不定期进行结算。”第五条约定：“司机违约责任　所有网约车司机都必须按照约定的服务标准向乘客提供服务，如果出现服务驾驶员或服务车辆与注册信息不一致、驾驶员中途甩客或者故意绕道行驶、驾驶员违规收费、驾驶员对投诉其服务质量或对其服务做出不满意评价的乘客实施报复等违约情形，不论乘客是否产生投诉，司机都应当按照《网约车司机违约责任条款》承担违约责任，我司有权视违约情形终止与网约车司机的合作。由于司机的违约行为导致我司遭受的任何损失，我司有权向司机要求全额赔偿。”第六条约定：“取消、取消率违约责任　司机不得以任何形式在接单后爽约，任何情形下，司机都不得拒绝服务或诱导、迫使乘客取消订单。此类现象统一定义为‘成交后取消’，司机同意并授权我司对成交后取消的相关数据进行相应监测，构成违约的，司机须依照《取消/取消率违约责任条款》承担违约责任。如果司机不同意该条款，则不能以网约车司机的身份通过应用程序接单或向乘客提供服务。”第八条约定：“承诺与保证……（二）您使用的车辆满足如下车型等级标准：行驶里程：10 万公里以内；车龄：车辆使用年限 8 年以内；车辆淘汰标准：行驶里程达到 60 万千米或车辆使用年限达到 8 年（车辆使用年限以车辆登记注册日期为准）。服务期间车辆应按照国家相关法律法规足额投保保险……”第九条约定：“特别约定……本协议正文及其附件受《合同法》等民事法律约束。我司与所有提供网约车服务的司机仅存在挂靠合作关系，不存在任何直接或间接的劳动关系，不适用《劳动法》、《劳动合同法》、《社会保险法》、《住房公积金管理条例》等法律法规。”

罗某某、刘某、张某某、刘某 1、刘某 2 对于《专快车服务协议》的真实性无异议，但主张该协议是由滴滴公司方单方制定的，未与刘某某进行平等协商，不符合平等民事主体之间的法律关系特征。罗某某、刘某、张某某、刘某 1、刘某 2 主张滴滴公司制定的《安全指导手册》《认证司机服务标准》等规章制度适用于刘某某等专车司机，且专车运营业务比起快车等其他运营业务而言对司机要求更加规范和严格，虽然对于工作时间没有特别规定，但每天需要打卡上传照片，检查车辆的卫生情况、车容车况和司机的着装情况。同时，专车司机接单是由公司直接派单，司机不能拒绝，如果取消接单或者是拒绝接单就会扣服务分，后续接单会降低派单的频率，故滴滴公司与刘某某之间为管理与被管理的关系。此外，罗某某、刘某、张某某、刘某 1、刘某 2 还主张刘某某完成订单后的收入必须在指定时间即每周二提取，不能实现实时或是随时提取，该情况符合劳动法关于按日、按周、按月发放工资的相关规定，故刘某某所领取的是劳动报酬而并非乘客直接支付给刘某某的车程费。刘某某从事滴滴公司安排的有报酬、长期且稳定的工作，其提供的劳动属于滴滴公司业务的组成部分，故双方存在劳动关系。

滴滴公司主张，滴滴公司没有对网络平台司机设定工作时间、时长等硬性要求，司机何时登录程序上线接单、何时退出程序可以自主决定。司机上线时，滴滴公司会根据《网络预约出租汽车经营服务管理暂行办法》第十八条规定，进行实名核验以确保其符合暂行规定中要求地提供服务的驾驶员与线下提供服务的驾驶员一致，但并不是工作管理和考核。司机登录平台后可以自行选择接单的模式，有指派模式（系统派单）和清单模式（抢单），司机可以在两种模式之间进行切换，因此不存在由系统强制派单的情况。此外，滴滴公司对于每周二系统提现的情况进行了说明，称扣除平台特定比例信息服务费后，司机享有从账户中提取用户支付的剩余车费余额的权限，但司机端不同等级账户余额提取权限不同，只有高等级账户才能每日提取余额，刘某某的账户为一般账户，只能在固定周期提取，但提取比例和金额由其自行决定。

一审法院认为，本案的争议焦点为刘某某与滴滴公司之间是否为劳动关系的问题。首先，根据一审法院查明的事实，刘某某系自行申办网络预约出租汽车驾驶员证、自行购买车辆和保险，并在“滴滴车主”App 上注册成为专快车司机。虽然罗某某、刘某、张某某、刘某 1、刘某 2 主张车辆系根据滴滴公司的要求在指定车行购买特定车型，并经过滴滴公司委托的第三方检验和入职培训，但并未提供证据予以证明，应当承担举证不能的不利后果。而根据滴滴公司提供的《专快车服务协议》中第八条约定，滴滴公司对于注册的专快车司机没有要求其在指定地点购买车辆方能入职，司机自行提供的车辆只要满足关于车龄、投保要求、卫生条件等即可申请注册，因此滴滴公司除平台信息服务外未向刘某某提供基本的劳动条件，也未将购买指定车辆、接受培训等作为招录条件和入职流程。其次，《网络预约出租汽车经营服务管理暂行办法》第十八条规定："网约车平台公司应当保证提供服务的驾驶员具有合法从业资格，按照有关法律法规规定，根据工作时长、服务频次等特点，与驾驶员签订多种形式的劳动合同或者协议，明确双方的权利和义务。网约车平台公司应当维护和保障驾驶员合法权益，开展有关法律法规、职业道德、服务规范、安全运营等方面的岗前培训和日常教育，保证线上提供服务的驾驶员与线下实际提供服务的驾驶员一致，并将驾驶员相关信息向服务所在地出租汽车行政主管部门报备。网约车平台公司应当记录驾驶员、约车人在其服务平台发布的信息内容、用户注册信息、身份认证信息、订单日志、上网日志、网上交易日志、行驶轨迹日志等数据并备份。"《广东省高级人民法院、广东省劳动人事争议仲裁委员会关于劳动人事争议仲裁与诉讼衔接若干意见》（粤高法发〔2018〕2号）第二条规定，网络平台经营者与相关从业人员之间的用工关系性质，原则上按约定处理。如双方属于自负盈亏的承包关系或已订立经营合同、投资合同等，建立了风险共担、利益共享的分配机制的，不应认定双方存在劳动关系。本案中，在"滴滴车主"App进行注册时，由司机一方所勾选确认的《专快车服务协议》中第二条、第五条、第六条、第九条的内容均显示刘某某与滴滴公司为挂靠合作关系，并非劳动关系，符合上述部门规章规定的"网约车平台公司根据工作时长、服务频次等特点，与驾驶员签订多种形式的劳动合同或者协议，明确双方的权利和义务"情形，故一审法院认为双方没有建立劳动关系的合意，刘某某与滴滴公司不存在劳动关系。最后，罗某某、刘某、张某某、刘某1、刘某2虽主张滴滴公司通过上传照片对刘某某进行了驾驶人员考勤、日常着装和车辆外观管理，并按滴滴公司制定的相关规则接单和接受服务评价，但结合网约车行业特点，滴滴公司的上述要求是网约车平台为保障服务安全和质量而对网约车司机提供服务的统一规范，应视为滴滴公司依照双方签订的

《专快车服务协议》对挂靠合作方提出的履约要求及标准，而非用工管理。事实上，刘某某的接单和上线时间均可由其自行安排，即便刘某某选择平台派单模式，其在完成订单后可随时退出软件或变更接单模式，故该情况不应视为滴滴公司对其的劳动管理。此外，虽然刘某某每周二从滴滴公司平台提取款项，但每周提取一次的权限并非为滴滴公司按周期发放工资的表现，刘某某对于提取款项的数额和方式均可自行掌握，故刘某某获取报酬的方式亦不符合劳动关系中工资的特征。综上，刘某某与滴滴公司之间不属于劳动关系，本案中亦没有证据显示滴滴公司对刘某某进行用工和劳动管理、发放工资的情形，一审法院对于罗某某、刘某、张某某、刘某 1、刘某 2 关于确认劳动关系的诉请不予支持。

综上所述，依照《中华人民共和国民事诉讼法》第六十四条，《最高人民法院关于适用〈中华人民共和国民事诉讼法〉的解释》第九十条，参照《劳动和社会保障部关于确立劳动关系有关事项的通知》（劳社部发〔2005〕12 号）第一条之规定，一审法院判决如下：驳回罗某某、刘某、张某某、刘某 1、刘某 2 的诉讼请求。一审案件受理费减半收取 5 元，由罗某某、刘某、张某某、刘某 1、刘某 2 负担。

二审期间，双方当事人没有提交新证据。经审查，对于一审法院查明的事实，本院予以确认。

本院认为，劳动关系是指用人单位招用劳动者为其成员，劳动者在用人单位管理下提供有报酬的劳动而产生的权利义务关系。本案中，刘某某在案涉滴滴公司网络平台接单从事专车司机服务，根据接到的业务订单向下单客户提供专车服务，刘某某可自行决定是否及何时登录滴滴公司网络平台软件接单，也可自行选择切换订单模式，或者退出登录，刘某某的工作实际完全由其自行安排。罗某某、刘某、张某某、刘某 1、刘某 2 虽主张滴滴公司专车司机需要统一着装、按时刷脸报到、接受培训、接单后迟到或在服务过程中被投诉会受到滴滴公司处罚以及禁止线下交易等，但结合网约车行业特点，这是滴滴公司为保证服务质量而对网约车司机提供的服务进行规范，应视为滴滴公司对网约车司机提出的履约要求及标准，达不到用人单位对劳动者实施劳动管理的程度。刘某某从滴滴公司获取的报酬，系根据其自主选择的接单量来确定，刘某某虽然只能在每周二从平台提取报酬，但是否提取及提取的金额均由其自行决定，不能据此认定刘某某与滴滴公司之间存在劳动关系。故罗某某、刘某、张某某、刘某 1、刘某 2 主张刘某某与滴滴公司存在劳动关系的理据不足，本院不予支持。

综上所述，罗某某、刘某、张某某、刘某 1、刘某 2 的上诉请求不能成立，应予驳回；一审判决认定事实清楚，适用法律正确，应予维持。依照《中华人民共和国民事诉讼法》第一百七十条第一款第（一）项规定，判决如下：

驳回上诉，维持原判。

二审案件受理费 10 元，由罗某某、刘某、张某某、刘某 1、刘某 2 负担。

本判决为终审判决。

审判长　郑伟民

审判员　王　丹

审判员　刘秋萍

二〇二一年五月二十七日

书记员　陈园园

案例六　多元化用工环境下生鲜配送平台劳动关系的认定
——郭某某与广州美莱信息技术有限公司等确认劳动关系案

蔡岱燐*

关键词　美鲜送　平台用工　服务外包　劳动关系　混同用工

【裁判要旨】

劳动关系是指劳动者与用人单位之间形成的，劳动者在用人单位管理下提供劳动，用人单位按照约定支付劳动者劳动报酬的权利义务关系。混同用工是指劳动关系涉及多方主体，劳动者无法确认与哪家企业存在劳动关系，造成劳动者主体明确而用工单位不明确的现象。混同用工有书面劳动合同的，依据书面劳动合同认定劳动关系；没有书面合同的，依据劳动者主张以及事实用工情况进行认定。劳动者对劳动关系的确认享有选择权，劳动者可以选择其中任何一家用人单位确认劳动关系，也可以主张与两家用人单位均确认劳动关系，但是劳动关系项下的劳动权益不能重复享受。法院不能一概裁判多家用人单位承担连带责任，既要保障劳动者的合法利益，同时也要将用人单位的成本控制在合理范畴内。

【案情要点】

1. 郭某某于2017年8月27日经他人推广介绍在广州美莱信息技术有

* 广东省佛山市中级人民法院民四庭法官助理。

限公司（以下简称美莱公司）开发的应用软件“美鲜送”上登记注册账号，负责该平台下的订单配送工作。该平台中有出车报名、今日签到、核货中心、配送任务、上门取件、退货、财务交款、包裹交接等模块设置，先由配送司机在线报名，司机根据报名情况进行签到和配送。郭某某自行配置车辆，购买车辆保险。郭某某每天必须到美莱公司佛山分公司指定的地点开会。

2. 接单后，郭某某从广州美莱信息技术有限公司佛山分公司（以下简称美莱公司佛山分公司）处领取货品，并按美莱公司佛山分公司要求在指定的时间到达指定的地点从事配送工作。收取客户款项后，郭某某将该款项转至美莱公司佛山分公司指定的账户。美莱公司佛山分公司通过该软件了解司机送达时间、路线和服务质量等信息。

3. 美莱公司佛山分公司向郭某某发送公司规章制度，并对郭某某的配送行为进行管理，对郭某某配送过程中出现的未按时回款和侵占行为进行处罚和在运费中扣除损失。

4. 美莱公司与宁波小河水满物流服务有限公司（以下简称小河水满公司）签订《配送业务外包服务合同》，约定美莱公司把食材、物品配送作业业务外包给小河水满公司。小河水满公司与劳动者签订劳动合同或劳务协议，并建立劳动或劳务关系，派驻劳动者完成美莱公司项目现场工作。美莱公司向小河水满公司支付服务费，双方每月核对服务费清单。小河水满公司教育、督促劳动者在给美莱公司提供服务期间按有关服务外包管理规范和作息时间完成相应的外包服务工作，并接受美莱公司的服务监督。小河水满公司负责为劳动者依法办理用工手续、在聘用、辞退、报酬福利、奖惩、劳动保护等事项，按时足额为劳动者发放报酬。

5. 小河水满公司依据郭某某的配送量于每月 15 日发放郭某某工资，并为郭某某购买团体意外伤害保险。

6. 郭某某与美莱公司、美莱公司佛山分公司、小河水满公司均未签订书面劳动合同。

【案件索引】

仲裁：广东省佛山市顺德区劳动人事争议仲裁委员会佛顺劳人仲案非

终字［2019］2721 号

一审：广东省佛山市顺德区人民法院（2019）粤 0606 民初 16642 号

二审：广东省佛山市中级人民法院（2020）粤 06 民终 4833 号

【裁判结果】

广东省佛山市顺德区劳动人事争议仲裁委员会裁决：确认郭某某与美莱公司及美莱公司佛山分公司自 2017 年 8 月 27 日至今存在劳动关系。

广东省佛山市顺德区人民法院一审判决：确认美莱公司及美莱公司佛山分公司与郭某某不存在劳动关系。

广东省佛山市中级人民法院二审调解：确认调解协议的效力并出具调解书。调解协议内容为：一、小河水满公司于 2020 年 5 月 29 日前向郭某某指定的银行账户转账 230000 元；二、若小河水满公司按时足额支付上述款项后，各方因劳动关系存续期间产生的权利义务全部结清，今后不得再追究对方任何法律责任；三、一审案件受理费 10 元，由郭某某负担；二审案件受理费 10 元，因当事人在诉前和解阶段达成调解协议，按 20%收取 2 元，由郭某某负担。

【案例注解】

一、本案的法律问题

美莱公司、美莱公司佛山分公司主张，美莱公司与小河水满公司签订了配送业务外包服务合同，合同约定：由小河水满公司完成美莱公司物流配送业务外包项目的运作，小河水满公司与外包人员建立劳动关系（或劳务关系），按时足额为外包人员发放报酬。因此，美莱公司、美莱公司佛山分公司与郭某某之间不存在劳动关系。

郭某某主张其一直与美莱公司佛山分公司存在劳动合同关系，与小河水满公司不存在劳动关系。郭某某未在小河水满公司入职或者接受该公司的管理。小河水满公司仅是向郭某某发放工资和购买社保。美莱公司与小河水满公司之间签订的《配送业务外包服务合同》是内部协议，郭某某并不知情，该外包服务合同对郭某某不发生效力。

小河水满公司主张，其与美莱公司之间存在配送业务外包服务协议，由其安排配送司机前往美莱公司佛山分公司的仓库进行装货后配送至指定地点。郭某某自 2017 年 6 月与其建立合作关系，郭某某自行配置车辆，购买车辆保险后，开始承接配送业务。郭某某根据自己的时间合理安排接单。小河水满公司与郭某某之间属于承揽关系。

二、调解书的分析逻辑

仲裁委和一审法院均主要审查劳动者是否受用人单位的劳动管理；劳动者是否从事用人单位安排的有报酬的劳动；劳动者提供的劳动是否是用人单位工作的组成部分等，即从规章管理的人格从属性、工资发放的经济从属性以及工作内容的组织从属性三方面对案涉劳动关系展开分析。

仲裁委认为郭某某工作内容相关的管理流程均通过美莱公司设立及管理的手机应用系统进行，郭某某工作过程接受美莱公司、美莱公司佛山分公司的管理人员管理和规章制度约束，郭某某每月的工资由美莱公司、美莱公司佛山分公司统计后由小河水满公司发放。郭某某与美莱公司、美莱公司佛山分公司之间存在较强的人格从属性、组织从属性和经济从属性，因此存在劳动关系。

一审法院的内在逻辑是美莱公司已经与小河水满公司签订了《配送业务外包服务合同》，明确约定由小河水满公司与郭某某成立劳动关系，因此美莱公司、美莱公司佛山分公司与郭某某之间并不存在劳动关系；而且郭某某与美莱公司、美莱公司佛山分公司之间的人格从属性、组织从属性和经济从属性比较松散，亦未符合劳动关系的特征。一审法院认为，郭某某自行注册登录该平台上就可以承接配送任务，其工作具有灵活性、不固定性。郭某某每天必须到指定的地点进行签到和开会，但这是基于郭某某在该平台上的接单行为所产生的，不同于因劳动关系所产生的工作强制性和制度性约束。美莱公司佛山分公司对郭某某配送过程中出现的未按时汇款和侵占行为的处理仅限于在运费中扣除损失和进行处罚，并不影响郭某某之后所承接业务的报酬结算，未涉及人身关系的处理。美莱公司佛山分公司和郭某某约定每月 15 日为工资结算日，但每月结算和固定发放工资仅是便于公司财务结账，并不能以此认定双方之间符合劳动关系的特征。

三、此类案件的特点与裁判建议

（一）平台分解生产要素和隐蔽用工

随着我国劳动用工制度的深刻变革和新冠疫情的冲击，“互联网+”新业态用工不断发展。劳动争议中旧问题与产业新特点交织，呈现越发多元化、复杂化的特点。这种复杂化的典型表现之一就是混同用工。在新业态劳动用工模式下，生产要素逐渐出现分解等态势。不少平台将人事管理、业务管控及工资结算等事项通过外包方式拆分给不同企业负责，导致劳动用工主体与法律关系双方往往难以界定。新业态劳动者发生伤亡事故后，不同用工单位之间相互推诿，劳动者维权举步维艰。

（二）混同用工的裁判建议

第一，事实优先原则和从属性标准。在新业态劳动关系下，签订书面劳动合同并非判断双方是否成立劳动关系的唯一标准，实际“用工”情况亦是判断是否成立劳动关系的重要标准。法院在判断劳动者是否与用人单位建立事实劳动关系时，可考虑规章管理的人格从属性、工资发放的经济从属性，以及工作内容的组织从属性等要素，积累“类劳动关系”的审判经验和法理认知，不断在个案中寻求劳动者合法权益保障与新兴行业健康发展的平衡，又体现出法院在“互联网+”时代劳动关系变革和法治建设中的护航者职能。

本案中，关于美莱公司、美莱公司佛山分公司与郭某某之间是否成立劳动关系的问题。美莱公司、美莱公司佛山分公司与郭某某之间没有签订书面的劳动合同。但郭某某从事的生鲜配送业务是美莱公司、美莱公司佛山分公司的业务范围，符合劳动关系中工作内容的组织从属性特征；郭某某工作内容相关的资格注册、考勤签到、配送任务、出车报名、配送交货确认、财务交款、业绩核算等管理流程均通过美莱公司设立及管理的手机应用系统进行，郭某某工作过程接受美莱公司、美莱公司佛山分公司的规章制度约束，郭某某上班接收配送物品的工作地点是美莱公司佛山分公司的经营场所，经营场所的管理人员由美莱公司、美莱公司佛山分公司委派，符合劳动关系中规章管理的人格从属性特征；郭某某的工资固定每月15日进行结算，并由美莱公司佛山分公司根据趟数进行统计和扣减处罚，符合劳动关系中工资发放的经济从属性。因此郭某某与美莱公司、美莱公司佛山分公司之间成立事实上的劳动关系。

关于郭某某与小河水满公司之间是否成立劳动关系的问题。郭某某与小河水满公司之间没有签订书面劳动合同。但郭某某运输和配送生鲜食品属于小河水满公司的运输业务范围；郭某某工作过程也受到小河水满公司规章制度的约束和管理人员管理；郭某某的工资每月15日固定由小河水满公司根据美莱公司、美莱公司佛山分公司的统计单进行发放，郭某某的社保由小河水满公司进行缴纳。郭某某与小河水满公司之间具备工作内容的组织从属性、规章管理的人格从属性以及工资发放的经济从属性，因此，也成立事实上的劳动关系。

换言之，美莱公司、美莱公司佛山分公司、小河水满公司之间存在混同用工的情形。

第二，依劳动者主张谨慎适用多个用工单位承担连带责任原则。目前并没有法律法规或司法解释对混同用工劳动关系的处理作出明确的规定。用工行为混同，是导致多个用人单位在劳动法上丧失责任承担独立性的基础。司法实践中，法院一般判令多个用人单位承担连带责任，主要是为了查清事实和加强对劳动者合法权益的保护。混同用工的多个用人单位之中，往往部分用人单位没有实际给付能力。此时如果法院仅认定一家用人单位承担责任，不仅难以真正查清用工事实，也可能导致生效判决确定的给付义务无法得到切实执行。若法院认定混同用工的多个用人单位均承担连带责任，则可以有效解决上述问题。

需指出的是，劳动司法审判中应防止连带责任认定的滥用。法院在判令多个用人单位承担连带责任时应当坚持两个基本原则：（1）必须基于劳动者的主张，法院不能主动适用；（2）只有达到不认定连带责任就会严重侵犯劳动者合法权益的程度时才适用。法院在发挥案例的社会指引作用，助力新业态劳动者不再“被困在系统里”的同时，也应尊重平台企业正当的用工自主权，依法维护企业正常生产的经营秩序和发展权益。

由于司法实践中各地法院对混同用工的裁判标准不尽统一，长此以往，难免出现同案不同判的情形，进而有损司法判决的权威性。笔者认为，司法实践中可参照以下裁判标准进行处理：具有关联关系的用人单位以交叉、轮换等方式对劳动者进行用工，劳动者请求确认与用工单位存在劳动关系的，按照下列情形分别处理：（1）已订立书面劳动合同的，劳动者请求按照劳动合同确认劳动关系的，人民法院应予支持；（2）未订立书面劳动合同，劳动者根据工作时间、工作内容、工资发放、社会保险缴纳等因素请求予以确认的，人民法院可予支持；（3）劳动者与关联企业之间的法律关系均符合劳动关系构成要件，劳动者请求确认劳动者与多个用人单位存在劳动关系的，人民法院可予支持。关联企业之间对劳动者的工资报酬、社会保险、福利待遇等有明确约定且符合法律法规等规定，劳动者知道且未提出异议的，可按照约定处理；无约定或者约定不明确，劳动者请求关联企业承担共同清偿责任的，人民法院应予支持。《北京市高级人民法院、北京市劳动争议仲裁委员会关于劳动争议案件法律适用问题研讨会会议纪要（二）》第二十六条的规定和当前劳动法领域司法改革导向也体现出上述的混同用工审判理念。

【裁判全文】

广东省佛山市中级人民法院
民 事 调 解 书

（2020）粤 06 民终 4833 号

上诉人（原审被告）：郭某某。

委托诉讼代理人：王某某。

被上诉人（原审原告）：广州美莱信息技术有限公司佛山分公司。

负责人：王某，执行董事兼总经理。

委托诉讼代理人：邓某。

委托诉讼代理人：陈某某。

被上诉人（原审第三人）：广州美莱信息技术有限公司。

法定代表人：王某，执行董事兼总经理。

委托诉讼代理人：邓某。

委托诉讼代理人：陈某某。

被上诉人（原审第三人）：宁波小河水满物流服务有限公司。

法定代表人：刘某某，执行董事。

委托诉讼代理人：冼某某。

委托诉讼代理人：田某。

上诉人郭某某因与被上诉人广州美莱信息技术有限公司佛山分公司、广州美莱信息技术有限公司、宁波小河水满物流服务有限公司确认劳动关系纠纷一案，不服广东省佛山市顺德区人民法院（2019）粤0606民初16642号民事判决，向本院提起上诉。经本院委派佛山市诉前和解中心主持调解，各方当事人自愿达成如下协议：

一、宁波小河水满物流服务有限公司于2020年5月29日前向郭某某支付款项230000元，该款项以转账方式汇入郭某某指定的银行账户（户名郭某某，账号6228×××××××××××2076，开户行中国农业银行广州分行兴业大道支行）；

二、宁波小河水满物流服务有限公司按时足额支付上述款项后，各方因劳动关系存续期间产生的权利义务全部结清，今后不得再追究对方任何法律责任；

三、一审案件受理费10元，由郭某某负担；二审案件受理费10元，因当事人在诉前和解阶段达成调解协议，按20%收取计2元，由郭某某负担；

四、各方当事人一致同意本调解协议的内容，自当事人或有代理权限的代理人在本调解协议上签字、捺印或盖章，同时加盖佛山市诉前和解中心印章后即具有法律效力。

上述协议经过本院审查，符合自愿、合法原则，本院予以确认。本院应当事人请求，制作调解书。当事人拒收本调解书的，不影响上述调解协议的效力。一方当事人不履行调解协议的，另一方可以持本调解书向人民法院申请执行。

审 判 长　陈星星
审 判 员　张雪洁
审 判 员　侯　进

二〇二〇年五月十九日

法官助理　江婉雅
书 记 员　刘智妹

案例七 外卖配送交通事故中的责任认定

——梁某某诉东莞港湾劳务派遣有限公司等机动车交通事故责任纠纷案

崔景诚*

关键词 外卖骑手 外卖配送企业 超标电动车 交通事故责任主体

【裁判要旨】

外卖配送员与配送企业建立劳动关系，外卖配送员在配送过程中发生的致第三人损害的事故，如何确定责任主体，是近年来随着新业态发展司法实践中不断出现的争议类型。本案中，配送企业未履行安全审查、用工管理等义务，而主张外卖配送员使用超标电动车配送外卖且未投保交强险，对由此造成的交通事故不应承担责任的，法院不予支持。

【案情要点】

夏某某系东莞港湾劳务派遣有限公司（以下简称东莞港湾公司）的员工。2018 年 12 月 27 日 20 时许，夏某某在驾驶发 003498 号车辆配送“美团外卖”订单过程中，行驶至佛山市三水区大塘镇天泰路×号路段转弯处与梁某某驾驶的驾 03249 号车辆发生碰撞，造成梁某某受伤的道路交通事故。事故经交警部门处理，认定夏某某承担事故的全部责任，梁某某不承担事故责任。梁某某以夏某某系东莞港湾公司员工，在配送东莞港湾公司

---

* 广东省佛山市中级人民法院民四庭副庭长、四级高级法官。

指定的"美团外卖"订单过程中发生本案交通事故为由，主张夏某某、东莞港湾公司连带向其赔偿231304.77元。

【案件索引】

一审：广东省佛山市三水区人民法院（2019）粤0607民初3397号

二审：广东省佛山市中级人民法院（2020）粤06民终字第3546号

【裁判结果】

广东省佛山市三水区人民法院于2019年9月20日作出（2019）粤0607民初3397号民事判决：一、东莞港湾公司于判决生效之日起十日内赔偿梁某某224113.14元；二、驳回梁某某的其他诉讼请求。宣判后，东莞港湾公司以即使夏某某在执行工作任务时发生交通事故，其所有的车辆为超标电动车，夏某某应承担未投保交强险的责任为由，提起上诉。广东省佛山市中级人民法院于2020年7月17日作出（2020）粤06民终字第3546号民事判决：驳回上诉，维持原判。

【案例注释】

一、本案的法律问题

第一，涉外卖配送员用工形式及劳动关系认定。司法实践中，对于外卖配送员的用工主体存在多种形式：第一种，平台方作为用人单位直接聘用并与之签订劳动合同，双方建立稳定的劳动关系；第二种，与劳务公司签订劳动合同建立劳动关系，如本案中的夏某某与东莞港湾公司之间；第三种，通过劳务派遣与派遣单位签订劳动合同建立劳动关系；第四种，与平台或劳务公司签订灵活就业协议，约定的内容类似承包、承揽、雇佣等协议；第五种，没有签订任何协议或合同，在平台、劳务派遣公司、平台在各地成立的公司（有的没有依法成立即个人用工）之间进行用工，甚至是交叉用工、混同用工等。

本案中，由于采取了劳务公司与外卖配送员建立了劳动关系，因此认定用人单位时基本没有障碍。但对于没有签订劳动合同，在实际中存在多方管理、交叉用工、混同用工时，对于外卖配送员与相关用工单位是否存在劳动关系，以及与何方存在劳动关系则成为司法实践中最为复杂的问题。通常法院的审理思路，一是从劳动关系的本质出发进行实质判断，即劳动关系的人格从属性、组织从属性、经济从属性，审查对外卖配送员进行实质管理、具有支配地位的是哪一方；二是按照“控制与监督”标准审查。从劳动过程中产生的证据中进行审查，即从工资支付形式与规律、管理者的身份、管理行为的认定以及对外卖配送员进行招录、聘用直至处罚、辞退等行为的作出进行综合审查。

第二，雇主替代责任。雇主替代责任，又称用人者责任。劳动关系的雇主替代责任建立在雇主指挥权的基础上，因此与职业安全保障密切相关的第三者责任也应当由雇主负担。雇主替代责任的领域包括劳动关系与雇佣关系，但不包括承揽关系。《侵权责任法》与《民法典》均规定了雇主替代责任，其中对于劳务派遣用工的雇主替代责任作了单独的规定，即劳务派遣期间，被派遣的工作人员因执行工作任务造成他人损害的，由接受劳务派遣的用工单位承担侵权责任；劳务派遣单位有过错的，承担相应的责任。根据《民事案件案由规定》，在侵权责任纠纷的下级案由中，机动车交通事故责任纠纷、用人单位责任纠纷和劳务派遣工作人员侵权责任纠纷属于并列关系，从法律适用的角度，定机动车交通事故责任纠纷是可以的。

二、判决书的分析逻辑

一审、二审判决围绕本案争议焦点，分析如下：

第一，关于事发时夏某某是否在执行工作任务的问题。夏某某是东莞港湾公司的员工，从事外卖派送工作，东莞港湾公司述称“美团外卖”是24小时提供服务，夏某某没有固定的上下班时间，只要有订单就会派送，而事故发生在20时，该时间属于外卖派送的合理时间段，据交警部门提供的事故照片反映，夏某某驾驶的车辆后座有“美团外卖”配送箱，东莞港湾公司确认该配送箱由其提供，梁某某亦称事故发生时夏某某身穿“美团外卖”的工作服。结合上述情况，以及梁某某作为被侵权人、夏某某作为劳动者，对夏某某在事发时是否执行工作任务的举证能力，梁某某和夏某某关于夏某某在事故发生时在执行工作任务的主张，符合《最高人民法院关于适用〈中华人民共和国民事诉讼法〉的解释》第一百零八条第一款“对负有举证证明责任的当事人提供的证据，人民法院经审查并结合相关事实，确信待证事实的存在具有高度可能性的，应当认定该事实存在”规定中的“高度可能性”标准。东莞港湾公司否认夏某某在事故发生时在执行工作任务，负有提供证据予以反驳的举证证明责任，且其作为用人单位，掌握员工出勤、派送订单的情况，完全可以提供证据予以反驳，但东莞港湾公司作为用人单位尚且自称无法登录美团系统调取事发当时的接单情况，却要求夏某某提供相应的证据予以证明，缺乏理据，应由其承担举证不能的不利后果。法院基于现有证据综合认定事发时夏某某正在执行工作任务，夏某某因执行工作任务造成梁某某损害，应由其用人单位东莞港湾公司承担相应的侵权赔偿责任。

第二，关于夏某某应否在交强险范围内承担赔偿责任的问题。首先，东莞港湾公司主张事故发生时夏某某驾驶的车辆为超标电动车，继而主张夏某某作为车辆所有人应投保交强险而未投保，损害了东莞港湾公司的权益，但现有证据并未反映夏某某的车辆的各项参数不符合国家规定的关于电动自行车的标准，也没有证据证明事故发生后夏某某的车辆经交警部门或鉴定机构认定为超标电动车。

其次，东莞港湾公司作为用人单位，明知作为外卖配送员的员工的主要工作任务为配送外卖，理应为员工提供符合国家规定的通用技术标准的配送车辆，即使允许员工使用自己的车辆配送外卖，亦应对员工使用的车辆是否符合国家规定的标准进行审查，并加强用车管理，排除安全隐患，而夏某某驾驶的车辆属于超标电动车，可见东莞港湾公司未履行上述审查、管理责任。

再次，超标电动车确实对道路交通安全带来严重安全隐患，但主要影响的是其他的交通参与人，而东莞港湾公司作为夏某某的用人单位，在其执行工作任务期间发生本案交通事故，东莞港湾公司作为开启、维持这一危险源的主体，负有相应的危险防范义务。

最后，即使该车属于超标电动车，东莞港湾公司作为用人单位要求夏某某自行在交强险范围内承担赔偿责任，亦缺乏理据。另外，东莞港湾公司经营外卖配送业务，理应知道即使该车属于超标电动车，亦不符合交通管理部门关于机动车注册登记的条件，实际上无法投保交强险。东莞港湾公司主张夏某某应在交强险范围内自行承担赔偿责任，缺乏理据，不予支持。

三、此类案件的特点与裁判建议

（一）超标电动车的属性问题

对于超标电动车是否属于机动车，司法实践中一直存有争议，法律对此也没有明确的界定。认为超标电动车可以认定为机动车的主要理据是，超标电动车不符合我国发布的电动车的国家标准，已经符合了摩托车的技术条件，应当认定为机动车。认为不属于机动车的主要理据是，法律无明确规定超标电动车的性质归属，且其并不是全部符合摩托车的技术条件，还有，如果认定超标电动车为机动车，会产生诸多管理问题，如交警执法成本增加、保险特别是交强险的管理等。本案中，一审、二审判决直接采信了交警部门的认定，并没有对此进行实质审查。笔者认为，虽然交警部门将本案中的电动车认定为机动车，但是在案件审理中，对交警部门的认定可以作为一个证据，主持当事人进行质证，并按照司法审理的程序进行实质审查。

（二）单一责任主体还是连带责任

《侵权责任法》与《民法典》均规定了雇主替代责任，由用人单位对其工作人员因执行工作任务造成的损害承担责任。综合本案的情况，东莞港湾公司与外卖配送员之间建立了劳动关系，外卖配送员在发生事故时处于配送订单的劳动过程中，属于执行工作任务状态，应当由用人单位即东莞港湾公司对第三人承担侵权责任。

（三）关于夏某某的责任探讨

假若本案发生在《民法典》之后，对于本案中的夏某某的责任，其实是可以进一步探讨。如案情所示，首先，夏某某对所驾驶的电动车属于超标是知情甚至可能是故意的，其对交通事故的发生具有应当预见性，换言之，具有主观上的过错；其次，夏某某在交通事故中被交警部门认定为承担全责，进一步证明其对交通事故的发生具有明显的过错。综合本案的情况，笔者认为，根据《民法典》第一千一百九十一条第一款的规定，东莞港湾公司承担赔偿责任后，可以向夏某某进行追偿。

【裁判全文】

广东省佛山市中级人民法院
民 事 判 决 书

（2020）粤 06 民终 3546 号

上诉人（原审被告）：东莞港湾劳务派遣有限公司。

法定代表人：江某，总经理。

委托诉讼代理人：夏某。

被上诉人（原审原告）：梁某某。

委托诉讼代理人：何某某。

委托诉讼代理人：巫某某。

被上诉人（原审被告）：夏某某。

委托诉讼代理人：吴某某。

上诉人东莞港湾劳务派遣有限公司（以下简称东莞港湾公司）因与被上诉人梁某某、夏某某机动车交通事故责任纠纷一案，不服广东省佛山市三水区人民法院（2019）粤 0607 民初 3397 号民事判决，向本院提起上诉。本院受理后，依法组成合议庭进行了审理。本案现已审理终结。

东莞港湾公司上诉请求：1. 撤销一审判决，改判东莞港湾公司无须向梁某某承担赔偿责任；2. 一审、二审诉讼费由梁某某、夏某某承担。事实和理由：一、一审法院认定夏某某发生本案交通事故时是在执行工作任务错误。1. 涉案车辆的所有权人为夏某某，夏某某入职东莞港湾公司后从事外卖派送工作，其将“美团外卖”的工作箱长期固定在车辆后座，一审法院以发生事故时夏某某驾驶的车辆后座有“美团外卖”工作箱即推定其在执行工作任务，完全不符合常理。按照一审法院的逻辑，只要夏某某不将“美团外卖”工作箱拆除，在任何时间段，甚至是夏某某下班后因私事使用车辆发生事故，均可以主张是在执行工作任务而推卸责任。2. 实践中，美团外卖 24 小时提供服务，一审法院以本案事故发生的时间符合外卖派送的合理时间段，继而推定夏某某在执行工作任务依据不足。3. 夏某某应当举证证明本案事故发生时其在执行工作任务。按照美团派送的工作流程，事发时无论是取餐还是取餐后配送，均应有相应的接单记录、订单记录，且如果是取餐后配送，事发现场应有配送的物品。但一审两次开庭，夏某某均未提供相关证据。东莞港湾公司在东莞市、佛山市有近 1500 名员工承担配送工作，如果按照一审法院的逻辑，东莞港湾公司将承担巨大的莫须有的风险，有失公允。4. 夏某某是本案事故的实际侵权人，其出于逃避法律责任的目的，完全有可能编造执行工作任务的事实，其个人陈述不能作为本案定案依据。因此，一审法院在认定夏某某是否在执行工作任务时应严格按照证据规则分配举证责任，而不能主观推断。5. 根据“谁主张，谁举证”的原则，梁某某主张本案事故发生时夏某某系在执行工作任务，应当举证证明，但直至一审辩论终结时，梁某某并未提供证据予以证明，应承担举证不能的不利后果。二、关于赔偿金额。1. 梁某某仅为十级伤残，一审法院认定精神损害抚慰金为 10000 元过高。2. 一审法院按照城镇标准计算残疾赔偿金依据不足。按照法律规定，以城镇标准计算残疾赔偿金应具备两个条件：交通事故发生前一年内在城镇居住；交通事故发生前一年内有固定收入来源。一审庭审中，梁某某陈述其租住地点为农村，由此可见梁某某不符合按照城镇标准计算赔偿的条件。3. 一审法院计算被扶养人生活费时，每年的赔偿总额超出上一年度城镇居民人均消费性支出额或者农村居民人均年生活消费支出额。三、夏某某作为车辆所有人，未按照法律规定投保交强险，导致梁某某、东莞港湾公司未能依法获得交强险赔偿，根据过错原则，夏某某应在交强险范围内承担赔偿责任。

梁某某辩称，一审判决认定事实清楚，适用法律正确，东莞港湾公司的上诉理由不能成立，请求二审法院驳回东莞港湾公司的上诉请求，依法维持原判。一、夏某某是东莞港湾公司的员工，从事外卖派送工作，根据交警部门提供的本案交通事故的照片，当时夏某某驾驶的车辆上有“美团外卖”工作箱，事故发生的时间也符合外卖派送的时间段，东莞港湾公司对此没有提交证据予以反驳。二、梁某某的工作证明及银行流水足以证明梁某某在事发前已在城镇工作、居住满一年，且梁某某因本案交通事故致两处十级伤残，已造成精神损害。

夏某某辩称，一、事发时，夏某某在执行工作任务，其在工作中造成梁某某的损失应由其工作单位东莞港湾公司赔偿。二、夏某某是否为机动车购买保险，不能否定夏某某当时是在执行工作任务，亦不能免除东莞港湾公司的赔偿责任。三、同意东莞港湾公司关于一审法院计算被扶养人生活费时超出年赔偿总额的主张。

梁某某向一审法院起诉请求：1. 夏某某向梁某某赔偿 231304.77 元；2. 东莞港湾公司承担连带赔偿责任；3. 本案诉讼费用由夏某某、东莞港湾公司承担。

一审法院认定事实：夏某某系东莞港湾公司的员工。2018 年 12 月 27 日 20 时许，夏某某驾驶发 003498 号车辆行驶至佛山市三水区大塘镇天泰路×号路段转弯处与梁某某驾驶的驾 03249 号车辆发生碰撞，造成梁某某受伤的道路交通事故。事故经交警部门处理，认定夏某某承担事故的全部责任，梁某某不承担事故责任。

事故发生后，梁某某被送到佛山市三水某医院住院及门诊治疗。

2019 年 4 月 8 日，广东法维司法鉴定所出具法医临床鉴定意见：1. 梁某某右胫骨平台粉碎性骨折、右髌骨粉碎性骨折后遗右膝关节功能丧失达 35.71%评定为十级伤残；其左胫腓骨开放性粉碎性骨折后遗左踝关节功能丧失达 53.96%评定为十级伤残。2. 梁某某后续治疗费用约需 24000 元。

梁某 1、黄某某系梁某某的父母亲，至梁某某定残时分别年满 61 周岁和 60 周岁，共有扶养义务人 4 人；陈某瑞、陈某元、陈某羽系梁某某的子女，至梁某某定残时子女分别年满 9 周岁、7 周岁和 5 周岁，共有扶养义务人 2 人。

本案交通事故发生后，夏某某向梁某某垫付了 62000 元。

梁某某因本案交通事故产生的经济损失，经一审法院依法审查确认共计286113.14元，其中残疾赔偿金（含被扶养人生活费）为131021.75元、精神损害抚慰金为10000元。

一审法院认为，本案系机动车交通事故责任纠纷。梁某某因本次交通事故受伤，依法有权请求相关责任人赔偿因此而产生的经济损失，对于梁某某诉请的合法合理部分，一审法院予以支持。交警部门作出的事故认定书，认定事实清楚，当事人亦无异议，因此，一审法院对该事故认定书的证据效力予以认定，并据此作为确定本次事故损害赔偿责任的依据，确定夏某某承担事故损害赔偿的全部赔偿责任，梁某某不承担事故损害赔偿责任。

关于夏某某发生本案交通事故时是否在执行工作任务的问题，一审法院分析及认定以下：夏某某系东莞港湾公司的员工，从事的是外卖派送工作。从交警部门提供发生本案交通事故时的照片可以明显看到，在夏某某驾驶的事故车辆的后座有“美团外卖”工作箱，而本案事故发生的时间为20时，符合外卖派送的合理时间段，事故车辆是夏某某平时派送外卖的使用车辆，从这些情况可以较大概率推定夏某某发生本案交通事故时是在执行工作任务过程中，东莞港湾公司在没有证据反驳的情况下，一审法院认定夏某某发生本案交通事故时是在执行工作任务。因此，夏某某在本案中造成梁某某的损失应由东莞港湾公司赔偿。

夏某某垫付梁某某的62000元在梁某某的损失中作等额扣减后，东莞港湾公司在本案中尚需赔偿梁某某224113.14元（286113.14元-62000元）。夏某某对该垫付款项，可依法另行向东莞港湾公司主张。

综上，根据《中华人民共和国侵权责任法》第三条、第六条第一款、第十五条第一款第（六）项、第十六条、第二十二条、第三十四条、第四十八条，《中华人民共和国道路交通安全法》第七十六条，《最高人民法院关于审理人身损害赔偿案件适用法律若干问题的解释》第十七条、第十八条第一款、第十九条、第二十条、第二十一条、第二十二条、第二十三条、第二十四条、第二十五条、第二十八条、第三十五条以及《中华人民共和国民事诉讼法》第六十四条的规定，判决：一、东莞港湾公司于判决生效之日起十日内赔偿梁某某224113.14元；二、驳回梁某某的其他诉讼请求。如果未按判决指定的期间履行给付金钱义务，应当依照《中华人民共和国民事诉讼法》第二百五十三条之规定，加倍支付迟延履行期间的债务利息。一审案件受理费减半收取计2385元（梁某某已预交），由梁某某负担85元，东莞港湾公司负担2300元。

二审期间，各方当事人均未提交新的证据。

经审查，本院对一审判决查明的事实予以确认。

二审诉讼中，梁某某述称，事故发生时夏某某身穿“美团外卖”工作服。夏某某述称，事故发生在其取餐途中，故车上没有配送的物品；夏某某在事故发生前通过一个“美团骑手”的登录ID登录平台接单，该ID由东莞港湾公司控制，事发后夏某某无法再登录该ID，一审诉讼中，夏某某申请法院调取该ID的相关记录；事发时夏某某驾驶的车辆是其自行购买的电动车。东莞港湾公司述称，骑手上班不需要打卡，每个骑手都有一个美团系统的账户，骑手可登录该账户接单、取餐，有相应的接单记录，因东莞港湾公司已与夏某某在事发时所属站点终止合作关系，东莞港湾公司已无法登录该系统；骑手的报酬由东莞港湾公司报送总订单量给美团，再由美团与骑手结算；东莞港湾公司有向骑手提供符合法律规定的交通工具，但有些骑手觉得慢，就自己购置了超标电动车，夏某某发生事故时所使用的车辆就是超标电动车，因此被交警部门认定为机动车。

本院认为，本案为机动车交通事故责任纠纷，结合各方当事人的诉辩意见，本案二审争议焦点为：一、事发时夏某某是否在执行工作任务；二、夏某某应否在交强险范围内承担赔偿责任；三、一审法院核定的梁某某的损失是否正确。对此，本院分析如下：

一、关于事发时夏某某是否在执行工作任务

夏某某是东莞港湾公司的员工，从事外卖派送工作，东莞港湾公司述称“美团外卖”是24小时提供服务，夏某某没有固定的上下班时间，只要有订单就会派送，而事故发生在20时，该时间属于外卖派送的合理时间段，交警部门提供的事故照片反映，夏某某驾驶的车辆后座有“美团外卖”工作箱，东莞港湾公司确认该配送箱由其提供，梁某某亦称事故发生时夏某某身穿“美团外卖”的工作服。结合上述情况，以及梁某某作为被侵权人、夏某某作为劳动者，对夏某某在事发时是否执行工作任务的举证能力，梁某某以及夏某某关于夏某某在事故发生时在执行工作任务的主张，符合《最高人民法院关于适用〈中华人民共和国民事诉讼法〉的解释》第一百零八条第一款“对负有举证证明责任的当事人提供的证据，人民法院经审查并结合相关事实，确信待证事实的存在具有高度可能性的，应当认定该事实存在”规定中的“高度可能性”标准。东莞港湾公司否认夏某某在事故发生时在执行工作任务，负有提供证据予以反驳的举证证明责任，且其作为用人单位，掌握员工出勤、派送订单的情况，完全可以提供证据予以反驳，但东莞港湾公司作为用人单位尚且自称无法登录美团系统调取事发当时的接单情况，却要求夏某某提供相应的证据予以证明，缺乏理据，应由其承担举证不能的不利后果。一审法院基于现有证据综合认定事发时夏某某正在执行工作任务，并无不当，夏某某因执行工作任务造成梁某某损害，应由其用人单位东莞港湾公司承担相应的侵权赔偿责任。

二、关于夏某某应否在交强险范围内承担赔偿责任

首先，东莞港湾公司主张事故发生时夏某某驾驶的车辆为超标电动车，继而主张夏某某作为车辆所有人应投保交强险而未投保，损害了东莞港湾公司的权益，但现有证据并未反映夏某某的车辆的各项参数不符合国家规定的关于电动自行车的标准，也没有证据证明事故发生后夏某某的车辆经交警部门或鉴定机构认定为超标电动车。其次，东莞港湾公司作为用人单位，明知作为外卖骑手的员工的主要工作任务为配送外卖，理应为员工提供符合国家规定的通用技术标准的配送车辆，即使允许员工使用自己的车辆配送外卖，亦应对员工使用的车辆是否符合国家规定的标准进行审查，并加强用车管理，排除安全隐患，而夏某某驾驶的车辆属于超标电动车，可见东莞港湾公司未履行上述审查、管理责任。最后，超标电动车确实对道路交通安全带来严重安全隐患，但主要影响的是其他的交通参与人，而东莞港湾公司并非本案交通事故的被侵权人，其作为夏某某的用人单位，而夏某某在执行工作任务期间发生本案交通事故，东莞港湾公司作

为开启、维持这一危险源的主体，负有相应的危险防范义务，故即使该车属于超标电动车，东莞港湾公司作为用人单位要求夏某某自行在交强险范围内承担赔偿责任，亦缺乏理据。另，东莞港湾公司经营外卖配送业务，理应知道即使该车属于超标电动车，亦不符合交通管理部门关于机动车注册登记的条件，实际上无法投保交强险。综上，东莞港湾公司主张夏某某应在交强险范围内自行承担赔偿责任，缺乏理据，本院不予支持。

三、关于一审法院核定的损失是否正确

1. 残疾赔偿金（含被扶养人生活费）

关于计算标准。梁某某已提供所在单位的工作证明以及收取工资的银行流水等证据，足以证明其在事发前已在佛山市居住一年以上且有固定收入，符合按城镇标准计算残疾赔偿金的条件，东莞港湾公司关于残疾赔偿金应按农村标准计算的上诉主张缺乏理据，本院不予支持。

关于被扶养人生活费。《最高人民法院关于审理人身损害赔偿案件适用法律若干问题的解释》第二十八条第二款规定："被扶养人是指受害人依法应当承担扶养义务的未成年人或者丧失劳动能力又无其他生活来源的成年近亲属。被扶养人还有其他扶养人的，赔偿义务人只赔偿受害人依法应当负担的部分。被扶养人有数人的，年赔偿总额累计不超过上一年度城镇居民人均消费性支出额或者农村居民人均年生活消费支出额。"本案中，梁某某有数个被扶养人，根据上述司法解释的规定，年赔偿总额累计不超过上一年度城镇居民人均消费性支出额或者农村居民人均年生活消费支出额。梁某某主张的伤残赔偿系数低于法定标准，属于其对自身权利作出的处分，本院对此予以确认，结合其主张的伤残赔偿系数，根据上述司法解释的规定，梁某某的残疾赔偿金（含被扶养人生活费）共计131021.75元（40975元/年×20年×10%+30198元/年×13年×10%+30198元/年÷4人×2人×6年×10%+30198元/年÷4人×1年×10%），一审法院对梁某某的主张予以支持并无不当。

2. 精神损害抚慰金

本案事故造成梁某某两处十级伤残，对其造成一定的精神痛苦，且夏某某在事故中承担全部责任，一审法院酌情支持精神损害抚慰金10000元并无不当。

综上所述，东莞港湾公司的上诉请求不成立，本院不予支持。一审判决认定事实清楚，适用法律正确，应予维持。依照《中华人民共和国民事诉讼法》第一百七十条第一款第（一）项的规定，判决如下：

驳回上诉，维持原判。

二审案件受理费 4661.69 元，由上诉人东莞港湾劳务派遣有限公司负担。

本判决为终审判决。

审 判 长　何美健

审 判 员　陈　文

审 判 员　唐铭焕

二〇二〇年七月十七日

法官助理　廖芷艺

书 记 员　汤晓霖

案例八　网络主播与影视传媒公司的劳动关系认定

——马某与深圳某影视传媒有限公司等劳动争议案

林　琳[*]　曾凡新[**]

关键词　网络主播　独家主播服务合作合同　劳动关系

【裁判要旨】

网络主播与影视传媒公司之间签订独家主播服务合作合同，双方合意明确，就开展演艺活动、提供经纪服务等民事活动的权利义务进行约定，不符合劳动关系的特征。

【案情要点】

1. 马某入职深圳某影视传媒有限公司（以下简称某影视传媒公司）处从事网络主播工作，薪资待遇每月按底薪加提成构成。

2. 马某没有与网络直播平台签订合作协议，而与某影视传媒公司签订了《独家主播服务合作合同》。该合同的主要内容是：

（1）双方在直播演艺收入中提成作为双方报酬的来源，而直播收入完全取决于主播在演艺直播时所取得观众（粉丝）“打赏收益”的多少而定。

（2）某影视传媒公司分别从网络直播平台的收益中提取 4%、马某的

---

* 北京大成（深圳）律师事务所律师。

** 北京大成（深圳）律师事务所律师、第十二届广东省律师协会劳动与社会保障法律专业委员会副主任。

收益中提取7%作为其报酬，即报酬仅约占粉丝打赏收益总额的11%。

（3）某影视传媒公司是马某与网络直播平台的居间人或原告的经纪人，某影视传媒公司系马某在线直播演艺提供牵线搭桥及协助管理的服务者。

（4）马某同意，在其每月获得的收入中提取10%的款项并交付于某影视传媒公司作为履行本合同的履约保证金，直至该保证金达到1万元，则不再计提。

（5）工资是底薪加提成，初期是底薪加提成，但后期如提成超过生活保障线时，就没有底薪。

3. 某影视传媒公司辩称：

（1）实际上，公司与马某之间是委托代理合同关系，本质上不符合确立劳动关系的各项标准。从马某向公司出具的委托书内容看，委托书上载明的代理内容系经马某本人确认，是民事代理行为。

（2）从马某的工作“自由度”（即兴发挥）和收入来源的“打赏收益”分成特征看出，其与公司的关系完全符合民事上的契约关系特性。故双方之间的关系明显不属于劳动关系，更不宜列入劳动关系的范畴，客观上确立为一种代理或经纪服务合作关系更为适宜。

【案件索引】

一审：广东省深圳市龙岗区人民法院（2017）粤0307民初6503号

【裁判结果】

广东省深圳市龙岗区人民法院：认定马某与某影视传媒公司之间系基于原告开展演艺活动、提供经纪服务等民事活动的权利义务约定，并非基于劳动权利义务的约定，不符合劳动关系的特征。故对马某要求确认与某影视传媒公司存在劳动关系的请求不予支持，对其基于劳动关系成立而提出要求两被告支付工资、未签订劳动合同的二倍工资、赔偿金等请求均不予支持。

【案例注解】

一、本案的法律问题

第一，双方劳动关系认定问题。从马某与某影视传媒公司签订的《独家主播服务合作合同》内容上看，系双方就马某参与在线演艺平台（包括但不限于网易 BOBO、腾讯 OT、腾讯齐齐、优酷来疯等同类平台）进行演艺直播等合作事项进行约定，不具有劳动合同主要特征，更多体现一种民事合作关系。

第二，报酬的性质问题。双方约定有保底酬金，并非工资底薪，业绩是利润分成的概念。

第三，《独家主播服务合作合同》的性质。《独家主播服务合作合同》系双方之间基于原告开展演艺活动、提供经纪服务等民事活动的权利义务约定，并非基于劳动权利义务的约定。

二、判决书的分析逻辑

第一，针对双方劳动关系认定问题。一审法院首先解释劳动关系的定义，强调“劳动关系是双方当事人通过合意由劳动者一方提供劳动、用人单位一方给付报酬所形成的具有经济人身从属性的权利义务关系”。

法院认为，双方在实际履行本合同过程中，无明显的劳动关系人格从属性和经济从属性特征。

法院从人格从属性角度作如下分析：

某影视传媒公司对于马某的所谓管理，实质是基于一个演艺行为的管理权，是由演出经济关系衍生出来的管理行为，不是劳动关系的管理行为。某影视传媒公司对于演出直播的内容不作规定和要求，直播内容完全是原告个人自由意志的表现，具有不确定性。

马某的演出时间和场所都有很大自由度，只需保证网络直播时间达到即可等，所以双方的从属性关系不明显；且马某有较高的自由度，某影视传媒公司未行使实际意义的指挥和管理。

法院从经济从属性角度作如下分析：

报酬都源于马某直播后客人的直接“打赏”，并非某影视传媒公司接到任务后分派给马某，再由客人把钱支付给某影视传媒公司成交的，而是马某与网络客人之间直接成交，马某越受欢迎，其收益越大，故马某收益的多少完全由其个人掌握，双方依据“打赏”收益，根据《独家主播服务合作合同》工资待遇与补充的约定予以分成，而更多体现一种民事合作关系。

第二，针对报酬的性质问题。法院认为，双方约定有保底酬金，并非工资底薪，业绩是利润分成的概念。

第三，针对《独家主播服务合作合同》的性质。法院结合双方签订的《授权委托书》进一步进行分析，《授权委托书》中载明的“代理权限为：代为管理繁星网的注册账号以及结算系统账号等；代为收取委托人与广州酷狗计算机科技有限公司因直播合作产生的收益分成；代为确认合作款项结算金额；代为与广州酷狗计算机科技有限公司洽谈演绎直播合作、合同签署……”等内容看，双方并无建立劳动关系的合意。最后，法院总结，虽某影视传媒公司与马某构成劳动关系的主体适格，但双方的合意明确，表现在马某与某影视传媒公司之间签订的是独家主播服务合作合同，并非劳动合同。

三、此类案件的特点与裁判建议

近年来，网络直播风行，吸引了大量就业人员，网络主播成为新型职业，在一定程度上提高了就业率。但由于网络直播行业发展迅猛，网络平台雇佣灵活多变，且我国现行法律和相关法规在如何认定网络主播劳动关系，以及如何保护其相关权益方面存在滞后性，导致网络主播维权存在困难。

目前，在司法实践中，裁判机关对网络主播与直播平台之间是否存在劳动关系这一问题尚未有统一裁判标准，往往也是需要依据案件中的详细情节，结合传统劳动关系认定标准进行综合判断。

（一）传统劳动关系的认定标准

根据《劳动和社会保障部关于确立劳动关系有关事项的通知》的具体

相关规定可知，劳动关系是长期、稳定且带有人身性质的一种关系，其本质属性在于劳动者与用人单位之间存在从属关系。具体表现为：劳动者与用人单位符合认定劳动关系的主体资格，用人单位具有相应的经营和运营资格。劳动者应遵守用人单位规章制度和劳动纪律；劳动者提供的劳动具有高度的人身属性，劳动者应亲自完成工作任务，不能代替履行；劳动者提供的劳动属于用人单位的业务范围，劳动者提供正常劳动后，用人单位应支付劳动者劳动报酬，劳动者享有最低工资保障，依赖用人单位提供的劳动报酬维持生活。简言之，人格从属性与经济从属性应是认定劳动关系最重要的两个标志。

（二）涉及网络主播的劳动关系认定标准

尽管互联网就业所体现出的外在表现和内在模式多种多样，例如网络主播分为签约主播和非签约主播，前者一般具备劳动关系成立的所有要素，后者则为较松散的合作模式。但无论用工外在形式如何变化，劳动关系的实质特征在于劳动关系中劳动者对用人单位的依附性、隶属性。

1. 考察网络主播的人格从属性

在网络主播的直播地点、直播内容、直播时长、直播时间段并不固定的情况下，不适宜认定为劳动关系。例如，网络主播在工作场所的选择上没有限制，其可以自行选择在直播平台指定的直播间直播，也可以选择在其他地方直播。在工作时间上，网络主播的上下播工作时间比较灵活，主播可以选择连续一段时间高强度直播，也可以选择在某段时间停播；可以选择一天之中的直播时段，同时直播的时长由主播控制。在直播的内容上，网络主播也拥有较高的自主决定权，可以自行选择自己擅长或者感兴趣的领域进行推广、解说及宣传。另外，直播平台也并无规章制度适用于网络主播，无法对网络主播进行管理及控制。

2. 考察网络主播的经济从属性

网络主播收入来源取决于主播直播内容所吸引的流量产生的收益，如粉丝打赏、流量带来的商业活动产生的收益等。《2020 年中国网络表演（直播）行业发展报告》显示，打赏仍是直播平台和主播的主要收入来源，直播平台打赏收入占行业收入的 75%左右，占主播收入的 35%～45%，而泛娱乐直播平台的打赏收入占总收入的比重超过90%。主播的收入与主播自身直播的水平、频率、积极性呈正相关，主播在一定程度上可以控制收入的来源和数量。[①] 如果网络主播并非依赖直播平台发放薪酬、提成，而是在收入方面比直播平台拥有更大的决定权，则与传统劳动关系中的经济从属性特征不同。

综上所述，在具体个案中，裁判机构首先应当阐明传统劳动关系的特征，再结合案情、证据，分析涉案网络主播与传统劳动关系的联系与区别，从而对网络主播的劳动关系进行最终认定。

【裁判全文】

广东省深圳市龙岗区人民法院
民事判决书

（2017）粤0307民初6503号

原告：马某。

委托代理人：唐某某。

委托代理人：蒋某某。

被告：深圳某影视传媒公司。

法定代表人：吕某某。

被告：吕某某。

两被告共同委托代理人：陈某某。

两被告共同委托代理人：王某。

上列原告与被告确认劳动关系纠纷一案，因原告不服深龙劳人仲（坂田）案［2017］19号仲裁裁决诉至法院。本院受理后，依法适用简易程序，公开开庭进行了审理。原告马某及其委托代理人唐某某、两被告共同委托代理人陈某某到庭参加了诉讼。本案现已审理终结。

① 参见刘恋、张小欢：《互联网+时代新型用工中劳动关系认定——以网络直播用工关系为切入点》，载《南方论刊》2022年第1期。

一、关于劳动关系的认定：原告称，2015 年 11 月 17 日入职被告深圳某影视传媒公司处从事网络主播工作，薪资待遇每月按底薪加提成构成。被告深圳某影视传媒公司为规避法律，与原告签订了《独家主播服务合作合同》，合同中强加了很多无效和不公平条款，但此合同不能改变原告与被告深圳某影视传媒公司之间的劳动法律关系。首先，原告与被告深圳某影视传媒公司符合法律法规规定的主体资格；其次，被告深圳某影视传媒公司的各项规章制度适用于原告，原告受被告深圳某影视传媒公司的管理、指挥和安排；最后，被告深圳某影视传媒公司向原告提供劳动条件并支付报酬。原告从事的网络主播工作是在被告经营范围之内，原告登录的账户和密码均由被告深圳某影视传媒公司提供，被告深圳某影视传媒公司每月定期向原告支付工资。故原告与被告深圳某影视传媒公司的法律关系应为劳动合同关系而不是合作关系。被告深圳某影视传媒公司辩称：1. 涉案《独家主播服务合作合同》不能视为劳动合同，理由如下：（1）双方在《独家主播服务合作合同》系双方经过平等协商所确立的，是双方真实意思的表示，对双方具有法律约束力，合同的签订实际上是原告与被告深圳某影视传媒公司两个平等主体之间的民事契约关系。（2）双方在签订《独家主播服务合作合同》时已明确约定是在先直播演艺收入中提成作为双方报酬的来源，而直播收入完全取决于主播在演艺直播时所取得观众（粉丝）“打赏收益”的多少而定。在主播所得的粉丝打赏收益总和中，其中提供平台的网络运营商收取了约占 60%的收益，原告收取约占 40%的收益，而被告深圳某影视传媒公司则分别从网络运营商的收益中提取 4%、原告的收益中提取 7%作为其报酬，即被告深圳某影视传媒公司的报酬仅约占粉丝打赏收益总额的 11%。（3）原告在从事直播演艺过程有非常大的自由度和个人空间。（4）被告深圳某影视传媒公司其实是原告与网络运营平台的居间人或原告的经纪人，被告深圳某影视传媒公司系为原告在线直播演绎提供牵线搭桥及协助管理的服务，此种模式不应按照劳动关系来处理，而应依《中华人民共和国合同法》的相关规定处理。2. 劳动关系的确立需同时符合“四项标准”、当事人双方主体适格；用人单位各项规章制度适用于劳动者，包括工资报酬、劳动时间、劳动纪律、奖惩规则等；劳动者接受用人单位管理，从事用人单位安排的有报酬的劳动；劳动者提供的劳动是用人单位业务的组成部分。从本案的情形分析，直播平台虽然没有直接与主播签订合作协议，但主播的收入是通过在线直播平台获取粉丝打赏兑换成现金收益而形成，主播能够在运营商平台进行演艺直播实际又是主播委托被告深圳某影视传媒公司与网络运营商平台建立居间关系确立的。实际上，被告深圳某影视传媒公司与原告之间是委托代理合同关系，本质上不符合确立劳动关系的各项标准。3. 从原告向被告深圳某影视传媒公司出具的委托书内容看，委托书上载明的代理内容系经原告本人确认，是民事代理行为。综上，被告深圳某影视传媒公司认为其与原告之间为商业合作关系，非劳动关系。

二、工作岗位：网络主播，原告主张其每月工作 22 天，每日工作 4 小时。

三、工资构成：原告称工资是底薪加提成，被告称原告初期是底薪加提成，但后期因提成超过了生活保证线时，就没有底薪了。

四、保证金：原告主张《独家主播服务合作合同》第二条第十款约定“乙方同意，在其每月获得的收入中提取 10%的款项并交付于甲方作为履行本合同的履约保证金，直至该保证金达到 1 万元，则不再计提”。被告深圳某影视传媒公司自 2015 年 11 月 17 日起每月扣除工资总额的 10%。被告深圳某影视传媒公司辩称当原告收入超过 4000 元时才提取收入的 10%作为保证金，确认目前已收取原告 1 万元履约保证金。

五、欠发收入情况：被告确认尚欠原告两个月工资未发放，金额可以核算，但工资发放时要扣除被告的损失；原告庭审时称不清楚欠发工资的具体金额，被告发多少原告就收多少。

六、提起仲裁申诉时间：2017 年 1 月 6 日。

七、仲裁请求：1. 确认原告与被告深圳某影视传媒公司存在劳动关系；2. 两被告支付原告 2016 年 10 月 1 日至 12 月 22 日工资 90000 元；3. 两被告退还原告保证金 10000 元；4. 两被告支付原告 2015 年 12 月 18 日至 2016 年 12 月 22 日未签订劳动合同二倍工资差额 159670 元；5. 两被告支付原告被迫解除劳动关系赔偿金 23950. 5 元；6. 两被告支付原告律师费 5000 元；以上合计 288620. 5 元。

八、仲裁结果：驳回原告的仲裁请求。

九、诉讼请求：1. 确认原告与被告之间存在事实上的劳动法律关系；2. 两被告支付原告 2016 年 10 月和 11 月以及 12 月 1 日至 22 日的工资 90000 元；3. 两被告退还原告保证金 10000 元；4. 两被告支付原告未签订劳动合同的双倍工资差额 159670 元；5. 两被告支付原告被迫解除劳动关系经济补偿金 23950.5 元；6. 两被告支付原告律师费 5000 元。以上共计 288620.5 元。

十、被告答辩称：被告认为原告与被告深圳某影视传媒公司之间签订的《独家主播服务合作合同》及原告出具给被告的委托书所形成关系不属于劳动关系，不属于劳动法、劳动合同法调整的范畴。从原告的工作“自由度”（即兴发挥）和收入来源的“打赏收益”分成特征看出，其与被告的关系完全符合民事上的契约关系特性。被告认为本案原告与被告之间的关系明显不属于劳动关系，更不宜列入劳动关系的范畴，客观上确立为是一种代理或经纪服务合作关系更为适宜，因此原告与被告之间的纠纷不应属于劳动争议性质的纠纷，不属劳动法、劳动合同法的调整范围，应驳回原告的诉讼请求。

十一、其他事项：

1. 被告深圳某影视传媒公司为自然人独资公司，被告吕某某是被告深圳某影视传媒公司的法定代表人。

2. 被告未就不服深龙劳人仲（坂田）案［2017］19 号仲裁裁决诉至法院。

本院认为，本案的争议焦点为原告与被告深圳某影视传媒公司是否构成劳动关系。

劳动关系是双方当事人通过合意由劳动者一方提供劳动、用人单位一方给付报酬所形成的具有经济人身从属性的权利义务关系。本案中，从原、被告双方签订的《独家主播服务合作合同》内容上看，系双方就原告参与在线演艺平台（包括但不限于网易 BOBO、腾讯 OT、腾讯齐齐、优酷来疯等同类平台）进行演艺直播等合作事项进行约定，不具有劳动合同主要特征。双方在实际履行该合同过程中，无明显的劳动关系人格从属性和经济从属性特征。1. 从劳动关系人格从属性角度看，被告深圳某影视传媒公司对于原告的所谓管理，实质是基于一个演艺行为的管理权，是由演出经济关系衍生出来的管理行为，不是劳动关系的管理行为。被告深圳某影视传媒公司对于演出直播的内容不作规定和要求，直播内容完全是原告个人自由意志的表现，具有不确定性；另外，原告的演出时间和场所都有很大自由度，只需保证网络直播时间达到即可等，所以双方的从属性关系不明显；且原告有较高的自由度，被告深圳某影视传媒公司未行使实际意义的指挥和管理。2. 从经济从属性角度看，双方约定有保底酬金，并非工资底薪，业绩是利润分成的概念。因为这些钱都源于原告直播后客人的直接“打赏”，并非被告深圳某影视传媒公司接到任务后分派给原告，再由客人把钱支付给被告深圳某影视传媒公司成交的，而是原告与网络客人之间直接成交，原告越受欢迎，其收益越大，故原告收益的多少完全由其个人掌握，原、被告依据“打赏”收益，根据《独家主播服务合作合同》工资待遇与补充的约定予以分成，而更多体现一种民事合作关系。从原、被告双方签订的《授权委托书》中载明的“代理权限为：代为管理繁星网的注册账号以及结算系统账号等；代为收取委托人与广州酷狗计算机科技有限公司因直播合作产生的收益分成；代为确认合作款项结算金额；代为与广州酷狗计算机科技有限公司洽谈演绎直播合作、合同签署……”等内容看，双方并无建立劳动关系的合意。虽被告深圳某影视传媒公司与原告构成劳动关系的主体适格，但双方的合意明确，表现在原告与被告深圳某影视传媒公司之间签订的是独家主播服务合作合同，并非劳动合同。

综上，本院认为原告与被告深圳某影视传媒公司之间系基于原告开展演艺活动、提供经纪服务等民事活动的权利义务约定，并非基于劳动权利义务的约定，不符合劳动关系的特征。故本院对原告要求确认与被告深圳某影视传媒公司存在劳动关系的请求不予支持，对原告基于劳动关系成立而提出要求两被告支付工资、未签订劳动合同的二倍工资、赔偿金等请求均不予支持。原、被告之间尚有两个月未结算的款项，原告可另循法律途径解决。

关于保证金的请求，本院认为，原告与被告深圳某影视传媒公司不存在劳动关系，原告要求被告深圳某影视传媒公司退还履约保证金，不属于劳动争议处理范畴，本院不予处理，原告可另循法律途径解决。

关于律师费用的请求，原告提交了《委托代理合同、律师费发票》，证明其因与两被告劳动争议一案产生律师代理费 5000 元。根据《深圳经济特区和谐劳动关系促进条例》第五十八条之相关规定，基于劳动者胜诉，用人单位方承担劳动者支付的律师代理费用，因原告的诉讼请求均被本院驳回，故本院对原告该项请求亦不予支持。

被告吕某某是被告深圳某影视传媒公司的法定代表人，原告根据《中华人民共和国公司法》的规定要求被告吕某某承担连带责任，不属于劳动争议审理范畴，本院不予处理。

综上，依照《中华人民共和国民事诉讼法》第六十四条、第一百四十二条之规定，判决如下：

驳回原告马某的全部诉讼请求。

案件受理费 10 元，因适用简易程序，减半收取 5 元（原告已预交），由原告马某负担。

如不服本判决，可在判决书送达之日起十五日内，向本院递交上诉状，并按对方当事人的人数提交副本，上诉于广东省深圳市中级人民法院。

代理审判员　李琼玲

二〇一七年五月十日

书记员　林嘉怡

案例九　平台配送员与运营平台的法律关系认定

——段某与达疆网络科技（上海）有限公司、徐某等机动车交通事故责任纠纷案

于亦佳*　曾凡新**

关键词　*外卖配送　居间关系　雇佣关系　劳动关系*

【裁判要旨】

以劳务为标的的法律关系有多种形式，在权利义务结构上应当区分民事雇佣关系与劳动关系，区分的关键在于人格从属性。2003 年发布的《最高人民法院关于审理人身损害赔偿案件适用法律若干问题的解释》规定了雇佣关系下雇主对雇员在从事雇佣活动中致人损害的赔偿责任，但该解释经 2022 年修正已删除了雇主相关规定，遵循《民法典》分为“用人单位工作人员”与“个人之间劳务关系”。众包型配送员与平台公司之间因欠缺人格从属性不构成劳动关系，在对外侵权责任上参照民事雇佣规则处理。

【案情要点】

1. 达达平台由达疆网络科技（上海）有限公司（以下简称达疆公司）

* 北京大成（深圳）律师事务所律师。

** 北京大成（深圳）律师事务所律师、第十二届广东省律师协会劳动与社会保障法律专业委员会副主任。

运营，该平台负责为有配送需求的商户提供信息发布渠道，同时将商户的配送需求传递给有接单需求的用户。

2. 达达快送官网（2020 年 9 月 25 日浏览）“关于我们”中载明：达达快送对外宣传称其是“达达集团旗下领先的本地即时配送平台”“为各类商家和个人用户提供专业高效的本地即时配送服务”。

3. 徐某系达达平台的注册用户，主要负责配送外卖，双方签订了注册协议，没有签订包括劳动合同、劳务合同在内的其他协议。

（1）徐某接单时间、地点由自己选定，配送外卖所驾驶的车辆由自己提供。

（2）徐某接收订单前须接受平台的常规培训，在提供外卖配送服务中应遵循平台规定的骑士管理说明，平台还根据配送员的订单完成情况给予其相应奖励。

（3）徐某配送订单报酬源于其所服务的商户，先由平台向商户代为收取，徐某可随时提现。

4. 2016 年 8 月 17 日 18 时 55 分许，徐某驾驶无号牌电动两轮轻便摩托车与横过马路的段某（行人）发生碰撞，造成段某受伤，车辆轻微损坏的交通事故。福田交警大队作出道路交通事故认定书，认定徐某承担事故全部责任，段某无责任。

【案件索引】

一审：广东省深圳市福田区人民法院（2017）粤 0304 民初 52323 号

二审：广东省深圳市中级人民法院（2019）粤 03 民终 11996 号

【裁判结果】

广东省深圳市福田区人民法院一审判决：认定徐某与达疆公司之间属于雇佣关系。达疆公司应于判决发生法律效力之日起十日内赔偿段某损失 145791. 89 元。

广东省深圳市中级人民法院二审判决：一审判决认定事实清楚，但适用法律部分错误，予以纠正。改判达疆公司与徐某连带赔偿段某损失人民币 145791. 89 元。

【案例注解】

一、本案的法律问题

第一，居间关系的认定问题。达疆公司主张其为商户和用户报告订立合同的机会或者提供订立合同的媒介服务，属于居间方，提供的服务属于居间服务。

段某主张达疆公司与徐某之间属于雇佣关系，并非提供居间服务。

第二，雇佣关系的认定问题。达疆公司主张开发运营达达平台主要是提供配送信息浏览，平台只是按照相关法律要求对平台注册用户进行实名认证，并未制定或实施任何招录雇用外卖配送人员的录用考核标准。达疆公司制定的规章制度及行为规范并不适用于达达平台的注册用户。达疆公司与徐某之间不属于雇佣关系。

第三，雇佣关系中产生的损害责任承担问题。徐某主张其是在履行外卖配送职务过程中发生交通事故，导致段某受伤，应由达疆公司承担赔偿责任。

二、判决书的分析逻辑

第一，关于居间关系的问题。二审法院阐明了居间合同的定义和居间人仅起“介绍、协助作用”的特征，并认为在本案中，“商户通过达疆公司运营的达达平台发布配送需求信息，由配送员以‘达达骑士’的身份接受配送请求，双方不直接进行配送服务的商定、执行以及纠纷解决，而是全程通过达达平台完成配送服务。根据《达达骑士管理说明》，达达平台对接单后的配送员的配送服务进行管理，并设定有‘拉黑’、违约金等相应惩罚。由此可见，达达平台实际参与到商户与配送员的配送合同之中，其参与程度已经超出居间人所应承担的权利义务范畴”。

此外，二审法院从达疆公司互联网信息服务公司的身份、其设立达达平台的业务特点、宣传和服务内容、人员规模等方面，结合徐某本人“身着印有达达平台标识的统一制服、配备印有达达平台标识的统一餐箱”等事实，综合认定达疆公司并非仅提供配送信息居间服务，不属于居间关系。

第二，关于雇佣关系的问题。一审法院从雇佣关系的一般特征角度着手分析，结合已认定的事实，认为徐某“系经达疆公司考核并认可的外卖配送员，其在配送外卖过程中，必须接受达疆公司制定的规章制度及行为规范，并需穿着达疆公司统一制服、使用统一外卖配送箱，故徐某在从事配送外卖的过程中是接受达疆公司管理的。徐某须根据达疆公司制定的标准收取外卖配送费用，本身并无议价权，其仅以付出劳动获取相应报酬，故徐某与达疆公司之间符合雇佣关系的一般特征，应认为双方之间属于雇佣关系”，但是并未区分雇佣关系与劳动关系，实际上将这两类法律关系予以混同。

二审法院在一审法院认定雇佣关系的基础上，特别强调了劳动关系和雇佣关系的区分，由于“徐某并非达疆公司的成员，与达疆公司之间不具有劳动关系中的人格从属性，不属于劳动关系”。在本案中，徐某作为平台的注册配送员享有一定的自主权，但并非“完全享有自主权”，而是在接单前享有是否接单、何时接单、在何处接单的自主选择权，在达达平台接单后即开始接受某种程度的管理。

第三，关于雇佣关系中的责任承担问题。二审法院认为骑手与达达平台不构成劳动关系，但在对外责任上适用的《最高人民法院关于审理人身损害赔偿案件适用法律若干问题的解释》① 第九条关于“雇员因故意或者重大过失致人损害的，应当与雇主承担连带赔偿责任”的规定，结合福田交警大队作出的徐某关于驾驶无号牌摩托车、事故发生后逃逸的道路交通事故认定书，认为徐某“对事故的发生存在重大过失，应当与达疆公司承担连带赔偿责任”。

三、此类案件的特点与裁判建议

运营平台与配送员之间的多种关系应注意做好区分。此类问题多出现在配送员发生损害赔偿责任的案件中，比如本案，配送员在配送活动中造

① 本案二审法院作出判决的时间为 2020 年 10 月 10 日。《最高人民法院关于修改〈最高人民法院关于审理人身损害赔偿案件适用法律若干问题的解释〉的决定》已于 2022 年 2 月 15 日由最高人民法院审判委员会第 1864 次会议通过，自 2022 年 5 月 1 日起施行。

成他人损害的，应由配送员还是平台公司承担赔偿责任？目前关于运营平台与配送员之间的关系认定，主要有如下两种观点。

第一种观点认为，配送员事实上从属于平台公司，在配送时间、地点、领取报酬等方便均受平台的管理约束，符合劳动关系的特征。在司法实践中，关于劳动关系的认定仍主要适用《劳动和社会保障部关于确立劳动关系有关事项的通知》和学理上“劳动三属性”标准，即人身从属性、经济从属性以及组织从属性。对此，应当区分全职专送型配送员与灵活就业众包型配送员，二者在从属性上有显著差异。

第二种观点认为，配送员提供配送劳务，服务外包公司亦根据配送员提供配送劳务的具体情况支付了服务费用，由此可以认定服务外包公司与配送员已经形成雇佣关系。此类关系与劳动关系的主要区别在于人格从属性的认定，正如本案中，二审法院认为配送员与平台之间并不存在人格从属性，从而认定双方构成民事雇佣关系，而非劳动关系。

针对目前出现的新就业形态和平台灵活就业群体权益保障问题，人力资源和社会保障部等相关部门出台了多项政策、提出了多项举措。相信未来，在国家政策的指导和各方共同努力下，平台经济发展能够健康平稳发展，各方权益亦能得到平衡保障。

【裁判全文】

广东省深圳市中级人民法院
民 事 判 决 书

（2019）粤03民终11996号

上诉人（原审被告）：达疆网络科技（上海）有限公司。

法定代表人：姚某，总经理。

委托诉讼代理人：金某某。

委托诉讼代理人：贺某。

被上诉人（原审原告）：段某。

法定代理人：段某某。

委托诉讼代理人：谢某某。

委托诉讼代理人：计某某。

被上诉人（原审被告）：徐某。

委托诉讼代理人：洪某某。

原审被告：中国平安财产保险股份有限公司上海分公司。

负责人：陈某某，总经理。

委托诉讼代理人：王某某。

委托诉讼代理人：刘某。

上诉人达疆网络科技（上海）有限公司（以下简称达疆公司）因与被上诉人段某、徐某，原审被告中国平安财产保险股份有限公司上海分公司（以下简称平安保险公司）机动车交通事故责任纠纷一案，不服广东省深圳市福田区人民法院作出的（2017）粤0304民初52323号民事判决，向本院提起上诉。本院依法组成合议庭进行审理，本案现已审理终结。

达疆公司上诉请求：1. 依法改判段某医疗费、住院伙食补助费、营养费、残疾赔偿金、护理费、交通费、精神抚慰金、鉴定费共计145791.89元（人民币，下同）由徐某全部承担，达疆公司不承担赔付责任；2. 判令一审诉讼费及上诉费由段某、徐某承担。事实与理由：

一、一审法院认定达疆公司与徐某之间属于雇佣关系认定事实错误。达疆公司工商登记经营范围内无任何外卖配送且实际未从事任何外卖配送活动。达疆公司开发运营达达平台主要是提供配送信息浏览，报告订立合同机会或提供订立合同的媒介服务，有配送需求的商户在达达平台注册成为注册商户，具有完全民事行为能力的自然人在达达平台注册成为注册用户。达达平台只是按照相关法律要求对平台注册用户进行实名认证，并未制定或实施任何招录雇用外卖配送人员的录用考核标准。达疆公司制定的规章制度及行为规范并不适用于达达平台的注册用户。达达平台根据电子商户活动中网络空间的虚拟性，制定相关平台说明，平台说明平等适用于平台内所有的注册商户及注册用户，该平台说明不能等同于达疆公司制定的规章制度及行为规范。徐某也不受达疆公司任何规章制度及行为规范的管理。达疆公司只是根据深圳市交警部门要求，要求配送员穿着印有达达标识的服装及使用符合配送食品安全标准的餐箱，服装主要是由于具有安全警示标识，降低交通事故发生概率，以及发生交通事故后，可以依据外在特征查找相应责任人员。徐某从事配送外卖的过程也不接受达疆公司的管理，徐某在配送过程中的活动完全由自己支配，其在配送过程中还可以选择是否接单以及配送时间的掌握、配送服务对象的选择、配送路径的规划完全由其自己控制，甚至其可以在其他任意平台注册接单，达疆公司无任何限制和管理。

配送服务费是由注册商户和注册用户在建立配送关系之前就已经确认，具体为注册商户发布订单时根据订单的距离及配送商品类型确定支付相应配送服务金额。注册用户在接单之前，能够具体看到配送要求及完成该等配送服务获取的服务费金额。只要在注册用户确认后，点击接单，商户和用户之间就对配送时效成立配送合同关系。本案中，徐某在发生交通事故时配送的编号为“3X0”“3X2”的两笔订单均为商户“原汁味”发布，发布时商户支付的配送费为3.5元/单。其在接单之前就能够看到完成配送订单后获取的服务费金额，其可以选择是否接单。达达平台不向徐某指派任何订单，这两笔订单是徐某本人根据自己意愿选择接单的。因此，配送服务费是由商户和注册用户之间自行确定的。注册商户发单后，注册用户可以根据配送费金额是否符合自己意愿选择接单，如果订单无人接单，注册商户还可以增加消费，提高服务费。整个配送交易实现是由徐某根据自己的判断及意愿选择达成，徐某并非仅以付出劳动获取相应报酬这么简单，而是参与到整个配送过程中。徐某需要根据商户达成的配送合同履行相应的权利义务。因此一审法院认定达疆公司与徐某之间属于雇佣关系，认定事实错误。

二、一审法院判决达疆公司承担赔偿责任适用法律错误。根据《中华人民共和国劳动法》第二条规定，企业只有与劳动者之间建立劳动关系才能是法定意义上的劳动者的用人单位。这与法院认定达疆公司与徐某之间成立雇佣关系前后矛盾。本案中，达疆公司与徐某之间系居间关系，适用《中华人民共和国合同法》的规定。根据《中华人民共和国合同法》第四百二十四条的规定，居间是指居间人向委托人报告订立合同的机会或者提供订立合同的媒介服务，委托人支付报酬的一种制度。所谓居间服务，就是居间人向委托人提供居间媒介的中间服务行为。居间服务中，居间人不介入委托人与第三人签订的合同关系中，只是按照居间合同的内容提供中介服务，既不为委托人或第三方任何一方的代理人或当事人，也不参与委托人与第三人之间具体的定约洽商活动。商户可以在达达平台发布配送需求，用户可以利用达达平台获取配送服务信息，用户可以自由决定是否接单、接单多少、接单区域等。用户在接单后，为商户提供配送服务。在订单完成后，由商家向注册用户支付配送费用。因此，达疆公司为商户和用户报告订立合同的机会或者提供订立合同的媒介服务，属于居间方，提供的服务属于居间服务。达疆公司与段某之间存在居间服务关系，适用《中华人民共和国合同法》第二十三章居间合同的规定。

段某答辩称：一审法院认定达疆公司与徐某之间属于雇佣关系，事实正确。达达平台为商户提供配送服务，商户之所以借助达达 App 购物消费，并非因为其提供的居间服务，商户看重的是可以享受达达平台送货上门的便捷服务。配送运输关系存在于达达平台和商户之间，而非配送员与商户之间。商户选择配送是基于与平台建立配送关系，而非基于配送员。配送员的作用在于为达达平台提供配送服务，使达达平台得以履行配送义务。配送员在配送过程中身着标有达达平台商号的服装、配备标有达达平台商号的配送箱，骑手从事送餐业务是以达达平台名义，是代表达达平台完成公司配送业务，属于履行公司职务行为。商户通过达达 App 发出送货申请并交付的配送费用，商户下单并不是针对配送员而是针对达达平台。配送员不直接与商户进行配送费用的结算，均是通过达达平台结算。徐某入职须经过达达平台审核、培训，并且接受达达平台业务考核管理。商户如果对配送员的服务不满意，通过达达平台投诉，达达平台可对配送员进行一定惩罚。

达达平台从事的是外卖配送服务，理应承担平台经营的社会责任和用工主体责任。达达平台没有成立专门外卖配送公司外包配送服务，其作为用工主体自然就与提供配送服务的徐某之间直接产生事实劳动关系或劳务关系。且达达平台在配送员履行配送过程中是获益的。确认双方存在雇佣关系，强化平台对培训、风险管控的责任，有利于促进平台履行社会责任，加强对受害方利益保护。

达达平台称其与徐某之间系居间关系，与事实和法律不符。居间关系中，居间人并不享有介入的权利。达达平台内客户对配送行为存有异议，并非直接与配送人员联系沟通解决，而是通过直接与平台沟通投诉，再由平台对相关配送人员进行监督惩罚。可见，配送人员可以自由选择是否接单、接单的数量、接单区域等，但配送人员一旦进行配送，就受到达达平台的严格管理。达达平台通过《注册协议》内容载明用户与达达平台并非劳动、劳务、雇佣关系系为规避平台用工主体风险，减小自身运营风险。合同当事方不可以协议约定排除平台用工主体侵权责任。

本案是一宗交通事故侵权案件，事发时间是 2016 年 8 月 17 日，至今受害方仍未得到伤害赔偿。达达平台作为互联网平台用工主体应依法履行其应承担的平台经营者社会责任及法律责任。无论其平台条款如何约定将所有的风险转移给个人，都与政策及法律相违背。综上，一审法院认定事实清楚，适用法律正确，达疆公司的上诉理由不成立。请求二审法院依法驳回达疆公司的上诉请求，维持原判。

徐某答辩称：达达 App 由达疆公司开发运营。该平台负责为有配送需求的商户提供信息发布渠道，同时将商户的配送需求传递给有接单需求的用户。徐某是达达 App 的注册用户，主要负责配送外卖，其工作属于达达平台的日常主营业务。双方签订了达达注册协议。徐某在接单之前需要接受达达平台的常规培训，包括现场培训和网上培训，培训合格后方可开始配送外卖服务。在配送外卖过程中，徐某作为配送员需要身着由达疆公司统一提供的服装，使用统一外卖配送箱。其送餐服务相当程度上受平台管理制度的约束。徐某必须在平台规定的时间内将外卖送至指定的地点，超出规定时间将要接受达疆公司的扣罚。徐某根据达疆公司制定的标准收取外卖配送费，配送有奖励扣罚制度。以上事实均有相应证据证明。因此徐某是在履行外卖配送职务过程中发生交通事故，导致段某受伤。根据《最高人民法院关于审理人身损害赔偿案件适用法律若干问题的解释》的相关规定，法人或其他组织的法定代表人、负责人以及工作人员，在执行职务中致人损害的，依照《中华人民共和国民法通则》第一百二十一条的规定，由该法人或者其他组织承担民事责任。因此，应由达疆公司承担赔偿责任。

段某向一审法院起诉请求：1. 达疆公司、徐某、平安保险公司共同向段某赔偿残疾赔偿金105876元、法医鉴定费4485.44元、医疗费25283.91元、住院伙食补助费700元、护理费17649元、交通费3026元、营养费9000元、精神损害抚慰金1万元，合计176020.35元；2. 本案诉讼费由达疆公司、徐某、平安保险公司承担。

一审法院认定事实如下：

2016年8月17日18时55分许，徐某驾驶无号牌电动两轮轻便摩托车在深圳市福田区方向行驶至×东村×超市门口路段时，前轮与在该路段由北往南方向横过马路的段某（行人）发生碰撞，造成段某受伤，车辆轻微损坏的交通事故。

2016年9月8日，福田交警大队作出道路交通事故认定书，载明，肇事车辆即无号牌电动两轮轻便摩托车，所有人为徐某，未购买任何车辆保险。事故发生后，徐某将伤者即段某送往深圳市×人民医院后逃逸。认定徐某承担事故全部责任，段某无责任。

段某受伤后被送往儿童医院住院治疗4天（2016年8月17日至21日）。经诊断，本次事故造成段某：1. 左胫骨骨折；2. 左腓骨青枝骨折；3. 皮肤软组织擦挫伤。疾病诊断证明书载明，住院期间可见二人陪护，出院后加强营养，留一人护理，护理时间由门诊复查时间决定。

2016年8月27日至2017年3月6日，段某多次在儿童医院和湖南省×人民医院、湖南省×第二人民医院、湖南省×攸州医院等多家医院接受治疗，其中，2017年1月18日至21日，段某在深圳市儿童医院住院治疗3天，诊断为左胫骨骨折。

在治疗过程中，段某共支出医疗费25259.41元（其中深圳市儿童医院医疗费24119.81元）。

2017年8月16日，段某委托众合鉴定所进行鉴定。2017年8月18

日，众合鉴定所出具法医临床鉴定意见书，鉴定意见为：1. 段某的伤残等级为十级；2. 段某的营养期建议为 90 日，护理期建议为 90 日。段某为此支出鉴定费 4620 元。

徐某不服，申请对段某伤残等级进行重新鉴定。之后，一审法院委托广东×司法鉴定所（以下简称×鉴定所）进行重新鉴定。2018 年 9 月 12 日，×鉴定所鉴定作出司法鉴定意见书，鉴定意见为：段某左胫骨骨折、左腓骨青枝骨折致遗留双下肢长度相差 2.0cm，伤残程度为十级伤残。徐某为此支付鉴定费用 2280 元。

事故发生后，徐某分别于 2016 年 8 月 22 日和 10 月 8 日向段某支付款项 5000 元和 15000 元，合计 2 万元。达疆公司、平安保险公司没有为段某垫付任何费用。

又查，段某是城镇居民，在深圳市出生。事故发生前，其父亲段某某与母亲夏某于 2016 年 4 月 5 日离婚，段某由父亲负责抚养。深圳市×汽车运输有限公司 2016 年 10 月 10 日出具的收入证明载明，段某父亲段某某为该公司出租车驾驶员工作，每月收入 7000 元。

再查，达达平台由达疆公司运营，该平台负责为有配送需求的商户提供信息发布渠道，同时将商户的配送需求传递给有接单需求的用户。徐某系达达平台的注册用户，主要负责配送外卖，双方签订了达达注册协议，没有签订包括劳动合同、劳务合同在内的其他协议，徐某接单时间、地点由自己选定，配送外卖所驾驶的车辆由自己提供。徐某接收订单前须接受达达平台的常规培训，在提供外卖配送服务中应遵循达达平台规定的达达骑士管理说明，达达平台还根据配送员的订单完成情况给予其相应奖励。徐某配送订单报酬源于其所服务的商户，先由平台向商户代为收取，徐某可随时提现。本次事故发生在徐某配送外卖途中。

此外，徐某通过达达平台提供的购买渠道在平安保险公司处投保了平台注册用户综合保险，其中包括个人责任事故险（每次事故最高赔偿限额为 10 万元），所涉保险费由达达平台在徐某每日首次配送外卖服务中强制扣除，事故发生于保险期间内。

庭审中，段某和徐某共同确认，事故发生当日，徐某和段某父亲一起将段某送往医院治疗，徐某留下其联系方式后才离开医院。同时，徐某称，其大约事发两天后主动去了交警部门，交警部门就认定其逃逸，其在签收道路交通事故认定书当天就被拘留了15天，但拘留手续已遗失。

另外，段某起诉时曾将上海×网络科技有限公司作为被告提起诉讼，之后撤回对该公司起诉，并申请追加平安保险公司作为被告参加诉讼。

一审法院认为，福田交警大队认定徐某负事故全部责任，徐某虽然对事故责任认定有异议，认为其行为并非逃逸，但没有提交反驳证据，且道路交通事故认定书载明徐某将伤者段某送往医院后逃逸，徐某在庭审中已确认其因涉案交通事故逃逸行为而被拘留15天。故一审法院对徐某相关异议不予采纳。

徐某系经达疆公司考核并认可的外卖配送员，其在配送外卖过程中，必须接受达疆公司制定的规章制度及行为规范，并需穿着达疆公司统一制服、使用统一外卖配送箱，故徐某在从事配送外卖的过程中是接受达疆公司管理的。徐某须根据达疆公司制定的标准收取外卖配送费用，本身并无议价权，其仅以付出劳动获取相应报酬，故徐某与达疆公司之间符合雇佣关系的一般特征，应认为双方之间属于雇佣关系。徐某在配送外卖过程中发生事故，即事发时在履行职务，在此过程中对段某造成的损害，应由其雇主即达疆公司承担赔偿责任。达疆公司相关抗辩理由不成立，一审法院不予采纳。

本案是机动车交通事故责任纠纷。徐某驾驶的肇事车辆虽然是电动两轮轻便摩托车，属机动车的一种，但徐某在被告平安保险公司处投保的是包括个人责任事故险在内的平台注册用户综合保险，并非《中华人民共和国道路交通安全法》第七十六条和《最高人民法院关于审理道路交通事故损害赔偿案件适用法律若干问题的解释》第十六条规定的机动车第三者责任强制保险和第三者责任商业保险。段某在本案中要求平安保险公司承担赔偿交通事故损害赔偿责任，无事实和法律依据，一审法院不予支持。

《最高人民法院关于审理人身损害赔偿案件适用法律若干问题的解释》第三十五条规定，本解释所称“城镇居民人均可支配收入”“农村居民人均纯收入”“城镇居民人均消费性支出”“农村居民人均年生活消费支出”

"职工平均工资"，按照政府统计部门公布的各省、自治区、直辖市以及经济特区和计划单列市上一年度相关统计数据确定。"上一年度"，是指一审法庭辩论终结时的上一统计年度。

本案一审于 2018 年 11 月 12 日最后一次开庭审理，《广东省 2018 年度人身损害赔偿计算标准》于 2018 年 7 月 10 日开始适用，故对于段某损失的认定，应按《最高人民法院关于审理人身损害赔偿案件适用法律若干问题的解释》以及《广东省 2018 年度人身损害赔偿计算标准》有关规定进行计算，包括：

1. 残疾赔偿金 105876 元。根据段某伤残等级，按照 2017 年深圳市城镇居民人均可支配收入标准 52938 元/年，自定残之日起按 20 年计算。故残疾赔偿金为 105876 元（52938 元/年×20 年×10%）。2. 鉴定费 4485. 44 元。段某因鉴定伤残等级等支出鉴定费 4485. 44 元，属于必要的合理费用，一审法院予以确认。3. 医疗费 25259. 41 元。段某主张在治疗过程中支出了医疗费 25259. 41 元，有相关病历和医疗费票据等佐证，一审法院予以确认。4. 住院伙食补助费 700 元。段某受伤后先后住院两次共 7 天，参照深圳市国家机关一般人员的出差伙食补助标准 100 元/天计算，住院伙食补助费为 700 元（100 元/天×7 天）。5. 护理费 17471. 04 元。段某根据深圳市儿童医院疾病诊断证明书和众合鉴定所法医临床鉴定意见书，主张护理期限为 93 天，其中 3 天护理人员为二人、90 天护理人员为一人，有事实和法律依据，一审法院予以确认。段某虽然提供其父亲工作单位出具的收入证明，但没有提交银行流水等证据佐证其实际收入和因陪护而产生的误工损失情况，故按照 2017 年居民服务业年平均工资 66426 元/年计算，护理费为 17471. 04 元（66426 元/年÷365 天/年×3 天×2 人+66426 元/年÷365 天/年×90 天）。6. 交通费 1000 元。段某因伤住院或门诊治疗，必然会产生交通费，结合段某就医地点、时间、人数、次数，一审法院酌情确定交通费为 1000 元。7. 营养费 1000 元。段某受伤后在治疗和康复过程必然要加强营养，根据段某伤残情况，参照医疗机构及鉴定机构意见，一审法院酌定营养费为 1000 元。8. 精神损害抚慰金 1 万元。段某因事故而主张精神损害抚慰金 1 万元，有事实和法律依据，一审法院予以确认。段某主张各项损失过高部分，一审法院不予支持。段某上述损失合计 165791.89 元，扣除徐某已支付 2 万元，剩余款项 145791.89 元，达疆公司应予赔偿。

综上，一审法院依照《中华人民共和国侵权责任法》第十六条、第三十四条第一款，《中华人民共和国道路交通安全法》第七十六条，《最高人民法院关于审理人身损害赔偿案件适用法律若干问题的解释》第十七条、第十八条、第十九条、第二十一条、第二十二条、第二十三条、第二十四条、第二十五条，《最高人民法院关于确定民事侵权精神损害赔偿责任若干问题的解释》第九条，《最高人民法院关于审理道路交通事故损害赔偿案件适用法律若干问题的解释》第十六条，《中华人民共和国民事诉讼法》第六十四条第一款、第一百四十二条的规定，判决：一、确认段某因本案道路交通事故应得赔偿总额为 145791.89 元；二、达疆公司应于判决发生法律效力之日起十日内赔偿段某损失 145791.89 元；三、驳回段某其他诉讼请求。一审案件受理费 1338 元（段某已预交），由段某负担 138 元，达疆公司负担 1200 元。

本院认定事实：一审法院查明的事实属实，本院予以确认。

另查明，达达快送官网（2020 年 9 月 25 日浏览）“关于我们”中载明：达达快送对外宣传称其是“达达集团旗下领先的本地即时配送平台”“为各类商家和个人用户提供专业高效的本地即时配送服务”。

本院认为，本案为涉港机动车交通事故责任纠纷。各方当事人对一审法院适用内地法律审理本案均无异议，本院予以确认。根据各方当事人的诉辩意见，本案二审争议焦点为：一、达疆公司与徐某之间是居间关系还是雇佣关系；二、达疆公司与徐某是否应对本案事故承担赔偿责任。对此，本院论述如下：

关于争议焦点一。其一，达疆公司与徐某之间不符合居间关系的法律性质。居间合同是居间人向委托人报告订立合同的机会或者提供订立合同的媒介服务，委托人支付报酬的合同。居间人不介入订约双方的合同，仅在其中起到介绍、协助作用。本案中，商户通过达疆公司运营的达达平台发布配送需求信息，由配送员以达达骑士的身份接受配送请求，双方不直接进行配送服务的商定、执行以及纠纷解决，而是全程通过达达平台完成配送服务。根据《达达骑士管理说明》，达达平台对接单后的配送员的配送服务进行管理，并设定有拉黑、违约金等相应惩罚。由此可见，达达平台实际参与到商户与配送员的配送合同之中，其参与程度已经超出居间人所应承担的权利义务范畴。

达疆公司主张其作为互联网信息服务公司，仅为平台各方提供配送信息居间服务，本身并不提供配送服务，但徐某使用的达疆公司旗下的达达平台，在其官网上介绍达达平台“是中国领先的本地即时配送平台”“为各类商家和个人用户提供专业高效的本地即时配送服务”，达疆公司在58同城网站上的公司简介显示其宣传其旗下达达平台“专注用移动和众包的方式解决O2O最大的痛点：最后三公里物流。在不到一年的时间里达达平台上已经迅速聚集了数万人的实名认证配送员，并形成了完善的信用和服务质量体系”，结合徐某本人身着印有达达平台标识的统一制服、配备印有达达平台标识的统一餐箱等事实，应认定达疆公司并非仅提供配送信息居间服务，而是提供配送服务的即时配送平台。综上，达疆公司有关其与徐某之间是居间关系的主张，本院不予采纳。

其二，达疆公司与徐某之间具备雇佣关系的法律特征。雇佣关系的本质在于雇员与雇主间是否具有从属性，即雇员提供劳务是否依赖于雇主，其提供劳务是否受雇主管理。在本案中，徐某虽然在提供劳务时，自备劳动工具电动两轮轻便摩托车，但其配送活动高度依赖于平台提供的配送信息。平台掌握配送信息这一生产要素而处于优势地位，配送员为实施配送服务而与平台签订格式合同《达达注册协议》。尽管协议第1.2条、第9.1条、第9.9条约定“用户与达达平台并非劳动、劳务、雇佣关系”，但是其内容包含平台对配送员的交易管理、资金管理及用户行为管理，包括审核配送员的资质及配送服务承接信息，根据平台处理规则等对争议进行处理，设定与交易相关事项的限制等，事实上对配送员施加限制与管理。达达平台的《达达骑士管理说明》也印证了这一点。徐某作为达达平台的注册配送员并非“完全享有自主权”，而仅在接单前享有是否接单、何时接单、在何处接单的自主选择权，而一旦选择在达达平台接单，即开始就所接订单受达达平台的管理。同时，徐某并非达疆公司的成员，与达疆公司之间不具有劳动关系中的人格从属性，不属于劳动关系。因此，应认定达疆公司与徐某之间属于雇佣关系。

关于争议焦点二。《最高人民法院关于审理人身损害赔偿案件适用法律若干问题的解释》第九条规定："雇员在从事雇佣活动中致人损害的，雇主应当承担赔偿责任；雇员因故意或者重大过失致人损害的，应当与雇主承担连带赔偿责任。雇主承担连带赔偿责任的，可以向雇员追偿。前款所称'从事雇佣活动'，是指从事雇主授权或者指示范围内的生产经营活动或者其他劳务活动。雇员的行为超出授权范围，但其表现形式是履行职务或者与履行职务有内在联系的，应当认定为'从事雇佣活动'。"本案中，徐某在接受达达平台的配送订单后，在配送过程中发生交通事故，属于雇员在从事雇佣活动中致人损害的情形，达疆公司作为雇主应当承担赔偿责任。同时，根据福田交警大队作出的道路交通事故认定书，徐某驾驶无号牌电动两轮轻便摩托车、事故发生后逃逸，徐某对事故的发生存在重大过失，应当与达疆公司承担连带赔偿责任。

对于一审法院认定的本案交通事故中段某人身损害的赔偿金额，各方当事人均无异议，本院予以确认。故，达疆公司、徐某应连带赔偿段某损失 145791.89 元。

综上所述，一审判决认定事实清楚，但适用法律部分错误，本院予以纠正。根据《最高人民法院关于审理人身损害赔偿案件适用法律若干问题的解释》第九条、《中华人民共和国民事诉讼法》第一百七十条第一款第（二）项之规定，判决如下：

一、维持广东省深圳市福田区人民法院（2017）粤 0304 民初 52323 号民事判决第一项；

二、撤销广东省深圳市福田区人民法院（2017）粤 0304 民初 52323 号民事判决第三项；

三、变更广东省深圳市福田区人民法院（2017）粤 0304 民初 52323 号民事判决第二项为：上诉人达疆网络科技（上海）有限公司与被上诉人徐某应于本判决生效之日起十日内连带赔偿被上诉人段某损失人民币 145791.89 元；

四、驳回被上诉人段某其他诉讼请求。

如未按本判决指定的期间履行给付金钱义务，应当依照《中华人民共和国民事诉讼法》第二百五十三条之规定，加倍支付迟延履行期间的债务利息。

一审案件受理费人民币 1338 元，由上诉人达疆网络科技（上海）有限公司、被上诉人徐某共同负担人民币 1200 元，被上诉人段某负担人民币 138 元。二审案件受理费人民币 1235 元，由上诉人达疆网络科技（上海）有限公司、被上诉人徐某共同负担。被上诉人段某已预交一审案件受理费人民币 1338 元，由一审法院退还人民币 1200 元。上诉人达疆网络科技（上海）有限公司、被上诉人徐某应于本判决生效之日起七日内向一审法院缴纳人民币 1200 元，拒不交纳的，由一审法院强制执行。

本判决为终审判决。

审判长　胡曲云

审判员　石　磊

审判员　林建益

二〇二〇年十月十日

书记员　陈永雪(兼)

案例十 外卖送餐案中的劳动关系认定

——隆某某等十五人与上海万古人力资源服务有限公司劳动争议案

韩冬雪*

关键词 外卖平台 服务外包 劳动关系

【裁判要旨】

劳动者从事的劳动是提供送餐服务，劳动者与上海万古人力资源服务有限公司（以下简称万古公司）签订《劳务服务协议》，万古公司的规章制度直接适用于劳动者，公司对劳动者进行实质性的管理并支付报酬，双方之间的关系符合劳动关系的特征，应当认定劳动关系。

【案情要点】

1. 隆某某等十五人的工作内容系根据美团网送餐平台的配餐信息提供送餐服务。

2. 万古公司与隆某某等十五人签订了《劳务服务协议》，该协议的主要内容是：

（1）乙方（隆某某等15人）根据甲方（万古公司）的要求和安排，提供送餐服务，乙方应当服从甲方的安排，听从甲方的指挥，按时保质完成工作任务；

（2）乙方完成甲方安排的劳务工作内容后，甲方应当以货币形式向乙

* 泰和泰（深圳）律师事务所专职律师、深圳市律协企业法律顾问专业委员会委员。

方支付劳务报酬。劳务报酬的计算标准、发放方式、发放时间等具体内容以甲方或甲方合作的信息平台的规则为准；

（3）乙方在劳务工作期间应当遵守甲方的各项规章制度、服务纪律、业务操作规程、工作规范等；

（4）乙方应积极参加甲方为提升乙方劳务技能安排的培训、学习，并按照甲方要求的时间及地点提供服务；

（5）甲方有权按照相关甲方合作方的服务标准或者规则对乙方劳务服务质量进行考核或授权第三方进行考核和管理，对于考核不达标或服务不达标者，甲方有权相应扣减劳务报酬。

3. 万古公司称与美团网系业务合作关系，由隆某某等人承担美团相关客户的派送工作，万古公司委托兴业银行为隆某某等人统一发放工资。

【案件索引】

一审：深圳市坪山区人民法院（2019）粤 0310 民初 4929-4943 号

二审：深圳市中级人民法院（2020）粤 03 民终 2528-2542 号

【裁判结果】

深圳市坪山区人民法院一审判决：确认万古公司与隆某某等 15 人存在劳动关系；驳回万古公司的全部诉讼请求。

深圳市中级人民法院二审判决：驳回上诉，维持原判。

【案例注解】

一、本案的法律问题

万古公司主张与隆某某等人之间是劳务关系，万古公司与隆某某等人签订的《劳务服务协议》约定不属于劳动关系且不得要求相关机关改变对本协议下劳务关系的认定。万古公司与美团之间是委托协助管理关系，隆某某等人均是根据美团网送餐平台的配餐信息提供送餐服务，但未能提供与美团之间的相关约定。

隆某某等人主张入职之日起即与万古公司建立了劳动关系，根据《劳务服务协议》的约定，要遵守万古公司的规章制度，参加万古公司安排的培训、学习，万古公司可以根据考核制度予以扣减劳务报酬等符合劳动关系的特征。

二、判决书的分析逻辑

第一，关于劳动关系认定问题。首先，一审、二审法院对劳动用工关系的主体特征予以审查，万古公司的经营范围包括以服务外包方式从事企业管理服务、视频流通、餐饮管理、普通道路货物运输代理等，隆某某等提供的劳动是为美团网提供送餐服务，属于万古公司的主营业务范围，且万古公司具备用人单位的主体资格。隆某某等人是具有劳动能力的自然人，双方符合法律规定的建立劳动关系的主体资格。

其次，一审、二审法院从用人单位制定的各项规章制度适用于劳动者，劳动者受用人单位的劳动管理，从事用人单位安排的有报酬的劳动进行了审查。

例如，双方签订的《劳务服务协议》的约定，隆某某等人应当遵守万古公司的各项规章制度及业务流程，应当按照万古公司要求的时间、地点提供劳动，其报酬的计付标准、方式、时间等以万古公司或万古公司合作方的规则为准。隆某某等应当参加万古公司安排的培训、学习，万古公司对隆某某等人进行了实质性的管理。

虽然，万古公司给隆某某等人的工资并未由固定工资构成，但报酬的支付方式系经营活动中的管理模式，不足以影响双方之间劳动关系的成立，双方之间的关系符合劳动关系的特征。据此，一审、二审法院认定双方之间存在劳动关系。

第二，关于《劳务服务协议》约定的排除劳动关系认定条款的效力问题。二审法院认为，虽然《劳务服务协议》条款约定双方不属于劳动关系且不得要求相关机关改变对本协议下劳务关系的认定，该条款属无效条款，双方之间是否成立劳动关系，不以双方约定排除而予以否定，而应该根据法律等规范性文件的规定，结合双方之间合同的履行情况予以认定。

三、此类案件的特点与裁判建议

随着新业态在我国的快速发展，新业态下劳动关系认定的难度增大，有很多企业会利用新业态的形式来规避劳动关系中用人单位的责任。例如，从提供劳动的方式看，通过平台派单接受工作任务，在无订单任务的期间无具体工作地点和工作内容。从获得劳动报酬的构成来看，一般并未约定固定的薪资，会按照接单数量计算具体报酬。

司法裁判可以根据《劳动和社会保障部关于确立劳动关系有关事项的通知》的规定确定劳动关系是否成立：（1）用人单位和劳动者符合法律、法规规定的主体资格。（2）用人单位依法制定的各项劳动规章制度适用于劳动者，劳动者受用人单位的劳动管理，从事用人单位有报酬的劳动。（3）劳动者提供的劳动是用人单位业务的组成部分。

本案中，虽然万古公司与隆某某等签订的是《劳务服务协议》，万古公司声称是受美团委托协助管理，但其未能提供与美团之间的相关约定。其是将自己所属的员工以在美团网接受订单进行派送为工作内容，看似工作地点不在万古公司，但实际上根据万古公司的规定在指定平台完成工作任务，这也符合万古公司以服务外包方式从事企业管理服务、餐饮管理的经营范围。既同时满足了劳动关系中主体资格的合法性要件，又满足了组织性要件，即劳动者提供的劳动是用人单位的业务组成部分。

而且，根据《劳务服务协议》的约定，万古公司要对隆某某等人进行培训、管理和考核，这是劳动关系认定中典型的从属性，用人单位依据劳动合同的有关规定给予劳动者命令和指导，劳动者必须服从，是一种管理与被管理、命令与服从的关系。另外，还有报酬性，隆某某等人完成安排的工作内容后，万古公司通过兴业银行向隆某某等支付劳动报酬。

综上所述，在劳动关系的认定中可以从主体资格合法性、从属性、组织性、报酬性四个方面进行审查。

【裁判全文】

广东省深圳市中级人民法院
民事判决书

（2020）粤03民终2528-2542号

上诉人（原审原告）：上海万古人力资源服务有限公司。
法定代表人：衣某某，总经理。
委托诉讼代理人：袁某某。
委托诉讼代理人：王某。
2528号案件被上诉人（原审被告）：隆某某。
2529号案件被上诉人（原审被告）：何某某。
2530号案件被上诉人（原审被告）：刘某某。
2531号案件被上诉人（原审被告）：余某某。
2532号案件被上诉人（原审被告）：毛某某。
2533号案件被上诉人（原审被告）：莫某某。
2534号案件被上诉人（原审被告）：陈某某。
2535号案件被上诉人（原审被告）：罗某某。
2536号案件被上诉人（原审被告）：缪某某。
2538号案件被上诉人（原审被告）：方某某。
2540号案件被上诉人（原审被告）：潘某某。
2542号案件被上诉人（原审被告）：张某某。
十二名被上诉人共同委托诉讼代理人：杜某。
2537号案件被上诉人（原审被告）：周某。
2539号案件被上诉人（原审被告）：熊某某。
2541号案件被上诉人（原审被告）：张某1。
原审第三人：上海万古人力资源服务有限公司深圳分公司。
负责人：梁某某。

上诉人上海万古人力资源服务有限公司（以下简称万古公司）因与被上诉人隆某某、何某某、刘某某、余某某、毛某某、莫某某、陈某某、罗某某、缪某某、周某、方某某、熊某某、潘某某、张某某、张某1及原审第三人上海万古人力资源服务有限公司深圳分公司（以下简称万古深圳分公司）劳动争议十五案，不服深圳市坪山区人民法院（2019）粤0310民初4929-4943号民事判决，向本院提起上诉。本院依法组成合议庭对本十五案进行了审理。本十五案现已审理终结。

上诉人万古公司上诉请求：1. 撤销一审判决；2. 改判认定上诉人与十五名被上诉人不存在劳动关系，并依法驳回十五名被上诉人全部诉讼请求，或者发回重审；3. 由被上诉人承担案件的诉讼费用。事实和理由详见上诉状、补充上诉状及调查询问笔录。

被上诉人隆某某、何某某、刘某某、余某某、毛某某、莫某某、陈某某、罗某某、缪某某、方某某、潘某某、张某某辩称，一审法院审理程序符合法律规定，上诉人和被上诉人之间存在劳动关系。具体答辩意见详见书面答辩状及调查询问笔录。

被上诉人周某、熊某某、张某1未到庭参加诉讼，亦未提交书面答辩意见。

原审第三人万古深圳分公司未到庭参加诉讼，亦未提交书面陈述意见。

万古公司一审诉请判令：万古公司与隆某某、何某某、刘某某、余某某、毛某某、莫某某、陈某某、罗某某、缪某某、周某、方某某、熊某某、潘某某、张某1、张某某之间不存在劳动关系。

一审判决：一、确认万古公司与隆某某、何某某、刘某某、余某某、毛某某、莫某某、陈某某、罗某某、缪某某、周某、方某某、熊某某、潘某某、张某1、张某某存在劳动关系；二、驳回万古公司的全部诉讼请求。十五宗案件受理费75元（万古公司已预交），由万古公司负担。

本院对一审查明的事实（详见一审判决书）予以确认。

本系列案审查期间，本院向上诉人出示一审第二次开庭笔录，该笔录载明：一审法院告知并询问双方当事人对于审判员周某锋因其他原因变更为审判员邱某红一事有无异议，双方当事人表示没有异议且不申请法庭组成人员回避。上诉人对上述笔录内容的真实性予以确认，但认为一审法院虽有在第二次开庭（2019 年 12 月 17 日）前三天电话通知，直至 2019 年 12 月 16 日后才将传票送到上诉人代理人的办公室签收，属于严重违反审判程序。

上诉人确认该公司的主要经营业务以营业执照中记载的为准，认为隆某某等十五名被上诉人是美团移交给上诉人进行管理的，还有一部分是兼职的；上诉人每月向被上诉人发放工资，按照《劳务服务协议》进行必要的管理；上诉人主张其与被上诉人之间是劳务关系，其与美团之间是委托协助管理关系。但上诉人仲裁时主张其与被上诉人既非劳动关系亦非劳务关系，一审时主张其与美团是合作关系。

另查，上诉人营业执照载明的经营范围为：以服务外包方式从事企业管理服务、视频流通、餐饮管理、普通道路货物运输代理等。

本院认为，根据双方当事人的诉辩意见，本系列案二审的争议焦点在于上诉人与隆某某等十五名被上诉人之间是否存在劳动关系。

用人单位自用工之日起即与劳动者建立劳动关系。劳动关系应当根据劳动者是否实际接受用人单位的管理、指挥或者监督，劳动者提供的劳动是否属于用人单位业务组成部分，用人单位是否向劳动者提供基本劳动条件，以及向劳动者支付报酬等因素综合进行认定。本院认为，首先，本系列案中，被上述人从事的劳动是美团网提供送餐服务，上诉人公司的经营范围包括以服务外包方式从事企业经营管理、食品流通等，故被上诉人提供的劳动属于上诉人公司的主营业务范围，且上诉人是具备用工主体资格的用人单位，被上诉人系具有劳动能力的自然人，双方符合法律规定的建立劳动关系的主体资格。其次，根据上诉人提供的《劳务服务协议》的约定，被上诉人应当遵守上诉人的各项规章制度及业务规程，应当按照上诉人要求的时间、地点提供劳动，其报酬的计付标准、方式、时间等以上诉人或上诉人合作方的规则为准。被上诉人应当参加上诉人安排的培训、学习，而且，上诉人二审确认按照《劳务服务协议》对被上诉人进行必要的管理，上诉人每月向被上诉人发放报酬。因此，可以认定上诉人的规章制度直接适用于被上诉人，上诉人对被上诉人进行了实质性的管理，被上诉人从事上诉人安排的有报酬的劳动，双方之间的关系符合劳动关系特征。

最后，上诉人仲裁主张双方之间既非劳动关系亦非劳务关系，但未能明确双方之间法律关系的性质，也未能提供区别于上述两种关系的充分事实和法律依据，二审则主张双方之间属于劳务关系，仲裁时的主张应为笔误，但其仅提供《劳务服务协议》予以证明。该十五份《劳务服务协议》的打印内容一致，仅协议中有效起止期限、被上诉人姓名及身份证号码等手写内容不一，可以认定系上诉人为重复使用单方制作。上诉人辩称双方已经在该协议第二条约定不属于劳动关系且不得要求相关机关改变对本协议下劳务关系的认定等，无论该条款是否有效，其在仲裁时未就仲裁委受理案件提出异议，且双方之间是否成立劳动关系，不以双方约定排除而予以否定，而应根据法律等规范性文件的规定，结合双方之间合同的履行情况予以认定。上诉人另辩称双方之间的关系已约定可随时解除，但该约定系双方当事人自行协商的解除条件，不足以否定双方之间劳动关系的成立；至于上诉人所称被上诉人的工资并未由固定工资构成，因报酬的计算方式系经营活动中的管理模式，故不足以影响双方之间劳动关系的成立，且上诉人亦未能就其向被上诉人发放的报酬提供具体的核算标准和依据；而上诉人所称系受美团委托协助管理，但未能提供其与美团之间的相关约定，也未能就其一审时即已主张的部分被上诉人为美团众包骑手提供证据，亦与其一审主张的合作关系不一致，故上诉人未能就其主张提供充分有效的证据予以证明，应承担举证不能的不利后果。一审法院根据现有证据认定双方之间存在劳动关系，并无不当，本院予以确认。

此外，上诉人主张一审法院存在过问仲裁案件、第二任审判人员先判后审、第二次开庭未提前三天传票通知等违法情形。本院认为，首先，上诉人未有证据证明一审法院存在过问仲裁案件的违法情形；其次，本系列案一审经过两次庭审，第二次开庭前系以电话方式提前三天通知上诉人开庭时间，上诉人开庭时亦未对法院告知的合议庭成员变更以及电话通知开庭方式提出异议，一审法官当庭宣判属于民事诉讼法规定的宣判方式。因此，上诉人未有证据证明一审法院存在法律、司法解释规定的严重违反法定程序的情形，其该项主张理据不足，本院不予采信。

综上所述，上诉人的上诉请求不能成立，应予驳回；一审判决认定事实清楚，适用法律正确，应予维持。依照《中华人民共和国民事诉讼法》

第一百七十条第一款第（一）项规定，判决如下：

驳回上诉，维持原判。

二审案件受理费每案各10元，均由上诉人上海万古人力资源服务有限公司负担。

本判决为终审判决。

审判长　卢艳贝

审判员　张　泽

审判员　黄燕璇

二〇二〇年四月十三日

书记员　刘绍君

书记员　李秋敏

··· 苏州编 ···

SU ZHOU BIAN

案例一　外卖行业个体工商户的劳动关系认定

——圣某某与江苏物美同城网络科技有限公司确认劳动关系案

王　岑[*]　梁　田[**]

关键词　"饿了么"　平台用工　个体工商户　项目转包协议　劳动关系

【裁判要旨】

平台企业引导劳动者注册成为个体工商户并以劳动关系主体不适格为由主张双方并非劳动关系的，此情况下可通过传统的劳动关系法律特征分析，并结合企业对劳动各环节管控情况考察，实质性判断双方法律关系，而不能仅以劳务提供方名称或者缔结合同名称进行形式审查与判断。

【案情要点】

1. 江苏物美同城网络科技有限公司（以下简称物美同城公司）承包"饿了么"平台苏州某区域外卖配送服务，并将该业务转包给第三人江苏诚淮企业管理有限公司（以下简称诚淮公司）。诚淮公司代圣某某创办个体工商户，并与该个体工商户签订《项目转包协议》。圣某某通过下载蜂鸟团队版App，注册成为"饿了么"平台苏州某区域外卖员，从事外卖配送工作。

2. 物美同城公司（甲方）与诚淮公司（乙方）签订的《"订个活"平

* 江苏省苏州市相城区人民检察院党组书记、检察长。

** 江苏省苏州市中级人民法院苏州劳动法庭五级法官助理。

台服务协议》约定，甲方委托乙方通过“订个活”平台提供市场推广服务，甲方将发布的项目转包给乙方，乙方承接项目订单后可以另行与接活方签署项目转包协议。甲方应事先将当期足额的预存款存入“订个活”平台甲方账户中，每月双方对上个自然月接活方的名单、任务佣金费用、平台服务费用等进行核对。每单任务经双方确认交易完成，“订个活”平台根据项目交易情况将相应金额从甲方账户划至接活方账户。

3. 圣某某与第三人诚淮公司完成《个人工作室注册协议》电子签章，协议内容为圣某某委托第三人诚淮公司代办创业主体身份（注册个体工商户、年检、注销等事宜）、入住指定的孵化器等，第三人诚淮公司取得圣某某个体工商户营业执照后，圣某某自愿使用“订个活”平台作为创业管理工具。

4.《个人工作室注册协议》电子签章完成当日，涟水县朱码镇壹壹肆零壹号订个活商务服务工作室（经营者圣某某）与第三人诚淮公司完成《项目转包协议》电子签章。该协议的主要内容是：

（1）双方系独立的民事承包关系，圣某某（乙方）不接受第三人诚淮公司（甲方）的任何管理，甲方也不向乙方支付工资而是支付承包费用，因此不属于劳动关系。

（2）乙方独立承包甲方的配送服务业务，委托承包事项自2019年6月10日至甲方承接的相关业务完成之日终止。

（3）乙方及合伙承包人应独立自主完成承揽业务，并承担承揽过程中所可能产生的一切风险和责任。

（4）乙方承揽的所有标的业务营收均归乙方所有，甲方按月将服务费结算到乙方或乙方合伙承包人指定的平台账户或银行账户中，视同支付至乙方个体工商户对公账户，乙方开具等额的发票给甲方。

5. 主要证据：圣某某蜂鸟App薪资账单、诚淮公司转账记录、案外人华夏外包服务（辽宁）有限公司辽宁分公司转账记录、“饿了么”平台苏州某片区调度员付某某证人证言。

6. 工作模式。圣某某2019年4月25日注册成为蜂鸟团队骑手，2020年12月17日再次注册成为蜂鸟众包骑手。“饿了么”平台苏州地区运营商表示，二者区别在于：在注册方式上，前者通过不对大众公开的蜂鸟团队版 App 注册，后者通过对大众公开蜂鸟众包 App 注册；在派单方式上，前者不能拒单，如不能接单，需向所属站点申请订单调配，后者根据自身情况决定是否抢单；在对骑手的管理上，前者受站长管理、排班，一旦排班，必须上线，后者则可以随时上线或下线；在薪资构成及结算上，前者薪资包括订单提成、骑手补贴等，后者收入几乎全部源于订单收入。

7. 2019 年 8 月 24 日，圣某某在外卖配送过程中发生交通事故，后圣某某与物美同城公司因申报工伤事宜发生争议。

【案件索引】

一审：江苏省苏州市虎丘区人民法院（2020）苏 0505 民初 5582 号

【裁判结果】

苏州市虎丘区人民法院一审判决：认定圣某某与物美同城公司之间自 2019 年 4 月 25 日至 8 月 24 日存在劳动关系。

【案例注解】

一、本案的法律问题

第一，关于《项目转包协议》的效力问题。物美同城公司认为其从“饿了么”平台处承包苏州某区域外卖配送服务后，已将该业务转包给诚淮公司。根据诚淮公司与圣某某注册的个体工商户订立《项目转包协议》，圣某某以其注册的个体工商户名义承包并从事外卖配送业务，不具备劳动者主体资格。

圣某某陈述其在注册骑手时，进行了人脸识别并根据提示讲出“我要成为个体工商户”，但并不知晓《项目转包协议》的具体内容，《项目转包协议》并未实际履行。

第二，关于法律关系性质的问题。物美同城公司认为其已将外卖配送业务分包给诚淮公司，既未对圣某某进行任何管理，报酬也不是由其发放。因此物美同城公司与圣某某之间不存在劳动关系。

圣某某认为其自 2019 年 4 月 25 日进入物美同城公司处工作，具体工作内容为送外卖，每天早上须进行早会安全教育，有明确的上下班及考勤要求，双方符合劳动关系特征。

二、判决书的分析逻辑

第一，《项目转包协议》的效力问题。该案经一审判决后，双方当事人均未上诉。法院判决强调“事实优于合意”，即“当事人之前是否成立劳动关系的根本在于双方的‘承包’模式是否符合劳动关系的法律特征，而不在于当事人作出的书面协议约定”。不能仅凭平台从业者以个体工商户名义与平台业务分包方订立书面协议就直接判定其不具备劳动者资格，由此排除劳动关系，仍要结合双方的“承包”模式和劳动者的具体工作内容予以确定。

基于此，判决认为《项目转包协议》上只有电子签章，仅凭圣某某的一句“我要成为个体工商户”，并不能认定其已经知晓并同意协议内容。《项目转包协议》签订时，作为协议一方的个体工商户尚未登记成立，在苏州工作的圣某某却到淮安成立个体工商户，而诚淮公司为圣某某注册的个体工商户甚至并不具有配送服务的经营范围，均明显不合理。由此推断出，物美同城公司利用虚拟软件平台，在圣某某不清楚法律后果的情况下，引导其通过签订电子格式合同的方式注册成为个体工商户，以建立所谓平等主体之间合作关系的形式规避用人单位责任。不能仅凭《项目转包协议》即认为圣某某具有以个体工商户身份从事外卖业务的真实意愿，否定其劳动者资格。而物美同城公司也不能仅以与诚淮公司存在内部分包关系而对抗圣某某要求与其确认劳动关系的请求。因此，《项目转包协议》不足以排除圣某某与物美同城公司之间存在劳动关系。

第二，关于法律关系性质问题。法院认为，在未有书面文本等充分证据表明企业与劳动者已形成建立劳动关系合意的情形下，应通过主体资格、人格从属性、经济从属性等核心指标对照检验双方之间的法律关系。法院据此予以审查，结果是“物美同城公司与圣某某符合法律、法规规定的主体资格；圣某某从事的外卖派送服务属于物美同城公司的主营业务，物美同城公司对圣某某进行调度、考勤及监督等，圣某某受物美同城公司的劳动管理，在物美同城公司所属外卖配送区域工作；物美同城公司与圣某某进行结算薪资。双方具有较强的从属关系，此种情况下双方建立的关系符合劳动关系的特点”。

法院对从属性的判断包括两个方面：人格从属性的证据是“圣某某从事的外卖派送服务属于物美同城公司的主营业务，物美同城公司对圣某某进行调度、考勤及监督等，在物美同城公司所属外卖配送区域工作”；经济从属性的证据是“物美同城公司与圣某某进行结算薪资”。

三、此类案件的特点与裁判建议

（一）平台从业者被注册成为个体工商户，形式上丧失劳动者资格

在劳动法上，用人单位和劳动者符合法律、法规规定的主体资格，这是劳动关系成立的前提。适格的劳动者，首先须是自然人，具备劳动权利能力和行为能力，且是不为法律所禁止的提供劳务的个体。一旦平台从业者被引导注册成个体工商户，根据《中华人民共和国劳动法》规定，个体经济组织和与之形成劳动关系的劳动者适用该法。个体工商户作为依法登记从事工商业行为的组织，对外从事自担风险、自负盈亏的生产经营活动，依法可以成为用工主体，并雇用一定数量的劳动者，于是“被注册”的个体工商户便由劳方转为资方，其劳动权益将不再得到法律的特殊保护。

（二）劳动关系认定的裁判建议

第一，事实优先原则。协议成立并不意味着协议实际履行，故协议名称及内容中涉及“承揽”“转包”等字样，不宜径行否认合同主体之间形成劳动关系，相关法律关系的认定应当根据实际履行情况确定。应在查明平台从业者注册为个体工商户的意思表示是否真实，以及其是否实际从事个体工商户的生产经营活动等，来判断以个体工商户名义签订的“承揽”“转包”等协议是否真实有效。

第二，审查是否符合劳动关系特征。具体从三个方面展开，即双方是否具备法定主体资格，是否符合组织从属性、人格从属性及经济从属性特征以及平台从业者提供的劳动是否属于平台企业业务的组成部分。

【裁判全文】

江苏省苏州市虎丘区人民法院
民 事 判 决 书

（2020）苏 0505 民初 5582 号

原告：圣某某。

委托诉讼代理人：仲某某。

委托诉讼代理人：张某某。

被告：江苏物美同城网络科技有限公司。

法定代表人：刘某某。

委托诉讼代理人：李某某。

委托诉讼代理人：乔某。

第三人：江苏诚淮企业管理有限公司。

法定代表人：薛某某。

委托诉讼代理人：林某某。

原告圣某某与被告江苏物美同城网络科技有限公司（以下简称物美同城公司）、第三人江苏诚淮企业管理有限公司（以下简称诚淮公司）确认劳动关系纠纷一案，本院于 2020 年 10 月 13 日受理后，依法适用简易程序，由审判员张凌云独任审判，于 2020 年 11 月 16 日公开开庭进行了审理，原告及其委托诉讼代理人张某某、被告委托诉讼代理人李某某到庭参加诉讼。后又于 2021 年 3 月 16 日再次开庭，原告圣某某的委托诉讼代理人张某某、被告的委托诉讼代理人乔某到庭参加诉讼。后本院依职权追加诚淮公司作为第三人参加诉讼，于 2021 年 7 月 1 日公开开庭审理，原告的委托诉讼代理人张某某、被告的委托诉讼代理人乔某到庭参加诉讼，第三人诚淮公司经本院合法传唤未到庭参加诉讼，本案现已审理终结。

原告圣某某向本院提出诉讼请求：依法确认原告与被告自 2019 年 4 月 25 日至 8 月 24 日存在事实劳动关系。事实和理由：原告自 2019 年 4 月 25

日进入被告处工作，具体工作内容为送外卖，每天早上须进行早会安全教育，有明确的上下班及考勤要求，工作时间为上午7点到深夜12点，工资通过第三人诚淮公司对公账户发放给原告，发工资时间为每月25日。原告于2019年8月24日晚10时18分在派送订单时发生交通事故受伤严重，但是被告拒不配合办理工伤申报流程，且不承认存在事实劳动关系。原告于2020年9月15日向虎丘区劳动争议仲裁委员会申请确认劳动关系，被驳回。原告为维护合法权益，故向本院提起诉讼，望判如所请。

被告物美同城公司辩称，原告不是被告的员工，仲裁裁决书裁决正确，请求法院依法驳回原告诉讼请求。

第三人诚淮公司述称，原告并非我方员工，双方不存在劳动关系。原告委托我方代为注册个体工商户身份，被告将业务发包至我方平台后，我方将业务转包给原告，最后由被告委托我方向原告经营的个体工商户结算承包费用，而非发放工资，原告与我方之间只是合作关系。我方在苏州未设站点，原告并非我方招聘，我方也未对原告进行考勤和管理，对原告没有任何约束，与原告之间不存在劳动关系。综上，原告、被告、我方并没有建立劳动关系的合意，请求法院驳回原告诉讼请求。

经审理查明，被告物美同城公司成立于2017年7月7日，经营范围为互联网技术开发、人工送货服务等。被告曾承包“饿了么”平台苏州市虎丘区浒墅关片区的外卖配送服务。2019年4月25日，原告圣某某通过下载蜂鸟团队版App，注册成为“饿了么”平台浒墅关片区外卖员，在注册骑手时，原告进行了人脸识别并根据提示讲出“我要成为个体工商户”，之后原告开始外卖配送，被告为原告购买了“饿了么”物流配送合作商雇主责任险，保险期间自2019年8月24日8时54分54秒起至9月22日23时59分59秒止。

2019年5月30日，被告物美同城公司（甲方）与第三人诚淮公司（乙方）签订《“订个活”平台服务协议》，约定甲方委托乙方通过“订个活”平台提供市场推广服务，服务期限为1年。协议第四条约定，甲方自行承担因发布项目活动或委托乙方提供服务内容所涉及交易产生的相关费用，包括任务佣金、平台管理费、增值税等相关费用。第五条约定，甲、乙双方不成立劳动关系、雇佣关系等非平台服务合同关系，甲方将发布的项目转包给乙方，乙方承接项目订单后可以另行与接活方签署项目转包协议。接活方在执行任务期间受到或对任何第三方造成人身、财产伤害，甲方应自行承担后果，不得要求乙方承担侵权等赔偿责任。第六条约定，甲方向乙方支付平台服务费、税负成本。甲方应事先将当期足额的预存款存入“订个活”平台甲方账户中，每月双方对上个自然月接活方的名单、任务佣金费用、平台服务费用等进行核对，甲方向乙方支付相应的费用。每单任务经双方确认交易完成，“订个活”平台根据项目交易情况将相应金额从甲方账户划至接活方账户。

2019年6月10日，原告圣某某与第三人诚淮公司完成《个人工作室注册协议》电子签章，协议内容为原告委托第三人代办创业主体身份（注册个体工商户、年检、注销等事宜）、入住指定的孵化器等，第三人取得原告个体工商户营业执照后，原告自愿使用“订个活”平台作为创业管理工具。同日，涟水县朱码镇壹壹肆零壹号订个活商务服务工作室（乙方，经营者圣某某）与第三人诚淮公司（甲方）完成《项目转包协议》电子签章，约定：甲、乙双方系独立的民事承包关系，乙方不接受甲方的任何管理，甲方也不向乙方支付工资而是支付承包费用，因此不属于劳动关系。乙方独立承包甲方的配送服务业务，委托承包事项自2019年6月10日至甲方承接的相关业务完成之日终止。乙方及合伙承包人应独立自主完成承揽业务，并承担承揽过程中所可能产生的一切风险和责任；乙方承揽的所有标的业务营收均归乙方所有，甲方按月将服务费结算到乙方或乙方合伙承包人指定的平台账户或银行账户中，视同支付至乙方个体工商户对公账户，乙方开具等额的发票给甲方。2019年6月13日，涟水县朱码镇壹壹肆零壹号订个活商务服务工作室成立，登记的经营者为原告圣某某，经营范围市场营销策划、市场推广服务、展览展示服务。

2019年8月24日22时18分左右，原告在外卖配送过程中行驶至浒墅关镇兴贤路关山驾校附近发生交通事故上报，后原、被告因申报工伤事宜发生争议，原告向苏州市虎丘区劳动争议仲裁委员会申请劳动仲裁，请求确认原、被告自2019年4月26日至8月24日存在劳动关系。2020年9月25日，苏州市虎丘区劳动争议仲裁委员会作出苏虎劳仲案字［2020］1486号仲裁裁决书，裁定对原告的仲裁请求不予支持，原告不服，故向本院提起诉讼。

又查明，2019 年 6 月至 9 月，原告分别收到薪资 5035.5 元、6270.5 元、5807.7 元、6305.8 元。其中 6 月、7 月、8 月的薪资为第三人诚淮公司发放，9 月的薪资为案外人华夏外包服务（辽宁）有限公司沈阳分公司发放。6 月至 9 月，原告蜂鸟 App 中的薪资账单截图页面均显示有“江苏物美同城网络科技有限公司—江苏物美—浒关站薪资规则说明”字样，原告的薪资构成包括底薪提成、补贴奖励、骑手活动奖励三部分，底薪均为 0 元。

庭审中，关于自己的工作方式，原告表示其是通过蜂鸟团队版 App 接单的，注册时要先考试，考试合格后开始送单。送单时要点击上线进行人脸识别，等待系统配单，接单后使用自有车辆进行配送。其受被告管理，每天上午 7 点到 8 点上班，具体下班时间要看平台接单量，没有固定时间。被告有考勤要求，每天早上须进行早会，若请假会扣除相应奖励。原告工资由被告通过第三人每月 25 日发放给原告。原告为证明自己的上述主张，申请付某涛作为证人出庭做证，付某涛陈述，其是“饿了么”平台浒墅关片区的调度员，和原告是同事关系。平常就直接用 App 接单工作，也可以休息，外卖公司没有特别明确规定几点去单位，有说过如果请假会罚款，但没有实行过。工资没有底薪，按单算，平均一单 5 元钱，每天至少要接 10 单，否则就没有全勤奖。其不知道自己和原告隶属于哪个公司，平时工作受物美同城公司经理李某管理。对此，被告物美同城公司陈述付某涛是其员工，负责订单调度，公司具体运营模式是从“饿了么”平台承包外卖配送业务后，将该业务分包给第三人诚淮公司，公司主要负责订单的调配，安排李某负责浒墅关片区的监管。第三人诚淮公司负责员工管理、工资发放等。2019 年 10 月之后，公司退出了“饿了么”浒墅关片区的运营。

案件审理过程中，本院通过“饿了么”平台苏州地区运营商上海拉扎斯信息科技有限公司苏州分公司（以下简称拉扎斯公司）了解原告圣某某担任“饿了么”骑手的相关信息，拉扎斯公司向本院提供了圣某某在“饿了么”平台的后台登记信息截屏，该截屏显示圣某某于 2019 年 4 月 25 日注册成为蜂鸟团队骑手，解绑后又于 2020 年 12 月 17 日再次注册成为蜂鸟众包骑手。本院进一步向拉扎斯公司调查蜂鸟团队骑手与众包骑手的工作模式区别，拉扎斯公司表示，第一，在注册方式上，蜂鸟团队的App不对公众开放，专送骑手必须通过站点才能拿到App进行下载注册，而蜂鸟众包App则对大众开放，只要上网就可下载进行注册；第二，在派单方式上，平台根据骑手定位向专送骑手派单，骑手不可以不接单，如果确有特殊情况不能接单，需要向所属站点申请订单调配，而众包骑手的订单是在“饿了么”平台入驻的商家自己发送的订单，众包骑手根据自身情况决定是否抢单；第三，在对骑手的管理上，专送骑手有专门所属的站点，受站点的管理，站长有权决定订单的调配，也有权决定骑手排班，一旦排班确定，骑手须按时上线接单，而众包骑手不属于任何站点，其自己注册后在平台接单，无须订单调配，也没有班次，可以随时上线或下线；第四，在薪资构成及结算上，专送骑手的薪资包括订单提成、骑手补贴及其他补贴等，而众包骑手的收入则几乎全部源于订单收入。

以上事实，由仲裁裁决书、事故责任认定书、订单明细、借记卡账户历史明细清单、汇款凭证、骑手App薪资账单截图、保险单、项目转包协议、个人工作室注册协议、营业执照、平台服务协议、证人付某涛的证言、拉扎斯公司后台信息截屏及庭审笔录等证据予以证实。

本院认为，劳动者主张与用人单位之间形成劳动关系的，承担初步举证责任。用人单位否认存在劳动关系的，应承担举证责任。用人单位未与劳动者订立书面劳动合同，劳动者与用人单位之间是否存在劳动关系，主要通过考察劳动者工作内容是否系用人单位主营业务范围、是否接受用人单位日常管理、是否接受劳动报酬等因素来确定。本案中，原告圣某某于2019年4月25日注册成为蜂鸟团队版App外卖骑手，隶属于被告承包的“饿了么”浒墅关片区站点。首先，原告从事的外卖派送服务属于被告物美同城公司的主营业务，事故发生时，外卖配送区域也是被告的承包区域。其次，原告注册成为团队骑手需通过站点才能完成，注册后，原告通过平台App接单，根据劳动表现获取薪酬，对于平台派发的订单，原告不得拒绝，若有特殊情况不能接单，需要向被告申请订单调配。虽对于上线时间是否有要求原、被告存在争议，但被告在站点安排专人进行监管，为原告购买雇主责任险是事实，另外结合证人证言可以认定，原告平时工作受被告站点管理，被告也确实制定了一定的考勤规则。由此可见，被告物美同城公司对原告圣某某进行了日常管理。最后，从第三人提交的《平台服务协议》结合拉扎斯公司的说明可以看出，原告的薪资源于被告，薪资规则由被告制定，发放金额需被告确定，故原告虽将薪资发放这一操作委托给了第三人，实际仍是由被告与原告结算薪资，这也与原告骑手 App 中薪资账单截图中标注的“江苏物美同城网络科技有限公司—江苏物美—浒关站薪资规则说明”相互印证。至于平台分包协议、项目转包协议、个人工作室注册协议的性质，首先，《项目转包协议》《个人工作室注册协议》均为打印件，其上只有电子签章，仅凭原告的一句“我要成为个体工商户”，并不能认定原告已经知晓并同意协议内容，且项目转包协议签订时，作为协议一方的个体工商户还未登记成立，不具有合理性，原告在苏州从事外卖服务，到淮安成立个体工商户亦不具有合理性。被告利用虚拟软件平台，在原告不清楚法律后果的情况下，引导原告通过签订电子格式合同的方式注册成为个体工商户，以建立所谓平等主体之间合作关系的形式规避用人单位责任，无法认定原告具有以个体工商户身份从事外卖业务的真实意愿。其次，从《平台服务协议》的内容来看，被告将外卖业务转包给了第三人，通过第三人的“订个活”平台开展市场推广、发布外卖任务并委托第三人进行薪资发放。但是实际履行情况是原告通过蜂鸟平台接单进行外卖配送，被告也是通过平台派单并进行工资结算，第三人为原告注册的个体工商户甚至并不具有配送服务的经营范围，因此《平台服务协议》并未实际得到履行。最后，从被告与第三人签订的《平台服务协议》可以看出，接活方即原告与被告之间联系的紧密性明显超过与第三人的联系。结合证人证言，像原告这样的骑手及调度员实际并不清楚被告与第三人之间的分包关系，他们从事被告安排的工作，受被告站点直接管理，与被告结算薪资，在此情况下，要求与被告确认劳动关系无可厚非，被告不能仅以与第三人存在内部分包关系而对抗原告要求与被告确认劳动关系的请求。综上，原告圣某某与被告物美同城公司的关系，符合劳动关系的一般特征，为了规范行业用工、保障骑手权益，本院认定原告圣某某与被告物美同城公司之间自 2019 年 4 月 25 日至 8 月 24 日存在劳动关系。依据《中华人民共和国劳动合同法》第七条，《中华人民共和国民事诉讼法》第六十四条之规定，判决如下：

原告圣某某与被告江苏物美同城网络科技有限公司之间自2019年4月25日至8月24日存在劳动关系。

案件受理费10元，减半收取5元，由被告江苏物美同城网络科技有限公司负担。

如不服本判决，可在判决书送达之日起十五日内，向本院递交上诉状，并按对方当事人的人数提出副本，上诉于江苏省苏州市中级人民法院。同时按照国务院《诉讼费用交纳办法》规定向江苏省苏州市中级人民法院预交上诉案件受理费。

审判员　张凌云

二〇二一年八月二日

书记员　马　静

案例二　“中介型平台”骑手的劳动关系认定

——刘某某与邦芒服务外包有限公司劳动争议案

王　岑[*]　杨俊生[**]

关键词　平台用工　从属性　劳动关系

【裁判要旨】

平台企业或与其合作的劳务外包企业将特定劳务以自由自愿形式外包给非特定从业者。从业者在移动终端上注册 App 并审核通过后实际承担劳务并结算，企业不限制从业者是否参与劳动及何时提供劳务，且不禁止从业者受雇于其他平台，从业者主张确认劳动关系的，人民法院不予支持。

【案情要点】

1. 服务外包公司。达达平台为商户和个人提供配送跑腿业务，系统派单给骑手，由骑手负责具体配送。邦芒服务外包有限公司（以下简称邦芒公司）系达达平台的合作企业。

2. 刘某某于 2020 年 4 月 3 日在达达平台上注册，并选择在某大型超市驻点配送。刘某某与黑龙江慧恩人力资源有限公司签订注册协议和共享经济用户协议，协议第 1.2 条约定用户是指在达达平台注册并为商户提供配送服务的实际承运人。

* 江苏省苏州市相城区人民检察院党组书记、检察长。
** 江苏省苏州市中级人民法院苏州劳动法庭副庭长、二级法官。

3. 报酬支付。刘某某获取劳动报酬的方式为根据配送订单数和距离获得佣金或者运费。邦芒公司于2020年5月20日向刘某某转存626元。

4. 工作模式。刘某某自带交通工具进行配送服务，在平台进行派单时刘某某可以选择接单或者不接单，邦芒公司不对刘某某进行招聘、培训和管理。

5. 纠纷起因。2020年4月9日，刘某某发生交通事故而受伤，后其提起劳动仲裁，申请确认其与邦芒公司自2020年4月3日起存在劳动关系。

【案件索引】

一审：江苏省昆山市人民法院（2020）苏0583民初17835号

二审：江苏省苏州市中级人民法院（2021）苏05民终3540号

【裁判结果】

江苏省昆山市人民法院一审判决：服务外包公司与刘某某之间不存在劳动关系。

江苏省苏州市中级人民法院二审判决：驳回上诉，维持原判。

【案例注解】

一、本案的法律问题

双方的争议围绕着若干劳动关系认定要素而展开。

第一，关于合意。刘某某认为，达达平台由上海达疆网络科技有限公司运营，其因工作需要必须注册该平台，否则无法配送。邦芒公司以外包方式从事劳动力外包服务。注册协议中载明“用户是指在达达平台上注册并为商户提供配送服务的实际承运人”，不影响骑手与劳务外包公司之间存在劳动关系。邦芒公司认为，刘某某经其他从事达达众包的人员介绍下载并注册了达达App，注册时其确认并同意了注册协议、隐私协议、专享协议，协议的相对人为黑龙江慧恩人力资源有限公司，协议中明确了双方之间不存在劳动关系。

第二，关于报酬。刘某某认为，其获取劳动报酬的方式是根据配送订单数和距离获得佣金或者运费，但是按劳分配也是劳动关系计酬方式之一。邦芒公司在转账时备注为转存，并在庭审中主张款项性质为佣金，但不可否认的是，该笔款项系刘某某配送业务的劳动收入。邦芒公司认为，该公司向刘某某支付的款项是属于刘某某在达达平台的提现，因此，该笔款项的银行摘要显示为转存而非工资。

第三，关于从属性。刘某某认为，邦芒公司性质上为服务外包公司，刘某某受其劳动管理，从事其安排的有报酬的劳动，刘某某提供的劳动是其业务的组成部分，双方之间存在劳动关系。邦芒公司认为，刘某某配送使用的电动车属其自有，其未对刘某某进行招聘、培训、考勤、签到等，双方之间未形成管理和被管理的从属性关系，不属于劳动关系。

二、判决书的分析逻辑

在劳动关系的认定要素上，一审法院认为应当审查四个要素，即“双方是否存在建立劳动关系的合意、双方对于劳动报酬的约定、劳动者对用人单位的人身依附程度以及用人单位有无为劳动者提供必要的劳动条件”。其后，一审法院围绕四个要素进行了详细分析：在双方合意上，刘某某在平台上签订注册协议约定其是“为商户提供配送服务的实际承运人”，双方不存在劳动关系；在关于报酬的约定上，“刘某某获取劳动报酬的方式为根据配送订单数和距离获得佣金或者运费，该劳动报酬并不固定”，邦芒公司主张款项系佣金符合互联网外卖平台的特点；在人身依附程度上，刘某某“可以选择接单或者不接单，邦芒公司未对刘某某进行招聘、培训和管理”，依附程度低；在劳动条件上，“刘某某系自带交通工具进行配送服务”，劳动条件并非由服务外包公司提供。在此分析基础上，一审法院认定双方之间不符合劳动关系的法律特征。

二审法院从劳动关系的核心特征出发，认定从属性是劳动关系的必要特征，即“双方之间的关系需同时具备用人单位依法制定的各项劳动规章制度适用于劳动者，劳动者受用人单位的劳动管理，从事用人单位安排的有报酬的劳动，劳动者提供的劳动是用人单位业务的组成部分等特征的才应认定为劳动关系”。二审法院分析了刘某某的具体工作方式，认定其“自带交通工具进行配送服务”“可以选择接单或者不接单”“无须执行或遵守公司的作息制度、规章制度等”的工作模式从属性较低，“符合互联网平台经济运营模式下的灵活就业人员特征，而不符合劳动关系的法律特征”。

三、此类案件的特点与裁判建议

我国《劳动法》《劳动合同法》未对劳动关系的内涵和界定标准作出明确规定。《劳动和社会保障部关于确立劳动关系有关事项的通知》（劳社部发〔2005〕12号）明确劳动关系的界定标准为：用人单位和劳动者符合法律、法规规定的主体资格；用人单位依法制定的各项劳动规章制度适用于劳动者，劳动者受用人单位的劳动管理，从事用人单位安排的有报酬的劳动；劳动者提供的劳动是用人单位业务的组成部分。随着互联网技术的发展，在生产资料智能化、数字化、信息化条件下，各种生产要素与互联网灵活协作的工作模式不断出现，给新就业形态劳动者劳动关系的认定带来困难。

（一）主体适格

主体适格通常理解为用人单位和劳动者符合法律、法规规定的主体资格，对此并无争议。在新就业形态下，主体问题主要体现为用工主体认定难。这主要是因为，传统劳动用工内容在新就业形态下呈现人为分离态势，即传统用工模式中的协议签订、日常考勤、工作安排、工资发放、社保缴纳等劳动用工内容，在新就业形态劳动用工模式下被分解由不同主体完成。因为认识的不同，可能存在劳动者起诉主体有误，而法院依据“不告不理”的原则，依据劳动者的主张来审查特定主体与劳动者之间是否存在劳动关系，这就导致存在劳动者先后起诉多个不同主体后权益才最终得到保障的情况。因此，在新就业形态劳动者劳动关系确认的案件中，人民法院应当依据案件审理情况加强依职权追加当事人的适用，这也是更好查明关联主体之间劳动用工协作内容等案件事实的需要。

（二）合意审查

“事实优先”原则是判断劳动关系的基本原则，该原则要求在判断是否存在劳动关系时应优先以用工事实为依据，判断双方之间是否符合劳动关系的特征。需要说明的是，“事实优先”原则并非不考虑当事人的约定。坚持该原则是因为劳动者相较于用人单位处于弱势地位，实践中存在用人单位通过签订普通民事合同以规避劳动关系的情形，损害了劳动者合法权益。如果企业与劳动者约定双方之间为劳动关系，则应当尊重双方的意思自治，认定双方构成劳动关系。即便发生纠纷时，企业要求重新按照确认劳动关系的要素指标对照检验，亦不宜再重新作出无劳动关系的判断。在双方签订普通民事合同或者未就法律关系性质作出明确约定的情况下，则应当坚持“事实优先”原则，在审查用工事实的基础上确定双方之间的法律关系。

（三）从属性认定

劳动者在劳动关系中从属于用人单位是指用人单位对劳动者享有指挥、控制权。理论和司法实践中一般认为，从属性在认定劳动关系的要素中居于核心地位，是劳动关系的本质特征。虽然新就业形态中，企业对劳动者的指挥、控制存在某种程度的弱化，但这并不影响劳动关系认定中以从属性作为核心标准。对于从属性较弱，平台企业或关联企业仅发挥联系中介作用，企业通过网络平台提供服务信息，并通过网络平台收取管理费或信息费用的，双方不宜作为劳动关系处理。

【裁判全文】

江苏省苏州市中级人民法院
民事判决书

（2021）苏05民终3540号

上诉人（原审被告）：刘某某。
被上诉人（原审原告）：邦芒服务外包有限公司。
法定代表人：张某某，总经理。

委托诉讼代理人：邵某某。

上诉人刘某某因与被上诉人邦芒服务外包有限公司（以下简称邦芒公司）劳动争议纠纷一案，不服江苏省昆山市人民法院（2020）苏0583民初17835号民事判决，向本院提起上诉。本院于2021年3月15日立案受理后，根据《全国人民代表大会常务委员会关于授权最高人民法院在部分地区开展民事诉讼程序繁简分流改革试点工作的决定》，依法适用第二审程序，由审判员独任审理。本案现已审理终结。

刘某某上诉请求：撤销原判，依法改判或发回重审。事实和理由：邦芒公司系服务外包公司，其作为骑手与该公司之间符合劳动关系的法律特征。

邦芒公司向一审法院起诉请求：依法判令其与刘某某之间不存在劳动关系。

一审法院认定事实：刘某某于2020年4月3日在达达平台上注册（达达平台为商户和个人提供配送跑腿业务，系统派单给骑手，由骑手负责具体配送），并通过与黑龙江慧恩人力资源有限公司网签的共享经济用户协议成为骑手，刘某某在达达平台上选择了在某大型超市驻点配送。2020年4月9日，刘某某发生交通事故而受伤。

一审另查明，邦芒公司提供注册协议和共享经济用户协议、注册流程，证明在注册平台上有明确说明，其中第1.2条表明用户是指在达达平台注册并为商户提供配送服务的实际承运人，该注册协议的甲方为黑龙江慧恩人力资源有限公司。刘某某对该组证据认为在注册的时候看到过，但不认可，这两份协议是达达平台的协议，因为刘某某送货需要穿着达达平台统一工作服，派单需要使用达达系统。

刘某某提供银行流水，证明邦芒公司2020年5月20日向其转存626元，该笔款项为工资。邦芒公司认为该笔款项是刘某某在达达平台上个人钱包的提现，即刘某某的配送提成本应支付到达达平台上“我的钱包”中，再由刘某某自行提现，但刘某某不懂流程怎么走，要求邦芒公司负责人帮助，所以负责人做了提现申请。刘某某提供工作服照片和订单信息，证明双方存在劳动关系。邦芒公司对工作服照片不认可；对订单信息认可，但之所以是固定地点，是因为在注册流程中的工作模式中刘某某自行选择了驻店模式，我方并没有固定工作地点。

一审庭审中，邦芒公司陈述，达达平台是上海达疆网络科技有限公司的，达达平台把佣金给常州行知云商食品有限公司，因邦芒公司和常州行知云商食品有限公司是承接关系，常州行知云商食品有限公司把佣金给邦芒公司，邦芒公司再把佣金给骑手。刘某某陈述，入职当天一直在华润万家驻店，系统有单，就进行配送。

最后查明，刘某某向昆山市劳动人事争议仲裁委员会申请仲裁，要求：确认与邦芒公司自2020年4月3日起存在劳动关系。该委员会于2020年9月10日作出昆劳人仲案字［2020］第5851号裁决，裁决：确认刘某某与邦芒公司自2020年4月3日起存在劳动关系。后邦芒公司不服该裁决，向一审法院提起诉讼。

上述事实，有仲裁裁决书、注册协议和共享经济用户协议、注册流程、银行流水、工作服照片和订单信息，以及一审法院庭审笔录予以证实。

一审法院认为，认定邦芒公司和刘某某是否存在劳动关系应当审查双方是否存在建立劳动关系的合意、双方对于劳动报酬的约定、劳动者对用人单位的人身依附程度和用人单位有无为劳动者提供必要的劳动条件。本案中，其一，刘某某在平台上签订注册协议时明确告知刘某某其系在达达平台注册并为商户提供配送服务的实际承运人；其二，刘某某获取劳动报酬的方式为根据配送订单数和距离获得佣金或者运费，该劳动报酬并不固定，也不受最低工资标准等限制；本案中，刘某某主张邦芒公司向其转存的款项为工资，而邦芒公司主张为派送佣金，结合邦芒公司提供的注册协议等证据，邦芒公司的陈述符合互联网外卖平台的特点，一审法院予以采信；其三，刘某某系自带交通工具进行配送服务，在平台进行派单时刘某某可以选择接单或者不接单，邦芒公司也未对刘某某进行招聘、培训和管理，刘某某对邦芒公司的依附程度低。综上，一审法院认为，邦芒公司和刘某某之间的关系不符合劳动关系的特征，邦芒公司和刘某某之间不存在劳动关系。据此，依据《中华人民共和国劳动合同法》第四条、第七条，《中华人民共和国民事诉讼法》第六十四条之规定，判决：邦芒公司与刘某某之间不存在劳动关系。案件受理费10元，减半收取为5元，由刘某某负担。

二审中，当事人没有提交新证据。本院认定事实与原审判决查明事实一致。

本院认为，双方之间的关系需同时具备用人单位依法制定的各项劳动规章制度适用于劳动者，劳动者受用人单位的劳动管理，从事用人单位安排的有报酬的劳动，劳动者提供的劳动是用人单位业务的组成部分等特征的才应认定为劳动关系。本案中，刘某某与达达平台签订的注册协议中明确其系在达达平台注册并为商户提供配送服务的实际承运人，即刘某某系与平台企业签订网约配送员协议的外卖骑手。具体工作中，刘某某自带交通工具进行配送服务，在平台进行派单时其可以选择接单或者不接单，获取劳动报酬的方式为根据配送订单数和距离获得佣金或者运费，无固定工资，也不受最低工资标准等限制，其亦无须执行或遵守邦芒公司的作息制度、规章制度，刘某某的工作模式符合互联网平台经济运营模式下的灵活就业人员特征，而不符合劳动关系的法律特征，一审法院认定邦芒公司和刘某某之间不存在劳动关系并无不当。

综上所述，刘某某的上诉请求不能成立，应予驳回；一审判决认定事实清楚，适用法律正确，应予维持。依照《中华人民共和国民事诉讼法》第一百七十条第一款第（一）项规定，判决如下：

驳回上诉，维持原判。

二审案件受理费 10 元，由上诉人刘某某负担。

本判决为终审判决。

审判员　俞　渊

二〇二一年五月十三日

书记员　王　贞

案例三　网络主播的劳动关系与违约责任的认定

——严某某与苏州情久网络科技有限公司合同纠纷案

刘秋苏*

关键词　主播　劳动关系　违约金调整　劳动权益

【裁判要旨】

企业根据协议对新就业形态从业人员进行管理，但不完全符合确立劳动关系的情形，从业人员以双方之间存在劳动关系为由主张不承担协议约定违约金的，不予支持；主张约定违约金过高请求调整的，人民法院应当以实际损失为基础，在保障从业人员基本劳动权益基础上合理衡量确定。

【案情要点】

1. 苏州情久网络科技有限公司（以下简称情久公司）（甲方）与严某某（乙方）签订《签约主播协议》一份。该协议的主要内容是：

（1）签约内容：乙方为甲方独家签约的游戏解说员、主播和视频制作者，同时甲方为乙方的解说、主播或视频制作提供技术支持，乙方必须按照甲方指令，每月在甲方指定平台直播。

（2）独家经纪代理内容：甲、乙双方同意，进行独家排他性的经纪代理、管理合作，乙方委托甲方担任其独家的全球经纪代理人。甲方接受乙方委托，根据本合约约定担任乙方独家的全球经纪代理人。甲、乙双方所

* 江苏东银律师事务所合伙人、律师，南京审计大学兼职法学教授，南京仲裁委员会仲裁员。

签订的代理经纪合约为独家排他性合约。

（3）合同期限：有效期1年，自2019年5月1日起至2020年5月1日止。

（4）收益分配：甲方给予乙方最低工资待遇30000元/月。总道具收益的分配：乙方道具收益大于等于75000元，乙方道具分成40%；乙方道具收益小于等于75000元，道具分成为0。商业经纪代理收益分配：①所有毛收入由甲方向第三方先行收取；②所有毛收入在实际收到后，应首先扣除甲方代表乙方或为乙方利益所实际支付的费用：包括但不限于与乙方从事此项收益直接相关的交通、运输、通信、法律服务等费用；③甲、乙双方应将毛收入扣除上述费用项目后的余额，按以下形式分配：乙方30%，甲方70%。

（5）违约责任：出现以下情况之一的，甲方可以随时解除本合约……②乙方违反本合约的独家排他特性，未经甲方书面允许，与第三方进行本合约规定范围内的任何方面或形式的合作的（第十一条第二款）；任何一方违反本合约约定的事实，即构成该方的违约；除本合约另有规定外，违约方应向非违约方承担违约责任，补偿非违约方因而实际及可能承受或招致的所有损失、责任、赔偿金或费用（包括但不限于合理的律师费）。若乙方存在本协议第十一条第二款的情形，或在甲方在无根本违约之状态下，乙方提出解约者，乙方承担违约金30万元整。

2. 情久公司提供的直播时长统计显示，严某某于2019年5月至2020年3月存在直播数据，之后再无直播数据。

3. 直播费用支付情况。情久公司表示严某某2019年5月、6月、7月的实发提成金额（分别为12651.8元、18132.12元、16429.8元）不足30000元，故按最低收入标准30000元/月扣税后发放。在2019年8月的收入计算发放之前，情久公司的经纪人曾某某已与严某某达成了新的待遇结算方式，即业绩者待遇方式（月流水的32%+流水奖励=收入金额），严某某是认可且同意的。

4. 违约事实。情久公司称严某某拒不履行涉案合同义务、自行在其他直播平台直播，给情久公司造成重大损失，其中包括前期投入成本以及直播平台款项的预期收益所获取的利润等。

【案件索引】

一审：江苏省太仓市人民法院（2021）苏0585民初421号

二审：江苏省苏州市中级人民法院（2021）苏05民终6234号

【裁判结果】

江苏省太仓市人民法院一审判决：一、严某某于判决生效之日起十日内向情久公司支付违约金10000元；二、严某某于判决生效之日起十日内向情久公司支付律师费2500元。

江苏省苏州市中级人民法院二审判决：驳回上诉，维持原判。

【案例注解】

一、本案的法律问题

第一，劳动关系认定问题。严某某抗辩称与情久公司系劳动关系，情久公司对此不予认可。

第二，违约责任认定问题。情久公司表示，2019年12月起严某某的直播时长持续下降，2020年4月开始停播。为证明严某某自行在第三方平台上进行直播，情久公司举证其首次发现严某某在第三方平台直播的截屏及其在小葫芦直播数据平台上的数据查询截屏。

严某某不予认可，认为自己并未于合同期内在其他平台进行过直播，并表示小葫芦数据平台并非官方权威的数据平台，不能证明严某某的违约事实。

第三，违约金认定问题。情久公司主张严某某支付协议中约定的30万元违约金。

严某某认为情久公司已经扣除了自己所得利益的那一部分，还主张30万元违约金，构成以合法的形式掩盖非法目的的民事行为，应为无效。

二、判决书的分析逻辑

第一，针对劳动关系认定问题，一审法院认为从该合同的合同内容及双方履行情况来看，并不符合严某某抗辩的劳动合同关系的法律要件，情久公司、严某某之间也并没有较强的人身依附性及直接管理性。二审法院认为情久公司与严某某签订的《签约主播协议》系各方真实意思表示，合法有效。

第二，针对违约责任认定问题，一审法院从情久公司的举证责任角度予以分析，即根据情久公司所举证据可以看出，严某某于 2020 年 4 月 14 日起在其他平台进行直播。严某某虽对此予以否认，且认为情久公司所查询数据不能作为直接证据予以证明，但其并未对自己的主张进行举证，亦未能证明其在合同期内系正常履行合同义务，即在情久公司指派平台进行直播的事实。相反从原直播平台上统计数据来看，严某某于 2020 年 4 月起就再无直播数据，综合上述情况，一审法院有理由相信严某某未经情久公司同意或指派，于 2020 年 4 月 14 日起在其他直播平台进行直播活动的事实，其行为已经违反了涉案合同的独家排他特性约定，构成违约，理应承担相应的违约责任。二审法院也持相同观点，认定严某某在未经其书面同意的前提下在另外的平台直播，构成违约。

第三，针对违约金认定问题，一审法院综合考虑主播行业特点、严某某违约时协议尚余期限长短以及运营成本、商业风险等因素，酌情确定违约金数额为 1 万元。二审法院具体指出《签约主播协议》约定严某某的违约金为 30 万元，而 2020 年 4 月 14 日距合同期满（2020 年 5 月 1 日）十余天时间，认定一审法院所确定的违约金金额并无不当。

三、此类案件的特点与裁判建议

（一）新就业形态下用工关系的认定

在新业态下的用工领域，一旦产生纠纷，如何认定双方之间的关系、如何界定双方之间的权利和义务，是当前的热点和难点。新业态下的用工关系，包括劳动关系、不完全符合确立劳动关系的情形可简称类劳动关系，以及平等的民事关系，如劳务、承揽、承包、合作等关系。新就业的新，契合了社会发展的新形势和新需求，一个重要特点就是灵活，包括人员进出的灵活、工作时间的灵活、报酬计算方式的灵活、管理手段的灵活，等等。这就决定了用工形式的多样性，不宜用一种思维、一种模式简单定性法律关系，确立双方的权利义务。

对于新型劳动者和单位权利义务的确定问题，不应受限于固有的法律关系和权利义务模式，可以考虑在承揽、劳务等具备相对成熟的权利义务体系的基础上做加法。国家通过完善职业伤害保障、特殊工伤保险、最低工资保障等方式，为解决人身损害、合同纠纷等多发、易发的共性问题做加法；根据不同行业领域、不同管理模式的特点灵活确定双方的权利和义务。只有平衡好企业与新型劳动者权益双保护，才能更好地激发新就业形态的活力，保障其持续健康地发展。在处理案件时，如果有协议约定双方之间权利和义务的，人民法院还应对合法性、公平性进行审查，发现排除劳动者权益、免除企业法定责任的，则认定为无效。

就本案而言，比较有意思的是，一审法院直接否定了劳动关系，认为情久公司与严某某签订的《签约主播协议》系各方真实意思表示，合法有效，从该协议的内容及双方履行情况来看，双方之间并没有较强的人身依附性及直接管理性，故不是劳动关系。二审法院则直接认定《签约主播协议》合法有效，并绕开了严某某关于劳动关系的抗辩，因为本案毕竟不是劳动争议案件，也未经劳动仲裁前置程序，故可直接确定协议的有效性，可不再就劳动关系进行说理和认定。

（二）网络主播的关系认定

根据《劳动和社会保障部关于确立劳动关系有关事项的通知》（劳社部发〔2005〕12号）第一条规定："用人单位招用劳动者未订立书面劳动合同，但同时具备下列情形的，劳动关系成立。（一）用人单位和劳动者符合法律、法规规定的主体资格；（二）用人单位依法制定的各项劳动规章制度适用于劳动者，劳动者接受用人单位的劳动管理，从事用人单位安排的有报酬的劳动；（三）劳动者提供的劳动是用人单位业务的组成部分。"按照劳动法的一般理论，劳动关系的从属性主要包括人格（人身）从属性和经济从属性。作为新就业形态的网络主播，其与协议相对人之间的合作方式是多元的，因此法律关系的属性也是多元的，需根据双方权利义务内容和实际履行特征来认定双方之间的关系。

2022 年 5 月前后，全国很多地区公开了劳动争议十大案件或者典型案例，如江苏、河南、重庆等地。其中涉及主播的多达十几个案例，如江苏公布的全省法院十大劳动争议案件，同时出现了两个涉及网络主播的案件，一个确认劳动关系，另一个认定不构成劳动关系。当人格、经济从属性比较显著的时候，往往认定双方具有劳动关系；但是当自主性、独立性更为突出的时候，则不宜认定双方具有劳动关系。

（三）新就业形态用工下违约责任与违约金数额的裁判建议

新就业形态下，如果单位与个人之间不具备紧密的人格、经济从属性的，则不具有劳动关系，双方的关系不受劳动法律的调整。在该种情况下，双方应当按实际建立的合同关系履行权利和义务，如有违约行为，也应当承担相应的违约责任。

《民法典》第五百八十五条第二款规定，约定的违约金低于造成的损失的，人民法院或者仲裁机构可以根据当事人的请求予以增加；约定的违约金过分高于造成的损失的，人民法院或者仲裁机构可以根据当事人的请求予以适当减少。在审判实务中，关于违约金的认定，多以约定为原则，以调整为例外，即不过多介入合同自治而轻易否定平等民事主体之间的合同违约金约定。违约金不但具有补偿性，实际上还应有一定的惩罚性，即对于违约一方的惩罚并不完全依赖于实际损失的金额。因此，无论是增加还是减少违约金的数额，法院都应当采取审慎的态度。

现实中，更多的是当违约金约定过高时，人民法院是否需要减少以及如何酌定减少，此时，更考验裁判者的智慧。当事人主张约定的违约金过高请求减少时，在能够查明实际损失的基础上，法院大多会兼顾合同的履行情况、当事人的过错程度以及预期利益等综合因素，根据公平原则和诚信原则作出判决。

截至 2021 年年底，我国网络表演（直播）行业主播账号累计近 1.4 亿个，各平台或者经纪公司之间竞争日益激烈，高额违约金成为平台公司防止网络主播“跳槽”的重要手段。本案涉及主播行业，法院认为主播行业的商业回报与主播人员、直播平台、经纪公司等多方位的因素息息相关，具有较大的不确定性，并结合涉案协议尚余的合同期长短（仅仅十余天)、运营成本、商业风险等因素，调整了违约金的数额，无疑是合适且恰当的。

根据人力资源和社会保障部、最高人民法院等八部委发布的《关于维护新就业形态劳动者劳动保障权益的指导意见》（人社部发〔2021〕56号），符合确立劳动关系情形的，企业应当依法与劳动者订立劳动合同；不完全符合确立劳动关系情形但企业对劳动者进行劳动管理的，指导企业与劳动者订立书面协议，合理确定企业与劳动者的权利义务；个人依托平台自主开展经营活动、从事自由职业等，按照民事法律调整双方的权利义务。本案的情况符合“不完全符合确立劳动关系”情形。裁判在尊重契约自由的同时又能考虑到合同正义，合理保障从业者的基本权益，对探索新型法律关系下权利义务的调整具有重要参考价值。

【裁判全文】

江苏省苏州市中级人民法院
民事判决书

（2021）苏05民终6234号

上诉人（原审原告）：苏州情久网络科技有限公司。

法定代表人：刘某某，董事长。

委托诉讼代理人：谢某某。

委托诉讼代理人：顾某某。

被上诉人（原审被告）：严某某。

上诉人苏州情久网络科技有限公司（以下简称情久公司）因与被上诉人严某某合同纠纷一案，不服太仓市人民法院作出的（2021）苏0585民初422号民事判决，向本院提起上诉。本院于2021年5月19日立案后，依法审理了本案。本案现已审理终结。

情久公司上诉请求：依法改判。事实和理由：一、一审法院对严某某的违约事实未查清。严某某提交的《主播独家经纪协议》签约时间在第三方公司设立前三个月，明显是虚假证据。从严某某的直播收入看，从2020年2月开始收入暴跌，很有可能严某某在此时就已经转投其他平台直播。二、一审判决违约金过低，1万元违约金对于严某某没有任何约束力和惩罚性。主播收入高而违约成本低，情久公司难以通过合同条款约束主播。请求法院从严某某违约的恶意程度、收入情况以及行业特征等方面考虑增加违约金数额。三、请求追究严某某提供虚假证据的法律责任。

严某某辩称，一、情久公司称严某某从2020年2月开始就已经投入其他平台直播，但是并没有可以直接证明的数据。情久公司所提出的一张严某某在其他平台直播的数据属于第三方平台，第三方平台使用中也明确提出过与真实的数据有偏差，仅供参考，明确表达了原平台官方的数据才是真实的数据，所以并不能证明严某某就是已经在合同期内去了第三方平台。二、严某某提交的《主播独家经纪协议》签订的时间是在该公司成立的前三个月，根据我国《合同法》，采用合同书面形式订立的合同，在签字或者盖章之前，当事人一方已经履行过主要义务，对方接受的，该合同成立，所以合同成立的时间是可以早于双方签订合同书面的时间，公司成立后具有法人资格，此时合同生效，因此只要公司成立，则合同生效。合同双方自愿签署的协议，并没有违背我国法律，情久公司提出的虚假证据不成立。三、严某某与情久公司签订的《签约主播协议》中仅规定了乙方的违约责任，并没有约定甲方的违约责任。情久公司不合理地免除或者减轻其责任，加重严某某的责任，限制严某某的主要权利，应被认定为格式条款，系无效。四、情久公司的行为构成缔约过失，导致合同不生效。五、案涉协议明显对严某某一方不公平，违反诚信原则，请求法院撤销此份合同。六、情久公司都已经扣除了自己所得利益的那一部分，还主张30万元违约金，构成以合法的形式掩盖非法目的的民事行为，应为无效。请求二审驳回情久公司的上诉。

情久公司向一审法院起诉请求：1. 判令严某某支付违约金30万元；2. 判令严某某支付律师费17900元；3. 诉讼费由严某某承担。

一审法院经审理认定事实如下：2019年5月1日，情久公司（合同甲方）与严某某（合同乙方）签订《签约主播协议》一份，约定……二、签约内容：乙方为甲方独家签约的游戏解说员、主播和视频制作者，甲方将根据合同履行情况及乙方的自身特点安排乙方进行上述三项工作中的部分或全部职能工作，同时甲方为乙方的解说、主播或视频制作提供技术支持，乙方必须按照甲方的指令，每月在甲方指定的平台直播时间不低于120小时20个有效日。合同履行期间，乙方不得通过非甲方指定的直播平台或其他传播途径进行游戏视频的解说、主播，游戏视频的制作。三、独家经纪代理内容：甲、乙双方同意，进行独家排他性的经纪代理、管理合作，乙方委托甲方担任其独家的全球经纪代理人。甲方接受乙方的委托，根据本合约的约定担任乙方的独家的全球经纪代理人。甲、乙双方所签订的代理经纪合约为独家排他性的合约。本合约签订后，乙方未经甲方书面同意，不得与除甲、乙双方外任意第三方就本合约项下所涉及的任何范围及内容进行任何形式上的合作，亦不得在未经甲方书面同意的前提下，自行行使和处置相关权利、进行业务安排及与第三方达成任何合同……八、合同期限：有效期1年，自2019年5月1日起至2020年5月1日止。九、收益分配：甲方给予乙方最低工资待遇30000元/月。总道具收益的分配：乙方道具收益≥75000元，乙方道具分成40%；乙方道具收益≤75000元，道具分成为0。商业经纪代理收益的分配：（1）所有毛收入由甲方向第三方先行收取；（2）所有毛收入在实际收到后，应首先扣除甲方代表乙方或为乙方利益所实际支付的费用：包括但不限于与乙方从事此项收益直接相关的交通、运输、通信、法律服务等费用；（3）甲、乙双方应将毛收入扣除上述费用项目后的余额，按以下形式分配：乙方30%、甲方70%……十一、协议的解除与终止：出现以下情况之一的，甲方可以随时解除本合约……（2）乙方违反本合约的独家排他特性，未经甲方书面允许，与第三方进行本合约规定范围内的任何方面或形式的合作的。十二、违约责任：任何一方违反本合约约定的事实，即构成该方的违约；除本合约另有规定外，违约方应向非违约方承担违约责任，补偿非违约方因而实际及可能承受或招致的所有损失、责任、赔偿金或费用（包括但不限于合理的律师费）。1. 乙方未遵守甲方为实施本合约而制定的规定和规划安排或者未严格实施甲方代理或代表乙方对外签订的合约，甲方有权要求乙方赔偿由此受到的直接和间接损失，包括但不限于前期投入、签约费用、向第三方的赔偿和甲方预期利润等；2. 乙方违反本合约的独家排他特性，未经甲方书面允许，与第三方进行本合约规定范围内的任何方面和形式的合作，甲方有权要求乙方立即停止该等未经许可的合作，乙方应将获得的全部收益加上10倍的罚款赔偿予甲方；3. 若乙方存在本协议第十一条第二款的情形，或在甲方在无根本违约之状态下，乙方提出解约者，乙方承担违约金30万元整。4. 本合约关于违约状态下的救济手段（包括要求承担违约责任和解除合约等）的条款是累加的，可以选择适用或同时适用。

上述协议签订后，严某某按照协议约定在情久公司指定的企鹅电竞平台进行直播。情久公司提供的直播时长统计显示，严某某于2019年5月至2020年3月存在直播的数据，之后再无直播数据。严某某在企鹅电竞平台上的直播房间号为343588322（2019年5月、6月同时还有一个直播房间号为86880919也有直播数据；情久公司表示只有房间号是固定的，昵称可以随时更改），其中2019年5月两个直播房间的合计直播时长130小时，6月两个直播房间的合计直播时长155小时，7月直播时长151小时，8月直播时长123小时，9月直播时长93小时，10月直播时长122小时，11月直播时长85小时，12月直播时长40小时；2020年1月直播时长24小时，2月无直播时长，3月直播时长112小时，4月起再未直播。情久公司表示，2019年12月起严某某的直播时长持续下降，2020年4月开始停播。

为证明严某某自行在第三方平台上进行直播，情久公司举证其首次发现严某某在第三方平台直播的截屏及其在小葫芦直播数据平台上的数据查询截屏，情久公司表示情久公司于2020年5月14日对严某某在网易CC直播平台进行直播的情况进行截屏，直播房间号为358928736，通过该直播房间号情久公司在小葫芦直播数据平台上查询显示，严某某至少于2020年4月14日开始至5月1日几乎每日均在网易CC直播平台进行直播，而该平台并非情久公司指派的直播平台。对此，严某某不予认可，认为自己并未在合同期内在其他平台进行过直播，并表示小葫芦数据平台并非官方权威的数据平台，不能证明严某某的违约事实。

关于直播费用的支付情况，情久公司表示严某某2019年5月、6月、7月的实发提成金额（分别为12651.8元、18132.12元、16429.8元）不足30000元，故按最低收入标准30000元/月扣税后发放。2019年8月开始双方变更了提成计算模式，按实发提成加流水奖励的金额进行发放：2019

年8月的直播费用应发17571元，税后实发17132元，于2019年10月9日发放；2019年9月的直播费用应发22716元，税后实发22148元，于2019年11月7日发放；2019年10月的直播费用应发51878元，税后实发49803元，于2019年12月5日发放；2019年11月的直播费用应发36022元，税后实发34581元，于2020年1月8日发放；2019年12月的直播费用应发6415元，税后实发6254元，于2020年1月21日发放；2020年1月的直播费用应发6730元，税后实发6562元，于2020年3月6日发放；2020年2月的直播费用应发9元，实发9元，于2020年4月3日发放；2020年3月的直播费用应发579元，实发579元，于2020年5月8日发放。情久公司称，主播当月的直播情况，第三方直播平台一般在次月20日到25日才下发结算单，情久公司一般在次次月10日之前将款项发放给主播。严某某对情久公司所列的直播费用计算表不予认可，但对其实际收到的款项金额一项没有异议。严某某另表示，从严某某收到的工资情况来看，情久公司于2019年8月起就未按合同约定的最低工资收入标准30000元/月予以支付，已构成违约。

对此，情久公司表示，在2019年8月的收入计算发放之前，情久公司的经纪人曾某某已与严某某达成了新的待遇结算方式，即业绩者待遇方式（月流水的32%+流水奖励=收入金额），严某某是认可且同意的。为此，情久公司举证曾某某与严某某的微信聊天记录显示：2019年9月10日，情久公司的经纪人曾某某将业绩者待遇的分成标准发给严某某，严某某回复："哦，明白了。""那我从8月份开始就是按照业绩者来算工资了对吗?"曾某某回复："嗯嗯。"严某某随即发送了一个表示"OK"的手势图标表示同意。

情久公司另称，严某某拒不履行涉案合同义务、自行在其他直播平台直播，给情久公司造成重大损失，其中包括前期投入成本，如情久公司为严某某购买的电脑、内存条、补光灯等直播设备7843元；以及直播平台款项的预期收益所获取的利润，该利润收入就是直播平台支付金额与主播收入的差额，同时考虑公司经纪人的人力成本以及平台运营推广成本。

严某某为证明自己并未违约，举证其与案外人浙江自贸区微娱信息科技有限公司于2020年5月6日签订的《主播独家经纪协议》，证明严某某于涉案合同期满后才与案外第三方签订合同。对此，情久公司不予认可，认为经查该公司工商登记时间为2020年8月31日，晚于合同签订时间，故该证据系虚假的。严某某解释称严某某前几个月为试播，后来与该公司正式签订合同的时候按照之前试播的时间签订的合同。

一审法院另查明，情久公司为本案聘请律师代理诉讼事宜，与江苏至誉律师事务所签订《代理委托合同》一份，并支付律师费为17900元。

一审法院认为，情久公司与严某某签订的《签约主播协议》系各方真实意思表示，合法有效。从该合同的合同内容及双方履行情况来看，并不符合严某某抗辩的劳动合同关系的法律要件，情久公司、严某某之间也并没有较强的人身依附性及直接管理性，故一审法院对严某某抗辩情久公司、严某某间系劳动关系的意见不予采纳。

根据《签约主播协议》约定，情久公司、严某某双方所签订的代理经纪合约为独家排他性的合约，严某某未经情久公司书面同意，不得与任意第三方就合约项下所涉及的任何范围及内容进行任何形式上的合作，亦不得在未经情久公司书面同意的前提下，自行行使和处置相关权利、进行业务安排及与第三方达成任何合同。根据情久公司所举证据可以看出，严某某于2020年4月14日起在其他平台进行直播，严某某虽对此予以否认，且认为情久公司所查询的数据并不能作为直接证据予以证明，但其并未对自己的主张进行举证，亦未能证明其在合同期内系正常履行合同义务，即在情久公司指派的平台进行直播的事实，相反从原直播平台上统计的数据来看，严某某于2020年4月起就再无直播数据，综合上述情况，一审法院有理由相信严某某未经情久公司同意或指派，于2020年4月14日起在其他直播平台进行直播活动的事实，其行为已经违反了涉案合同的独家排他特性约定，构成违约，理应承担相应的违约责任。对于严某某就情久公司未按合同约定支付工资收入已先行构成违约的抗辩，一审法院注意到：根据情久公司制作的直播费用统计表及收入实际发放凭证来看，情久公司一般于该月次次月10日前发放该月的收入，即2019年8月的收入一般于2019年10月10日前发放。根据情久公司举证的其公司经纪人与严某某于2019年9月10日的微信聊天记录显示，严某某同意按照新的待遇模式，即业绩者待遇模式进行计算，且明确是从8月开始。该次沟通发生在2019

年 8 月的收入发放之前，且后期均是按此模式计算发放，严某某均未提出异议，故一审法院认为情久公司、严某某双方已就严某某的收入计算发放模式重新达成协议，并按新约定履行，情久公司并未构成违约。严某某的该项抗辩一审法院亦不予采纳。

关于违约金主张。本案中，情久公司对于因严某某违约而受到的实际损失虽未予全部举证，但考虑本案所涉协议的行业特点，主播行业竞争激烈，主播资源是情久公司获取收益的主要来源之一，该协议的正常履行会给情久公司带来一定的收益，现严某某在与情久公司签订的本案所涉《签约主播协议》的合同履行期内，擅自不再履行合同义务，转至其他平台进行直播，势必会对情久公司造成一定的利益损失。但是，主播行业的商业回报与主播人员、直播平台、经纪公司等多方位的因素息息相关，具有较大的不确定性；同时，考虑到严某某违约时涉案协议尚余的合同期较短等事实，并结合运营成本、商业风险等因素，酌情确定违约金为 1 万元。

关于律师费主张。根据本案所涉协议约定，因违约方违约导致非违约方实际及可能承受或招致的所有损失、责任、赔偿金或费用（包括但不限于合理的律师费）由违约方承担。本案中严某某作为违约一方，理应承担情久公司为本案诉讼支出的合理的律师费，对此，一审法院参考本案诉请支持金额，并依照江苏省律师费收费标准下限，酌情认可 2500 元。

据此，依照《中华人民共和国合同法》第六十条、第一百零七条、第一百一十四条，《中华人民共和国民事诉讼法》第六十四条的规定，判决：一、严某某于判决生效之日起十日内向情久公司支付违约金 10000 元；二、严某某于判决生效之日起十日内向情久公司支付律师费 2500 元。一审案件受理费 6068 元，减半收取计 3034 元，由情久公司负担 2915 元，严某某负担 119 元。

二审中，严某某为支持其答辩理由，向本院提供以下证据。证据一：严某某与情久公司工作人员的聊天记录，对方明确称情久公司的合同是事先已经拟定好的，重复使用的。证据二：付款记录截屏，证明情久公司在 2019 年 7 月就未按合同约定向严某某发工资，已经构成违约。情久公司质证认为，对证据一的真实性不清楚，微信截图无法证明双方的身份，与本案无关联性。对证据二的真实性没有异议。

本院认定的事实与一审法院认定的事实一致。

本院认为，情久公司与严某某签订的《签约主播协议》为双方真实意思表示，且不违反法律规定，为合法有效。情久公司主张严某某在未经其书面同意的前提下，在另外的平台直播，构成违约。根据情久公司所举的第三方平台直播的数据查询截屏，一审法院认定严某某于 2020 年 4 月 14 日起在其他平台进行直播。情久公司上诉认为，严某某的直播收入从 2020 年 2 月开始暴跌，很有可能严某某在此时就已经转投其他平台直播，但情久公司对上述观点未提供相应证据加以证明，本院不予支持。《签约主播协议》约定严某某的违约金为 30 万元，而 2020 年 4 月 14 日距合同期满 2020 年 5 月 1 日十余天时间，一审法院综合主播行业商业回报的不确定性、运营成本、商业风险等因素，酌情确定违约金为 1 万元，并无不当。关于严某某提供的其与案外人于 2020 年 5 月 6 日签订的《主播独家经纪协议》，严某某对该证据的形成过程进行了合理解释，且一审法院并未根据该证据认定本案事实，故该证据并不影响本案事实。

综上所述，情久公司的上诉请求不能成立，应予驳回；一审判决认定事实清楚，适用法律正确，且程序亦无不当，应予维持。依照《中华人民共和国民事诉讼法》第一百七十条第一款第（一）项规定，判决如下：

驳回上诉，维持原判。

二审案件受理费 6068 元，由上诉人苏州情久网络科技有限公司负担。

本判决为终审判决。

审判员　李晓琼

二〇二一年六月二十五日

书记员　吴丹娜

案例四　小微企业不规范用工背景下劳动者的举证责任

——白某某与苏州海蓉雯晨货运代理有限公司、苏州海蓉雯晨电子商务有限公司劳动争议案

丁建安*

关键词　小微企业　混同用工　劳动关系　举证责任

【裁判要旨】

面对小微企业用工不规范甚至数个用人单位混同用工、劳动者证据匮乏的现实，人民法院不宜机械地适用“谁主张，谁举证”原则，劳动者只要能就其主张的事实提交初步证据即可，由用人单位排除“合理怀疑”，否则应按照“有利解释”规则作对劳动者有利的解释。

【案情要点】

1. 徐某某、李某原为夫妻关系，徐某某的母亲储某某与李某为苏州海蓉雯晨电子商务有限公司（以下简称海蓉商务公司）、苏州海蓉雯晨货运代理有限公司（以下简称海蓉货运公司）的股东，徐某某虽非股东、法定代表人，但在两家公司的实际运营中都发挥了重要作用。

2. 根据与申通快递有限公司的特许经营合同，海蓉商务公司负责申通

* 苏州大学王健法学院副教授、硕士生导师。

快递在苏州工业园区中海社区的快递送派服务，但实际上，海蓉货运公司也在经营该区域申通快递的派送工作。2020 年 4 月 1 日，海蓉商务公司将申通快递的揽收和派送业务全部转让给海蓉货运公司。

3. 白某某于 2019 年 12 月 3 日在微信群“申通快递苏州中海公司”中与徐某某、李某等就相应快递派送事宜进行沟通交流，并开始参加快递派送工作，一直工作至 2020 年 4 月 14 日。双方未签订任何合同，也未明确法律关系主体、报酬标准、支付方式。其间，徐某某、李某等以个人微信转账方式向白某某转了一些钱款，但也未明确钱款性质，只有徐某某在微信中称是“发工资”。

4. 2020 年 4 月 14 起，白某某未再继续派送快递，海蓉货运公司、海蓉商务公司也均未通知或要求其继续工作，双方长期对是否继续工作之事宜未再沟通。

5. 白某某要求法院确认其与海蓉货运公司的劳动关系，责令海蓉货运公司支付其拖欠的工资、未签订书面合同的二倍工资差额、离职经济补偿，同时要求海蓉商务公司对上述诉求承担连带责任。

【案件索引】

一审：江苏省苏州工业园区人民法院（2020）苏 0591 民初 3872 号

二审：江苏省苏州市中级人民法院（2021）苏 05 民终 5127 号

【裁审结果】

江苏省苏州工业园区人民法院一审判决：白某某与海蓉货运公司的劳动关系成立；海蓉商务公司和海蓉货运公司两家公司存在混同用工，海蓉商务公司需承担连带责任；工资基准参照市场行情，且不得低于苏州市最低工资；白某某主张的未签订书面劳动合同的双倍工资差额、离职经济补偿也一并予以支持。

江苏省苏州市中级人民法院二审判决：驳回上诉，维持原判。

【案例注解】

一、本案中的法律问题

第一，是否存在劳动关系。白某某的几乎所有诉求都建立在劳动关系成立的基础之上。由于双方未签劳动合同，工资支付也不规范，白某某提交证据也看不出存在明显的指挥管理关系，故海蓉货运公司、海蓉商务公司均主张是劳务关系，白某某虽主张劳动关系，但证据较为缺乏。

第二，海蓉货运公司与海蓉商务公司应否承担连带责任。白某某通过“申通快递苏州中海公司”微信群联系徐某某、李某，网点名称是苏州中海公司，但诉求是要求海蓉货运公司、海蓉商务公司承担用人者责任，且是连带责任，但两家公司从外观上确实是不同的法人，均主张白某某为第三方劳务人员。

第三，举证责任。由于未签任何合同，工资支付等也不规范，白某某几乎所有诉求都存在证据较为缺乏的问题，但海蓉货运公司、海蓉商务公司也提不出有力的否定证据。

第四，工资基准与派件数量。由于整个派件过程中双方均未就派件费用标准进行约定，故工资基准双方完全是各说各话；至于派件数量，白某某提供了初步证据，公司否认但拿不出相反证据。

第五，“不再上班”的法律性质。2020 年 4 月 14 日起白某某不再派送快件，海蓉货运公司、海蓉商务公司也未通知或要求其继续工作，两公司均主张白某某离职手续尚未办理，白某某则主张双方合意解除劳动关系，且解除原因与己无关，故要求离职经济补偿。

二、判决书的分析逻辑

第一，针对劳动关系的确认以及相关举证问题。小微企业用工不规范的很多，由于双方未签合同，工资支付较为随意，快递派件的工作性质又决定了指挥管理关系体现得并不明显，所以劳动者往往存在举证不能、法律关系难以认定的问题。对此，一审法院纠正了劳动争议仲裁委因白某某无法提交“存在劳动关系的初始证据材料”故“不予受理”的决定，强调

“有利解释”规则，即劳动者仅需初步证明其向用人单位提供过劳动，与用人单位之间在人身上存在一定的隶属关系，即可在确认劳动关系问题上作出对劳动者有利的认定，除非用人单位能提出有力的反证。二审法院也坚持该“有利解释”原则，鉴于白某某 2019 年 12 月 3 日就已经在工作群中有关于工作的交流，且在 2019 年 12 月即存在派送量，故支持一审法院作出白某某与海蓉货运公司自 2019 年 12 月 1 日至 2020 年 4 月 14 日存在事实劳动关系的认定。

第二，针对海蓉货运公司与海蓉商务公司应否承担连带责任问题。两公司抗辩称彼此相互独立，是两家各自运营的企业，但一审、二审法院均未囿于工商登记的外观，而是穿透法人面纱，基于以下因素认定二者构成混同用工，应承担连带责任：（1）两家公司均参与申通快递在中海社区的快递派送工作，法定代表人、股东、经营范围也相同，而且海蓉货运公司还是海蓉商务公司的投资人；（2）海蓉货运公司的委托诉讼代理人徐某某同时参与两家公司的运营，并发挥重要作用，员工与其前妻李某均在微信中称其为老板，徐某某也支付过白某某相应的报酬；（3）徐某某在诉讼中自己也承认海蓉商务公司资不抵债，所有员工便至同一法定代表人的海蓉货运公司工作，而且白某某工作内容、工作地点从未发生变化，工资也是部分由法定代表人李某发放，部分由公司重要负责人徐某某发放；（4）公司管理层对公司内部的业务调整是其管理权的体现，与劳动者无关。

第三，针对工资基准与派件总量问题。由于双方对工资标准未有约定，且每个月白某某得到的报酬并不统一，故一审、二审法院在不低于最低工资标准的基础上，均参照当地快递派送的市场行情确定白某某的工资标准。至于派件数量，白某某提供了初步证据，公司否认但拿不出相反证据，故一审、二审法院均采信了白某某的主张。

第四，针对“不再上班”的法律性质。海蓉货运公司没有主张白某某旷工，而是认为双方法律关系尚未终止，一审和二审法院基于海蓉货运公司、海蓉商务公司均未通知白某某继续工作，双方长期对是否继续工作之事宜未再沟通协商的事实，认定双方均以实际行为合意解除劳动关系。考虑到公司不签劳动合同在前，故支持白某某的离职经济补偿的请求。

三、此类案件的特点与裁判建议

小微企业面广量大，由于经济实力、法律意识等原因，加之部分企业主存在故意规避法律规定、逃避用人单位法律义务的主观故意，用工不规范非常普遍，最典型体现就是不签书面劳动合同、工资支付不规范，一旦纠纷发生，劳动者往往面临无法举证的窘境。在快递派送等平台用工场合，由于传统的指挥管理特征不明显，劳动者的窘境就更甚，权利救济往往在启动阶段就面临卡壳。面对该等现实，法院在审理类似案件时，应特别注意以下两个问题。

（一）举证责任与“有利解释”原则

面对小微企业不规范用工的现实，如果片面套用“谁主张，谁举证”的一般规则，劳动者的权利救济很可能根本无法启动。故应充分考虑劳动关系的实际，考虑双方对证据的掌握能力，一般而言，劳动者只需就其主张的事实提交初步证据即可。一旦初步证据成立，除非用人单位能够提供强有力的反证；否则应按照“有利解释”原则，采信劳动者的主张。

（二）穿透用人单位的法人面纱

为了逃避履行相关法律义务的履行，用人单位经常故意把法律关系复杂化。这种复杂化的一个很重要体现就是混同用工，劳动关系在同一实控人控制下的不同关联企业间频繁切换，既可让劳动者无法判断谁是真正的用工主体，又可以彼此独立的法人地位为由逃脱责任，或把责任推卸至没有实际偿付能力的主体上。此时法院不应拘泥于用人单位的法人面纱，牢牢把握劳动关系“命令—服从”的特性，在数个用人单位间可能存在主体混同的场合，除非用人单位能够排除“合理怀疑”；否则应果断认定构成混同用工，判令关联企业承担连带责任。

【裁判全文】

江苏省苏州市中级人民法院
民事判决书

（2021）苏05民终5127号

上诉人（原审被告）：苏州海蓉雯晨货运代理有限公司。

法定代表人：储某某，总经理。

上诉人（原审被告）：苏州海蓉雯晨电子商务有限公司。

法定代表人：李某，总经理。

被上诉人（原审原告）：白某某。

委托诉讼代理人：杨某某。

上诉人苏州海蓉雯晨货运代理有限公司（以下简称海蓉货运公司）、苏州海蓉雯晨电子商务有限公司（以下简称海蓉商务公司）因与被上诉人白某某劳动争议一案，不服江苏省苏州工业园区人民法院（2020）苏0591民初3872号民事判决，向本院提起上诉。本院立案受理后，依法组成合议庭进行审理，本案现已审理终结。

海蓉货运公司的上诉请求：1. 撤销（2020）苏0591民初3872号判决，依法发回重审或改判；2. 判令由被上诉人白某某承担一审、二审全部诉讼费用。事实和理由：2020年4月1日至14日海蓉货运公司、白某某属于劳务关系而非劳动关系。双方经协商一致派件费计算标准为0.5元/件，一审法院认定派件费为1元/件缺乏事实及法律依据。白某某至今未到海蓉货运公司处办理离职手续及交接，一审法院认定双方合意解除劳动关系不当，其主张的经济补偿金不应得到支持。海蓉货运公司与海蓉商务公司是两家彼此独立的企业，要求二者承担连带责任缺乏法律及事实依据。

海蓉商务公司的上诉请求：1. 撤销（2020）苏0591民初3872号判决，依法发回重审或改判；2. 判令由被上诉人白某某承担一审、二审全部诉讼费用。事实和理由：2019年12月1日至2020年3月31日海蓉商务公司、白某某属于劳务关系而非劳动关系。双方经协商一致派件费计算标准为0.5元/件，一审法院认定派件费为1元/件缺乏事实及法律依据。白某某至今未到海蓉商务公司处办理离职手续及交接，一审法院认定双方合意解除劳动关系不当，其主张的经济补偿金不应得到支持。海蓉商务公司与海蓉货运公司是两家彼此独立的企业，要求二者承担连带责任缺乏法律及事实依据。

白某某向一审法院起诉请求：1. 确认白某某与海蓉货运公司自2019年12月1日至2020年4月14日存在劳动关系；2. 海蓉货运公司向白某某支付2020年1月1日至14日未签劳动合同的双倍工资差额19231.2元；3. 海蓉货运公司向白某某支付自2019年12月1日至2020年4月14日的未付工资19424.4元；4. 海蓉货运公司向白某某支付经济补偿金5932.8元。追加被告后，白某某要求海蓉商务公司承担连带赔偿责任。

一审法院认定事实：白某某提交的微信聊天记录显示，其于2019年12月3日在微信群"申通快递苏州中海公司"中与徐某某、李某及其他若干人就相应快递派送事宜进行沟通交流。白某某于2020年3月11日询问徐某某什么时候签合同，徐某某回复等一下，其在理合同，欠款会单独给等；2020年3月18日，徐某某回复"晚上发工资"，后微信转账1883.2元。白某某与李某聊天记录显示2020年3月18日李某向白某某回复"老板转了"，白某某称收到了；此后3月25日、4月6日，李某分别微信转账支付白某某1049.6元、2340.4元。白某某另认可收到2020年1月徐某某支付了2000元，与上述已发工资合计7273.2元。2020年4月14日之后再无沟通工作事宜的记录。庭审中，徐某某称2020年1月其支付的2000元性质为借款。

白某某出示个人信息截屏显示快递公司申通快递，网点名称江苏苏州中海公司，派件统计显示2019年12月至2020年4月派送快递数量分别为6222件、4261件、1900件、5961件、3940件。

双方对白某某的工资结构及计算基数存在分歧，白某某提交照片一张，显示申通业务员派费明细表白某某1049.6元，白某某称根据一周派件计费1049.6元，派费为1.6元/件；海蓉货运公司及海蓉商务公司均称白某某为第三方劳务人员，给其计件劳务费为0.5元/件。海蓉商务公司提交充值记录等，主张菜鸟驿站和丰巢的费用系其公司支付，行业标准是除去该费用，支付派送员派费 0.5 元/件；白某某对此不予认可。

工商登记信息显示，海蓉货运公司原法定代表人为李某，储某某为监事，两人同时为股东，2020 年 6 月法定代表人变更为储某某。海蓉商务公司股东同样为李某、储某某。海蓉商务公司投资人于 2020 年 6 月 12 日由海蓉货运公司变更为李某、储某某。储某某系徐某某之母亲，李某与徐某某原为夫妻关系。徐某某述称两人于 2014 年 5 月离婚。

白某某提交海蓉货运公司向另一快递员商某发送的《复工通知》，载明商某系海蓉货运公司（申通快递苏州中海公司）员工，根据防疫文件在 2020 年 2 月 20 日复工等。白某某主张申通快递苏州中海公司对应的实体公司即海蓉货运公司。海蓉货运公司认为商某是其公司外派过去准备联合派送的，当时没有合并，海蓉商务公司一直为申通服务。

海蓉货运公司提交海蓉商务公司与申通快递有限公司签订的《申通快递特许经营合同》，显示合同期限自 2019 年 9 月 20 日至 2022 年 9 月 19 日，特许经营区域仅为苏州工业园区中海。海蓉货运公司提交《转让协议》显示海蓉商务公司自 2020 年 4 月 1 日起将申通快递的揽收和派送业务转让给海蓉货运公司。海蓉货运公司委托诉讼代理人徐某某称其以前在海蓉商务公司工作，该公司资不抵债，所以所有员工就找同一法人的另外一家公司海蓉货运公司工作，现两家公司独立经营。

白某某于劳动争议发生后申诉至苏州工业园区劳动争议仲裁委员会，该仲裁委员会于 2020 年 5 月 6 日出具不予受理通知书，认为白某某未提交存在劳动关系的初始证据材料，遂不予受理。白某某遂诉至一审法院。

上述事实，有苏园劳仲不字［2020］第 36 号不予受理通知书、微信聊天记录、截屏图片、工商登记信息、特许经营合同等证据及当事人庭审中的陈述予以证实。

一审法院认为，本案的争议焦点为：一、白某某的劳动关系如何认定；二、白某某派件费用标准如何认定，未足额支付的报酬如何计算；三、白某某主张未签劳动合同二倍工资差额是否具有依据；四、白某某主张经济补偿是否应予支持；五、海蓉货运公司及海蓉商务公司是否应承担连带责任。

一审法院认为，当事人针对自己的主张所依据的事实应当提供相关证据加以证明，否则应由负有举证责任的一方承担不利后果。就争议焦点一，在劳动关系的缔结及履行过程中，部分用人单位存在基于管理者的优势地位不与劳动者订立劳动合同，进而规避相应义务的情形，故劳动者仅需初步证明其向用人单位提供过劳动，与用人单位之间在人身上存在一定的隶属关系，即可在确认劳动关系问题上作出对劳动者有利的认定。本案中，白某某负责苏州中海片区申通快递派送工作，海蓉货运公司提交的海蓉商务公司与案外人签订的特许经营许可合同虽显示海蓉商务公司负责该区域申通快递派送工作，但结合海蓉货运公司发送其他员工的《复工通知》，表明海蓉货运公司同时也在负责相应区域申通快递派送工作，且海蓉货运公司、海蓉商务公司法定代表人、股东原来也相同，海蓉货运公司原系海蓉商务公司投资人，两公司的经营范围又相同或类似。海蓉货运公司委托诉讼代理人徐某某也称海蓉商务公司资不抵债，所有员工便至同一法定代表人的海蓉货运公司工作。李某在微信中也称徐某某为老板，徐某某支付过白某某相应报酬，表明徐某某与李某及两公司存在紧密的经济联系，徐某某在公司的运营中实际也发挥着重要作用。鉴于海蓉货运公司、海蓉商务公司的密切关系及当事人陈述，两家公司内部无论对申通快递业务作何调整，但白某某工作内容、工作地点从未发生变化，其工资部分由法定代表人李某发放，部分由公司重要负责人徐某某发放。一审法院综合以上因素认定两公司对白某某存在混同用工的事实，白某某主张其与海蓉货运公司存在劳动关系一审法院予以采信。关于劳动关系期间，白某某提交的微信聊天记录显示其在 2019 年 12 月 3 日即在工作群中有关于工作的交流，且在 2019 年 12 月即存在派送量，海蓉货运公司也未就劳动关系成立时间提出相左意见并提供证据，故一审法院就白某某主张其与海蓉货运公司自 2019 年 12 月 1 日至 2020 年 4 月 14 日存在事实劳动关系的请求予以支持。

就争议焦点二，双方对计件工资的标准存在分歧，双方也无证据表明对工资标准进行了约定，白某某提交的派费明细也不足以表明计费标准，一审法院参照当地快递派送的市场行情，酌定按 1 元/件计算白某某派送快递的工资，且根据相关规定，该工资不得低于最低工资标准 2020 元。关于派件量，白某某已初步举证证实其工作期间派件单数，海蓉货运公司、海蓉商务公司虽不认可，但也未提供相左证据证实其主张，一审法院按白某某主张派件数及最低工资额计算 2019 年 12 月至 2020 年 4 月工资共计为 22404 元。2020 年 1 月徐某某支付白某某 2000 元，根据徐某某的实际身份及公司拖欠白某某工资的事实，徐某某称为借款依据不足，白某某主张该款项为部分工资的意见一审法院予以采信。故海蓉货运公司通过徐某某、李某已支付白某某该期间工资 7273.2 元，还需向白某某支付该期间工资差额 15130.8 元。

就争议焦点三，根据法律规定，用人单位如自用工之日起超过一个月不满一年未与劳动者订立书面劳动合同的，应当向劳动者每月支付二倍的工资。海蓉货运公司及海蓉商务公司未与白某某签订书面劳动合同，亦未为其缴纳社会保险，损害了白某某的合法权益，白某某主张未签劳动合同二倍工资符合法律规定。经计算，海蓉货运公司应支付白某某自 2020 年 1 月至 2020 年 4 月未签劳动合同二倍工资差额 16182 元。

就争议焦点五，根据以上论述，海蓉货运公司与海蓉商务公司存在混同用工的事实，白某某主张海蓉商务公司对以上责任承担连带责任于法有据，一审法院予以支持。

综上，依照《中华人民共和国劳动合同法》第三十条、第三十八条、第四十六条、第四十七条，《中华人民共和国民事诉讼法》第六十四条之规定，一审判决如下：一、确认白某某与苏州海蓉雯晨货运代理有限公司自 2019 年 12 月 1 日至 2020 年 4 月 14 日存在劳动关系；二、海蓉雯晨货运代理有限公司于判决生效之日起十日内支付白某某工资差额 15130.8 元；三、苏州海蓉雯晨货运代理有限公司于判决生效之日起十日内支付白某某未签劳动合同二倍工资差额 16182 元；四、苏州海蓉雯晨货运代理有限公司于判决生效之日起十日内支付白某某经济补偿 2308 元；五、苏州海蓉雯晨电子商务有限公司对被告苏州海蓉雯晨货运代理有限公司以上责任承担连带责任；案件受理费 10 元，由被告苏州海蓉雯晨货运代理有限公司、苏州海蓉雯晨电子商务有限公司负担。

本院查明的事实与原审法院查明的事实相一致。

本院认为，关于劳动关系的认定，根据工商登记信息显示，海蓉货运公司原法定代表人为李某，储某某为监事，两人同时为股东，2020 年 6 月法定代表人变更为储某某。海蓉商务公司股东同样为李某、储某某。海蓉商务公司投资人于 2020 年 6 月 12 日由海蓉货运公司变更为李某、储某某。储某某系徐某某之母亲，李某与徐某某原为夫妻关系。徐某某述称两人于 2014 年 5 月离婚。海蓉货运公司原系海蓉商务公司投资人，两公司的经营范围又相同或类似。李某在微信中也称徐某某为老板，李某、徐某某都曾向白某某支付过报酬。因此，海蓉货运公司与海蓉商务公司系关联企业，海蓉货运公司徐某某也称海蓉商务公司资不抵债，所有员工便至同一法定代表人的海蓉货运公司工作，两家公司内部关于申通快递业务调整，与劳动者无涉，且白某某工作内容、工作地点也未发生变化，故一审认定两家系混合用工正确。劳动者主张劳动关系只需提供初步证据，根据白某某提交的微信聊天记录，其 2019 年 12 月 3 日就已经在工作群中有关于工作的交流，且在 2019 年 12 月即存在派送量。综上，本院认为，白某某主张其与海蓉货运公司存在劳动关系，有相应的事实依据，应予支持，故一审法院认定白某某与海蓉货运公司自 2019 年 12 月 1 日至 2020 年 4 月 14 日存在事实劳动关系并无不当。

关于未签劳动合同双倍工资，用人单位如自用工之日起超过一个月不满一年未与劳动者订立书面劳动合同的，应当向劳动者每月支付二倍的工资。海蓉货运公司及海蓉商务公司既未能举证其与白某某签订了书面劳动合同，且未为其缴纳社会保险，客观上已经损害了白某某的合法权益。因此，白某某主张未签劳动合同二倍工资于法有据，本院予以支持。经核算，一审判决海蓉货运公司应支付白某某 2020 年 1 月至 4 月未签劳动合同二倍工资差额 16182 元正确，本院予以确认。

关于经济补偿金，白某某自 2020 年 4 月 14 日起未再继续提供劳动，而海蓉货运公司或海蓉商务公司也未通知或要求其继续工作，双方长期对是否继续工作之事宜一致未再沟通协商，因此双方均以实际行为表示无意再继续维持劳动关系，应视为合意解除劳动关系，故海蓉货运公司应支付白某某经济补偿，经核算一审法院根据工资标准及工作时长核算经济补偿金额为 2308 元正确。

关于计件工资的标准，鉴于双方对工资标准未有约定，且双方对计件工资标准存在分歧，故一审法院参照当地快递派送的市场行情，且工资不得低于最低工资标准 2020 元，遂酌定按 1 元/件计算白某某派送快递的工资，并无不当。白某某已初步举证证实其工作期间派件单数，海蓉货运公司、海蓉商务公司不予认可，但未能提供证据证明派件量，故一审法院采信白某某主张派件数及最低工资额计算 2019 年 12 月至 2020 年 4 月工资共计为 22404 元亦无不当。至于 2020 年 1 月徐某某支付白某某 2000 元，徐某某称系借款，但未提供证据佐证，本院不予支持。综上，鉴于海蓉货运公司已经通过徐某某、李某向白某某支付该期间工资 7273. 2 元，故海蓉货运公司尚需向白某某支付该期间工资差额 15130. 8 元。

承前分析，海蓉货运公司与海蓉商务公司应当视为关联企业，且存在混同用工的事实，故一审法院根据相关事实和法律判令海蓉商务公司对海蓉货运公司付款责任承担连带责任亦无不当。

综上所述，上诉人的上诉请求依据不足，本院不予支持。原审法院认定事实清楚，适用法律正确，所作判决并无不当，应予维持。据此，依照《中华人民共和国民事诉讼法》第一百七十条第一款第（一）项的规定，判决如下：

驳回上诉，维持原判。

二审案件受理费 20 元，由上诉人苏州海蓉雯晨货运代理有限公司、苏州海蓉雯晨电子商务有限公司各负担 10 元。

本判决为终审判决。

审判长　朱　立

审判员　林李金

审判员　锁文举

二〇二一年七月十二日

书记员　芮　园

案例五　外卖骑手劳动关系的区分与界定

——秦某甲等与宁波捷顺食品配送有限公司确认劳动关系案

王　岑[*]　步允超[**]

关键词　平台用工　专送骑手　劳动关系　用工　劳动资源分配

【裁判要旨】

在外卖骑手是否属于法律意义上的劳动者存在争议的情况下，判断新就业形态下劳动关系是否成立，应从外卖配送运营模式入手，根据骑手是否接受用工主体日常管理、工作内容是否系用工主体主营业务范围，以及用工主体是否向骑手支付劳动报酬等要素加以甄别与认定。

【案情要点】

1. 宁波捷顺食品配送有限公司（以下简称捷顺配送公司）通过多种方式招聘"骑手"。其从上海三快科技有限公司（以下简称上海三快公司）取得系统运营权限，通过系统向所有骑手派送订单，其与骑手之间按月结算。

2. 捷顺配送公司（乙方）与上海三快公司（甲方）签订《美团外卖配送服务协议》，主要内容为：

（1）约定捷顺配送公司在约定的配送区域内进行美团外卖订单配送的

* 江苏省苏州市相城区人民检察院党组书记、检察长。

** 江苏省苏州市中级人民法院苏州劳动法庭四级法官助理。

运营工作。

（2）捷顺配送公司（乙方）按照上海三快公司（甲方）要求的标准及配套设施组建专门配送团队。

（3）捷顺配送公司（乙方）应对配送人员进行规范管理、保证符合要求并保证其人员按照协议约定标准完成配送服务等内容。

3. 李某注册了美团外卖 App，注册信息显示服务站点为宁波捷顺（苏州）渭塘站，全职员工。

4. 工作模式。秦某甲、秦某乙、李某某陈述，美团外卖对骑手考核是通过加盟商捷顺配送公司完成，工资也是通过加盟商来发放，对于骑手有评价机制。在实际的运营中所有的骑手着装一致，实际的管理由捷顺配送公司完成。

5. 纠纷起因。2017 年 4 月 6 日，李某在相城区渭塘镇渭中北路商苑街路口发生与小轿车相撞的交通事故。秦某甲、秦某乙、李某某申请仲裁确认劳动关系。

【案件索引】

一审：江苏省苏州市相城区人民法院（2018）苏 0507 民初 6703 号

二审：江苏省苏州市中级人民法院（2019）苏 05 民终 212 号

【裁判结果】

江苏省苏州市相城区人民法院一审判决：捷顺配送公司与李某自 2017 年 4 月 4 日起存在劳动关系。

江苏省苏州市中级人民法院二审判决：驳回上诉，维持原判决。

【案例注解】

一、本案的法律问题

本案核心争议焦点是劳动关系认定问题，秦某甲、秦某乙、李某某主张李某与捷顺配送公司存在劳动关系，捷顺配送公司称其与李某之间仅为劳务关系。该核心争议下存在两个法律问题。

第一，劳动者管理问题。捷顺配送公司主张，捷顺配送公司未对骑手进行管理和培训，对于骑手的工作时间没有要求，双方没有任何管理的合作关系。秦某甲、秦某乙、李某某称，上海三快公司与捷顺配送公司签订的配送协议对配送标准作了详细约定，平台对骑手有评价机制，骑手着装一致，美团外卖对骑手考核是通过捷顺配送公司这样的加盟商完成，捷顺配送公司作为加盟商对李某进行实际管理。

第二，劳动报酬发放问题。捷顺配送公司主张与李某之间按月结算，每单固定金额。秦某甲、秦某乙、李某某则主张李某的工资通过加盟商发放。

二、判决书的分析逻辑

第一，针对劳动者管理问题，一审法院认为，捷顺配送公司系通过其管理的系统向包括李某在内的骑手分配工作任务，其称对骑手不进行管理和考核，不符合其与上海三快公司的服务协议内容和美团外卖派送服务的实际情况。二审法院的判决逻辑与一审法院一致，但在说理部分对捷顺配送公司与上海三快公司签订的《美团外卖配送服务协议》的具体内容和外卖派送服务的实际经营管理情况进行了详细阐述。一审、二审法院均认定捷顺配送公司对作为外卖配送骑手的李某进行劳动管理。

第二，针对劳动报酬发放问题，一审法院认为，劳动报酬由捷顺配送公司进行计件发放并每月结算符合一般劳动关系的特征。二审法院认为，李某作为外卖配送骑手根据外卖平台 App 派发的订单进行外卖配送，劳动报酬由捷顺配送公司计件发放，按月结算，故李某从事的是捷顺配送公司安排的有报酬的劳动。

三、此类案件的特点与裁判建议

外卖行业作为平台经济的典型代表，就业门槛低、用工灵活、报酬确定且结算及时，极大地调动了从业者的积极性。但是，随着外卖骑手从业人员规模的不断扩大，由此引发的纠纷也日益增多。目前，互联网外卖行业涉及用工的纠纷案件中，外卖骑手与平台经营者之间是否存在劳动法律关系不仅是法院审理这类案件时面临的焦点法律问题，也往往是处理其他争议问题的前提和基础。

（一）注重实质从属性审查

传统劳动法理论一般认为，劳动者对用人单位具有从属性是劳动关系区别于其他社会关系的本质属性。但是在互联网平台灵活用工模式下，外卖平台经营者对外卖骑手的管理方式相对复杂。传统劳动关系中诸如是否存在固定的劳动时间、固定的劳动地点、稳定的工资支付等要素，对于互联网平台灵活用工来说，都只能作为认定劳动关系的参考因素而非决定因素。为适应互联网平台用工的新特点，在劳动关系认定标准上不宜拘泥于传统上的形式从属性标准，而应过渡到实质从属性标准。在实质从属性标准下，不仅需要考虑外卖骑手的工作时间、工作地点以及收入来源等要素，还应当考察外卖平台经营者是否对服务过程进行全方位控制，外卖平台经营者是否对骑手的奖惩、进入退出具有管理权和决定权，等等。采取实质性标准，有助于在外卖骑手工作自主性较强的灵活用工场合，透过现象看本质，有效识别是否存在实质性劳动关系。

（二）注重自主性审查

审判实践中，应当以自主性作为外卖骑手劳动关系区分判断的重要标准。外卖骑手是平台经济下产生的一种新型就业形态。灵活就业模式使骑手可以自由地选择工作时间与地点，其劳务提供具备一定独立性和自主性的特征。平台不同运营模式对从业者与平台企业之间关系界定产生重要影响。以美团为例，专送骑手一般属于全职骑手，而众包骑手往往系兼职骑手，二者在缔结劳动合同意愿、派送机制、薪酬管理等方面存在较大差异。专送骑手通常由正规的配送公司统一管理，其订单均是由平台自动分配，报酬结算方式为月结；相较于专送骑手，众包骑手又被称为“自雇骑手”，利用其闲暇时间进行配送，没有接单数量要求，其独立性和自主性较为明显。一般而言，专送骑手与配送公司之间关系更为紧密且通常有协议加以约束，符合劳动关系法律特征的，可以认定劳动关系；众包骑手对于是否提供劳动具有一定自主性，故应慎重认定劳动关系。

（三）注重合理分配举证责任

新就业形态是依赖于互联网及信息技术的灵活就业模式，新业态用工模式下劳动关系双方联结点更少也更为隐蔽，电子合同、微信聊天工具的蓬勃发展导致从业人员或用人单位举证呈现电子化趋势，对于电子证据的审查和认定往往牵涉劳动关系能否确立，成为司法实践面临的新课题和新挑战。平台在数据掌握方面具备更强优势，具备管理者的优势地位，而劳动者在发生纠纷时较难获取相应资料。法院在审理该类案件中，应依法适度加大用人单位、平台的举证义务。

【裁判全文】

江苏省苏州市中级人民法院
民 事 判 决 书

（2019）苏 05 民终 212 号

上诉人（原审原告）：宁波捷顺食品配送有限公司。

法定代表人：周某某，总经理。

委托诉讼代理人：方某某。

委托诉讼代理人：陆某某。

被上诉人（原审被告）：秦某甲。

被上诉人（原审被告）：秦某乙。

被上诉人（原审被告）：李某某。

以上三被上诉人共同委托诉讼代理人：郑某某。

上诉人宁波捷顺食品配送有限公司（以下简称捷顺配送公司）因与被上诉人秦某甲、秦某乙、李某某确认劳动关系纠纷一案，不服江苏省苏州市相城区人民法院（2018）苏 0507 民初 6703 号民事判决，向本院提起上诉。本院于 2019 年 1 月 2 日立案后，依法组成合议庭进行了审理，本案现已审理终结。

捷顺配送公司上诉请求：撤销原判，依法改判其与李某自2017年4月4日起不存在劳动关系。事实理由：原审法院认定事实及适用法律错误，上诉人与李某之间不符合建立劳动关系的特征。

秦某甲、秦某乙、李某某辩称：一审法院认定事实清楚，适用法律正确，请求驳回捷顺配送公司上诉请求，维持原判。

捷顺配送公司向一审法院起诉请求：请求判令其与李某不存在劳动关系。

一审法院认定事实：北京三快科技有限公司是美团网App（以下简称美团外卖）网络经营许可证的持有者，美团外卖的经营由其关联公司上海三快科技有限公司（以下简称上海三快公司）开展。2017年3月2日，捷顺配送公司（乙方）与上海三快公司（甲方）签订《美团外卖配送服务协议》，约定捷顺配送公司在约定的配送区域内进行美团外卖订单配送的运营工作，包括乙方按照甲方要求的标准及配套设施组建专门配送团队、乙方应对配送人员进行规范管理、保证符合要求并保证其人员按照协议约定标准完成配送服务等内容。

2017年4月4日，李某注册了美团外卖App，注册信息显示服务站点为宁波捷顺（苏州）渭塘站，全职员工。此后，李某在捷顺配送公司处从事餐饮配送服务。2017年4月6日23时50分左右，李某驾驶无号牌电动自行车在相城区渭塘镇渭中北路商苑街路口时，与某小轿车相撞，李某受伤，经抢救无效于4月10日死亡。该事故经交警部门认定双方各负事故同等责任。秦某甲、秦某乙、李某某的交通事故赔偿纠纷于2017年9月20日经苏州市相城区人民法院（2017）苏0507民初3109号案件调解结案。

双方关于李某与捷顺配送公司之间是否构成劳动关系发生争议，秦某甲、秦某乙、李某某申请劳动仲裁。苏州市相城区劳动人事争议仲裁委员会于2018年10月9日作出劳动仲裁裁决，认定捷顺配送公司与李某自2017年4月4日起成立劳动关系。捷顺配送公司现不服该劳动仲裁裁决，现诉至一审法院。

一审另查明，在另案诉讼中，捷顺配送公司曾经出具《情况说明》一份，其中载明李某于2017年4月入职到我公司，在4月晚10时40分，下班后回家时喝了一瓶啤酒，因酒驾致被车撞至死亡，该时间骑手已经下班，与我公司没有任何关系。

在仲裁庭审中，秦某甲、秦某乙、李某某还陈述，李某于2017年3月底进入捷顺配送公司处工作，工作时间为早上9时至晚上10时多。捷顺配送公司陈述，李某于2017年4月4日进入其处，并与其签订了劳务协议，但无法提供该协议，协议内容是餐饮配送，故李某工作时间主要集中在中午和傍晚时段，非全职。

本案一审庭审中，捷顺配送公司针对其公司经营模式等还述称：捷顺配送公司关于招聘“骑手”的方式有很多种，有主动上门、通过招聘广告的形式等，李某是通过张贴的广告主动上门干活的。骑手不需要专业技术，所以入职没有门槛要求，只要达到法定入职年龄，除了要求留存身份证复印件，我们不需要审查，也不需要开办工资卡，因为双方合作的方式比较松散。捷顺配送公司从上海三快公司取得系统运营权限，通过系统向包括李某在内的所有骑手派送订单，骑手有选择接与不接的权利（抢单），系统主要根据骑手的位置及待派送的位置自动生成派发订单。我们与骑手之间按月结算，每单固定为5元，不区分距离远近等因素。我们公司对骑手不需要管理和培训，对于骑手的工作时间也没有要求，对于骑手实际上路或在线时间没有要求。我们与骑手之间没有签订劳动合同，也没有缴纳社保，客户对骑手的投诉主要是向美团平台投诉，平台再反映给我们，对于骑手派送服务的质量没有考核，从来不对骑手进行罚款。

秦某甲、秦某乙、李某某认为，根据上海三快公司与捷顺配送公司签订的配送协议，对于配送的标准以及捷顺配送公司的义务作了详细的约定。捷顺配送公司所陈述的对于骑手不作任何要求，没有任何管理完全松散的关系是不可能达到美团外卖配送商的服务规范和行为规范的要求的。美团外卖对骑手考核是通过捷顺配送公司这样的加盟商完成，工资也是通过加盟商来发放，使用过美团外卖的人都会知道对于骑手是有评价机制的。在实际的运营中所有的骑手着装一致，虽然对外都是美团，但实际的管理却是由捷顺配送公司完成的。

一审法院认为，劳动者与用人单位之间是否存在劳动关系，主要通过考察劳动者是否接受用人单位日常管理、是否接受劳动报酬、是否系用人单位主营业务范围等因素来确定，对于类似于外卖骑手这种产生于互联网大数据时代的新生产物，本着规范企业合法用工、依法保护劳动者合法权益的原则，也应依据上述基本原则来加以甄别和认定。本案中，2017 年 4 月 4 日，李某通过捷顺配送公司管理的系统登记注册为其名下的骑手从事外卖派送服务。第一，该外卖派送服务属于捷顺配送公司的主要经营内容，应当是捷顺配送公司的主要用工领域；第二，捷顺配送公司系通过其管理的系统向包括李某在内的骑手分配工作任务，这种工作分配并非传统意义上的一对一，而是多对多，但实质上与传统行业中操作人员从生产流水线上选取工作对象并无二致；第三，劳动报酬由捷顺配送公司进行计件发放，每月结算，也符合一般劳动关系的特征；第四，捷顺配送公司称其对骑手不进行管理和考核，该说法不符合其与上海三快公司的服务协议内容，也不符合美团外卖派送服务的实际情况，让常人无法接受。综上，一审认为，李某与捷顺配送公司的关系，符合劳动关系的一般特征，且确认存在劳动关系也有助于规范行业用工和骑手权益的保障，因此一审认定李某与捷顺配送公司之间自 2017 年 4 月 4 日起建立劳动关系。

一审依据《中华人民共和国劳动合同法》第七条、《最高人民法院关于民事诉讼证据的若干规定》第二条等规定判决：原告宁波捷顺食品配送有限公司与李某自 2017 年 4 月 4 日起存在劳动关系。案件受理费减半收取为 5 元，由原告宁波捷顺食品配送有限公司负担。

二审诉讼期间双方均未向本院提交新证据。

本院查明的事实与一审法院一致。

本院认为，本案李某通过捷顺配送公司管理的系统登记注册为捷顺配送公司名下的骑手从事外卖派送服务，捷顺配送公司与李某符合法律、法规规定的主体资格。捷顺配送公司与开展美团外卖经营的上海三快公司签订的《美团外卖配送服务协议》约定捷顺配送公司在约定的配送区域内进行美团外卖订单配送的运营工作，按照要求的标准及配套设施组建专门配送团队、对配送人员进行规范管理、保证配送人员按照协议约定标准完成配送服务等内容；美团外卖在经营中，对外卖配送骑手有着装要求，顾客对外卖配送骑手有评价机制；故可认定捷顺配送公司对作为外卖配送骑手的李某进行劳动管理。李某作为外卖配送骑手根据美团外卖 App 派发的订单进行外卖配送，劳动报酬由捷顺配送公司计件发放，按月结算，故李某从事的是捷顺配送公司安排的有报酬的劳动。外卖配送服务属于捷顺配送公司的主要经营范围，故李某从事的外卖配送是捷顺配送公司业务的组成部分。综上，一审认定捷顺配送公司与李某自 2017 年 4 月 4 日起存在劳动关系符合法律规定。

综上所述，上诉人的上诉请求不能成立，应予驳回；一审判决认定事实清楚，适用法律正确，应予维持。依照《中华人民共和国民事诉讼法》第一百七十条第一款第（一）项之规定，判决如下：

驳回上诉，维持原判决。

二审案件受理费 10 元，由宁波捷顺食品配送有限公司负担。

本判决为终审判决。

审判长　汪　文

审判员　朱婉清

审判员　锁文举

二〇一九年三月十二日

书记员　石寒钰

案例六　外卖配送交通事故案中劳务派遣单位和用工单位责任承担

——冯某某诉顾某某、上海奋杰企业营销管理有限公司等机动车交通事故责任纠纷案

杨钧辉*　户瑞奇**

关键词　肯德基宅急送　平台配送　劳务派遣　用工单位　侵权责任

【裁判要旨】

平台配送公司通过具有劳务派遣资质的劳务派遣公司使用劳动者，在劳务派遣期间，被派遣人员因执行工作任务造成第三方损害的，由接受劳务派遣的用工单位即平台配送公司承担侵权责任；劳务派遣公司有过错的，承担相应的责任。

【案情要点】

1. 苏州肯德基有限公司（以下简称肯德基公司）与上海奋杰企业营销管理有限公司（以下简称奋杰公司）签订《肯德基宅急送送餐外包服务协议》，由奋杰公司为肯德基公司提供取餐、食品外送服务。

2. 奋杰公司又与大连盛京昌服务外包有限公司（以下简称盛京昌公司）签订《送餐外包人员提供协议》，由盛京昌公司提供具体劳务配送

* 江苏瀛元律师事务所主任、苏州市律师协会副会长、苏州市人民政府法律顾问。

** 江苏瀛元律师事务所律师、苏州市劳动人事争议仲裁院兼职仲裁员。

人员。

3. 盛京昌公司招用顾某某，与顾某某签订《用工协议》，并安排顾某某到奋杰公司从事骑手工作，具体工作是为苏州肯德基有限公司常熟支塘餐厅（以下简称支塘餐厅）提供肯德基配送服务。

4. 顾某某在外卖配送途中，驾驶电动车逆向行驶，与骑摩托车的冯某某相撞，两人均不同程度受伤。交警部门认定，顾某某承担该起事故主要责任，冯某某承担次要责任。

5. 冯某某起诉顾某某、奋杰公司、盛京昌公司、肯德基公司、肯德基常熟支塘餐厅及奋杰公司投保雇主责任险的中国人民财产保险股份有限公司南京市分公司（以下简称人保南京市分公司），要求共同赔偿其损失。

6. 法院经审理认为，顾某某由盛京昌公司派遣至奋杰公司工作，事故发生时顾某某正执行配送任务，在工作过程中造成冯某某损害，依法应当由奋杰公司承担侵权责任。一审判决后，双方均未提起上诉，判决发生法律效力。

【案件索引】

一审：江苏省常熟市人民法院（2020）苏0581民初13932号

【裁判结果】

江苏省常熟市人民法院一审判决：奋杰公司赔偿冯某某因交通事故造成的各项损失；驳回冯某某其他诉讼请求。

【案例注解】

一、本案的法律问题

第一，职务行为的认定。顾某某主张，事发时，顾某某正在送完肯德基宅急送后回支塘餐厅途中，属于履行职务行为。

第二，各方法律关系认定问题。

奋杰公司与顾某某之间的法律关系。奋杰公司主张，顾某某是为盛京昌公司提供劳动，奋杰公司与顾某某不存在劳动关系、雇佣等法律关系。

人保南京分公司与冯某某之间的法律关系。人保南京分公司主张本案为机动车交通事故责任纠纷，人保南京分公司仅与奋杰公司存在雇主责任保险合同，与本案原告冯某某没有合同关系，也不存在侵权关系。

肯德基公司、支塘餐厅与顾某某之间的法律关系。本案系冯某某与顾某某之间的交通事故赔偿纠纷，顾某某系奋杰公司的员工，与肯德基公司无关。

第三，赔偿责任认定问题。

顾某某辩称，其受雇于奋杰公司，被派往支塘餐厅工作，事发时正在送完肯德基宅急送后回支塘餐厅的途中，属于履行职务行为。冯某某的全部损失，应由奋杰公司及肯德基公司承担，其不承担赔偿责任。

奋杰公司辩称，顾某某是为盛京昌公司提供劳动，奋杰公司与顾某某不存在劳动关系、雇佣等法律关系，不应承担赔偿责任；《用工协议》约定逆行、闯红灯等违反交通法规的事故由当事人本人全额承担。

人保南京分公司主张，其只与奋杰公司存在雇主责任保险合同，与顾某某无合同关系和侵权关系，不是本案适格被告，不应承担赔偿责任。

肯德基公司、支塘餐厅主张，顾某某为奋杰公司员工，肯德基公司与奋杰公司签订第三方外包服务协议，所以本案与肯德基公司、支塘餐厅无关。

二、判决书的分析逻辑

第一，针对职务行为的认定问题。法院认为，顾某某作为盛京昌公司派遣至奋杰公司从事骑手工作，具体是为支塘餐厅配送肯德基餐饮业务，事故发生时顾某某正在从事外卖配送任务，故顾某某系在履行职务行为。用人单位的工作人员因执行工作任务造成他人损害的，由用人单位承担侵权责任。劳务派遣期间，被派遣的工作人员因执行工作任务造成他人损害的，由接受劳务派遣的用工单位承担侵权责任；劳务派遣单位有过错的，承担相应的补充责任。

第二，针对案涉法律关系的认定问题。一审法院在审查各方主体之间签订的合同后，认定奋杰公司与盛京昌公司为劳务派遣合同关系，奋杰公司与肯德基公司为业务外包合同关系，盛京昌公司与顾某某之间为劳动关系，奋杰公司与顾某某为实际用工关系，而顾某某与肯德基公司、支塘餐厅不存在直接的法律关系。奋杰公司向人保南京分公司投保雇主责任险，与人保南京分公司之间是保险合同关系。雇主责任险属于商业保险，不属于案涉车辆保险，与本案的侵权责任并非同一法律关系。

第三，针对责任认定问题。法院认为，盛京昌公司虽与顾某某签订具有劳动合同性质的《用工协议》，但不对顾某某进行使用和具体的管理，不是顾某某的用工单位，且在交通事故中无过错，故无须承担责任。奋杰公司系用工单位，需要承担雇主替代责任。顾某某系由盛京昌公司派遣至奋杰公司从事骑手工作，接受奋杰公司指示和管理，事故发生时系履行职务行为，故顾某某在工作过程中造成他人损害，其责任应由奋杰公司承担。肯德基公司、支塘餐厅不承担责任。肯德基公司、支塘餐厅不是顾某某的用工单位，也非顾某某的劳务派遣公司，基于合同相对性原理，肯德基公司、支塘餐厅不应承担赔偿责任。顾某某在交通事故中有过错，根据过错程度适当减轻机动车一方的赔偿责任，酌定顾某某承担65%比例由奋杰公司承担赔偿责任。

三、此类案件的特点与裁判建议

（一）涉及主体的复杂性

在平台外卖骑手因工作原因致人损害的案件中，往往涉及多方主体，可能会出现侵权人、被侵权人、业务发包方、业务承包方、劳务派遣单位、实际用工单位和保险公司等部分或全部主体。本案中，被告涉及劳务派遣单位（盛京昌公司）、实际用工单位（奋杰公司）、业务发包方（肯德基公司）和保险公司，主体众多，需要厘清各方主体之间的法律关系。

在商事交易中，应充分尊重各方商事主体的意思自治。业务发包方将业务外包，承接方作为商事主体进行承接，对其可能出现的经营风险，有充分的考量。一般情况下，不易突破合同的相对性原理，破坏交易的稳定性。同理，业务承包方为了降低用工成本，也可能会采用劳务派遣的形式，由劳务派遣公司负责人员的招聘，相应的劳动用工风险也部分转移至劳务派遣公司。劳务派遣公司作为商事主体，对自己的经营风险，也有一定的预判。

现实中，实际用工单位（一般为业务承包方）大多会为外卖骑手购买意外险或雇主责任险，费用或由公司承担，或由外卖骑手承担，目的是通过保险公司提高抗风险的能力。当外卖骑手执行配送任务时，造成他人损害的，责任该如何划分和认定？《民法典》第一千一百九十一条第二款是对劳务派遣单位、劳务用工单位责任的明确规定，法律规定被派遣的工作人员因工作造成他人损害的，其责任应当由用工单位承担。劳务派遣单位在派遣工作人员方面存在过错的，应当承担相应的责任。

本案中，劳务派遣单位（盛京昌公司）受实际用工单位（奋杰公司）委托招聘劳动者，与顾某某签订具有劳动合同性质的《用工协议》，并根据与奋杰公司订立的《送餐外包人员提供协议》，将顾某某派遣至奋杰公司从事具体配送工作。《送餐外包人员提供协议》明确被派遣人员劳动过程由奋杰公司监管，工资、福利、社保等由奋杰公司提供给劳务派遣公司，再由劳务派遣公司支付被派遣人员。法院审判过程中，从事实出发，准确认定盛京昌公司系劳务派遣单位，奋杰公司为接受劳务派遣的用工单位，为准确适用法律和责任的承担奠定了基础。

（二）类案裁判建议

1. 充分保护被侵权人的合法权益

用人单位的工作人员在工作的过程中，因工作原因造成他人损害的，由用人单位对外承担侵权责任，这种责任在理论上被称为替代责任，即由他人对行为人的行为承担责任。由于工作人员是为用人单位工作，用人单位可以从工作人员的工作中获取一定的利益，因此，工作人员因工作所产生的风险，需要用人单位承担。用人单位与工作人员相比，一般经济能力较强，让用人单位承担责任，有利于更好地保护被侵权人的合法权益，也有利于用人单位在选任工作人员时能尽到相当的谨慎和注意义务，加强对工作人员的监督和管理。在该类型案件中，业务发包方、业务承包方、劳务派遣单位、实际用工单位、保险公司等主体，可能会各执一词，影响审判的进程。法院通过厘清各主体间的法律关系，排除多种法律关系的干扰，快速判决，及时保障被侵权人的合法权益。

2. 尊重商事主体的意思自治

在遇到多方主体责任划分和认定时，要基于案件事实明确各方之间的法律关系，从而判断各方是否需要承担法律责任。此类案件中，除侵权人和被侵权人外，其他主体，如业务发包方、业务承包方、劳务派遣单位、实际用工单位和保险公司，基本上均为商事主体。各方之间所签订的合同，是各商事主体间磋商的结果。各方交易地位虽不相同，但也多对签订合同的后果有充分预判。因此，一般情况下，应尊重各商事主体的意思自治。

外卖骑手与实际用人单位或劳务派遣单位之间，具有一定的人身从属性和依附性，可能存在部分条款排除外卖骑手权利，或排除实际用人单位或劳务派遣单位义务的条款，但这不是侵权责任承担案件审理时的关注点。本案最终判决由奋杰公司承担赔偿责任，至于《用工协议》约定的“由于逆行、闯红灯等违反交通法规的事故由当事人本人全额承担”的条款的效力问题，不是此类案件关注的重点。本案中，顾某某逆行是造成此次事故的原因之一，顾某某的行为是否属于故意或者重大过失，不影响奋杰公司对被侵权人承担赔偿责任。至于奋杰公司是否可以向顾某某追偿，属另一种法律关系。

关于保险公司是否需要在此类案件中承担责任。根据合同的相对性原理，实际用人单位投保的是雇主责任险或者意外险，均不属于骑手车辆保险，与侵权责任也不属于同一法律关系。在保险公司同意合并审理的情况下，为免诉累，可以一并处理。在保险公司不同意合并审理的情况下，法院对保险合同关系不宜一并处理。

3. 注意判决对市场的指引作用

当前，“互联网+”平台经济快速发展，创设了许多新的市场运营模式，促进大量劳动力实现灵活就业，也在一定程度凸显了社会用工紧张问题。劳务派遣对人力资源集聚保障促进平台发展发挥着重要作用。《民法典》第一千一百九十一条第二款规定，劳务派遣期间，被派遣的工作人员因执行工作任务造成他人损害的，由接受劳务派遣的用工单位承担侵权责任；劳务派遣单位有过错的，承担相应的责任。由此，由接受劳务派遣的用人单位承担雇主替代责任，充分保障了受害者权益救济；劳务派遣公司、餐饮平台依法无须承担责任，为平台经济规范健康发展、促进行业经济发展、促进劳动者就业提供了精准裁判思路。我国虽非判例法国家，但随着裁判文书的公开，案例所体现出来的裁判规则，对现实具有很大的影响。因此，在新类型案件的处理中，应注意判决对现实的规范和指引作用。

【裁判全文】

江苏省常熟市人民法院
民 事 判 决 书

（2020）苏0581民初13932号

原告：冯某某。

委托代理人：钱某。

告：顾某某。

委托代理人：倪某。

被告：上海奋杰企业营销管理有限公司。

法定代表人：李某某，执行董事兼总经理。

委托诉讼代理人：马某。

被告：大连盛京昌服务外包有限公司。

法定代表人：薛某。

被告：中国人民财产保险股份有限公司南京市分公司。

负责人：娄某某。

委托代理人：姜某某。

被告：苏州肯德基有限公司常熟支塘餐厅。

负责人：胡某某。

委托诉讼代理人：郭某某。

被告：苏州肯德基有限公司。

法定代表人：黄某某。

委托诉讼代理人：郭某某。

原告冯某某与被告顾某某机动车交通事故责任纠纷一案，本院于2020年11月4日立案后，原告冯某某申请追加上海奋杰企业营销管理有限公司（以下简称奋杰公司）、大连盛京昌服务外包有限公司（以下简称盛京昌公司）、中国人民财产保险股份有限公司南京市分公司（以下简称保险公司）、苏州肯德基有限公司常熟支塘餐厅（以下简称支塘餐厅）、苏州肯德基有限公司（以下简称肯德基公司）为本案被告参与诉讼，本院予以准许并依法适用简易程序于2020年12月9日公开开庭进行了审理。原告冯某某及其委托诉讼代理人钱某、被告顾某某及其委托诉讼代理人倪某、被告奋杰公司的委托诉讼代理人马某、保险公司的委托诉讼代理人姜某某、肯德基公司及支塘餐厅的委托诉讼代理人郭某某到庭参加诉讼。被告盛京昌公司经本院合法传唤，无正当理由拒不到庭。本案现已审理终结。

原告冯某某向本院提出诉讼请求：1. 判令各被告赔偿原告损失共计250945元；2. 本案诉讼费用由被告承担。事实和理由：2019年5月12日17时35分许，顾某某驾驶二轮电动车在支梅线东侧非机动车道内由北向南逆向行驶至宏新淀粉厂处斜穿机动车道时，与在支梅线由南向北直行的冯某某所驾普通二轮摩托车发生相撞，致顾某某、冯某某不同程度受伤，两车不同程度损坏。常熟市公安局交通警察大队认定：顾某某负事故的主要责任，冯某某负事故的次要责任。为维护原告自身权益故诉至法院。

被告顾某某辩称，对事故经过及责任认定没有异议。其受雇于奋杰公司，被派往支塘餐厅工作。事发时其正在送完肯德基宅急送后回支塘餐厅的途中，其是属于履行职务行为。原告的全部损失，应当由奋杰公司以及支塘餐厅及肯德基公司进行赔偿。其不承担本案的赔偿责任。

被告奋杰公司辩称，被告顾某某是为盛京昌公司提供劳动。其公司与顾某某不存在劳动关系、雇佣等法律关系，故奋杰公司不是本案的法律责任主体，不应承担赔偿责任；《用工协议》约定逆行、闯红灯等违反交通法规的事故由当事人本人全额承担。

被告保险公司辩称，保险公司不是本案的适格被告，本案为机动车交通事故责任纠纷，而本案中公司仅与奋杰公司存在雇主责任保险合同，与本案的原告没有合同关系也不存在侵权关系，因此原告无直接把保险公司列为被告的权利。

被告肯德基公司、支塘餐厅辩称，本案为顾某某与冯某某发生的交通事故，顾某某为奋杰公司的员工，其公司与奋杰公司签订的第三方的外包协议，所以本案与肯德基公司、支塘餐厅没有关系。

被告盛京昌公司未做答辩。

本院经审理认定事实如下：2019年5月12日17时35分许，顾某某驾驶二轮电动车在支梅线东侧非机动车道内由北向南逆向行驶至事故地路口斜穿机动车道时，与在支梅线由南向北直行的冯某某所驾的普通二轮摩托车发生相撞，致顾某某、冯某某不同程度受伤，两车不同程度损坏。本起事故经常熟市公安局交巡警大队认定，顾某某承担该事故的主要责任，冯某某承担事故发生的次要责任。

事故发生后，原告冯某某即被送至常熟市第二人民医院入院治疗，入院诊断：1. 左胫骨腓骨远端骨折（开放性Ⅱ°）；2. 颈椎过伸性损伤；3. 弥漫性轴锁损伤（脑干、胼胝体）；4. 下丘脑损伤；5. 左侧气胸；6. 左肺挫伤；7. 双侧胸腔少量积液；8. 左侧眼眶下壁、外侧壁骨折；9. 左侧上颌窦前壁、外侧壁骨折；10. 左颧弓骨折；11. 左上眼睑裂伤；12. 上唇部裂伤；13. 左上中切牙断裂；14. 头面部多处皮肤挫伤。5月31日出院。2019年9月3日再次至常熟市第一人民医院康复医学科（滨江）入院治疗，入院诊断：脑干损伤，弥漫性轴索损失，左胫腓骨骨折术后，9月12日出院。经苏州同济司法鉴定所鉴定：冯某某因车祸致脑干损伤、弥漫性轴锁损伤遗留精神障碍，日常生活有关的活动能力中度受限构成九级残疾。冯某某的误工期为九个月；护理期为一人护理三个月；营养期为三个月。

另查明，奋杰公司与被告肯德基公司签订《肯德基宅急送送餐外包服务协议》，为肯德基提供取餐、食品外送服务。服务商承办员工职责为送餐、与顾客和值班经理结账。顾某某与盛京昌公司签订《用工协议》，由盛京昌公司安排顾某某从事骑手工作。肯德基公司与奋杰公司签订送餐外包服务协议，被告顾某某系接受盛京昌公司的派遣在奋杰公司工作，具体是为支塘餐厅配送肯德基业务，事发时，被告顾某某食品箱、制服上均印有“肯德基”字样，正在从事外卖配送工作。

再查明，原告冯某某在事发前从事泥瓦工工作。

本院认为，公民的生命健康权受法律保护。用人单位的工作人员因执行工作任务造成他人损害的，由用人单位承担侵权责任。劳务派遣期间，被派遣的工作人员因执行工作任务造成他人损害的，由接受劳务派遣的用工单位承担侵权责任；劳务派遣单位有过错的，承担相应的补充责任。本案中，盛京昌公司虽与顾某某签订《用工协议》，但不对顾某某进行使用和具体的管理，顾某某系由盛京昌公司派遣至奋杰公司从事骑手工作，接受奋杰公司指示和管理，事故发生时系履行职务行为，故被告顾某某在工作过程中造成他人损害，其责任应由奋杰公司承担。奋杰公司辩称顾某某的用人单位系盛京昌公司明显有悖实际用工的事实，本院不予采信。被告奋杰公司虽有投保雇主责任险，但雇主责任险不属于涉案车辆保险，为奋杰公司与本案保险公司之间的商业保险，两者不属于同一法律关系，且保险公司不同意在交通事故责任纠纷中合并审理，故本院在本案中一并处理奋杰公司与保险公司的保险合同关系没有法律依据。被告盛京昌公司、肯德基公司、支塘餐厅在交通事故发生时不是被告顾某某的用工单位，在交通事故中无过错，盛京昌公司在劳务派遣过程中无过错，均不应当承担赔偿责任。顾某某在交通事故中有过错，根据过错程度适当减轻机动车一方的赔偿责任，酌定被告顾某某承担65%比例由被告奋杰公司承担赔偿责任。

对于原告现主张造成的损失，本院依法认定如下：医疗费72233.15元、住院伙食补助费1400元、营养费4500元、残疾赔偿金209840.64元、精神损害抚慰金10000元、护理费9000元、误工费43905元、交通费700元、鉴定费4815元，共计人民币356393.79元，应由被告奋杰公司按65%赔偿原告为231655.96元。其余损失由原告自行负担。

被告盛京昌公司经本院合法传唤无正当理由未到庭应诉，视为放弃其质证和抗辩的权利，由此产生的不利后果由其自负。依照《中华人民共和国侵权责任法》第十六条、第二十二条、第二十六条、第三十四条，《中华人民共和国民事诉讼法》第一百四十四条之规定，判决如下：

一、被告上海奋杰企业营销管理有限公司赔偿原告冯某某因交通事故造成的各项损失共计人民币231655.96元，于本判决生效后十日内履行；

二、驳回原告冯某某的其余诉讼请求。

如果未按本判决指定的期间履行给付金钱义务，应当依照《中华人民共和国民事诉讼法》第二百五十三条之规定，加倍支付迟延履行期间的债务利息。

案件受理费收取计人民币827元，由原告冯某某负担48元，由被告上海奋杰企业营销管理有限公司负担779元（原告同意其预交的诉讼费由被告向其直接支付，本院不再退还，由被告在本判决生效之日起十日内向原告直接支付）。

如不服本判决，可在判决书送达之日起十五日内，向本院递交上诉状，并按对方当事人的人数提出副本，上诉于江苏省苏州市中级人民法院。同时按照国务院《诉讼费用交纳办法》规定向江苏省苏州市中级人民法院预交上诉案件受理费。江苏省苏州市中级人民法院账户名称：苏州市中级人民法院；开户行：农业银行苏州苏福路支行；账号：10555301040017676。

审判员　吴向阳

二〇二〇年十二月二十九日

书记员　侯　巍

案例七　生产要素拆解下的劳动关系认定

——赵某甲等人诉济南润盛人力资源管理有限公司等确认劳动关系案

姜　伟*

关键词　生产要素拆解　平台用工　要素企业　劳动关系合意

【裁判要旨】

平台用工模式下，生产要素出现拆分、分解至诸多企业等态势。不少平台设立企业将人事管理、业务管控、资金支付及工资结算等事项通过外包方式拆解给不同要素企业掌控负责，在此情况下，劳动者的劳动关系究竟与哪一方主体建立，应当重点审查劳动者与哪一方主体存在建立劳动关系的合意。

【案情要点】

1. 苏州叁陆伍众城企业管理有限公司（以下简称苏州叁陆伍公司）运营在线用工平台。该公司运营一款名为365跑腿网的App（智能手机的第三方应用程序），平台用户可以在线发起代买、代取、代送等需求，平台骑手在线接单提供对应服务。

2. 济南润盛人力资源管理有限公司（以下简称济南润盛公司）（甲方）与苏州叁陆伍公司（乙方）签订了《项目外包协议》。该协议的主要

* 江苏省苏州市姑苏区人民法院民生诉讼与非诉讼对接中心副主任、一级法官。

内容是：

（1）协议期自2018年8月1日起至2020年7月31日止。

（2）甲方在本协议约定的配送区域内进行365跑腿网订单配送的运营工作，具体包括如下内容：①平台即时订单；②电话下单；③其他方式下单。甲方按照乙方要求的标准及配套设施，在苏州区域组建专门的配送团队。

（3）项目承包期间内发生的所有用工风险或给第三人造成的人身伤害和财产损失均由甲方承担责任。

（4）乙方将配送服务费和奖励费用合计总额作为结算款支付给甲方。

（5）甲方应按合同约定派出工作人员接单并及时、安全地将客户订单完成。甲方员工与乙方不存在任何劳动或劳务关系。乙方为甲方提供配送服务所需的系统。

3. 2018年9月，济南润盛公司向苏州叁陆伍公司发送《2018年8月苏州费用结算》表格，并告知该表为8月服务费明细，表中载有包括赵某某在内的32人名单及对应的身份证号码。

4. 济南润盛公司将已载明用人单位系济南润盛公司的劳动合同放置在苏州叁陆伍公司，骑手在该劳动合同中签名后由苏州叁陆伍公司分批次邮寄至济南润盛公司盖章。2018年8月27日，赵某某等骑手在用人单位为济南润盛公司的劳动合同中签名。2018年9月7日，赵某某发生交通事故死亡。之后，苏州叁陆伍公司将赵某某等骑手的劳动合同邮寄至济南润盛公司盖章。2019年3月，济南润盛公司将盖好其公章的其他骑手的劳动合同寄回至苏州叁陆伍公司，但并未将赵某某签字的劳动合同寄回。

5. 赵某某在担任365跑腿网骑手期间的工资由江西省同济人力资源集团有限公司（以下简称江西同济公司）发放，团体人身意外保险的投保人为德州通然人力资源服务有限公司（以下简称德州通然公司），该投保书中所附的人员信息以及排列顺序与济南润盛公司发给苏州叁陆伍公司的《2018年8月苏州费用结算》中的32名人员姓名、身份证号码及排列顺序完全一致。

6. 赵某甲等人系赵某某的近亲属。

【案件索引】

一审：江苏省苏州市姑苏区人民法院（2019）苏 0508 民初 4468 号

二审：江苏省苏州市中级人民法院（2020）苏 05 民终 6253 号

【裁判结果】

江苏省苏州市姑苏区人民法院一审判决：确认赵某某 2018 年 9 月 7 日与济南润盛公司之间存在劳动关系。

江苏省苏州市中级人民法院二审判决：维持原判。

【案例注解】

一、本案的法律问题

第一，生产要素拆解后的劳动关系认定问题。济南润盛公司主张，赵某某从事的业务内容源于苏州叁陆伍公司，赵某某的工资支付主体为江西同济公司，为赵某某投保商业保险的公司为德州通然公司，济南润盛公司并未在赵某某的劳动合同中盖章，济南润盛公司与赵某某之间没有符合劳动关系的任何特征。

苏州叁陆伍公司主张，其系 365 跑腿网的苏州运营公司，365 跑腿网是信息发布平台，用户可以通过 365 跑腿网应用程序发出速递代买的服务，平台充当用户和骑手的中间人，给骑手推送服务信息，骑手抢单后接受用户的委托，向用户提供服务，收取服务费。苏州叁陆伍公司与济南润盛公司于 2018 年 8 月 1 日签订《项目外包协议》，已将 365 跑腿网苏州配送工作外包给济南润盛公司，济南润盛公司与骑手签订劳动合同，赵某某受伤时应当与济南润盛公司之间存在劳动关系。

江西同济公司主张，苏州叁陆伍公司委托其代发工资，代发的时间段是 2018 年 5 月至 9 月，苏州叁陆伍公司与济南润盛公司于 2018 年 8 月签订《项目外包协议》，工资发放工作正处于交接过程中，2018 年 8 月至 9 月工资本应由济南润盛公司发放，但由于交接工作尚未完成，所以 2018 年 8 月至 9 月骑手的工资仍由江西同济公司继续代发。江西同济公司与赵某某不存在劳动关系。

赵某甲等人主张，2018 年 8 月 1 日，苏州叁陆伍公司与济南润盛公司签订《项目外包协议》，2018 年 8 月 27 日，赵某某在济南润盛公司放置在苏州叁陆伍公司处的劳动合同中签字，因此 2018 年 9 月 7 日赵某某受伤时的劳动关系应与济南润盛公司建立。

第二，劳动关系合意问题。济南润盛公司主张，其并未在赵某某签字的劳动合同中盖章，双方不存在建立劳动关系的合意。赵某甲等人主张，劳动合同系济南润盛公司放置在苏州叁陆伍公司，劳动合同中载明用人单位系济南润盛公司，赵某某在该合同中签字的行为即代表双方均存在建立劳动关系的合意。

二、判决书的分析逻辑

第一，针对生产要素拆解后的劳动关系认定问题。法院在审理传统确认劳动关系纠纷案件中，关于是否存在劳动关系的审查路径主要基于 2005 年 5 月 25 日《劳动和社会保障部关于确立劳动关系有关事项的通知》（劳社部发〔2005〕12 号），该通知中第一条规定："用人单位招用劳动者未订立书面劳动合同，但同时具备下列情形的，劳动关系成立。（一）用人单位和劳动者符合法律、法规规定的主体资格；（二）用人单位依法制定的各项劳动规章制度适用于劳动者，劳动者受用人单位的劳动管理，从事用人单位安排的有报酬的劳动；（三）劳动者提供的劳动是用人单位业务的组成部分。"根据该通知的法律逻辑，以往法院在审理确认劳动关系纠纷案件中，主要通过审查劳动者与用人单位的主体资格、劳动者是否接受用人单位的工作安排、用人单位是否向劳动者发放工资等事实内容来判断劳动者与具有企业之间是否存在管理与被管理、支配与被支配的人身隶属关系及经济隶属关系。若存在，则确认劳动关系；若不存在，则不确认。

该案中，赵某某在苏州叁陆伍公司运营的 365 跑腿网平台接单担任骑手，赵某某的工资由江西同济公司发放、为赵某某投保团体人身意外伤害保险的系德州通然公司。由此可见，与赵某某劳动用工管理内容相关联的企业各不相同，若仍遵循以往传统用工模式下判断劳动关系的审查路径，通过人身、经济隶属性的思路进行考察，则会发现赵某某与任何一方要素企业都存在劳动用工内容方面的联系，孰强孰弱难以明细区分，该案则将陷入逻辑困境。所以法院在对该案的劳动关系认定中，并未按照上述传统确认劳动关系的分析路径，机械地从人身以及经济隶属关系方面来论证骑手的劳动关系建立主体，而是另辟蹊径，通过分析论证与骑手建立劳动关系合意的相对方，进而确认与骑手建立劳动关系的主体。

第二，针对劳动关系合意问题。对于是否存在劳动关系合意，通常根据双方是否订立书面劳动合同进行判断。但该案特殊之处在于，赵某某在劳动合同中签字以后没过多久即发生交通事故去世，在济南润盛公司得知这一事实后，则并未继续在劳动合同落款处盖章。在此情况下，法院对建立劳动关系合意进行了以下分析论证：（1）苏州叁陆伍公司与济南润盛公司签订了《项目外包协议》，该协议中明确由济南润盛公司负责组建苏州区域配送团队。（2）济南润盛公司向苏州叁陆伍公司发送《2018 年 8 月苏州费用结算》表格的行为表明该协议已经实际履行。（3）济南润盛公司将载有其公司名称的劳动合同放置在苏州叁陆伍公司的行为表明济南润盛公司具有与骑手建立劳动关系的意思表示。（4）赵某某在济南润盛公司放置在苏州叁陆伍公司的劳动合同中签名的行为表明赵某某知晓用人单位系济南润盛公司，并愿意与济南润盛公司建立劳动关系。综合上述分析，法院认定即便济南润盛公司最终未在劳动合同落款处盖章，但双方实际已经形成了建立劳动关系的合意。

三、此类案件的特点与裁判建议

（一）类案裁判面临问题

第一，平台用工呈现生产要素拆解态势。新就业形态劳动用工模式下，生产要素出现拆分、分解至诸多企业等态势。不少平台设立企业将人事管理、业务管控、资金支付及工资结算等事项通过外包方式拆解给不同要素企业掌控负责。新就业形态从业人员发生伤亡事故后，不同主体之间相互推诿，导致劳动用工主体与法律关系双方往往难以界定，法院需要通过主动追加诉讼主体进一步查明案情，由此导致案件审理周期长，劳动者维权举步维艰。正如该案中，赵某某的工资支付主体、商业保险投保主体以及工作内容来源主体均为不同企业。赵某某不幸因交通事故去世，赵某甲等人作为赵某某的近亲属对于赵某某的工作知之甚少，赵某甲等人在为赵某某申报工伤的过程中，一开始也无法明确辨析与赵某某建立劳动关系的主体究竟为哪一方，导致赵某甲等人的最初诉讼请求为要求确认与苏州叁陆伍公司、济南润盛公司都存在劳动关系。随着法院不断查明事实，赵某甲等人才最终明确诉请，要求确认赵某某受伤时系与济南润盛公司之间存在劳动关系。

第二，劳动合同落款处劳企双方签章过程时空分离。随着信息技术高速发展，地域贸易突飞猛进，在各要素企业共同参与平台用工的趋势下，各要素企业往往分散在全国各地。一般情形下，各要素企业在合作时，各家企业之间已明确各自参与平台用工过程中的权利义务，并确定如果要与劳动者建立劳动关系，将由哪一方主体负责完成。大多数情况下，拟与劳动者建立劳动关系的企业所在地与劳动者的工作地点并不在一个城市。企业通常的做法是把印有其单位名称的制式劳动合同放置在劳动者所在城市中的一方要素企业或者相关站点处，先由劳动者在劳动合同中填写完个人信息并在落款处签字后，再邮寄至该企业所在地用印。如此一来，就会出现一个时间差，即劳动者在劳动合同中签字后而企业尚未在劳动合同中盖章所导致的空档期。如果在这个空档期发生了纠纷，极易导致各要素企业相互推诿。该案中，赵某某于 2018 年 8 月 27 日在劳动合同中签字，但其于 2018 年 9 月 7 日发生交通事故。此时苏州叁陆伍公司还未来得及将赵某某签字的劳动合同邮寄至济南润盛公司所在地山东省济南市用印。虽然苏州叁陆伍公司将赵某某签字的劳动合同在 2018 年 9 月 7 日之后也与其他骑手的劳动合同一并寄给济南润盛公司用印，但济南润盛公司当时已得知赵某某发生交通事故去世的事实，最终并未盖章，由此也引发了该案纠纷。

（二）类案裁判建议

第一，坚持个案分析原则，重点审查劳动关系合意。相较于传统用工模式，平台用工方式复杂多变，劳动者与用人单位之间在人身、经济方面的隶属关系已逐渐弱化，劳动者工作时的自主性与灵活性越发凸显，企业劳动用工各项管理内容也逐渐分离。在平台设立企业将人事管理、业务管控、资金支付及工资结算等事项通过外包方式拆解给不同要素企业掌控负责的情况下，不宜将所有涉平台用工的确认劳动关系案件均通过传统确认劳动关系的分析路径，一味按照《劳动和社会保障部关于确立劳动关系有关事项的通知》（劳社部发〔2005〕12 号）中的规定，从谁付工资、谁安排工作、谁具体管理等方面来认定用人单位，因为上述用工管理内容已不再由单一主体完成。面对如此境况，可以通过查明各方要素企业的合作协议，明确各方企业之间在关于参与平台用工中所作出的内部约定，寻找出企业合作时所明确的各方权利义务中关于拟与劳动者建立劳动关系的相对方主体信息，通过认定与劳动者存在劳动关系合意的相对方，进而确定用人单位。

第二，融合要约、承诺法理，论证劳动关系合意。我们需要厘清“建立劳动关系”与“订立书面劳动合同”这两个法律概念。《劳动合同法》第七条规定，用人单位自用工之日起即与劳动者建立劳动关系。《劳动合同法》第十条规定：“建立劳动关系，应当订立书面劳动合同。”由此可见，法律并未限制劳动关系的建立必须是劳动者与用人单位均在劳动合同中签字或盖章之后。在生产要素拆解下的平台用工模式中，某要素企业将其制式劳动合同放置在另一要素企业的行为实质系向新就业形态劳动者发出了订立劳动合同的要约，劳动者在劳动合同中签字的行为即承诺，即便在空档期内发生纠纷，该要素企业不愿意继续在劳动合同中盖章，但自承诺到达要约人时合同就成立，该要素企业在收到劳动者签订的劳动合同后没有盖章的行为并不影响劳动关系的成立。

第三，主动追加诉讼主体，保障劳动者合法权益。劳动者在其工作过程中的证据保存能力以及意识均较弱，一旦劳动者因故身亡，其近亲属的举证能力更弱。法院在审理多要素企业参与平台用工的案件中，面对举证能力较弱的劳动者一方，可以在案件审理的进程中，根据发现的参与平台用工的要素企业信息，及时、主动追加诉讼主体，进而明晰各方要素企业之间的权利义务关系，通过着重审查合同订立过程、工资支付方式、主营业务内容等，排除众多参与要素支配公司在确定法律关系时的干扰，彻底查清与劳动者建立劳动关系合意相对人、委托支付工资主体及劳动成果享有者的待证事实，从而认定与劳动者建立劳动关系的主体，全力保障劳动者的合法权益。

【裁判全文】

江苏省苏州市中级人民法院
民事判决书

（2020）苏05民终6253号

上诉人（原审被告）：济南润盛人力资源管理有限公司。

法定代表人：谢某某，执行董事兼总经理。

被上诉人（原审被告）：苏州叁陆伍众城企业管理有限公司。

法定代表人：陈某某，经理。

被上诉人（原审原告）：赵某甲。

被上诉人（原审原告）：赵某乙。

被上诉人（原审原告）：单某某。

委托诉讼代理人（代理上述三个被上诉人）：王某某。

原审第三人：江西省同济人力资源集团有限公司。

法定代表人：吴某。

上诉人济南润盛人力资源管理有限公司（以下简称济南润盛公司）因与被上诉人苏州叁陆伍众城企业管理有限公司（以下简称苏州叁陆伍公司），被上诉人赵某甲、赵某乙、单某某（以下简称赵某甲三人），原审第三人江西省同济人力资源集团有限公司（以下简称江西同济公司）确认劳动关系纠纷一案，不服江苏省苏州市姑苏区人民法院（2019）苏0508民初4468号民事判决，向本院提起上诉。本院于2020年7月13日立案后，依法组成合议庭进行审理，现已审理终结。

济南润盛公司上诉请求：撤销苏州市姑苏区人民法院（2019）苏0508民初4468号民事判决，依法改判或发回重审。事实和理由：一、一审法院认定事实不清。崔某某是苏州叁陆伍公司的高管，这在苏州叁陆伍公司的开庭陈述和工商登记信息中均能够证明，与济南润盛公司之间没有任何关系。赵某某和济南润盛公司从未签署过书面劳动合同，赵某某更不是济南润盛公司外派至苏州叁陆伍公司的员工，济南润盛公司也从未向赵某某发放过工资、佣金、报酬等任何费用，赵某某更不接受济南润盛公司的监督管理，所以赵某某和济南润盛公司之间不可能形成事实劳动关系。结合赵某甲、赵某乙、单某某在一审起诉状中陈述与开庭查明的事实可以看出，赵某某自 2018 年 5 月起即开始到苏州叁陆伍公司处工作，至 2018 年 9 月 7 日在交通事故中死亡，其间均是在苏州叁陆伍公司，赵某某的工资也是由江西同济公司代苏州叁陆伍公司发放。也就是说，赵某某和苏州叁陆伍公司之间应自 2018 年 5 月用工之日起，即建立了事实劳动关系。一审法院认定 2018 年 9 月 7 日赵某某意外死亡时，与济南润盛公司之间建立事实劳动关系，明显缺乏事实基础和法律依据。二、一审法院适用法律错误。2018 年 5 月赵某某到苏州叁陆伍公司提供劳动时即建立劳动关系，至 2018 年 9 月 7 日死亡一直是苏州叁陆伍公司发放工资，在此期间与济南润盛公司签署所谓的书面劳动合同，完全是按照苏州叁陆伍公司工作人员的指示无条件执行，何谈建立劳动关系的合意？《劳动和社会保障部关于确立劳动关系有关事项的通知》是认定劳动关系的重要依据。《江苏省劳动人事争议疑难问题研讨会纪要》明确指出，需要综合考量用人单位网络平台的运营形式、劳动者从业状况、网络平台对劳动者的管理程度、劳动者收入分配方式及劳动者是否独立承担经营风险等因素，依法区分劳动关系和劳务关系。对于发挥联系中介作用的网络平台，劳动者通过网络平台与企业建立工作联系关系，企业通过网络平台提供服务信息，并通过网络平台收取管理费或信息费用的，双方不宜作为劳动关系处理。1. 365 跑腿网即 App 软件是一个信息发布平台，给自由骑士推送其附近平台用户发布的订单信息，自由骑士在平台上进行接抢订单并且完成。365 跑腿网不是快递公司，是一个自由互助的中介平台，旨在将全社会公众都发展成为自由骑士。2. 平台与自由骑士双方不存在劳动或劳务关系，自由骑士在接单、配送过程中出现的意外事故及侵权事故等，由自由骑士自行处理，除平台特别声明外，自由骑士无保险无补贴。在注册成为骑士之前，包括赵某某在内的骑士理应知悉并同意其与平台不存在劳动或劳务关系这一点。同时，365 跑腿网仅仅作为一个信息发布平台和中介平台，收取一定的信息服务费并对骑手的服务进行应有的监督以维护平台秩序，而非直接雇用骑士的派送公司、快递公司或速运公司，上述协议亦不含有任何招聘内容。一审却认为，济南润盛公司为赵某某购买了团体意外险，并将空白劳动合同案发前放置苏州叁陆伍公司，已经形成了建立劳动关系的合意，一审法院的逻辑完全没有法律依据，即使济南润盛公司为赵某某购买团体意外险亦属于商业保险范围，而非社会保险。商业保险体现的是一种经济利益关系，是否购买商业保险行为不能表明劳动关系成立与否，更不能成为评判劳动关系成立与否的依据，认定劳动关系的关键还是要判断双方之间是否符合劳动关系的基础特征。

赵某甲三人向一审法院起诉请求：请求确认 2018 年 9 月 7 日赵某某和济南润盛公司之间存在劳动关系。

赵某甲三人围绕诉讼请求向一审提交了姑劳人仲不字［2019］第 017 号不予受理通知书、姑劳人仲不字［2019］第 040 号不予受理通知书、365 跑腿网软件订单截图打印件、通话录音及文字整理稿、劳动合同复印件、道路交通事故认定书复印件、居民死亡医学证明（推断）书复印件、农银人寿团体人身保险投保书复印件等证据，苏州叁陆伍公司提交了《项目外包协议》，济南润盛公司发送的费用结算表，微信聊天截图打印件，曾某、许某宾、王某良、江某平的劳动合同复印件及情况说明，2018 年 11 月 26 日三方调解录音及文字整理稿，曾某的招商银行交易流水等证据，济南润盛公司提交了 365 跑腿网自由骑士软件使用协议。赵某甲、赵某乙、单某某申请法院调取了赵某某的招商银行历史交易明细表，一审依职权从德州通然人力资源服务有限公司（以下简称德州通然公司）处调取了农银人寿团体人身保险被保险人清单以及电子邮件信息。一审组织当事人进行了证据交换和质证。

一审根据当事人陈述和经审查确认的证据，认定事实如下：

一、赵某甲、赵某乙、单某某分别系赵某某的儿子、父亲、母亲。苏州叁陆伍公司系 365 跑腿网的运营公司，365 跑腿网在手机软件商城中的简介为同城急速递跑腿服务平台，专注于同城专人极速代买、代取、代送服务。365 跑腿网骑士端的使用者在首次下载 365 跑腿网骑士端手机软件时须勾选同意《自由骑士协议》才可继续在平台上注册使用进行接单，《自由骑士协议》中明确“平台及自由骑士双方不存在劳动或劳务关系”。

2018年5月，赵某某成为365跑腿网的骑手，由第三人江西同济公司通过银行按月发放工资，当月发放上一个月的工资，具体为：2018年6月21日2242.58元、2018年7月24日3500元、2018年8月21日3500元、2018年9月21日3920元、2018年10月23日574元。2018年9月7日，赵某某发生交通事故，后经医院抢救无效于次日凌晨死亡。

二、济南润盛公司（甲方、承包单位）与苏州叁陆伍公司（乙方、外包单位）签订《项目外包协议》，约定：鉴于："……2. 为了补足骑士分散性、不固定性以及部分区域骑士不足的问题，乙方委托甲方完成合同约定的指定配送区域内的客户送件任务。一、承包的配送项目内容、要求及配送区域。第一条　甲方在本协议约定的配送区域内进行365跑腿网订单配送的运营工作，具体包括如下内容：①平台即时订单；②电话下单；③其他方式下单。第二条　甲方按照乙方要求的标准及配套设施，组建专门的配送团队。第三条　项目承包期间内发生的所有用工风险或给第三人造成的人身伤害和财产损失均由甲方承担责任。第四条　配送区域为苏州，甲方不得将区域的配送业务委托任何第三方。二、有关费用及结算。第五条　乙方将配送服务费和奖励费用合计总额作为结算款支付给甲方。配送服务费计算标准详见附件一，奖励的标准按照每人每月300元计算。第六条　结算依据以乙方系统公布的数据为准。乙方在每月自然月的第五个工作日内出具上个月的结算对账单。若甲方对结算对账单存在异议，应在乙方出具结算对账单后五个工作日内提出书面核对申请，否则视为甲方认可乙方结算对账单……三、协议有效期。第八条　本协议自2018年8月1日起至2020年7月31日止。四、甲方的权利和义务。第九条　甲方应按照合同约定派出工作人员接单并及时、安全地将客户订单完成……第十一条　甲方员工与乙方不存在任何劳动或劳务关系，甲方员工在配送过程中出现任何问题，包括但不限于对第三方造成的侵权，均由甲方自行承担。五、乙方的权利和义务……第十四条　乙方为甲方提供配送服务所需的系统。"

2018年9月18日，济南润盛公司的人事经理向苏州叁陆伍公司员工发送《2018年8月苏州费用结算》表格，并告知该表为8月服务费明细。次日，济南润盛公司人事经理再次向苏州叁陆伍公司明确该表格是每月的服务人员明细，若核对无异，需按照数额结清费用。该表格载有包括赵某某、曾某、许某宾、王某良、江某平在内的32人名单及对应的身份证号码。

三、2018年8月27日，曾某、许某宾、王某良、江某平均与济南润盛公司签订了劳动合同，约定：劳动合同期限从2018年8月27日至2021年8月27日，从事配送员工作，工作地点苏州。许某宾、王某良、江某平在其出具的情况说明中均陈述：2018年8月27日前，其作为365跑腿网的兼职骑手跑单，自2018年8月27日起，选择转为全职骑手，并与济南润盛公司签订劳动合同，并于2019年3月收到了济南总部返回来的劳动合同。曾某在其出具的情况说明中陈述：其系济南润盛公司员工，苏州365项目骑手的签约工作由我负责组织。员工签约的劳动合同是济南总部邮寄过来，赵某某等4人是在2018年8月27日当天在济南总部提供的劳动合同上签字，而后签好字的合同（一式两份）都邮寄回济南总部盖章。2019年3月初，公司将上述员工的劳动合同（一份）寄回。赵某某因出事故死亡，他的劳动合同没有一并返回。

一审庭审中，赵某甲三人提供了一份格式以及机打内容与曾某、许某宾、王某良、江某平与济南润盛公司所签的劳动合同完全一致的劳动合同复印件，赵某某在该劳动合同封面乙方处以及合同落款乙方处均签名，并且在第一页乙方（劳动者）部分也填写了个人身份信息，该份合同中机打内容明确载明了用人单位为济南润盛公司，合同落款乙方处的时间填写为2018年8月27日。苏州叁陆伍公司主张，赵某某、曾某、许某宾、王某良、江某平在济南润盛公司提供的劳动合同模板中签名并填写好个人信息后统一由苏州叁陆伍公司邮寄至济南润盛公司盖章，邮寄的时间为2018年9月中旬，是在9月7日后，但无法提供当初邮寄的凭证。这批人的劳动合同除了赵某某的以外，均在2019年由济南润盛公司寄回至苏州叁陆伍公司，寄回的劳动合同均加盖了济南润盛公司的公章，并明确了合同起始时间为2018年8月27日。

济南润盛公司在第一次庭审中陈述，我司会把空白劳动合同放到苏州叁陆伍公司处，由苏州叁陆伍公司决定和谁签合同，我司的服务内容还包括代发工资、代买保险，发工资和买保险是在骑手签合同之前就会有，苏州叁陆伍公司决定和哪个骑手签合同后会把有骑手签字的劳动合同原件寄回给我司，我司会与之前发放工资、买保险的名单核实，如果买了保险就会盖章，再把劳动合同原件寄回给苏州叁陆伍公司。2018 年 8 月，我司给赵某某买过团意险。苏州叁陆伍公司会按批次向其寄送劳动合同，但赵某某的劳动合同是在 2018 年 9 月 7 日事故发生后单独邮寄的，合同落款处的时间与赵某某的签名不是同一人的笔迹，该合同补签或倒签的痕迹明显。一审要求济南润盛公司提供赵某某的劳动合同原件、收到赵某某劳动合同的快递单号以及给赵某某购买的团意险保单，济南润盛公司均表示无法提供。

四、2019 年 1 月，赵某甲三人以苏州叁陆伍公司、济南润盛公司为被申请人向苏州市姑苏区劳动人事争议仲裁委员会提出仲裁申请。2019 年 2 月 28 日，苏州市姑苏区劳动人事争议仲裁委员会作出姑劳人仲不字［2019］第 017 号不予受理通知书，认为赵某甲三人未能提供与苏州叁陆伍公司、济南润盛公司存在劳动关系的证据材料，决定不予受理。赵某甲三人不服，遂诉至一审，案号为（2019）苏 0508 民初 2583 号。2019 年 5 月 6 日，赵某甲三人撤回起诉，一审裁定准许。之后，赵某甲三人再次以苏州叁陆伍公司、济南润盛公司为被申请人向苏州市姑苏区劳动人事争议仲裁委员会提出仲裁申请。2019 年 5 月 13 日，苏州市姑苏区劳动人事争议仲裁委员会作出姑劳人仲不字［2019］第 040 号不予受理通知书，认为赵某甲三人未提供初步有效证据材料，决定不予受理。赵某甲三人不服，遂诉至一审。

五、一审审理中，赵某甲三人还提供了以下证据：1. 通话录音以及文字整理稿，证明赵某甲与苏州叁陆伍公司负责人崔总通话，苏州叁陆伍公司证实赵某某在其工作的事实。该通话的时间为 2019 年 3 月 7 日，主要内容为：赵某甲询问对方："崔叔叔，我爸不是在你那边公司上班，就是事实劳动关系就是在你那边，这个是吧？"答："嗯。"赵某甲："他合同方面，劳动关系是山东的，是吗？"答："对。"赵某甲："如果我这边起诉你们公司，你们是有合同证明你们与另外一家公司签订外包合同。是吧？"答："对。"苏州叁陆伍公司陈述，我司是有个崔总，叫崔某某，但通过录音无法确认是他本人。济南润盛公司表示对证据三性均有异议。江西同济公司表示认可苏州叁陆伍公司的意见。2. 团体人身保险投保书复印件，该证据显示投保人为德州通然公司，保险公司受理时间为2018年8月31日，保单生效时间为2018年9月1日，赵某某在被保险人名单中，名单中序号2821~2840人员的信息以及排列顺序与济南润盛公司发给苏州叁陆伍公司的《2018年8月苏州费用结算》表格中的人员姓名、身份证号码及排列顺序完全一致。赵某甲三人表示这份证据是赵某甲三人与农银人寿保险股份有限公司德州中心支公司人身保险合同纠纷一案中，由保险公司提供的。据赵某甲三人了解，是济南润盛公司委托德州通然公司购买的团意险。证明济南润盛公司为赵某某购买了团意险。苏州叁陆伍公司、江西同济公司均对该证据的真实性无异议，认可赵某甲三人关于该份证据的陈述。济南润盛公司主张其未委托德州通然公司为赵某某购买团意险，但其表示也无法提供为赵某某购买团意险的保单。

苏州叁陆伍公司还提供了以下证据：1. 2018年11月26日赵某甲三人、苏州叁陆伍公司、济南润盛公司三方调解录音及文字整理稿。苏州叁陆伍公司主张，当时调解时济南润盛公司认可赵某甲三人申请工伤是向济南润盛公司申请，并表示愿意配合赵某甲三人申请工伤认定，证明赵某某与苏州叁陆伍公司不存在劳动关系，此事件应由济南润盛公司处理。赵某甲三人表示对该证据的真实性无异议，赵某甲三人只知道赵某某在365跑腿网工作，济南润盛公司曾说可以作为用人单位给劳动合同，由赵某甲三人申请工伤，但之后一直推脱不给，我方一直没收到劳动合同才起诉的。济南润盛公司表示对该组证据不予认可，当时的经办员工张某已经离职。2. 曾某的招商银行交易流水，证明2018年5月至12月骑手佣金的转账情况，其中5月至9月由江西同济公司发放，当月发放上个月的，10月至12月由济南润盛公司发放，其中项目经理崔某某是济南润盛公司驻苏州办事处的员工，劳动关系在济南润盛公司，骑手10月至11月的佣金是从其个人账户发放的，12月起就由济南润盛公司的账户直接发放了。有两个月由崔某某个人账户发放是因为这两笔钱发晚了，如果用对公账户转账发放时间会更晚，就通过个人账户发了。这份证据证明和赵某某一起于2018年8月27日与济南润盛公司签订劳动合同的同事，2018年8月至9月的工资也都是由江西同济公司代发的，依据苏州叁陆伍公司与济南润盛公司签订的《项目外包协议》约定，既然济南润盛公司收取了服务费，向骑手发放佣金本应由济南润盛公司完成，由于工作交接原因，济南润盛公司少做了这项工作，但不应成为逃避责任的理由。赵某甲三人、江西同济公司对该份证据均无异议。济南润盛公司主张，该份证据的姓名为曾某，与本案无关，不能证明与赵某某有关系，崔某某不是我司员工，不知道他是做什么的，其转给曾某的流水摘要没有体现是工资，而赵某甲三人提交赵某某的工资流水中清楚体现赵某某的工资由江西同济公司发放，苏州叁陆伍公司在之前庭审中已明确表述是江西同济公司代苏州叁陆伍公司发放工资。

六、本案审理过程中，一审通过农银人寿团体人身保险投保书上德州通然公司的联系电话 188××××7997 联系上德州通然公司，该公司员工谢某向一审陈述其公司之所以作为投保人，是因为山东产联企业管理咨询股份有限公司德州分公司（以下简称山东产联德州分公司）说自己公司因为一些问题有几个月无法购买保险，所以委托德州通然公司帮忙代为购买，德州通然公司向一审提交了山东产联德州分公司业务员（邮箱号：344××××331@ qq. com）于 2018 年 8 月 27 日向其发送的农银人寿团体人身保险被保险人清单，清单中序号 1~32 的人员信息以及排列顺序与济南润盛公司发给苏州叁陆伍公司的《2018 年 8 月苏州费用结算》表格中的人员姓名、身份证号码及排列顺序完全一致。

一审法院认为，随着经济社会的不断发展，社会分工日益精细。原本在传统用工模式中专属于一家用人单位的劳动者工作安排、工资发放、保险购买等劳动用工内容，在新业态下呈现分离态势，劳动者的工作安排、工资发放以及保险购买均由不同主体完成。在此情况下，劳动者的劳动关系究竟与哪一方主体建立，应当重点审查劳动者与哪一方主体存在建立劳动关系的合意。

本案争议焦点为：2018 年 9 月 7 日赵某某发生交通事故时是否与济南润盛公司之间存在劳动关系，根据现有证据及双方当事人的主张，一审作如下分析认定：

1. 苏州叁陆伍公司系 365 跑腿网平台的运营公司，其与济南润盛公司签订的《项目外包协议》明确约定在 2018 年 8 月 1 日至 2020 年 7 月 31 日，济南润盛公司接受苏州叁陆伍公司的委托完成苏州区域内 365 跑腿网的客户送件任务，济南润盛公司应按合同约定派出工作人员接单并及时、安全地将客户订单完成。2018 年 9 月，济南润盛公司的人事经理向苏州叁陆伍公司员工发送了《2018 年 8 月苏州费用结算》表格，表格内容为包括赵某某、曾某、许某宾、王某良、江某平在内的 32 位人员名单，济南润盛公司要求苏州叁陆伍公司核对表格信息后结算服务费用。并且，同系 365 跑腿网骑手的曾某、许某宾、王某良、江某平的劳动合同自 2018 年 8 月 27 日起系与济南润盛公司订立，由此可见苏州叁陆伍公司与济南润盛公司均已实际履行了双方签订的《项目外包协议》。

2. 赵某甲三人提供了农银人寿团体人身保险投保书复印件以证明济南润盛公司为赵某某购买了保险。济南润盛公司认可其为赵某某购买过团意险，但不认可系赵某甲三人提供的该份保险。在一审要求济南润盛公司提供其为赵某某购买的保险保单时，济南润盛公司又表示无法提供。根据一审查明的事实，赵某甲三人提供的农银人寿团体人身保险投保书中所附的人员信息以及排列顺序与济南润盛公司发给苏州叁陆伍公司的《2018 年 8 月苏州费用结算》表格中的人员姓名、身份证号码及排列顺序完全一致，也与一审从德州通然公司处调取的 2018 年 8 月 27 日由山东产联德州分公司发送给德州通然公司的农银人寿团体人身保险被保险人清单中序号 1～32 的人员信息以及排列顺序完全一致。济南润盛公司自认其为赵某某购买了团意险，故其应当有能力有条件提供相应的证据材料，但在一审要求济南润盛公司提供其仍不提供的情况下，结合查明的事实，一审采信赵某甲三人提供的农银人寿团体人身保险投保书，认定该份投保书系济南润盛公司为履行《项目外包协议》而委托其他公司为赵某某等骑手购买的团意险。

3. 济南润盛公司自述，其会将空白的劳动合同放置在苏州叁陆伍公司处，骑手在载明用人单位为济南润盛公司的劳动合同中签好字后由苏州叁陆伍公司邮寄至济南润盛公司处盖章。由此可见，济南润盛公司具有与 365 跑腿网的骑手建立劳动关系的意思表示。赵某某在 2018 年 9 月 7 日事故发生前已在济南润盛公司放置在苏州叁陆伍公司处的空白劳动合同中签名，该行为亦表明赵某某具有与济南润盛公司建立劳动关系的意思表示。一审庭审中，济南润盛公司认可苏州叁陆伍公司按惯例是分批次将骑手的劳动合同邮寄至其处盖章，故苏州叁陆伍公司在2018年9月7日事故发生后才将赵某某的劳动合同寄给济南润盛公司，也在情理之中。虽然济南润盛公司在收到赵某某劳动合同后最终并未盖章，但通过《2018年8月苏州费用结算》表格中包括赵宝成以及上文认定的济南润盛公司在2018年8月已委托其他公司为赵某某购买团意险的事实，济南润盛公司应当知晓在2018年8月时赵某某就已经属于要和济南润盛公司订立劳动合同的骑手。据此，一审认定济南润盛公司与赵宝成之间已经形成了建立劳动关系的合意。

4. 根据上文的分析认定，2018年8月1日起，苏州叁陆伍公司、济南润盛公司均已开始履行《项目外包协议》，曾某与赵某某一样同为365跑腿网的骑手，其自2018年8月27日起已与济南润盛公司签订劳动合同。根据查明的事实，曾某2018年8月、9月的工资与赵某某一样依然由江西同济公司发放。对于用人单位与工资发放单位分离的原因，苏州叁陆伍公司、江西同济公司均陈述系因工作还未完全交接完毕，才继续由江西同济公司代发。一审认为，该解释符合情理，予以采信。故一审对济南润盛公司主张其未发放过赵某某工资，故与赵某某不存在劳动关系的意见不予采纳。

综上，自2018年8月1日起，苏州叁陆伍公司已经将组建苏州区域的365跑腿网配送团队项目外包给济南润盛公司，双方签订了《项目外包协议》并已实际履行。济南润盛公司在2018年8月就已明确知晓配送团队中包括赵某某，并为赵某某委托其他公司购买了团意险以及与苏州叁陆伍公司结算了相应的服务费，赵某某在济南润盛公司提供的空白劳动合同模板中签名明确表明其知晓并愿意与济南润盛公司建立劳动关系。直至2018年9月7日，赵某某一直在从事365跑腿网的骑手工作，虽然济南润盛公司最终未在劳动合同中盖章，但并不影响赵某某与其事实劳动关系的建立。故对于赵某甲三人主张确认2018年9月7日赵某某与济南润盛公司之间存在劳动关系的请求，一审予以支持。

一审遂依照《中华人民共和国劳动合同法》第七条、《中华人民共和国民事诉讼法》第六十四条第一款的规定判决：确认赵某某2018年9月7日与被告济南润盛人力资源管理有限公司之间存在劳动关系。案件受理费

10元，由被告济南润盛人力资源管理有限公司负担。

二审中，当事人均没有提供新证据。

经审查，本院对一审查明的事实予以确认。

本院认为，本案苏州叁陆伍公司作为365跑腿网的苏州运营公司与济南润盛公司签订《项目外包协议》将苏州区域2018年8月1日至2020年7月31日的配送业务外包给济南润盛公司，济南润盛公司接受苏州叁陆伍公司的委托完成苏州区域内365跑腿网的客户送件任务，该协议还约定济南润盛公司按照苏州叁陆伍公司要求的标准及配套设施组建专门的配送队伍，其间发生的用工风险由济南润盛公司承担责任。赵某某在2018年5月通过365跑腿网骑士端系统注册成为365跑腿网骑手从事平台推送的代买代取代送跑腿服务，按月结算报酬。因此，赵某某与365跑腿网平台及相关公司之间的法律关系在上述《项目外包协议》签订并履行前后会有不同。

济南润盛公司在2018年9月18日向苏州叁陆伍公司发送《2018年8月苏州费用结算》表格，该表格载有包括赵某某在内的32人名单及对应的身份证号码，之后还明确该表格是每月的服务人员明细。江西同济公司也述称，其受苏州叁陆伍公司委托代发工资，工资发放在苏州叁陆伍公司与济南润盛公司签订《项目外包协议》后处在交接过程中，2018年8月至9月工资应由济南润盛公司发放，但由于工作没交接完，所以8月至9月还是由江西同济公司代发的。

济南润盛公司确认为赵某某购买过团意险，而投保人为德州通然公司的农银人寿团体人身保险投保书中所附人员信息以及排列顺序与济南润盛公司发给苏州叁陆伍公司的《2018年8月苏州费用结算》表格中的人员姓名、身份证号码及排列顺序完全一致，也与山东产联德州分公司发送给德州通然公司的农银人寿团体人身保险被保险人清单中序号1~32的人员信息以及排列顺序完全一致，故应认定该团意险系济南润盛公司为履行《项目外包协议》而委托其他公司为赵某某等骑手购买。

济南润盛公司确认其会将空白的劳动合同放置在苏州叁陆伍公司处，骑手在载明用人单位为济南润盛公司的劳动合同中签好字后由苏州叁陆伍公司分批次邮寄至济南润盛公司处盖章，故济南润盛公司有与365跑腿网苏州区域骑手建立劳动关系的意思表示。同系365跑腿网骑手的曾某、许某宾、王某良、江某平与济南润盛公司在2018年8月27日订立劳动合同的事实亦能佐证上述事实。赵某某在济南润盛公司放置在苏州叁陆伍公司处的空白劳动合同上签名的行为表明赵某某有与济南润盛公司建立劳动关系的意思表示。

综上所述，一审认定赵某某在2018年9月7日与济南润盛公司之间存在劳动关系有事实与法律依据。济南润盛公司的上诉请求不能成立，应予驳回；一审判决认定事实清楚，适用法律正确，应予维持。依照《中华人民共和国民事诉讼法》第一百七十条第一款第（一）项之规定，判决如下：

驳回上诉，维持原判。

二审案件受理费10元，由济南润盛人力资源管理有限公司负担。

本判决为终审判决。

审判长　朱　立
审判员　汪　文
审判员　锁文举

二〇二〇年九月十四日

书记员　芮　园

案例八　数字经济下网络主播劳动关系的认定
——苏州某供应链管理公司与胡某劳动争议案

王　焕*

关键词　网络直播平台　主播　劳动关系　从属性

【裁判要旨】

网络主播使用用人单位提供的注册账户在互联网平台上为单位直播带货销售产品，工作场所、劳动工具由单位提供，直播内容、直播时间也由单位安排，劳动报酬由单位发放，双方之间具有明显人身与经济从属性的，应认定双方存在劳动关系。

【案情要点】

1. 苏州某供应链管理公司（以下简称供应链管理公司）的经营范围包括供应链管理服务、文化娱乐经纪人服务、服装服饰零售、互联网销售等。

2. 2020 年 2 月，网红主播胡某与供应链管理公司的法定代表人苑某达成合作协议，由胡某在供应链管理公司开设的淘宝网账户上直播带货，其基本报酬为 7000 元/月。另根据直播出货金额结算提成并按月计付，其中卖出货物金额为 50 万元以内，提成收益按照 1%结算；50 万元至 100 万

* 江苏省常熟市人民法院行政审判庭（劳动法庭）副庭长、一级法官，苏州法院首届劳动人事审判专业研究会会员。

元，提成收益按照 1.5%结算；超过 100 万元，提成收益按照 2%结算。

3. 胡某每天在公司安排下上网直播销售供应链管理公司产品，时间按照公司提供的排班表执行，货品价格由公司确定。胡某直播使用的工作室及工具均由公司提供。

4. 苑某通过支付宝转账方式每月向胡某支付底薪及直播卖货提成。2020 年 6 月，胡某突然提出不再为该公司直播带货，此后亦未再至公司。

【案件索引】

一审：江苏省常熟市人民法院（2021）苏 0581 民初 3444 号

【裁判结果】

江苏省常熟市人民法院一审判决：认定胡某与供应链管理公司存在劳动关系，供应链管理公司应支付胡某工资 6612 元。

本案适用小额诉讼程序进行审理，实行一审终审。

【案例注解】

一、本案的法律问题

第一，劳动关系认定问题。供应链管理公司认为，双方之间不构成劳动关系，而是合作关系，胡某按照自己的带货能力进行提成，因胡某在沟通中提出初期的收益保障问题，苑某同意可在初期帮扶，提供保底的基本生活保障，胡某有自主选择销售货物的权利，并可对参与销售的货物自主定价。胡某认为，直播价格要严格按照公司最低指导价操作，直播时间由公司安排，双方存在劳动关系。

第二，报酬性质及销售提成计算问题。供应链管理公司主张实际发放金额均为合作期间的带货提成，7000 元只是计算的保底基础。胡某主张，每月底薪 7000 元外加销售提成，均属于工资组成部分。关于作为计算提成基数的销售额，胡某称，直播平台会自动统计销售额，直播结束后，胡某将平台显示的数据发送至微信群，助理再将该数据统计成表格发给财务，财务按照该业绩计算提成。供应链管理公司称，应以其制作的扣除退货等未实际成交订单后的实际销售总额作为提成计算基数。

二、判决书的分析逻辑

第一，针对劳动关系认定问题。在司法实践中，由于缺乏明确肯定的法律规范指引，多依据 2005 年《劳动和社会保障部关于确定劳动关系有关事项的通知》第一条，来判断网络主播与网络平台之间是否存在劳动关系，并对网络主播劳动者的身份进行甄别。一审法院认为，双方之间的法律关系应当以事实为依据，并不取决于双方签订协议的名称，并从劳动关系的实质构成要件即人格从属性、经济从属性等方面进行分析。供应链管理公司为拓宽销售渠道，雇用网红在淘宝平台直播带货，此种营销方式虽然加入了网络、电商等元素，但并不是生产要素重构式的平台经营，并未影响到劳动用工实质的法律辨析，而仅是实体店到网店、当面交易到网上交易的变化，传统劳动关系法律特征识别并未受到冲击。本案中，供应链管理公司招聘胡某在网络平台上为其销售产品，为胡某提供劳动工具、工作场所，胡某在公司安排时间里工作，服从公司管理，公司向其支付劳动报酬；胡某销售工作属于公司业务组成部分；双方关系具有从属性特征，进而认定双方之间存在事实劳动关系。

第二，针对报酬性质的问题。一审法院结合双方约定及实际履行情况，尊重当事人意思自治，对固定发放的 7000 元/月认定为底薪工资。针对销售提成计算问题，一审法院从用人单位举证责任、证据证明力大小等角度分析，供应链管理公司虽主张按照扣除退货等实际销售金额计算，但并未提交证据予以证明，结合胡某提供的之前月份业绩表系助理统计并通过微信发送，供应链管理公司亦认可之前月份的提成系按照助理统计的未扣除退货退款的销售金额进行计算，故一审法院采信胡某的主张，按照直播平台自动统计的销售额作为计算销售提成的基数。

三、此类案件的特点与裁判建议

（一）网络直播平台与主播间的法律关系界定难

网络主播是近年来随着互联网等信息技术发展而产生的一种新就业形

态，以其独特魅力与巨大流量带动了网络购物市场的进一步发展。受直播行业红利的利益驱动，直播行业链条中参与主体的资质和能力参差不齐，容易引发纠纷。

直播行业的用工模式主要有以下三种模式：(1) 直播平台直接与网络主播签订劳动合同，该模式下网络主播当然具备劳动者的法律地位，相较于传统劳动关系而言，该模式的差别仅在于劳动者脱离了工厂式的集中管理，通过互联网平台接收工作指令展开工作。(2) 由于直播平台在前种模式的运营下投入成本较高，为了减少运营成本而将其特定工作量整体外包给经纪公司。此时经纪公司与网络主播签订劳动合同或者合作协议，由经纪公司对网络主播的直播活动进行包装、策划，旨在规范网络主播的表演内容，提高直播的质量。此模式下直播平台仅作为网络服务提供者为直播活动提供技术支持，与网络主播不存在其他的法律关系。在该种模式下，网络主播往往与经纪公司签订合作协议，当然也存在签订劳动合同的情形。如果网络主播与经纪公司签订的是劳动合同则当然具备劳动者的法律地位，如果双方签订的是合作协议，网络主播是否与经纪公司存在劳动关系则无法得到统一的认定，此时则应该根据该合作协议的具体规定与实际履行情况进行认定。(3) 网络主播自行在直播平台上进行注册审核，自由决定直播的时间、地点和内容，其收入完全源于观众的打赏，对直播平台不存在任何经济依赖性，该种模式下网络主播与直播平台成立民事关系，而不存在劳动关系。

在对网络直播平台与主播之间的关系进行界定时，需要衡量双方主体的利益，进行价值判断，一方面需要考虑当下网络主播的权益保障，另一方面需要兼顾网络直播平台的长期稳定发展。界定法律关系时，应从直播的时间、空间、内容及收益分配方式等方面进行辨析，如本案情形，直播带货虽然加入了网络、电商的元素，但并没有改变销售人员与企业之间具有的人身与经济从属性的特征，仅是将线下销售转化为线上销售而已，应认定双方构成劳动关系。

(二) 网络主播劳动关系认定的裁判建议

网络主播行业用工模式、员工管理方式和薪酬支付方式相较于传统行业更加灵活和多元化，判断是否存在劳动关系，仍应从劳动关系本身的构成要件去考量、衡量是否具备从属性。网络主播行业由于灵活的用工模式特性，其与直播平台之间的组织从属性淡化，故应着重审查人格从属性和经济从属性。劳动关系中，劳动者将自己的劳动力交由用人单位支配、服从用人单位的指挥、听从其调配、遵守其劳动纪律和规章制度的行为，属于人格从属性的体现，人格从属性系认定劳动关系重要的标准之一，在实践中往往体现为用人单位对劳动者的劳动管理。在数字经济下，企业通过网络平台提供服务信息，也会依据本单位的规章制度，通过网络直播平台进行管理，包括对劳动的时间、地点、方式、直播内容等提出要求并进行把控，约定劳动报酬的支付方式，劳动者对工作内容、步骤、成果等没有决定权、控制权和主动权，这些都是劳动管理。经济从属性主要是衡量：企业是否向网络主播提供直播所需要的移动电子设备，主播是否在企业的直播间进行直播，薪资构成是“底薪+提成”方式还是仅有收益分成，责任风险的承担主体是企业还是网络主播。经济从属性的本质是劳动者从事劳动的目的是用人单位的利益，而非自己营利。

【裁判全文】

江苏省常熟市人民法院
民 事 判 决 书

（2021）苏 0581 民初 3444 号

原告：苏州某供应链管理公司。

法定代表人：苑某，执行董事。

被告：胡某。

原告苏州某供应链管理有限公司（以下简称供应链管理公司）与被告胡某劳动争议一案，本院于 2021 年 3 月 1 日立案后，根据《全国人民代表大会常务委员会关于授权最高人民法院在部分地区开展民事诉讼程序繁简分流改革试点工作的决定》，依法适用小额诉讼程序公开开庭进行了审理。

原告供应链管理公司委托诉讼代理人、被告胡某到庭参加诉讼。本案现已审理终结。

原告供应链管理公司向本院提出诉讼请求：1. 请求判令原告无须支付被告工资 6612 元；2. 本案诉讼费由被告承担。事实和理由：2020 年 2 月底，被告通过朋友介绍与案外人苑某认识，并寻求直播带货的合作，由苑某为被告提供平台与资源，被告通过直播形式卖货。2020 年 5 月 15 日原告公司正式成立，6 月 10 日，被告突然告知苑某不再来公司，甚至在直播平台恶意灌水，带走一些平台粉丝。由于被告的不辞而别，原告的直播平台收益受到很大的影响，并重新紧急聘请新人入职。而后，被告以自己的"工资"少发为由，向常熟市劳动人事争议仲裁委员会提起仲裁申请，该仲裁委作出常劳人仲案字［2020］第 1706 号裁决书，认为原、被告之间构成劳动关系，并裁决要求被告支付其工资 6612 元。原告认为，双方之间不构成劳动关系，而是合作关系。被告按照自己的带货能力进行提成，因被告在沟通中提出初期的收益保障问题，案外人苑某提出可在初期帮扶，提供每月 7000 元的基本生活保障。在仲裁程序中，被告也曾自认其有自主选择销售的货物的权利，并可对参与销售的货物自主定价，这也体现了被告是不依附于原告的，这也不符合劳动关系形成的要素。此外，在直播合作中，被告单方终止直播行为后，又在后台恶意灌水，挖走平台的粉丝，给原告公司的形象及商誉造成不良影响，也直接造成了原告的直播平台收益损失。原告认为，被告应予赔偿其给原告造成的损失。原告不服仲裁裁决，故诉至法院。

被告胡某辩称，仲裁裁决事实清楚，请求法院驳回原告诉讼请求，维持仲裁裁决。

本院经审理认定事实如下：2020 年 5 月 15 日，供应链管理公司经工商部门依法核准成立。其经营范围为：供应链管理服务；软件开发；软件外包服务；网络与信息安全软件开发；数字文化创意软件开发；企业形象策划；文化娱乐经纪人服务；组织文化艺术交流活动；服装服饰零售；互联网销售（除销售需要许可的商品）；等等。

另查明：供应链管理公司未与胡某签订书面劳动合同，亦未为胡某办理社会保险参保手续。

又查明：2020 年 2 月底，胡某经朋友介绍与苑某联系，双方约定，胡某负责直播带货，其基本报酬为 7000 元/月，另根据直播卖出货物金额结算收益，卖出货物金额为 50 万元以内，胡某收益按照 1%结算。胡某工作地点在常熟市常福路某号某幢，一般每天工作 6 小时，具体时间按照排班表执行，直播货品主要有服装、鞋类、皮具，胡某每天自行安排供应链管理公司处的产品进行直播销售，直播时间由供应链管理公司安排，货品价格由供应链管理公司确定，直播使用的工具亦由供应链管理公司提供。

2020 年 6 月 10 日，胡某通过微信告知苑某不再去直播带货了，之后胡某便未再至供应链管理公司处工作。

再查明：支付宝昵称“晨风”用户，其实名认证的真实姓名为供应链管理公司法定代表人苑某，2020 年 5 月 3 日、5 月 27 日、6 月 10 日，苑某通过支付宝转账分别向胡某支付钱款 7000 元、3800 元、7200 元。

2020 年 7 月 20 日，胡某向常熟市劳动人事争议仲裁委员会提交仲裁申请，要求供应链管理公司支付 2020 年 5 月 1 日至 6 月 10 日工资 7693 元、未签订劳动合同二倍工资 51386 元。2020 年 10 月 28 日常熟市劳动人事争议仲裁委员会作出常劳人仲案字［2020］第 1706 号仲裁裁决书，裁决：供应链管理公司支付胡某工资 6616 元。供应链管理公司不服该裁决起诉至本院。

在审理中，胡某陈述苑某于 2020 年 5 月 3 日发放的 7000 元是其 2020 年 4 月的底薪、2020 年 5 月 27 日发放的 3800 元是 2020 年 4 月的提成、2020 年 6 月 10 日发放的 7200 元是 2020 年 5 月的底薪。供应链管理公司认可苑某 2020 年 5 月发放的是胡某 4 月的钱款、2020 年 6 月发放的是胡某 5 月的钱款，但称该钱款均由苑某支付，并非供应链管理公司支付，胡某与供应链管理公司并非劳动关系。

供应链管理公司提交了一组 2020 年 5 月 1 日至 6 月 10 日胡某直播平台营业额收入情况汇总表，该期间收入总额为 493915.56 元，其中，胡某 2020 年 5 月 15 日至 6 月 10 日实际销售总额为 320570.61 元（扣除退货等未实际成交订单）。对于供应链管理公司提交的订单，胡某表示不予认可，胡某主张该订单由供应链管理公司单方制作，实际上，胡某在直播时，直播平台会自动统计销售额，直播结束后，胡某直接将平台显示的数据发放至微信群，助理再将该数据统计成表格发给财务，财务就按照统计好的业绩计算提成，为证明2020年5月1日至6月10日的销售业绩，胡某提交了主播销售日报表、结算单及直播平台数据截图。胡某陈述主播销售日报表记录了“嬷嬷”“七七”“贝贝”“佳佳”“张某松”在2020年6月1日至6月8日销售额，其中“嬷嬷”即为胡某，其销售额为157900元；另外，胡某陈述2020年6月10日的销售金额则是“直播平台数据截图”显示的数据相减后得出的金额，即11200元（322800元-311600元）；而“结算单”则是胡某2020年5月1日至31日的销售金额及销售单数，昵称“么么”亦是胡某，该结算单结算胡某5月总销售金额为356200元，其中5月1日至14日销售金额为106400元，5月15日至31日销售金额为249800元。

胡某提供微信群聊天记录、与直播助理张某的微信聊天记录、与苑某的微信聊天记录，证明其提交的6月主播销售日报表是助理发在微信群里的，5月销售业绩表是助理张某通过微信发给胡某的，4月销售业绩表是苑某通过微信发给胡某的。供应链管理公司认为，对微信聊天记录的真实性无异议，胡某的业绩表是助理单独向胡某发送的，助理是苑某的个人助理，和公司无关，4月的提成费用是助理根据直播后台的统计数据制作出来的，但在发给胡某前并未扣除退货退款数据，也没有和苑某沟通，苑某在庭审中拿到对方证据后才知晓助理计算错误，苑某本人不认可助理计算的金额。

本院认为，根据《劳动和社会保障部关于确立劳动关系有关事项的通知》第一条规定：“用人单位招用劳动者未订立书面劳动合同的，但同时具备以下情形的，劳动关系成立。（一）用人单位和劳动者符合法律、法规规定的主体资格；（二）用人单位依法制定的各项劳动规章制度适用于劳动者，劳动者受用人单位的劳动管理，从事用人单位安排的有报酬的劳动；（三）劳动者提供的劳动是用人单位业务的组成部分。”本案中，双方确认原告注册成立前被告由苑某招用，待遇与苑某约定，工作内容由苑某安排，报酬亦由苑某发放。原告于2020年5月15日注册设立，对于原告设立后，原、被告之间是否存在劳动关系，双方存在争议。根据双方当事人的陈述及提交的微信聊天记录等证据显示，首先，被告从事的平台直播销售服装工作，是原告主要业务组成部分，其工作场所、劳动工具均是由原告提供。其次，就原告与被告之间管理与被管理的情况，双方确认被告工资、工作内容均是由苑某与其约定，苑某负责安排被告直播时间，而苑某亦是原告法定代表人，由此可知，被告在工作过程中，听从原告的安排，接受原告的日常管理，原告与被告之间具有管理与被管理的人身依附关系。综上，原告与被告之间符合劳动关系成立要件，故本院认定原、被告之间存在劳动关系。原告主张被告与苑某是合作关系，对于其主张，原告未能提交证据予以证明，也不能证明原告的业务与法定代表人个人的业务有何区别，故本院对其主张不予采信。

被告在原告处工作期间，其依法获得劳动报酬的权利应当予以保护。关于2020年5月15日至6月10日的工资，被告主张2020年6月1日至10日其底薪工资为2423元，对于该金额原告在仲裁答辩意见中亦予以认可，故原告应支付被告。对于2020年5月15日至6月10日的提成工资，根据被告提交的相关证据，该期间被告销售金额为418900元，原告则主张扣除退货等实际成交订单后，被告销售金额为320570.61元，双方认可被告的销售提成按照销售金额的相应百分比计算，现原告主张系按照扣除退货等实际销售金额计算，但原告并未提交证据予以证明，结合被告提供的2020年5月、6月业绩表系助理统计并通过微信发送，原告亦认可2020年4月公司未成立前苑某向被告发放的提成也是按照助理统计的未扣除退货退款的销售金额计算，故本院采信被告的主张。原告应支付被告2020年5月15日至6月10日提成工资4189元（418900×1%）。综上，原告应支付被告2020年5月15日至6月10日工资6612元（4189+2423）。

依照《中华人民共和国劳动法》第五十条、《中华人民共和国劳动合同法》第七条规定，判决如下：

一、原告苏州某供应链管理有限公司于本判决生效之日起十日内支付被告胡某工资6612元（如采用转账方式支付，请汇入被告指定的账户，或汇入常熟市人民法院案件款账户）；

二、驳回原告苏州某供应链管理有限公司的诉讼请求。

如果未按本判决指定的期间履行给付金钱义务，应当依照《中华人民共和国民事诉讼法》第二百五十三条规定，加倍支付迟延履行期间的债务利息。

案件受理费减半收取 5 元，由原告苏州某供应链管理有限公司负担。

本判决为终审判决。

审判员　王　焕

二〇二一年四月二十六日

书记员　赵依婷

案例九　快递行业规避劳动用工主体责任的审查与规制

——徐某某与太仓市安路快递有限公司确认劳动关系案

王　岑*　沈军芳**

关键词　快递末端网点　承包协议　违法分包　劳动关系

【裁判要旨】

快递公司与个人签订承包协议，约定由个人招用劳动者并自主经营、自负盈亏，实质属于用人单位通过违法分包方式实现经营业务延伸，以规避劳动用工主体责任。劳动者主张与快递公司存在劳动关系的，对双方的法律关系仍应从主体、合意、从属性三方面进行实质审查，以保护劳动者及不妨碍真正的民商事合同为价值取向。

【案情要点】

1. 太仓市安路快递有限公司（以下简称安路快递公司）登记经营范围为国内快递、普通货物道路运输。

2. 安路快递公司与案外人韩某某签订《承包协议》。该协议主要内容是：

（1）韩某某作为安路快递公司的合作方负责太仓市浏河圆通网点，自

* 江苏省苏州市相城区人民检察院党组书记、检察长。
** 江苏省苏州市中级人民法院苏州劳动法庭庭长。

主经营，自负盈亏，并独立承担法律责任。

（2）安路快递公司同意韩某某使用圆通注册商标、标识、圆通网络从事快递业务；韩某某经营圆通速递业务，必须严格遵守《邮政法》《快递服务行业标准》等管理规定，服从安路快递公司管理，不得违规经营。

（3）协议有效期十年，自 2013 年 3 月 1 日起至 2023 年 3 月 1 日止。

3. 安路快递公司作为快递末端网点开办者，向邮政管理部门进行了快递末端网点备案，备案“网点负责人”为韩某某，“网点类型”为合作开办——便民服务点。

4. 工作模式。徐某某经韩某某招用，注册用于圆通快递人员工作使用的行者 App 账号，徐某某工号由韩某某提交安路快递公司，再由安路快递公司提交圆通公司上海总部逐级审核通过后发放。徐某某接受韩某某安排从事快递收寄、投递以及转运工作。徐某某每月工资由韩某某根据其派件数量按月结算。

5. 保险事宜。2019 年 9 月 1 日至 9 月 30 日，安路快递公司为徐某某等投保雇主责任保险。

6. 纠纷起因。2019 年 10 月 17 日，徐某某在转运快递途中遭遇交通事故受伤，徐某某因申报工伤缺少劳动关系证明，故申请仲裁确认劳动关系。

【案件索引】

一审：江苏省太仓市人民法院（2021）苏 0585 民初 4617 号

二审：江苏省苏州市中级人民法院（2021）苏 05 民终 12137 号

【裁判结果】

江苏省太仓市人民法院一审判决：确认 2019 年 10 月 17 日受伤时徐某某与安路快递公司之间存在劳动关系。

江苏省苏州市中级人民法院二审判决：驳回上诉，维持原判。

【案例注解】

一、本案的法律问题

第一，安路快递公司、韩某某之间的法律关系认定问题。安路快递公司主张，《快递暂行条例》支持经营快递业务的企业创新商业模式和服务方式，安路快递公司将太仓浏河镇区域快递业务发包给韩某某，并已进行快递末端网点备案，备案“网点负责人”即为韩某某，上述行为合理合法。徐某某陈述，不知晓安路快递公司与韩某某之间的《承包协议》，不认可安路快递公司所述的承包关系。

第二，雇主责任险的投保主体问题。安路快递公司主张，因韩某某作为个人无法购买雇主责任险，故代韩某某购买雇主责任险。徐某某陈述，自入职起至受伤当月安路快递公司每月均为其购买雇主责任险，一月一买，保险情况因行者 App 账号被停用无法提供。

第三，安路快递公司、徐某某之间的法律关系认定问题。安路快递公司主张，徐某某受雇于网点承包人韩某某个人，徐某某、韩某某之间存在劳务关系，安路快递公司从未对徐某某进行管理，也未签订过书面劳动合同，双方之间没有法律关系。徐某某陈述，其系经韩某某招用进入安路快递公司，从事快递收寄、投递以及转运工作，每月工资均由韩某某根据派件数量按月结算，但徐某某并非为韩某某提供劳务，而是为安路快递公司提供有报酬的劳动。

二、判决书的分析逻辑

第一，针对安路快递公司、韩某某之间的法律关系认定问题，一审法院注重审查快递业务的经营主体资格问题，认为安路快递公司将其经营的区域快递业务承包给无经营资质的个人，规避了用人单位责任。二审法院在审查快递业务经营主体资格基础上进一步界定安路快递公司、韩某某之间的法律关系为违法分包，内在逻辑是对当事人的意思自治进行合法审查及适当限制，即“国家对快递业务实行经营许可制度。经营快递业务，应当依照《中华人民共和国邮政法》的规定，向邮政管理部门提出申请，取得快递业务经营许可；未经许可，任何单位和个人不得经营快递业务。虽安路快递公司提供了其与韩某某签订的《承包协议》，并据此主张其将太仓市浏河镇区域圆通快递业务交由韩某某承包，但韩某某作为个人，并非安路快递公司设立的分支机构，亦未取得快递业务经营许可，不具备经营快递业务的主体资格，亦不具备用工主体资格，安路快递公司、韩某某之间就太仓市浏河镇区域圆通快递业务而言构成违法分包”。

第二，针对雇主责任险的投保主体问题，一审法院结合当事人双方举证责任予以分析，即徐某某主张其自入职起至受伤当月安路快递公司每月均为其购买雇主责任保险且举证了 2019 年 9 月的保险资料，安路快递公司对 2019 年 9 月投保情况无异议，但经一审法院要求拒不陈述完整投保期间或提供完整投保资料，故一审法院确认徐某某所述其自入职起至受伤当月安路快递公司每月均为其购买雇主责任保险的事实属实。二审法院除举证责任外，结合徐某某工号的审核发放流程等事实，综合判定安路快递公司系作为用人单位投保雇主责任险。

第三，针对安路快递公司、徐某某之间的法律关系认定问题，《劳动和社会保障部关于确立劳动关系有关事项的通知》（劳社部发〔2005〕12号）第一条规定列举了三个要件，即“（一）用人单位和劳动者符合法律、法规规定的主体资格；（二）用人单位依法制定的各项劳动规章制度适用于劳动者，劳动者受用人单位的劳动管理，从事用人单位安排的有报酬的劳动；（三）劳动者提供的劳动是用人单位业务的组成部分”，一审法院强调第三个要件，即结合案件事实要素综合分析说明徐某某从事的工作是安路快递公司的业务组成部分。二审法院则从人格从属性、经济从属性两个方面进一步分析安路快递公司、徐某某之间的法律关系特征，人格从属性指向事实即“徐某某接受安路快递公司管理”，经济从属性指向事实即“徐某某从事安路快递公司安排的有报酬的劳动”。

三、此类案件的特点与裁判建议

（一）类案特点

1. 用工主体难以界定且劳动争议处理周期长

劳动争议中，是否存在劳动关系成为劳动者通过劳动争议仲裁程序解决纠纷的前提。本案中，徐某某经过多次仲裁、诉讼后才得以明确其真正的用人单位，在一定程度上也反映了新就业形态从业者解决劳动争议所面临的困境。在传统用工形式下，用人单位往往清楚、明确、稳定，但在新就业形态劳动用工及就业模式下，涉及主体繁杂，直接导致新就业形态从业者提起多次申请后才能明确用工主体。因此，一旦发生争议，如何找到真正的用人单位成为新就业形态从业者启动劳动争议仲裁程序的难点和关键，也导致劳动争议处理周期拉长。

2. 劳动关系确认标准不明晰

目前，劳动立法未就新就业形态从业者请求确认劳动关系的判断标准予以明确。关于未签订书面劳动合同情形下的事实劳动关系认定，主要依据是《劳动和社会保障部关于确立劳动关系有关事项的通知》第一条规定。该通知颁布年限较早，立法层级较低，立法技术也存在如下问题：第一，“同时具备全部情形”的要求有失僵化。第二，“用人单位业务的组成部分”含义不明。第三，“用人单位劳动管理”的重要性未予凸显。如何在现有立法基础上进一步应对新就业形态从业者诉请确认劳动关系纠纷处理，成为司法实务难点。

3. 劳动者维权成本高

传统行业的劳动者在与单位发生劳动争议后，在劳动合同、社保缴费、报酬支付、考勤记录、解除通知等方面基本具备完成初步举证责任的能力。而在新就业形态劳动用工及就业模式下，劳动过程中产生的绝大部分信息都存储在平台，一旦发生争议，新就业形态从业者的登录权限被禁，银行流水中记录的往往也是某个支付平台的信息，而社保缴费主体往往体现为代缴，新就业形态从业者难以完成初步举证责任。

（二）类案裁判建议

1. 坚持事实优先的裁判原则，实现劳动权利与企业效益的平衡

事实优先原则是各国判断劳动关系存在与否时普遍适用的原则。该原则以揭露隐蔽劳动关系为核心功能，以保护劳动者及不妨碍真正的民商事合同为价值取向。事实优先原则要求司法认定劳动关系时优先考虑当事人双方的实际履行行为而非以合同的名称或类型为依据，其核心功能在于揭露隐蔽劳动关系。在平台用工领域中，隐蔽劳动关系广泛存在，企业往往通过平台、分包、协议等手段制造与客观用工状况不相符合的表面现象，以此规避法律规制，降低用工成本。司法应摒弃完全以合同文本为标准判断劳动关系的裁判逻辑，对意思自治进行实质审查，综合考量从属性等要素判断劳动关系，防止企业通过隐匿劳动关系规避用人单位义务，在兼顾企业用工自由的同时注重保护劳动者权益。

2. 确立个案判断的裁判思路，寻求个案正义与普遍公平的统一

平台企业组织形态多样，运行机制复杂，个案事实差异较大，在认定劳动关系时，难以用传统劳动关系从属性认定标准置于平台用工关系一一对应作出判断。因此，司法审判人员需要审慎分析案件基本事实，全面考量案件特殊情形，避免“一刀切”，在个案审理中树立保护新就业形态从业者合法权益以及促进新经济新业态规范发展并重的司法理念，通过“穿透式”审判思维，查明当事人的真实意思，探求真实的法律关系，根据具体的用工方式进行个案判定，同时也要避免劳动关系认定泛化。对符合劳动关系认定标准的案件，应当认定为具有劳动关系；对不完全符合劳动关系认定标准的案件，应当厘清案件各方关系，明确主体责任，对新就业形态从业者的生命权、健康权等基本性权利予以确认。

3. 细化从属性的判断要素，重视内涵界定与外在表达的融贯

所谓从属性是指劳动者在雇主的指挥监督之下给付劳务，是劳动关系的本质特征，亦是学界和司法实践均承认的劳动关系的判断依据。平台从业人员要纳入劳动关系调整范畴，从属性仍是法院需要审查的本质特征。针对平台用工形式的灵活多样，应当更加注重审查人格从属性、经济从属性，组织从属性可以被人格从属性及经济从属性吸收。其中，人格从属性

是劳动关系的本质特征，是企业对于劳动者进行强管理的表现形式，是判断有无劳动关系的核心指标，包括劳动管理、劳动支配、劳动工具等要素；经济从属性意味着劳动者对于企业在收入方面存在依赖性，劳动者经济收入与企业的联系较为紧密，包括收入占比、工作时长、经营风险等要素。

【裁判全文】

江苏省苏州市中级人民法院
民 事 判 决 书

（2021）苏 05 民终 12137 号

上诉人（原审被告）：太仓市安路快递有限公司。

法定代表人：申某某，总经理。

被上诉人（原审原告）：徐某某。

上诉人太仓市安路快递有限公司（以下简称安路快递公司）因与被上诉人徐某某确认劳动关系纠纷一案，不服江苏省太仓市人民法院（2021）苏 0585 民初 4617 号民事判决，向本院提起上诉。本院于 2021 年 10 月 19 日立案受理后，根据《全国人民代表大会常务委员会关于授权最高人民法院在部分地区开展民事诉讼程序繁简分流改革试点工作的决定》，依法适用独任制进行审理。本案现已审理终结。

安路快递公司上诉请求：1. 撤销原判；2. 改判安路快递公司、徐某某之间不存在劳动关系。事实和理由：一、安路快递公司将太仓浏河镇区域快递业务发包给韩某某，上述行为合理合法。《快递暂行条例》第三条规定，“支持经营快递业务的企业创新商业模式和服务方式”；第十八条规定，“经营快递业务的企业及其分支机构可以根据业务需要开办快递末端网点，并应当自开办之日起 20 日内向所在地邮政管理部门备案。快递末端网点无须办理营业执照”。《快递末端网点备案暂行规定》第三条规定，可根据业务需要，合作开办快递末端网点。案涉太仓市浏河镇圆通网点已经办理末端网点备案手续，备案回执载明合作开办方式，符合上述法律法规规定。二、安路快递公司、徐某某之间不存在劳动关系。1. 徐某某一审中自述其找到太仓市浏河镇圆通网点，由韩某某招聘、管理，收入计件由韩某某发放，与安路快递公司无关，徐某某应向韩某某主张权利。2.《中华人民共和国邮政法实施细则》第五条规定，"邮政企业委托其他单位或者个人代办邮政业务时，应当协商一致，并签订代办合同"；另根据《邮政业务委代办管理试行办法》第二条至第六条等规定，邮政局和与其签有委托代办投递合同的邮政代办员之间不构成劳动合同关系。综上，请求二审法院支持安路快递公司的上诉请求。

徐某某辩称，一审认定事实清楚，适用法律正确，请求驳回上诉，维持原判。

徐某某向一审法院起诉请求：确认 2019 年 10 月 17 日受伤时安路快递公司、徐某某存在劳动关系。

一审法院认定事实：

安路快递公司（曾用名：太仓市圆通快递有限公司）成立于 2009 年 1 月 19 日，其经营范围为国内快递（邮政企业专营业务除外）、普通货物道路运输。（依法须经批准的项目，经相关部门批准后方可开展经营活动。）

2013 年 3 月 1 日，安路快递公司（甲方）与案外人韩某某（乙方）签订《承包协议》，约定：乙方承认甲方为圆通速递太仓的权益所有人（注册商标、标识、圆通网络的授权使用人），负责太仓圆通速递的日常经营活动；甲方同意乙方承担太仓市浏河镇区域的圆通速递市场运作，乙方为太仓公司下属分支机构（乙方为甲方的合作方，自主经营，自负盈亏，并独立承担法律责任；甲方同意乙方使用圆通注册商标、标识、圆通网络从事快递业务，有权使用带有圆通速递注册商标的各类包装物及用于经营活动的各种商标载体；乙方经营圆通速递业务，必须严格遵守《邮政法》《快递服务行业标准》《快递市场管理办法》《圆通速递网络管理条例》以及上海圆通速递有限公司新增的网络管理规定，服从甲方管理，不得违规经营；该协议的有效期为十年，自 2013 年 3 月 1 日起至 2023 年 3 月 1 日止）。

安路快递公司作为开办者，向邮政管理部门进行了快递末端网点备案。快递末端网点备案回执载明：1. 开办者信息："企业法人（分支机构）"太仓市安路快递有限公司，"经营品牌"圆通速递。2. 快递末端网点信息："网点名称"太仓市浏河圆通，"网点地址"太仓市浏河镇浏茜一村××号，"网点负责人"韩某某，"网点类型"合作开办——便民服务点，"经营范围"收寄、投递。3. 须知：开办者对所开办的快递末端网点承担快递服务质量责任和安全主体责任。一审审理中，安路快递公司陈述：快递末端网点备案登记时网点类型勾选的"合作开办"对应的合作方就是韩某某，但备案登记时无须提交相关的合作（承包）协议，也不需要具体填写合作方的基本信息。

2019 年 5 月，经太仓市浏河圆通网点负责人韩某某招用，徐某某注册了用于圆通快递人员工作使用的行者 App 账号，并接受韩某某安排在该网点区域内进行快递的收寄、投递工作以及往返安路快递公司和太仓市浏河圆通网点间进行圆通快递的转运。徐某某的每月工资由韩某某根据其派件数量按月结算，如驾驶车辆往返安路快递公司和太仓市浏河圆通网点转运快递的另有按次计发的司机补贴，如作为随车人员则无相应补贴。"圆通速递"网站显示，2019 年 6 月 1 日，圆通浏河网点徐某某作为业务员派送票数为 229 件、当天签收票数为 226 件、当天失败签收票数 3 件。

2019 年 9 月 1 日至 30 日，安路快递公司为徐某某、姚某翔、谢某兵投保了雇主责任保险，保险凭证载明网点名称为"太仓市安路快递有限公司"。徐某某另补充陈述：自入职起至受伤当月每个月均给徐某某买了雇主责任险，保险是一个月一买的，保险情况从行者 App 里都可以查到，受伤后协商时发现徐某某的行者 App 工号被停用无法登录，相应的保险情况现在看不到了。本案中举证的保险凭证和保险条款是前期诉讼中从案外人太仓盈翔货运有限公司（韩某某系该公司股东）处取得。安路快递公司陈述：韩某某作为个人无法购买雇主责任险，安路快递公司帮韩某某替徐某某等人购买了雇主责任险。经一审法院要求，安路快递公司拒不陈述完整投保期间，亦未提供相应投保资料。

2019 年 10 月 17 日 19 时 45 分许，姚某翔和徐某某搭乘谢某兵驾驶的轻型厢式货车从安路快递公司取回快递返回太仓市浏河圆通网点途中遭遇交通事故，事故致上述三人受伤。当天白天，徐某某的派送票数为 312 件。

因申报工伤缺少劳动关系证明，徐某某曾向太仓市劳动人事争议仲裁委员会申请劳动仲裁，请求确认其受伤时与太仓盈翔货运有限公司之间存在劳动关系。该委于2020年9月18日作出太劳人仲案字［2020］第1277号仲裁裁决书，确认徐某某2019年10月17日受伤时与太仓盈翔货运有限公司之间存在劳动关系。太仓盈翔货运有限公司不服该裁决，向太仓市人民法院提起诉讼。一审法院经审查，于2021年3月11日作出（2020）苏0585民初7157号民事判决书，判决徐某某2019年10月17日受伤时与太仓盈翔货运有限公司不存在劳动关系。判决后，徐某某与太仓盈翔货运有限公司均未上诉。

后徐某某另行向太仓市劳动人事争议仲裁委员会申请劳动仲裁，请求确认其受伤时与安路快递公司之间存在事实劳动关系。该委于2021年5月作出太劳人仲案字［2021］第389号仲裁裁决书及太劳人仲案字［2021］第389-1号仲裁决定书，对徐某某的仲裁请求不予支持。徐某某不服裁决诉至法院，引发本案诉讼。

以上事实，有徐某某提供的快递末端网点备案回执及工商信息、圆通收派件统计截图、微信聊天记录、保险凭证及保险条款、仲裁裁决书、快递面单及物流信息，安路快递公司提供的承包协议，一审法院调取的（2020）苏0585民初7157号案件卷宗资料、（2021）苏0585民初4483号案件庭审笔录，以及到庭当事人的庭审陈述等证据在卷佐证。

一审法院认为，劳动关系，是指用人单位招用劳动者为其成员，劳动者在用人单位的管理、指挥与监督下提供有报酬的劳动而产生的权利义务关系；用人单位自用工之日起即与劳动者建立劳动关系。

本案中，首先，太仓市浏河圆通网点是安路快递公司作为开办者依法开办的快递末端网点，为用户直接提供收寄、投递相关快递末端服务，并具有固定经营场所。徐某某经太仓市浏河圆通网点负责人韩某某招用，接受网点负责人韩某某指派，工作内容为在该网点区域内进行圆通快递的收寄、投递以及往返安路快递公司和太仓市浏河圆通网点间进行圆通快递的转运，并注册了供圆通快递人员工作使用的行者App账号以便工作量统计和其他日常管理，徐某某从事的工作是安路快递公司的业务组成部分。

其次，徐某某主张其自入职起至受伤当月安路快递公司每月均为其购买了雇主责任保险且举证了 2019 年 9 月的保险资料，安路快递公司对 2019 年 9 月投保情况无异议，但经一审法院要求拒不陈述完整投保期间或提供完整投保资料，按照证据规定一审法院认定徐某某主张的投保情况属实，即自入职起至受伤当月，安路快递公司以雇主身份每月为徐某某购买雇主责任保险。对此，安路快递公司未能作出合理解释。

最后，安路快递公司虽然辩称韩某某个人承包了太仓市浏河圆通网点的快递业务，但该行为系将安路快递公司经营的圆通快递浏河镇区域业务承包给无经营资质的韩某某个人，规避了其用人单位的责任。

综上，一审法院对徐某某要求确认 2019 年 10 月 17 日受伤时其与安路快递公司之间存在劳动关系的请求，依法予以支持。据此，依照《中华人民共和国劳动合同法》第七条，《中华人民共和国民事诉讼法》第六十四条，《最高人民法院关于民事诉讼证据的若干规定》第四条、第四十七条、第四十八条，参照《劳动和社会保障部关于确立劳动关系有关事项的通知》第一条规定，一审法院判决：确认 2019 年 10 月 17 日受伤时徐某某与太仓市安路快递有限公司之间存在劳动关系。案件受理费 10 元，减半收取计 5 元，由太仓市安路快递有限公司负担。

二审中，安路快递公司围绕上诉请求申请证人韩某某出庭做证。韩某某出庭陈述：1. 安路快递公司将太仓市浏河镇区域圆通业务发包给韩某某，由韩某某个人与安路快递公司签订承包协议，安路快递公司、韩某某之间是承包关系；太仓盈翔货运有限公司是韩某某妻子孙某某注册的公司，未承接安路快递公司快递运输业务。2. 徐某某由韩某某招聘，工作由韩某某安排，工资由韩某某现金发放。韩某某口头告知过徐某某是个人承包、个人招聘。3. 徐某某工号由韩某某发放。发放流程是由韩某某先提交给安路快递公司，安路快递公司审核后，再由安路快递公司提交圆通公司上海总部审核，圆通公司上海总部审核通过后才能发放工号。4. 关于雇主责任险，因韩某某个人无资质购买，故由安路快递公司代韩某某帮徐某某购买雇主责任险。

安路快递公司质证认为，对韩某某证人证言的真实性、合法性、关联性予以认可。徐某某质证认为，韩某某与本案有利害关系，请法院根据实际情况综合采纳韩某某证人证言；韩某某主张口头告知过徐某某是个人承包、个人招聘，无事实依据。

二审经审理查明的事实与一审查明事实一致。

本院认为，本案二审争议焦点在于，徐某某、安路快递公司是否存在劳动关系。安路快递公司上诉认为，一方面，安路快递公司将太仓浏河镇区域快递业务发包给韩某某，徐某某由韩某某招聘、管理，收入计件并由韩某某发放，与安路快递公司无关，徐某某应向韩某某主张权利；另一方面，参照《中华人民共和国邮政法实施细则》等规定，邮政局和与其签有委托代办投递合同的邮政代办员之间不构成劳动合同关系，故安路快递公司与徐某某之间不构成劳动合同关系。

对此本院认为，用人单位不能通过违法分包快递业务规避用工主体责任，对双方的法律关系仍应以是否符合劳动关系本质特征作为判断标准，而不能仅依用人单位提供的违法分包协议作为审查依据。

首先，安路快递公司、韩某某之间就太仓市浏河镇区域圆通快递业务而言构成违法分包。根据《中华人民共和国劳动合同法实施条例》第四条规定："劳动合同法规定的用人单位设立的分支机构，依法取得营业执照或者登记证书的，可以作为用人单位与劳动者订立劳动合同；未依法取得营业执照或者登记证书的，受用人单位委托可以与劳动者订立劳动合同。"《快递市场管理办法》第九条规定，国家对快递业务实行经营许可制度。经营快递业务，应当依照《中华人民共和国邮政法》的规定，向邮政管理部门提出申请，取得快递业务经营许可；未经许可，任何单位和个人不得经营快递业务。本案中，虽安路快递公司提供了其与韩某某签订的《承包协议》，并据此主张其将太仓市浏河镇区域圆通快递业务交由韩某某承包，但韩某某作为个人，并非安路快递公司设立的分支机构，亦未取得快递业务经营许可，不具备经营快递业务的主体资格，亦不具备用工主体资格，安路快递公司、韩某某之间就太仓市浏河镇区域圆通快递业务而言构成违法分包。安路快递公司以违法分包为由抗辩其并非用工主体的观点不能成立，对安路快递公司、徐某某的法律关系仍应以是否符合劳动关系本质特征作为判断标准。

其次，关于安路快递公司、徐某某的法律关系。安路快递公司上诉认为其与徐某某之间属于委托代办投递合同法律关系，缺乏事实依据，本院不予支持。根据案涉快递末端网点备案回执显示，诉争太仓市浏河镇圆通快递末端网点开办者是安路快递公司，网点负责人是韩某某。徐某某虽由韩某某招聘入职，从事工作由韩某某安排，并由韩某某发放工资，但上述行为与韩某某作为网点负责人的身份并不矛盾，目前未有证据证明韩某某曾向徐某某披露过其与安路快递公司之间的《承包协议》，且安路快递公司自徐某某入职当月每月均以雇主身份为徐某某购买雇主责任保险，徐某某工号亦由韩某某提交安路快递公司，再由安路快递公司提交圆通公司上海总部逐级审核后发放，上述事实足以证明徐某某接受安路快递公司的管理，为安路快递公司提供劳动且所提供劳动属于安路快递公司的业务组成部分。由此，安路快递公司、徐某某作为符合法律、法规规定的用人单位、劳动者主体，徐某某接受安路快递公司管理并从事安路快递公司安排的有报酬的劳动，所提供劳动属于安路快递公司的业务组成部分，故安路快递公司、徐某某之间符合劳动关系本质特征，一审认定安路快递公司、徐某某之间于徐某某受伤时构成劳动关系并无不当，本院予以维持。

综上，上诉人安路快递公司的上诉请求不能成立，应予驳回；一审判决认定事实清楚，适用法律正确，应予维持。依照《中华人民共和国民事诉讼法》第一百七十条第一款第（一）项之规定，判决如下：

驳回上诉，维持原判。

二审案件受理费 10 元，由上诉人太仓市安路快递有限公司负担。

本判决为终审判决。

审判员　沈军芳

二〇二一年十二月二十九日

书记员　王　贞

案例十 “快递业务承包”案中的劳动关系认定

——郭某某与张家港市申通快递有限公司劳动争议案

李 亘*

关键词 申通快递公司 承包协议 承揽关系 劳动关系

【裁判要旨】

用人单位虽不能通过违法分包快递业务规避用工主体责任，但对承包方请求确认劳动关系的，仍应以是否符合劳动关系本质特征作为判断标准，如承包方系通过组织、管理行为完成承包片区快递业务并结算业务费用的，承包方请求确认劳动关系的，应不予支持。

【案情要点】

1. 郭某某曾在张家港市申通快递有限公司（以下简称申通快递公司）工作，2013 年 3 月 1 日前每月工资 2000 元。2013 年 3 月 1 日，郭某某与申通快递公司签订《协议书》，双方约定郭某某承包申通快递公司在张家港市部分区域（附区域说明）的快递业务。

2. 郭某某与申通快递公司签订《协议书》，约定以下主要内容：

（1）郭某某依法经营，自负盈亏，在业务上按照申通快递公司规章制度执行。

（2）郭某某了解申通快递公司网络存在的问题和不足，并愿意为此而

* 南京审计大学法学院副教授、硕士生导师，上海江三角（南京）律师事务所执行主任。

承担相应的风险。

（3）郭某某负责经营期间所需的车辆、人员、材料等一切费用。

（4）在协议期间，郭某某及其所属员工对他人造成的损害，由郭某某自己承担。申通快递公司如因郭某某及其所属员工对他人造成的损害而对外承担赔偿责任的，申通快递公司就该责任承担赔偿后，有权向郭某某进行全额追偿。

3. 郭某某认可2013年签订《协议书》前其需要打卡，于2013年3月1日签订《协议书》后其与其所在网点员工无须打卡，其无固定上下班时间，其有权决定将其区域交由他人管理。郭某某自行聘请部分人员派送快递，且郭某某负责片区的业务费用均由郭某某与申通快递公司结算后再支付给其聘请人员，郭某某自述其网点有两辆运营车辆，虽登记在申通快递公司名下，但申通快递公司扣除车款后郭某某享有两辆运营车辆的使用权并可将运营车辆处分给申通快递公司员工，郭某某于2020年10月自行将一辆网点运营车辆转让给案外人杨某。

4. 2020年4月10日，郭某某与郑某签订《协议书》约定："甲方（郭某某）将长安北路西、港城大道东、338省道北、福前街南的区域暂时交付乙方（郑某）经营，乙方不得私自转让和买卖……甲、乙双方签约时，乙方应向甲方支付押金10000元，协议到期甲方将押金退还给乙方，协议不到期，甲方有权不退押金及派费……对于交付给申通快递公司的费用，甲乙双方各自承担百分之五十，超出标准自付，乙方将费用交给甲方，由甲方统一跟总公司结算……"

5. 2013年至2021年，申通快递公司通过公司账户、陈某某及宗某某个人账户向郭某某银行转账，附言包括工资、返有偿派费、应收款、转支。

6. 郭某某于2021年先后向劳动争议仲裁委员会、人民法院提起仲裁和诉讼，要求：（1）确认郭某某与申通快递公司存在劳动关系，解除劳动关系；（2）申通快递公司向郭某某支付未签订书面劳动合同的二倍工资差额、未足额支付的工资、经济补偿金；（3）按照郭某某工资标准补缴社会保险费。

【案件索引】

一审：江苏省张家港市人民法院（2021）苏0582民初14162号

二审：江苏省苏州市中级人民法院（2022）苏05民终4451号

【裁判结果】

江苏省张家港市人民法院一审判决：一、确认原告郭某某与被告申通快递公司2010年10月至2013年2月存在劳动关系；二、被告申通快递公司于判决生效后十日内支付原告郭某某经济补偿金5000元；三、驳回原告郭某某其他诉讼请求。

江苏省苏州市中级人民法院二审判决：驳回上诉，维持原判。

【案例注解】

一、本案的法律问题

第一，工资差额、未签书面劳动合同二倍工资差额问题。郭某某主张，其为申通快递公司提供劳务至2021年4月，按照前十二个月平均工资主张当月工资20000元，但郭某某未提供证据证明在申通快递公司工作至2021年4月。与此同时郭某某主张申通快递公司2010年1月14日至12月14日未与其签订书面劳动合同，应向其支付二倍工资差额13200元。

申通快递公司主张，郭某某2021年4月未向公司提供劳务，且二倍工资差额请求已经超过仲裁时效，公司无须支付相应费用。

第二，申通快递公司与郭某某签订《协议书》的效力问题。申通快递公司主张：(1)《协议书》乃是其与郭某某自愿协商签订，合法有效，且其中明确约定申通快递公司将指定片区的快递业务分包给郭某某，双方构成承揽关系；(2)郭某某与申通快递公司签订《协议书》，意味着双方原来的劳动关系已经协商解除。

郭某某认可申通快递公司与其签订《协议书》，但主张：(1)《协议书》系申通快递公司利用优势地位签订的格式条款，是为了降低运营风险而实施的内部管控措施，该协议减轻了申通快递公司的用工风险，增加郭某某义务，合同无效；（2）在签订此份协议之后，郭某某的工作内容、工作性质没有任何变化，双方也未办理任何劳动关系终止或变更手续，劳动关系仍然存在。

第三，劳动关系认定以及经济补偿金问题。（1）关于 2010 年 10 月至 2013 年 2 月劳动关系认定。郭某某与申通快递公司均认可 2013 年 2 月之前郭某某在申通快递公司工作，月工资为 2000 元，郭某某上班需要打卡，接受申通快递公司管理，双方为劳动关系。（2）关于 2013 年 3 月 1 日至 2020 年 12 月劳动关系认定。申通快递公司主张 2013 年 3 月至 2020 年 12 月与郭某某之间的劳动关系已经协商解除，双方为承揽关系，即申通快递公司将快递网点发包给郭某某。郭某某主张 2013 年 3 月至 2020 年 12 月与申通快递公司仍然存在劳动关系，签订所谓《协议书》前后，自身工作内容、性质均未发生变化，均需遵守申通快递公司规章制度并接受管理，仅是工资等劳动报酬计算方式发生改变。（3）关于经济补偿金计算标准。申通快递公司主张于 2013 年 3 月 1 日与郭某某签订《协议书》后双方属于承揽关系，双方劳动关系已于 2013 年 2 月协商解除。有鉴于此，经济补偿金应以 2013 年 2 月双方协商一致解除的标准计算。

郭某某主张 2013 年 3 月 1 日后其与申通快递公司仍是劳动关系，经济补偿金应当计算至其 2021 年提起劳动仲裁之日。

二、判决书的分析逻辑

第一，针对工资差额、未签书面劳动合同二倍工资差额问题，一审法院从举证责任的角度对此问题予以分析。郭某某主张申通快递公司向其补发 2021 年 4 月的工资报酬 20000 元以及 2010 年 1 月 14 日至 12 月 14 日未与其签订书面劳动合同的二倍工资差额 13200 元。根据“谁主张，谁举证”的基本原则，郭某某应当对 2021 年 4 月向申通快递公司提供劳动以及二倍工资差额的主张并未超过仲裁时效的事实承担举证责任。但郭某某在庭审期间均未提供相关证据予以证明，应当承担举证不能的不利后果，一审法院对此不予支持，二审法院予以维持。

第二，针对《协议书》签订的效力问题，一审法院从合同的有效性角度予以分析。一审法院认为在合同为双方真实意思表示且无法定无效情形的情况下，合同应当有效。因此在我国当前法律并不禁止企业实行承包经营的情况下，2013 年 3 月 1 日《协议书》为当事人真实意思表示，无法定无效情形，协议有效。二审法院在审理中仍然延续了合同的有效性角度，但二审法院针对申通快递公司将业务分包给个人经营的行为进行更有针对性的分析，查证《快递市场管理办法》第九条规定，国家对快递业务实行经营许可制度。经营快递业务，应当依照《邮政法》的规定，向邮政管理部门提出申请，取得快递业务经营许可；未经许可，任何单位和个人不得经营快递业务。进而以此判定申通快递公司、郭某某于 2013 年 3 月 1 日签订《协议书》，约定申通快递公司将张家港部分区域快递业务交由郭某某个人经营并自负盈亏，鉴于郭某某作为自然人，并非申通快递公司设立的分支机构，亦未取得快递业务经营许可，不具备经营快递业务的主体资格，亦不具备用工主体资格，申通快递公司将张家港部分区域快递业务交由郭某某经营的行为构成违法分包。

第三，针对劳动关系认定问题，一审法院依据从属性标准对《协议书》内容以及实际履行情况予以审查，结果是“申通快递公司与郭某某双方均确认《协议书》已实际履行：1. 郭某某签订该协议书后自由安排工作时间，无须打卡考勤。2. 郭某某有权决定且已实际将其承包区域交由郑某承包，并向郑某收取押金。3. 郭某某有权聘用员工、决定员工工资标准、安排员工工作。4. 郭某某有权且已处分生产工具。5. 郭某某未被限定由其本人向申通快递公司提供劳务”。

在事实审查的基础上，一审法院对郭某某与申通快递公司的法律关系予以判定，即“2013 年 3 月 1 日后郭某某与申通快递公司之间不存在人格上的从属性，即双方不存在劳动关系”。据此，一审法院认为申通快递公司与郭某某已于 2013 年 2 月协商一致解除劳动关系，申通快递公司应向郭某某支付经济补偿金 5000 元。

二审法院在一审法院的基础上，依据《劳动合同法实施条例》和《快递市场管理办法》，判定郭某某与申通快递公司签订《协议书》承包快递业务的行为属于违法分包。但与此同时，二审法院将分包行为效力与劳动关系的认定进行了明确区分，“用人单位虽不能通过违法分包快递业务规避用工主体责任，但对承包方请求确认劳动关系的，仍应以是否符合劳动关系本质特征作为判断标准，如承包方系通过组织、管理行为完成承包片区快递业务并结算业务费用的，承包方请求确认劳动关系的，应不予支持”。

二审法院判定郭某某与申通快递公司不存在劳动关系的主要依据在于双方是否存在人格从属性，“郭某某在其承包区域内并非通过其个人提供快递派送业务及接受申通快递公司劳动管理来获取劳动报酬，而是通过自身的组织、管理等行为完成承包片区的快递派送业务并与申通快递公司结算相应费用”，由此“郭某某、申通快递公司并无明显的人格从属性，双方之间不具备劳动关系的本质特征”。

三、此类案件的特点与裁判建议

（一）公司与劳动者通过签订承包协议以承揽关系替代双方之间的劳动关系

一直以来，承揽关系与劳动关系都是在企业用工过程中极为容易混淆的法律关系。所谓承揽关系是指，承揽人按照定作人的要求完成工作，交付劳动成果，定作人给付报酬的权利义务关系，承揽人应当以自己的设备、技术和劳力完成主要工作，但当事人另有约定的除外。相较于劳动关系而言，承揽关系中公司一方无须承担劳动关系所附带的签订书面劳动合同、解雇保护、最低工资、最高工时等法定义务。并且如果承揽人因承揽行为造成自身或他人伤害，公司一方也无须承担相应责任。因此，近年来，大量的公司通过与劳动者签订承包协议等方式，以承揽关系替代双方的劳动关系，尤其是在部分新型行业中逐渐发展成为一种新型的用工模式。

本案是承揽关系替代劳动关系的典型例证，申通快递公司通过与郭某某签订《协议书》将快递业务分包给郭某某，由郭某某自行雇用人员负责快递业务，公司定期与郭某某进行结算，以承揽关系替代双方原有的劳动关系。在庭审中，申通快递公司一方也正是以《协议书》中的约定内容以及双方实际履行的情况，主张双方在 2013 年 3 月 1 日后已经不再是劳动关系而是承揽关系。但对郭某某而言，其认为虽然签订了《协议书》但是这种承包关系中双方并不是完全平等的，其仍然需要受到公司一方的管理和制约，仍然从申通快递公司获得报酬，双方仍应当是劳动关系。对此公司一方应当对《协议书》的签订系双方自愿协商以及《协议书》是否实际履行承担举证责任。而劳动者则应当对于自身是否仍然向申通快递公司提供劳动，其本人以及其雇用的人员是否仍然与申通快递公司存在劳动关系的特征提供相应的证据予以证明。

与此同时，公司与劳动者之间签订承包协议行为的效力应当以相应的法律法规为标准，在不存在违反法律强制性规定且无其他合同无效情形下，应当认定承包协议的有效性。反之，则应当认定为无效。但需要说明的是，协议的有效性并不影响劳动关系的判定，但对承包方请求确认劳动关系的，仍应以是否符合劳动关系本质特征作为判断标准。本案中，二审法院虽然认定申通快递公司将快递业务分包给郭某某的行为属于违法分包。但对于申通快递公司与郭某某在 2013 年 3 月 1 日之后的劳动关系认定，仍然以是否符合劳动关系本质特征作为判断标准，“如承包方系通过组织、管理行为完成承包片区快递业务并结算业务费用的，承包方请求确认劳动关系的，应不予支持”。

（二）劳动关系认定的裁判建议

第一，事实优先原则。以承包协议等形式排除劳动关系的做法不仅存在于新型业态中，在传统行业中也较为普遍。实践中对如何判定是否可以替代劳动关系的问题长期存在困惑。根据原劳动和社会保障部关于判定劳动关系的文件分析，我国目前建立劳动关系的标准模型是双方当事人达成缔结劳动关系的合意，以法定书面合同的形式确立并据此履行。如果一方或双方当事人没有清晰表明缔结劳动关系的合意，或者双方合意不是劳动关系，就需要基于已发生的劳动事实判定双方法律关系的性质。最高人民法院第 179 号指导性案例明确采纳了“事实优先”原则，即在合意与事实冲突时以事实为依据进行法律关系定性。

第二，从属性构成的二要件。从属性是对劳动关系实质的抽象，但理论界和实务界对从属性构成要件存在分歧，出现过组织从属性、技术从属性等多种表述。最高人民法院第 179 号指导性案例所采纳是人格与经济

“二要件”构成的从属性标准：人格从属性是指劳动者在用人单位的指挥管理下给付劳务，劳动过程处于受拘束状态，需要完全遵守用人单位的规章制度；而经济从属性是指劳动者使用用人单位提供的劳动条件，通过提供劳动获得相应的工资报酬，并不承担用人单位的生产经营风险。其中，人格从属性把握了劳动关系的实质，是主要要件；经济从属性重在描述劳动过程，是次要要件。劳动组织、技术等其他特征是人格或经济从属性的表现形式，无须作为单独的从属性构成要件。

【裁判全文】

江苏省苏州市中级人民法院
民事判决书

（2022）苏 05 民终 4451 号

上诉人（原审原告）：郭某某。

被上诉人（原审被告）：张家港市申通快递有限公司。

法定代表人：苏某某，总经理。

上诉人郭某某因与被上诉人张家港市申通快递有限公司（以下简称申通快递公司）劳动争议一案，不服江苏省张家港市人民法院（2021）苏 0582 民初 14162 号民事判决，向本院提起上诉。本院于 2022 年 4 月 25 日立案受理后，依法适用独任制进行审理。本案现已审理终结。

郭某某上诉请求：1. 撤销原判，改判支持郭某某一审全部诉请；2. 本案诉讼费用由申通快递公司承担。事实和理由：1. 关于工作情况。双方均确认 2010 年 10 月至 2013 年 2 月存在劳动关系，签订所谓《协议书》前后，郭某某的工作内容、性质均未发生变化，均需遵守申通快递公司的规章制度并接受管理，仅是工资等劳动报酬计算方式发生改变。申通快递公司于 2013 年 2 月强迫郭某某等类似多名员工签订《协议书》，实际是转移用工风险，但并未改变双方劳动关系。张家港片区中塘市、鹿苑等地区承包人均自行成立公司并与申通快递公司签订《承包合同》，郭某某与上述情形不同。2. 关于劳动报酬。仲裁庭审中，申通快递公司提供相关清单并明确清单中全部人员是申通快递公司正式员工且存在劳动关系。通过对比，申通快递公司主张其支付给郭某某的款项构成即工资、返有偿派费、应收款、转支，在上述正式员工清单列明款项中同样存在，因此双方之间为劳动关系。综上，请求二审法院支持郭某某的上诉请求。

申通快递公司辩称，一审认定事实清楚，适用法律正确，请求驳回上诉，维持原判。

郭某某向一审法院起诉请求：确认双方 2009 年 12 月 14 日至 2021 年 8 月 4 日存在劳动关系、解除劳动关系；申通快递公司支付 2010 年 1 月 14 日至 12 月 14 日未签订书面劳动合同的二倍工资差额 13200 元、至 2021 年 8 月 4 日未足额支付的工资 20000 元、经济补偿金 240000 元；按照郭某某工资标准补缴自 2009 年 12 月至 2021 年 4 月社会保险费；本案诉讼费用由申通快递公司承担。

一审法院认定事实：

郭某某曾在申通快递公司工作，2013 年 3 月 1 日前月工资 2000 元。2013 年 3 月 1 日，郭某某与申通快递公司签订《协议书》：“为更好地发展业务，现甲方将以下区域（附区域说明）的快递业务承包给乙方。就承包事宜，双方经协商约定如下：1. 乙方依法经营，自负盈亏，在业务上按照甲方规章制度执行……3. 乙方了解甲方网络存在的问题和不足，并愿意为此而承担相应的风险……5. 乙方的责任与义务……C. 乙方负责经营期间所需的车辆、人员、材料等一切费用……8. 协议期限：2013 年 3 月 1 日至 2014 年 2 月 28 日。9. 在协议期间，乙方及其所属员工对他人造成的损害，由乙方自己承担。甲方如因乙方及其所属员工对他人造成的损害而对外承担赔偿责任的，甲方就该责任承担赔偿后，有权向乙方进行全额追偿。”

2020 年 4 月 10 日，郭某某与郑权签订《协议书》：“甲方（郭某某）将长安北路西、港城大道东、338 省道北、福前街南的区域暂时交付乙方（郑权）经营，乙方不得私自转让和买卖……甲、乙双方签约时，乙方应向甲方支付押金 10000 元，协议到期甲方将押金退还给乙方，协议不到期，甲方有权不退押金及派费……对于交付给张家港申通快递总公司的费用，甲乙双方各自承担百分之五十，超出标准自付，乙方将费用交给甲方，由甲方统一跟总公司结算……”2013 年至 2021 年，申通快递公司通过公司账户、陈某某及宗某某个人账户向郭某某银行转账，附言包括工资、返有偿派费、应收款、转支。

郭某某向张家港市劳动人事争议仲裁委员会申诉，要求确认双方 2009 年 12 月 14 日至申请仲裁之日存在劳动关系，解除劳动关系，并要求申通快递公司支付 2010 年 1 月 14 日至 12 月 14 日未签订书面劳动合同二倍工资差额 13200 元、2011 年 4 月至申请仲裁之日的工资差额 20000 元、经济补偿金 240000 元。2021 年 9 月 16 日，仲裁委员会裁决对郭某某全部仲裁请求不予支持。郭某某向一审法院提起诉讼。

一、双方法律关系

双方对 2010 年 10 月至 2013 年 2 月存在劳动关系无争议；确认前述 2013 年 3 月 1 日《协议书》到期后继续履行。

郭某某主张 2013 年 3 月 1 日至 2021 年 8 月 4 日存在劳动关系：1. 2013 年 3 月 1 日《协议书》系申通快递公司利用其优势地位签订的格式条款，是为了降低运营分析风险而实施的内部管控措施，该协议减轻申通快递公司的用工风险，增加郭某某的义务，合同无效。2. 签订此份《协议书》之后，郭某某工作内容、工作性质没有任何变化，双方也未办理任何劳动关系终止或变更手续。3. 郭某某接受申通快递公司管理：2013 年 3 月 1 日签订《协议书》后，业务不忙时由郭某某本人发送快递，业务相对比较忙的时候会有其家人或临时雇用一些人员；如果是郭某某家人帮忙送快递，无须征得申通快递公司同意，如果固定聘请人员，需要到申通快递公司办理相关入职手续，由申通快递公司人事部门对雇员进行审核操作，发放工号工牌，郭某某曾在未得到申通快递公司认可的情形下临时雇用曹某，申通快递公司发现后即当场终止；郭某某临时雇用且无工号的人员，其报酬由郭某某支付，郭某某雇用且经过申通快递公司认可发放工号的人员，其报酬由申通快递公司支付给郭某某，郭某某代为转交；如果长期帮助郭某某送快递的人员在发送快递过程中造成客户损失，申通快递公司会从郭某某的报酬中扣除相应款项，但最终由快递员本人承担；郭某某与申通快递公司虽约定郭某某所在网点两辆运营车辆所有权及处分权归申通快递公司，但申通快递公司为了降低运营风险，在郭某某应得的劳动报酬中已直接扣除车款，即该车辆虽然登记在申通快递公司名下，但使用权及有限处分权（只能处分给申通快递公司员工）属于郭某某；郭某某 2021 年 4 月底之后不做快递，便将其中苏 EVK×××车辆以 6000 元的价格转让给杨某某，将另一辆交由曹某使用；前述与郑某签订的《协议书》是郭某某基于申通快递公司的管理制度将部分片区业务介绍给郑某，协议签署前其与郑某为临时雇佣关系，签署之后郑某直接与申通快递公司结算，与郭某某不存在任何法律关系，因为郭某某曾向申通快递公司缴纳押金，其为了不吃亏而向郑某收取押金 10000 元。4. 郭某某与其他承包商性质不同：仲裁庭审中，申通快递公司及其证人均陈述申通快递公司将本市塘市片区、鹿苑片区快递业务发包给具有用人主体资格的公司，郭某某与公司存在本质上的区别。5. 郭某某代理人核实发现范某某、宗某某、沈某某、朱某、邵某、李某某、马某、徐某某、陈某某等申通快递公司认可与之存在劳动关系的该部分人员工资明细与郭某某相同，均存在应收款、有偿派费两项费用。郭某某同时认可 2013 年签订协议前其需要打卡，签订协议后其与其所在网点员工无须打卡，其无固定上下班时间，其有权决定将其区域交由他人管理。

申通快递公司认为 2013 年 3 月至 2020 年 12 月其与郭某某之间为承揽关系，即申通快递公司将快递网点发包给郭某某。其陈述与其保持劳动关系的有财务人员、分拣快递人员等，送快递的业务其全部发包出去，承包者有个人，也有具有用人主体资格的企业；承包人自行雇用人员发送快递，申通快递公司按照总公司核算下来的快递费扣除 15%操作费、房租、水费、电费、汽运费、上一手装卸费等，将其余 85%支付给郭某某；郭某某是自己派送还是请人派送，无须征得申通快递公司同意，但其聘请人员必须到申通快递公司开一个工号，以便申通快递公司管理；如果郭某某雇用人员送达快递造成损失由郭某某负责；郭某某所述徐某某、朱某、邵某、李某某等人为承包商，沈某某需要申通快递公司代交保险，所以必须有申通快递公司向其发放工资的证明；2020 年底郭某某曾找申通快递公司想终止承包合同，并要求申通快递公司返还押金，申通快递公司表示因为有可能涉及客户向申通快递公司索赔郭某某营运期间产生的损失，故暂时未退还押金；申通快递公司将郭某某雇用人员的费用一并支付给郭某某，一部分以工资的形式支付至郭某某账户，大约每月5000元，另外一万多元甚至两万多元的费用，由原法定代表人范某某的配偶陈某某账户转账给郭某某，现由苏某某配偶宗某某账户转账给郭某某，2021年5月10日，宗某某向郭某某最后一次转账24000元，该款为2021年3月派件费；2020年底开始，郭某某不再为申通快递公司送快递，但因2021年1~3月郭某某雇用的曹某在郭某某承揽片区内送快递，所以申通快递公司还是向郭某某支付了此期间的费用，当时申通快递公司误以为曹某给郭某某打工，后来才知道曹某向郭某某承包片区。

仲裁委员会庭审过程中郑某、熊某、曹某、杨某出庭做证。郑某陈述其2019年3月1日通过介绍到申通快递公司福前承包区打工，为申通快递公司员工。郭某某为片区承包商，证人是跟着郭某某干活的，工作由郭某某安排；2020年4~6月，其报酬与郭某某结算，具体方式是申通快递公司将工资支付给郭某某，郭某某再支付给证人，其间共结算两次，5月、6月各一次，计薪方式是按照证人的派件数量按件计算；2020年4月10日证人与郭某某签订前述协议书，次日证人向郭某某交了5000元押金，7月再转账给郭某某2700元；协议签订后证人也属于承包商，在此期间不需要到申通快递公司办理任何手续，上班时间、规章制度管理也无变化（所谓规章制度不是工作上的规章制度，而是业务上的规章制度）；2020年7月起，证人与申通快递公司结算，申通快递公司每月向证人支付一次费用，包括证人及证人下面的两个人的派件费；理论上证人及承包商都要遵守申通快递公司的出勤要求，2020年4月前证人在福前片区上班时间由该片区承包商规定，2020年4月之后，证人上班时间和以前一样；如果发生快递方面的纠纷，如延误损失等客户有问题，先找申通快递公司查实后由承包商赔偿，最终由快递员承担。

熊某证词主要内容为：申通快递公司有系统对所有快递人员按件核算工资，再由快递员所在片区的承包商扣除快递过程中延误、破损等款项后将相应的工资发放给快递员，扣款按公司扣款标准计算；2021年3月前郭某某片区快递员人手不足，业务能力欠缺，导致郭某某不能按申通快递公司的派件要求完成派件，遂找证人为其负责的片区从事快递工作，其工作由郭某某分配，工资由郭某某与证人约定，由郭某某向证人发放工资（实际上没有发过工资)；证人没有考勤，只要干完活就可以；2021 年 3 月起，证人就没有见过郭某某出现在其所负责的片区，都是电话安排其他快递员工作；2021 年 4 月 1 日后证人与申通快递公司签订承包协议，根据协议，证人需自行承担出港产生的费用，公司按月与证人结算费用，证人的网点只有证人一人，申通快递公司支付证人网点的费用就是支付证人个人费用，只要参加这个平台就有工号；证人虽与申通快递公司建立承包关系，但是以公司名义送快递，所以是申通快递公司的人。

曹某证词主要内容为：证人与郭某某之间为劳务关系，双方签订过劳务协议；郭某某安排证人在其负责的片区工作；无须考勤，证人以申通快递公司名义派件，需要遵守公司规章制度，快递灭失、延误等按照公司规章制度扣款；工资与郭某某约定、由郭某某发放，具体为按申通平台统计的数字、以每票 0.9 元计算；证人有工号，但与申通快递公司没有关系，申通快递公司刚开始不知道证人情况，后来才知道证人帮郭某某派件，当时郭某某未在网点，由于申通快递公司的要求都是传达给郭某某的，郭某某未在网点会出现信息传达的错误（实际上也确实存在该片区投诉率较高的情况)，故公司禁止承包片区负责人不在的情况下委托他人派件；2021 年 4 月 20 日申通快递公司终止证人派件并将该决定直接通知证人，证人不知道作出决定之前是否征求过郭某某意见；郭某某结算给证人的费用低于郭某某与申通快递公司结算的费用。

杨某证词主要内容为：证人是申通快递公司承包商，承包西张北片区，之前在农场永联片区；片区是证人自己选择的，选择后找公司签合同，经营场所由证人自行寻找、自行向房东租赁；申通快递公司部分承包商以公司名义签订合同、结算费用，证人网点规模较小，未成立公司，以个人名义与申通快递公司签订合同，结算费用，每月 10 日前根据票数结算上上月派费后，由陈某某账户支付给证人；证人承包区域的员工由证人招聘、工资由证人发放；证人的员工不需要经过申通快递公司审核，只要证人把员工信息提供给公司，公司就会把注册工号发放给证人，员工就可以工作了；有的片区员工按月结算，有的按票结算，证人所在网点按票结算；申通快递公司支付给证人的钱高于其付给工人的钱；证人运营的车辆所有权属证人所有，只要是喷漆“申通”字样的，均登记在申通快递公司名下；但证人要接受申通快递公司规章制度，如发生派件的损失、延误，如果是证人造成的，就由证人赔付，公司造成的，由公司赔付；没听说过申通快递公司是否存在片区经理岗位；郭某某之前也是申通快递公司承包商，2020 年 10 月 17 日郭某某要处理三辆车（其中两辆车身喷有“申通”字样），证人遂直接向郭某某支付 6000 元购买其中的苏 EVK×××车辆，郭某某还让其弟弟处理了转让前的违章，申通快递公司全程未参与，但车辆仍在申通快递公司名下，实际所有权是证人的；郭某某区域也有其他员工，但证人不知道招聘及工资发放的具体情况。

一审庭审中，双方同意承办人当庭拨打郑某电话（尾号 933），并以其电话陈述内容作为出庭做证证词。郑某陈述，2019 年跟着申通快递公司一周姓承包人送快递，2020 年 4 月 10 日开始跟着郭某某送快递，并且和郭某某签订前述《协议书》；签订协议之后，郑某在《协议书》中约定的区域内送快递，郭某某在另外一个片区送快递；2020 年 4 月、5 月郑某送快递的报酬由郭某某支付，从 6 月开始由申通快递公司支付；2020 年 10 月郭某某又请郑某帮了几个月的忙，在郭某某的区域内送快递，这部分费用由郭某某向郑某支付；郭某某 2020 年 12 月底开始在申通快递公司就没有片区送快递了，申通快递公司已将郭某某原来的片区交由他人送快递；郭某某现在在福建承包工程什么的；郑某至今未与申通快递公司签订过任何协议。

郭某某对郑某证词的质证意见为：证人明确陈述其 2020 年 4 月前后未针对其个人工作性质办理过任何手续，实际上同样接受申通快递公司管理，遵守申通快递公司规章制度，相关费用由申通快递公司结算再由郭某某转交；证人与郭某某签订的《协议书》并非转包合同，只是明确各自快递服务范围；郭某某一直在申通快递公司工作至 2021 年 4 月底，其提交的银行交易流水显示工资发放至 2021 年 5 月 10 日，证人所述郭某某工作到 2020 年 12 月底不属实；证人与申通快递公司也存在劳动关系，其证词能证明郭某某与申通快递公司存在劳动关系。对熊某证词的质证意见为：证词证明郭某某与证人在申通快递公司系统中均有显示，均需遵守公司规章制度，扣款标准由公司制定；郭某某从申通快递公司结算到工资后原封不动转交给证人；2021 年 4 月之后证人身份与郭某某一样，承包部分片区，也是属于申通快递公司的人。证人能够证明郭某某与申通快递公司存在劳动关系。对曹某证词质证意见为：证人证明其接受申通快递公司管理，如2021年4月20日终止派件决定由申通快递公司作出，即在人员使用上郭某某没有发言权，证明郭某某与申通快递公司存在劳动关系，而不是承包关系。对杨某证词质证意见为：对证人关于郭某某网点的陈述不予认可，因为证人并非郭某某网点的领导或工作人员，但证人能够证明所谓的承包商有部分成立公司，该部分承包商与申通快递公司之间的法律关系为承包关系，而郭某某与该部分承包商存在明显区别，应为劳动关系。

申通快递公司认为郑某、熊某、曹某证词能够反映客观情况：申通快递公司未与郑某签订过协议；郭某某片区疏于经营后发包给曹某，曹某同时还从事其他快递业务，没有过多精力经营，为了确保不亏损，郭某某遂找熊某送快递，并按照申通快递公司平台核算的熊某派件费支付给熊某某；曹某证词能够证实郭某某与申通快递公司之间存在承揽关系，正是因为曹某2021年为郭某某派件，而申通快递公司不清楚，所以才向郭某某发放工资至2021年5月。

二、工资差额

郭某某要求申通快递公司支付2021年4月工资20000元。其陈述其为申通快递公司提供劳务至2021年4月，其时郭某某本人在派发快件，比较忙时曹某也帮其派发快件，其按照前十二个月平均工资主张当月工资20000元。郭某某未提供证据证明在申通快递公司工作至2021年4月。申通快递公司陈述2021年4月郭某某名下有派送费9712.32元，另有押金10000元，但其目前不能向郭某某支付该笔款项，理由为：郭某某2021年4月并未为申通快递公司派送快件；郭某某对9712.32元的数字未予认可；郭某某结欠其雇用的工人工资数万元。

三、二倍工资差额

郭某某要求申通快递公司支付2010年1月14日至12月14日未签订书面劳动合同的二倍工资差额13200元。申通快递公司主张郭某某的请求已超过仲裁时效。郭某某未针对申通快递公司的该项抗辩意见提供证据。

四、经济补偿金

郭某某主张申通快递公司未及时足额支付劳动报酬，未缴纳社会保险，双方劳动关系自 2021 年 8 月 4 日其申请仲裁时解除，要求申通快递公司应支付经济补偿金 19361.5 元/月×11 个月＝212976.5 元。申通快递公司认为双方不存在劳动关系，其无须支付经济补偿金。

一审法院认为，双方无争议的部分，一审法院予以确认。

关于郭某某与申通快递公司之间的法律关系，具体分析如下：首先，法律并不禁止企业实行承包经营，2013 年 3 月 1 日《协议书》为当事人真实意思表示，无法定无效情形，协议有效。其次，该协议已实际履行：1. 郭某某签订该《协议书》后自由安排工作时间，无须打卡考勤。2. 郭某某有权决定且已实际将其承包区域交由郑某承包，并向郑某收取押金。3. 郭某某有权聘用员工、决定员工工资标准、安排员工工作。4. 郭某某有权且已处分生产工具。5. 郭某某未被限定由其本人向申通快递公司提供劳务。综上，2013 年 3 月 1 日后郭某某与申通快递公司之间不存在人格上的从属性，即双方不存在劳动关系。

即便双方不存在劳动关系，如果郭某某确为申通快递公司提供劳务，申通快递公司也应当支付相应对价。郭某某要求申通快递公司支付 2021 年 4 月工资 20000 元，证人证词证实其当月并未为申通快递公司提供劳务，郭某某虽不予认可，但未提供相反证据证明。郭某某该项诉讼请求，一审法院无法支持。

郭某某要求申通快递公司支付 2010 年 1 月 14 日至 12 月 14 日未签订书面劳动合同的二倍工资差额，已超过仲裁时效，一审法院不予支持。双方于 2013 年 2 月协商一致解除劳动关系，申通快递公司应向郭某某支付经济补偿金 5000 元。

郭某某要求申通快递公司补缴社会保险，不属于人民法院审理范畴，本案不予理涉。

依照《中华人民共和国劳动合同法》第七条、第三十六条、第四十六条、第四十七条，《中华人民共和国劳动争议调解仲裁法》第二十七条的规定，一审法院判决：一、确认郭某某与张家港市申通快递有限公司 2010 年 10 月至 2013 年 2 月存在劳动关系。二、张家港市申通快递有限公司于判决生效后十日内支付郭某某经济补偿金 5000 元。三、驳回郭某某其他诉讼请求。案件受理费 10 元，一审法院予以免交。

二审中，当事人未提交新证据。

二审经审理查明的其他事实与一审查明事实一致。

本院认为，本案二审争议焦点在于，申通快递公司、郭某某自2013年3月1日至2021年8月4日是否存在劳动关系。郭某某上诉认为，申通快递公司、郭某某于一审中均确认双方自2010年10月至2013年2月存在劳动关系，双方于2013年3月1日签订《协议书》后郭某某工作内容、工作性质未发生变化，仍需接受申通快递公司管理并获取劳动报酬，因此双方之间存在劳动关系。

对此，本院认为，用人单位虽不能通过违法分包快递业务规避用工主体责任，但对承包方请求确认劳动关系的，仍应以是否符合劳动关系本质特征作为判断标准，如承包方系通过组织、管理行为完成承包片区快递业务并结算业务费用的，承包方请求确认劳动关系的，应不予支持。

首先，申通快递公司将张家港部分区域快递业务交由郭某某经营构成违法分包。根据《中华人民共和国劳动合同法实施条例》第四条规定，《中华人民共和国劳动合同法》规定的用人单位设立的分支机构，依法取得营业执照或者登记证书的，可以作为用人单位与劳动者订立劳动合同；未依法取得营业执照或者登记证书的，受用人单位委托可以与劳动者订立劳动合同。《快递市场管理办法》第九条规定，国家对快递业务实行经营许可制度。经营快递业务，应当依照《中华人民共和国邮政法》的规定，向邮政管理部门提出申请，取得快递业务经营许可；未经许可，任何单位和个人不得经营快递业务。本案中，申通快递公司、郭某某于2013年3月1日签订《协议书》，约定申通快递公司将张家港部分区域快递业务交由郭某某个人经营并自负盈亏。鉴于郭某某作为自然人，并非申通快递公司设立的分支机构，亦未取得快递业务经营许可，不具备经营快递业务的主体资格，亦不具备用工主体资格，申通快递公司将张家港部分区域快递业务交由郭某某经营构成违法分包。

其次，关于郭某某、申通快递公司2013年3月签订《协议书》后是否存在劳动关系，仍应以是否符合劳动关系本质特征作为判断标准。本案中，根据郭某某自述及申通快递公司申请证人证言综合分析，郭某某于2013年3月1日签订《协议书》后会聘请一些人员派送快递，且郭某某负责片区的业务费用均由郭某某与申通快递公司结算后再支付给其聘请人员，郭某某自述其网点有两辆运营车辆，虽登记在申通快递公司名下，但申通快递公司扣除车款后郭某某享有两辆运营车辆的使用权并可将运营车辆处分给申通快递公司员工，后郭某某于2020年4月与案外人郑某签订《协议书》，将其承包区域经营权暂时交付郑某经营，又于2020年10月将一辆网点运营车辆转让给案外人杨某某。上述事实显示，郭某某在其承包区域内并非通过其个人提供快递派送业务及接受申通快递公司劳动管理来获取劳动报酬，而是通过自身的组织、管理等行为完成承包片区的快递派送业务并与申通快递公司结算相应费用，由此郭某某、申通快递公司并无明显的人格从属性，双方之间不具备劳动关系的本质特征。郭某某上诉认为其自2013年3月1日至2021年8月4日与申通快递公司之间存在劳动关系，事实依据不足，一审法院未予支持并无不当，本院予以维持。关于双方之间的业务费用，如未结清，可由双方另行处理。

综上，上诉人郭某某的上诉请求不能成立，应予驳回；一审判决认定事实清楚，适用法律正确，应予维持。依照《中华人民共和国民事诉讼法》第一百七十七条第一款第（一）项之规定，判决如下：

驳回上诉，维持原判。

二审案件受理费10元，由上诉人郭某某负担。

本判决为终审判决。

审判员　沈军芳

二〇二二年五月三十一日

书记员　王　贞

致 谢

自2021年12月23日获得最高人民法院司法案例研究课题立项时起，我就一直在思考以怎样的方式开展新就业形态典型案例研究，要回答的两个关键问题是“什么是典型案例”“什么是案例研究”。相信看到此处的读者都知道，新就业形态领域的争论激烈，分歧较大。我一直主张引入“第三类劳动形态”，发展适应时代变化的劳动法律知识与思维，推动现行劳动二分法框架向多层次劳动权益保障网络转型。

为了最大限度地实现研究的全面与客观，我设计了本书的研究模式，依托“新就业形态法治研究联盟”建立的全国性学术合作机制，在北京、上海、深圳、苏州四地建立课题组，联系专家并开展案例筛选，由各地专家团队评选四十个典型案例并进行点评，使“典型”与“研究”具有坚实的可信度。然而，2022年由于特殊原因，预定的工作计划无法正常推进，课题研究安排受到冲击，本书的出版日期也因此延迟。让我庆幸的是，所有参与课题的专家都投入了极大的热情和精力，克服诸多困难，以法律人特有的专业、严谨和规范，高水平地完成了案例研究工作。

北京课题组由本人牵头，参加的专家有北京市兰台律师事务所谢丽娜律师、北京市第一中级人民法院吴博文法官、中国政法大学民商经济法学院娄宇教授、北京市第二中级人民法院窦江涛法官和韩郭玲法官助理、北京市朝阳区人民法院吴克孟法官、北京外国语大学法学院闫冬教授、北京普然律师事务所宋子懿律师、北京凯联律师事务所任妮娜律师。

上海课题组由上海财经大学法学院吴文芳教授牵头，参加的专家有上海政法学院王倩教授、上海市第一中级人民法院潘俊秀法官、上海圣知林律师事务所楼凌宇律师、上海江三角律师事务所白丽娟律师。

深圳课题组由深圳大学法学院侯玲玲教授牵头，参加的专家有中央财经大学法学院沈建峰教授、广东省深圳市中级人民法院罗巧法官、深圳市中级人民法院邢蓓华法官、广东卓建律师事务所彭湃律师、广东省佛山市中级人民法院蔡岱燐法官、佛山市中级人民法院崔景诚法官、北京大成（深圳）律师事务所林琳律师、于亦佳律师和曾凡新律师、泰和泰（深圳）律师事务所韩冬雪律师。

苏州案例研究工作由最高人民法院批准设立的全国首家劳动法庭——江苏省苏州市中级人民法院劳动法庭承担，由时任劳动法庭庭长的王岑法官牵头，副庭长沈军芳法官负责实施，参加的专家有副庭长杨俊生法官、梁田法官助理、步允超法官助理、江苏东银律师事务所刘秋苏律师、苏州大学王健法学院丁建安副教授、江苏瀛元律师事务所杨钧辉律师和户瑞奇律师、苏州市姑苏区人民法院姜伟法官、常熟市人民法院王焕法官、南京审计大学法学院李亘副教授。

中国应用法学研究所互联网司法研究中心宋建宝主任、中国政法大学法治与可持续发展研究中心执行主任郝作成教授指导本书的体例设计和行文规范。清华大学法学院博士生傅成协助本书的初稿排版，人民法院出版社兰丽专主任、郭粹编辑指引本书完成全部出版程序，使本书能以这一面貌出现在读者面前。

衷心感谢各位专家将对新就业形态问题的观察与思考浓缩为本书的文字，让我们能够以足够浓重的笔墨记录下中国劳动法治进程中的重要一页。也是通过本次专家团队合作，我感受到劳动法律共同体团结协作的力量。地域的跨度与职业的差异非但不是合作的障碍，反而构成了劳动法治问题全局视野的基石。把团队专家凝聚在一起的，不仅有法律人对劳动变革的体悟与责任，更有对劳动权益问题真切的、持续的、深沉的情感。让我们继续以专业、理性的态度，一点一滴地推进法治前行。

共勉。

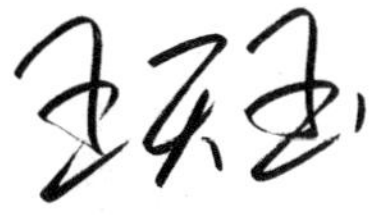

2023 年 10 月